BRILHE NA SUA PRAIA

A BÍBLIA DA GAROTA NEGRA

YOMI ADEGOKE & ELIZABETH UVIEBINENÉ

BRILHE NA SUA PRAIA

A BÍBLIA DA GAROTA NEGRA

PRIMAVERA
EDITORIAL

Para Yem, que me ensinou a "Brilhar na minha praia" antes que eu soubesse o que isso queria dizer, e para Yinks, que me inspira a fazer isso diariamente e a fazer mais do que ela poderia sonhar.

YOMI

Em memória de Ingrid & Sidwell. Obrigada por tudo.

ELIZABETH

SOBRE AS AUTORAS

YOMI ADEGOKE é jornalista e já foi indicada a diversos prêmios. É redatora sênior no site feminino *The Pool*. Yomi escreve sobre raça, feminismo, cultura popular e a forma como isso tudo se cruza, além de escrever também sobre classe e política. Em 2013, ela fundou a *Birthday Magazine*, uma publicação voltada para adolescentes negras.

....

ELIZABETH UVIEBINENÉ é escritora e trabalha com marketing de marca em uma marca líder no mundo. Ela formou-se na Universidade de Warwick, em 2013, em Política e Relações Internacionais e atualmente cria campanhas de marketing que são culturalmente progressivas e comercialmente impactantes.

ENTREVISTADAS

Ade Hassan MBE

. . . .

Afua Hirsch

. . . .

AJ Odudu

. . . .

Alexis Oladipo

. . . .

Althea Efunshile CBE

. . . .

Amma Asante MBE

. . . .

Dra. Anne-Marie Imafidon MBE

. . . .

Bola Agbaje

. . . .

Charlene White

. . . .

Clara Amfo

. . . .

Dra. Clare Anyiam-Osigwe BEM

. . . .

Cynthia Erivo

. . . .

Dawn Butler MP

. . . .

Denise Lewis OBE

. . . .

Estelle

Florence Adepoju

. . . .

Funke Abimbola MBE

. . . .

Gemma Cairney

. . . .

Irene Agbontaen

. . . .

Jamelia

. . . .

June Sarpong MBE

. . . .

Dra. Karen Blackett OBE

. . . .

Keisha Buchanan

. . . .

Lady Leshurr

. . . .

Lakwena

. . . .

Laura Mvula

. . . .

Dra. Maggie Aderin-Pocock MBE

. . . .

Malorie Blackman OBE

. . . .

Margaret Busby OBE

Melanie Eusebe

. . . .

Dra. Nicola Rollock

. . . .

Patricia Bright

. . . .

Sarah-Jane Crawford

. . . .

Sharmadean Reid MBE

. . . .

Sharmaine Lovegrove

. . . .

Susan Wokoma

. . . .

Vanessa Kingori MBE

. . . .

Vannessa Amadi

. . . .

VV Brown

Sumário

— PREFÁCIO —

Professora ou enfermeira? Esses eram os únicos trabalhos que meu conselheiro de carreira na escola achou que eu fosse conseguir exercer. Ambas as vocações são admiráveis, mas, convenhamos, apenas duas opções de carreira para uma garota da classe trabalhadora de Reading?

Eu tive várias paixões quando adolescente, crescendo no Reino Unido como a segunda filha de dois imigrantes de Barbados. Eu amava esportes, especificamente atletismo, e adorava viajar. O entusiasmo de ir até o aeroporto, entrar em um avião e voar até um novo local de destino era uma ocorrência especial e rara na minha casa. Eu valorizava muito isso. Eu também adorava as propagandas na TV, tanto quanto adorava os programas de TV. Eu costumava criticar os comerciais, pensar sobre com quem eles estavam tentando falar, e pensar em ideias melhores em relação a como eles poderiam passar suas mensagens.

Eu acabei correndo pelo meu clube de atletismo – e era boa nisso, mas não o bastante para ir atrás de uma carreira nessa área. Quando eu tinha oito anos, queria ser controladora de tráfego aéreo ou comissária de bordo, mas rapidamente abandonei ambas as ideias quando fiquei mais velha e me dei conta de que ficaria apenas olhando para uma tela o dia todo (ou a noite toda), e poderia não ter tempo para desfrutar os lugares exóticos para os quais eu estaria voando. No entanto, meu amor pela propaganda nunca foi abalado. Todavia, naquela época, a propaganda era – e, até certo ponto, ainda é – um campo dominado muito por homens brancos de classe média. Então, como eu abriria um espaço para ter uma carreira para mim mesma, sendo eu uma jovem negra e pobre?

Meu pai era um homem muito sábio. Ele não tinha conhecimento algum sobre o ramo de trabalho em que eu entrei, nem conhecia alguém neste campo. Meu pai queria que tanto eu quanto minha irmã fôssemos médicas, advogadas ou contadoras - vocações que eram consideradas altamente importantes lá em Barbados, e que fariam com que fôssemos respeitadas e, o mais importante, garantiriam um salário com o qual poderíamos ter uma vida boa. Minha irmã mais velha tornou-se contadora e agora dá palestras na universidade. Ela me inspira diariamente: ela é decidida, brilhante e sente uma alegria pela vida. Eu sou a ovelha negra da família. Não entrei na área da medicina, do direito ou das finanças. Fui atrás do meu amor pela propaganda!

Meu pai sabia o quão difícil seria eu ser bem-sucedida nessa área no Reino Unido. Uma maratona com muitos obstáculos e desafios estava à minha frente. Ele frequentemente dizia: "Você é negra, e você é mulher, você tem que dar o dobro de si". E foi o que eu fiz. Dei muito duro! Meu treinamento em atletismo me ensinou a ter foco. Sou naturalmente competitiva.

Meu pai também costumava dizer: "Você tem dois ouvidos e uma boca; use-os nessa proporção". Eu ouvia, aprendia, e então me pronunciava. Com isso, progredi. Fui afortunada em ter meus pais como modelos exemplares a serem emulados, para me influenciarem.

São muito poucas as mulheres negras que têm esses modelos além de seus familiares imediatos e amigos para dar-lhes conselhos valiosos, encorajamento e apoio, ajudando-as a navegar nas ondas e contornar os obstáculos que, de fato, existem. Eu acredito firmemente que seja preciso "vermos algo para sermos algo". Não é de se admirar que meu conselheiro vocacional, todos aqueles anos atrás, achasse que o futuro que eu tinha pela frente era ser enfermeira ou professora (para ser justa, eu faço um pouco de ambas as profissões em meu papel atual!). Ele não conseguia *ver* nada mais além disso para uma jovem negra das Antilhas. Modelos exemplares de mulheres negras simplesmente não eram tão visíveis na época para inspirar nem a ele nem a mim.

Não é coincidência alguma que eu conheça pessoalmente tantas das mulheres apresentadas neste livro. Há poucas de nós que são visíveis e conhecidas... Eu admiro e respeito todas elas. Conto com uma grande quantidade dessas mulheres incríveis como sendo as minhas "líderes de torcida", e eu, a delas. Elas me encorajam e me apoiam na minha jornada, e eu tento fazer o mesmo por elas.

Este livro precisava ser escrito. Trata-se de um livro de inspiração, um livro que conta a história de luta, resiliência e, o mais importante de tudo, de realização. Ele responde a tantas perguntas que eu tinha quando comecei a minha própria jornada na minha carreira, olhei ao meu redor e vi tão poucas pessoas a quem fazer perguntas e questionamentos. Eu gostaria que este livro tivesse existido, então fico muito feliz porque ele agora existe.

Se você é uma jovem negra, deveria ler *Brilhe na sua praia*. Elizabeth e Yomi reuniram um recurso incrivelmente valioso para você. Elas combinaram as histórias de mulheres que foram pioneiras e seguiram em suas jornadas. Essas mulheres apresentam suas reflexões honestas e pérolas de sabedoria.

Nós somos suas líderes de torcida. Agora, vá BRILHAR!

— Dra. Karen Blackett OBE

INTRODUÇÃO

— "COM ELA, SEMPRE TEM ESSE LANCE DE RAÇA" —

ELIZABETH

"Dê o dobro de si no trabalho para que a considerem metade tão boa quanto as brancas" foi um ditado com o qual eu cresci, assim como a maioria das mulheres negras. Porém, isso começou a me afetar em termos mais pessoais, de fato, apenas quando eu estava com meus vinte e poucos anos e comecei a vivenciar mais o mundo.

Brilhe na sua praia é o fruto do amor entre a exasperação e o otimismo. Não consigo identificar com precisão o incidente exato que me tirou a estabilidade. As diversas microagressões começam a se mesclar e virar um borrão depois de algum tempo, porém, após uma semana particularmente frustrante no trabalho, eu me dei conta de que estava farta. Cansada demais de me sentir consciente de que eu sou negra e da minha feminilidade e esgotada de ficar pedindo desculpas *apenas* por existir. Como eu, minhas amigas negras têm a ambição e o impulso para serem bem-sucedidas em espaços que não foram, a princípio, estabelecidos para que nos sobressaíssemos neles, mas todas nós descobrimos que abrir caminho nesses espaços e trilhá-los provou ser desafiador às vezes.

Busquei conselhos onde tantas mulheres vão procurá-los: nos livros. Comprei o *Faça acontecer – Mulheres, trabalho e a vontade de liderar,* de Sheryl Sandberg, e, embora houvesse partes com as quais aprendi e me identifiquei, senti que esse livro falhou ao não abordar as experiências desafiadoramente únicas enfrentadas por mulheres como eu. E por que o livro dela faria isso? Sandberg só consegue falar com uma faceta do meu ser, com a minha feminilidade, a qual, para mim, está completamente entrelaçada na minha identidade como uma mulher negra.

Então eu fui procurar mulheres negras em eventos de integração que *pudessem* abordar a minha experiência e me dar conselhos sobre como melhor trilhar meu caminho em meio aos desafios com os quais eu me deparava. Eu ainda me sentia otimista e positiva em relação à experiência da mulher negra. Conheci mulheres negras inspiradoras, de sucesso e de uma diversidade de ramos de trabalho tamanha, desde uma empresária de tecnologia, que ganhava mais de seis dígitos, até uma advogada de um dos cinco maiores escritórios de advocacia do país, que estava entalhando seu caminho em um campo dominado pelos homens. Nós dividimos histórias sobre os desafios que encontramos e os triunfos que podíamos ver no horizonte. Elas não eram aquelas mulheres estereotipadas que conseguem tudo com um estalar de dedos como costumamos ver em uma série de TV. Aliás, com frequência, a experiência da mulher negra é reduzida pela sociedade. Elas não eram monolíticas. Aquelas mulheres inspiravam respeito, eram incríveis, e dava para nos identificarmos com elas. No entanto, algo não fazia sentido: por que elas eram celebradas apenas em eventos pagos e com um público pequeno?

Eu costumava deixar esses eventos me sentindo mais calma por não estar sozinha, mas também entristecida, pois esse senso de sororidade acabava quando o evento chegava ao fim. Essa ânsia me levou a chamar a minha melhor amiga, Yomi, que era jornalista, para persuadi-la a ser a pessoa que assumiria o desafio de aumentar a amplitude do alcance das vozes dessas mulheres e usar seus inestimáveis conselhos em uma escala maior. Pedi que ela escrevesse um livro que dialogasse comigo e com outras jovens negras de seus vinte e poucos anos em nossas jornadas pela vida. Posteriormente, nós decidimos trabalhar nessa campanha juntas.

Modelos exemplares são mais importantes para a próxima geração do que nunca, e mulheres e garotas negras britânicas têm muitíssimos desses modelos, mas não daria para adivinhar isso a partir de uma mera olhada de relance em suas livrarias padrão. Nós precisamos de um movimento que amplie o alcance das vozes das mulheres negras e que aumente a visibilidade dessas mulheres, que têm sido totalmente invisíveis na cultura predominante. É isso que *Brilhe na sua praia* procura ser. Esperamos oferecer confiança e inspiração, porém, além disso e o mais importante, esperamos oferecer apoio a outras mulheres negras que estão passando pelo processo de construção de suas próprias bases e que, se deixarmos o mundo fazer o que quer, ficarão restritas pelas limitações que a sociedade tenta colocar em cima de nós.

Existe um ditado: "É preciso uma aldeia inteira para educar uma criança", mas e quanto a 39 das mais pioneiras mulheres negras na Grã-Bretanha? *Brilhe na sua praia* é o curso de desenvolvimento pessoal do qual eu nunca soube que precisava. Quando você for ler este livro, eu espero que ele lhe proveja as ferramentas e o apoio para que você fique no comando, no banco do motorista de sua vida, para que não seja uma mera passageira. *Brilhe na sua praia* é a personificação da #MagiaDaGarotaNegra. Era exatamente por isso que vínhamos esperando: uma chance de celebrarmos os feitos daquelas que correram para que pudéssemos voar e para encorajarmos aquelas que estão simplesmente prestes a alçar voo.

YOMI

Eu devo muito àquela série de comédia médica de TV, *Scrubs*. Em um episódio da terceira temporada, a médica branca, Elliot Reid, vira para o médico negro, Christopher Turk, e diz que ele "não faz a mínima ideia do quão difícil é" ser mulher na profissão deles. "Eu não faço a mínima ideia?", diz ele, com as sobrancelhas erguidas. "Olha, eu não vou ficar discutindo se é mais difícil ser negro ou mulher", é a resposta dela. "Negro!", grita Turk. "Mulher!", retruca Elliot. Naquele exato momento, uma médica negra passa por eles devagar. "Parabéns, doutora Rhodes", diz Turk, sem jeito. A dupla sai andando na hora.

Algo que meu eu de treze anos já havia vivenciado com frequência, mas que eu nunca tinha conseguido articular, foi capturado com perfeição em um *sketch* de trinta segundos: que as diferentes facetas da minha identidade - ser negra, ser mulher - causavam impacto em quem eu sou e em qual é a minha experiência neste país. Explicou também por que eu me identificava apenas parcialmente com histórias focadas em homens negros e mulheres brancas. Ressaltou os motivos pelos quais era importante ver a minha identidade e a minha experiência refletidas. *Scrubs* havia acabado de explicar o que, anos depois, eu me daria conta de que se chamava "interseccionalidade" – e imediatamente me senti vista.

Como somos mulheres negras britânicas, antes mesmo de abrirmos nossas bocas, as pessoas sabem que nossos pais nasceram em algum outro lugar. Ou se não foram nossos pais, foram nossos avós. Ou bisavós. É como se fôssemos tatuados com a nossa diversidade. Somos hipervisíveis em espaços predominantemente brancos, mas, de alguma forma, continuamos sem ser vistas. Quando adolescente, eu sentia intensamente a escassez de mulheres negras britânicas que fossem visíveis nas histórias que nossa sociedade consumia, o que me levava a sentir todos os tipos de coisas. Isso fazia com que eu sentisse como se eu também fosse invisível. Isso me levava a me sentir frustrada. Fazia com que eu me sentisse irritada, chateada e, acima de tudo, inquieta. Inquieta porque eu sabia (ou pelo menos esperava) que, quando tivesse idade suficiente, um dia eu faria parte da mudança no estado das coisas.

Tentei fazer algo em relação a isso quando fiz 21 anos, ansiosamente colocando em prática uma publicação voltada para jovens garotas negras no Reino Unido. A *Birthday Magazine* foi a "gosma" primordial da qual este livro indiretamente nasceu. Suas metas eram similares: esboçar a experiência da mulher negra, assim como sua excelência, além de oferecer iguais quantidades de realismo e otimismo. Tratava-se de uma tentativa em pequena escala de levantar o moral. A revista tinha distribuição local e sua equipe era pequena, mas seu impacto foi maior do que eu esperava. *Brilhe na sua praia* era o próximo passo lógico que eu não previ, mas que Elizabeth previu, animada pelas mesmas frustrações, irritações e inquietações já sentidas pelo meu eu mais jovem.

Agora, aos 26 anos de idade, o mesmo senso de inquietação havia começado a se assentar sobre mim, mas dessa vez era desprovido de raiva ou até mesmo de preocupação. Minha atual emoção predominante é uma esperança sem limites, pois as mulheres negras britânicas em 2018 já passaram bastante da fase de colocar *megahair* e fazer ondas nos cabelos – nós estamos atualmente criando uma espécie de tsunami. De autoras de livros a políticas, de empresárias a artistas, as mulheres negras no Reino Unido continuam a prosperar, enfrentando todas as adversidades e estando bem fora das expectativas do mundo. Mulheres que se parecem comigo e que falam como eu, que cresceram em lugares similares onde eu mesma cresci, estão moldando quase todos os setores sociais, vindo de baixo e, por fim, seguindo por todo o caminho para cima, chegando ao topo. Tudo que uma Yomi mais jovem teria desejado seria a habilidade de aprender com elas; uma Yomi mais velha deseja praticamente essa mesma coisa.

Se mulheres brancas temem o teto de vidro, mulheres negras temem uma casa de vidro aparentemente impenetrável. Estamos bloqueadas por todos os lados e existe pouco ou nada na literatura que nos ofereça conselhos sobre como deveríamos continuar lutando apesar das dificuldades. Tanta coisa está acontecendo atualmente em um nível individual para combater essa situação, e é de suma importância que isso seja registrado, anotado e passado adiante. Nós quase nunca ouvimos falar da persistência, da perseverança e do impulso que fomentam tal sucesso. Talvez o mais importante seja que raramente ouvimos falar dos fracassos, das quedas feias e das inseguranças com que as mulheres negras britânicas tiveram de lidar para continuarem seguindo em frente e abrindo caminho para chegarem aonde estão hoje. Nós raramente ouvimos falar nas mulheres negras britânicas, ponto final. E este silêncio pode simplesmente ser tão danoso quanto a negatividade que recebemos com frequência.

Durante todos os anos da minha adolescência, eu fui uma leitora voraz, e não sou anomalia alguma - um estudo realizado em 2014 pelo National Literacy Trust mostrou que garotas negras provavelmente leem mais do que qualquer outro grupo étnico no Reino Unido.[1] Ainda assim, raramente os livros abordam de modo significativo a experiência negra britânica - e menos ainda a experiência das mulheres negras britânicas. Eu, que faço parte desse grupo, tinha um interesse pessoal em *Brilhe na sua praia* que vai além de simplesmente querer escrever um livro. Acho que pode se dizer que eu e Elizabeth estamos escrevendo este livro tanto por nós mesmas como para outras mulheres negras. Assim como nossas colegas, amigas e irmãs, nós ainda estamos aprendendo a nos guiar pelo local de trabalho, pelo mundo dos encontros e namoros e na vida de modo geral.

Não estamos aqui para lhes dizer que vocês devem simplesmente correr atrás do ouro, que devem decidir fazer algo, esforçar-se para isso e acreditar, que conseguirão com força de vontade livrar-se do racismo sistêmico. Conforme foi ressaltado por Elizabeth, até mesmo nossos pais, sem dúvida, teriam dito que temos de trabalhar "dobrado" e que a meritocracia é um mito – o que é continuamente comprovado pelas estatísticas. Porém, o que nós *estamos, de fato,* dizendo é que há muito empoderamento e inspiração a serem obtidos das muitas mulheres que pularam sobre as barreiras contra as quais você também se encontrará lutando. Existem maneiras práticas de ajudá-las a vencer, e admitir que haverá dificuldades e desafios ao longo do caminho não é sinônimo de submissão à derrota. Significa vir para a batalha armada e preparada.

EDUCAÇÃO

"Eu também me lembro de pensar que havia com frequência dois pesos e duas medidas entre as garotas negras e as garotas brancas na escola. Nós éramos punidas enquanto elas recebiam segundas chances."

ELIZABETH

"Por exemplo, houve a vez em que o clube das líderes de torcida decidiu dar sua festa anual de 'leilão de escravos' [...] anual com um tema de *Django Livre*."

YOMI

— ADVOGADA, MÉDICA, ENGENHEIRA —

ELIZABETH

"Até mesmo hoje em dia, quando entro em um táxi e alguém diz 'Com o que você trabalha?' e eu digo 'Sou cientista espacial', a pessoa olha duas vezes para mim. 'Como você é cientista espacial? Isso não faz sentido.' Sou mulher e sou negra."

— Dra. Maggie Aderin-Pocock MBE

Quando eu tinha dezesseis anos, achava que fracassaria em todas as minhas provas para concluir o Ensino Médio. As notas que eu tinha previsto sugeriam que esse não seria o caso, mas, ainda assim, sentia um medo profundo e avultante de que eu não passaria em uma prova sequer. Em casa, a pressão para me sair bem na escola e nos meus exames era colocada como se fosse uma injusta partida final de copa entre dois times rivais de futebol: de um lado estavam os meus pais, armados com todos os melhores jogadores e esperando que eu só tirasse A nas provas; do outro lado estava eu, com meus jogadores medíocres e uma defesa abaixo da média, tentando não sucumbir diante da pressão e ser aniquilada. Conforme as semanas foram se passando e os dias dos resultados foram chegando cada vez mais perto, a tensão aumentou e, assim, de modo a mitigar o que eu sentia que seria a decepção iminente dos meus pais, em vez de esperar para ser pega no grande dia, ingenuamente, eu comecei a caça por um emprego. Sem certificado algum de formação no Ensino Médio nem experiência, eu sabia que estaria provavelmente travando uma batalha perdida, mas, ainda assim, isso parecia menos assustador para mim do que a batalha *real* que eu estava convencida de que viria no dia dos meus resultados na escola.

Eu cresci em parte em Dulwich, um bairro suburbano do sul de Londres, lar da Dulwich Picture Gallery. Com frequência eu passava pela galeria, então já havia notado que eles organizavam uma diversidade de eventos que tinham como público-alvo sua demografia costumeira: classe média, meia-idade e brancos, nada que agradasse particularmente o meu eu de dezesseis anos. Mas eu precisava de experiência de trabalho, e tive uma ideia: entrei no Google, fiz uma pesquisa rápida, encontrei o endereço eletrônico da pessoa que era chefe dos eventos da galeria e do marketing e enviei um e-mail a ela. Nesse e-mail, eu disse que acreditava que os eventos poderiam se beneficiar de ter mais apelo junto às pessoas jovens. Eu pedi para me encontrar com ela e, para a minha surpresa, ela concordou com isso: obviamente ela não fazia a mínima ideia de que estava marcando uma reunião com uma adolescente.

No dia da reunião, enquanto eu estava lá sentada esperando que ela chegasse, sentia-me tão nervosa. Dizer que eu estava sentindo como se fosse me afogar seria um eufemismo. Eu estava pensando: "Esta mulher branca de meia-idade não está esperando que uma inexperiente garota negra de dezesseis anos lhe peça para ficar envolvida nos eventos". Porém, quando ela chegou, parecia agradavelmente surpresa. Simplesmente aconteceu que, durante aquele verão, a galeria estava introduzindo exibições de cinema ao ar livre, e ela queria minha opinião para ajudar a dar vida à ideia. E foi isso que passei meu verão fazendo. Essa se tornou a minha primeira experiência em marketing.

O dia dos resultados chegou e, para a minha surpresa, eu me saí bem e meus pais ficaram satisfeitos. Meu pânico havia me impelido a procurar uma experiência de trabalho que fosse se provar valiosa na minha carreira, então não me arrependo de ter feito isso. No entanto, analisando aquele verão em retrospecto, eu me arrependo (e acho depressivo) de ter permitido que o meu medo paralisante de não me sair bem nas provas e de decepcionar outras pessoas dominasse a minha vida, em vez de aproveitar ao máximo aquelas semanas que passei esperando ansiosamente e me preocupando com o meu futuro. Por quê? De onde foi que veio a minha falta de fé? No cômputo geral, quando analiso isso em retrospecto, vejo que a experiência de trabalho foi uma coisa boa para mim, foram apenas as circunstâncias que me impeliram a fazer isso que estava longe das ideais.

Na minha escola, a menos que você fosse identificado como sendo um aluno genial e talentoso que só tirasse A nas provas e exibisse um comportamento modelo, era quase inevitável que acabasse ficando de lado e sendo esquecido. Na hora de tomar decisões em relação a seu futuro, você pode acabar se encontrando em uma terra de ninguém, preso entre as expectativas muito altas de seus pais e as mais baixas opiniões dos professores que duvidavam de sua capacidade – não se esquecendo das costumeiras pressões dos colegas adolescentes. Para mim, foi quando essa falta de autoconfiança se desenvolveu e transformou-se em uma perda de autoestima, e a ansiedade insinuou-se em relação ao quão boa eu era e o quanto isso se traduziria em um futuro.

Quando chegou o momento de fazer as provas, eu tinha notado que alguns dos meus amigos e amigas não acreditavam que poderiam se sair bem, então eles apenas começaram a desistir e comportar-se mal – porque isso parecia ser o que se esperava deles de qualquer forma. Com frequência, essa tensão tornou-se uma "passagem só de ida" para a desmotivação, e então eles começaram a sucumbir a esse sentimento – quer tivessem começado bem-comportados e ambiciosos ou não. Quando seus professores duvidam de você e quando seus pais o colocam sob grande pressão, essas atitudes criam uma combinação tóxica. A verdade sobre as realizações educacionais é com frequência mais complexa do que sugerem as estatísticas.

Quando o tópico de raça e educação é abordado pela mídia, geralmente isso é lançado sob uma luz predominantemente negativa. Quando não estão se focando no desempenho baixo de meninos brancos do proletariado, as experiências de minorias étnicas são caracterizadas por baixas aspirações, altas taxas de exclusão e um subsequente desempenho abaixo da média. Com crianças negras, os refletores tendem a ser focados em meninos negros - o que talvez seja compreensível, porque seus níveis de realização educacional são chocantemente baixos em comparação aos de garotas negras. Como resultado disso, garotas negras acabam se tornando altamente invisíveis dentro das conversas sobre educação, de modo que tem havido poucas pesquisas contemporâneas e literatura que analisam a experiência delas em nosso sistema educacional, fazendo a seguinte pergunta: como as garotas negras no Reino Unido estão *realmente* se saindo na escola?

"Meu amigo e minha amiga, fiquem de olho em seus livros, e não nesse tal de Facebook."

Pai africano desconhecido

Não é difícil ver por que um valor extremamente alto foi colocado na educação na minha casa na infância e nos lares dos meus amigos e amigas, assim como nos lares de muitas das mulheres que entrevistamos para este livro. Nós somos uma geração de pessoas que cresceram com pais - ou avós - que haviam obtido qualificações profissionais nos países dos quais eles haviam migrado, mas que com frequência achavam difícil conseguir trabalhos no Reino Unido que refletissem seus conjuntos de habilidades, porque aquelas qualificações não eram sempre reconhecidas quando eles iam a entrevistas de emprego. Por mais que tivessem estudado, com frequência eles enfrentavam discriminação quando entravam no mercado de trabalho, e muitos tinham de aceitar atividades para as quais não era exigido o nível de qualificação que tinham.

Nossos pais apreciavam o valor do ensino e das oportunidades que ele poderia trazer. Como os meus costumavam me lembrar frequentemente: "Lá no nosso país, nós não temos a mesma oportunidade que vocês, crianças, têm aqui. O ensino abre uma via para vocês". Apesar disso, eles também tinham conhecimento do quão difícil seria para que trilhássemos nosso futuro na Grã-Bretanha, e então também costumavam nos conscientizar do seguinte: "Este não é nosso país; nós temos de dar mais duro no trabalho". Meus pais tinham ambições extremamente altas para mim, minhas irmãs e irmãos. Aos olhos deles, "o céu é o limite. Se você trabalhar duro, você vai longe". Eu costumava ouvi-los conversar com seus amigos em um verdadeiro estilo nigeriano, em relação a como eu faria um mestrado quando eu nem mesmo tinha entrado na universidade ainda. Eles acreditavam que o ensino levava a oportunidades de trabalho e, talvez, o que não era surpreendente, como fez o pai de Karen Blackett, frequentemente nos guiavam em direção a carreiras como Direito e Medicina - profissões nas quais ninguém pode negar suas qualificações, a despeito da cor de sua pele e do preconceito com o qual você poderia se deparar. Das perspectivas dos nossos pais, essas tradições profissionais nos dariam segurança no trabalho.

Bola Agbaje, dramaturga e escritora ganhadora do Prêmio Olivier, teve uma experiência similar em sua adolescência:

> Para pais africanos, eu acho que só era uma questão de que eles queriam estabilidade. Muitos pais da primeira geração querem que seus filhos sejam advogados e médicos e coisas do gênero, porque esses são os trabalhos que criam estabilidade, e, além disso, você pode ficar mais rico com esses tipos de trabalhos. Então eles querem que seus filhos tenham vidas melhores do que as que eles tiveram, de modo que é por isso que eles empurram seus filhos para esses tipos de carreira.

Pesquisadores educacionais reconhecem que, de todos os fatores dentro de casa, os valores e as aspirações dos pais têm o maior efeito positivo sobre as crianças na escola. Contudo, as altas aspirações e motivações de pais de minorias étnicas nem sempre se traduzem no melhor dos resultados dos filhos na sala de aula, e houve pouca pesquisa examinando os motivos pelos quais esse seria o caso. Quando crianças negras entram no sistema escolar com cinco anos, elas têm um desempenho tão bom quanto o de crianças brancas e asiáticas em testes de alfabetização e habilidades matemáticas. Seus resultados são amplamente alinhados com a média do Reino Unido, com taxas de alfabetização em 67% e habilidades matemáticas em 75%, em comparação às médias nacionais de 69% e 76% respectivamente. No entanto, quando entram na escola secundária com onze anos, o rendimento de alunos negros fica para trás.[1]

Quando analisamos a situação um pouco mais a fundo, é notável que existem diferenças nos níveis de realizações escolares entre os diferentes grupos de negros. No ano acadêmico de 2013-2014, 56,8% dos alunos afro-britânicos obtiveram notas de A*–C – levemente acima da média nacional de 56,6%. Esse nível de desempenho coloca-os junto com os alunos indianos e chineses como os estudantes étnicos com nível mais alto de desempenho escolar no país. No entanto, em um contraste pungente, alunos negros caribenhos têm uma taxa de aprovação escolar de 47%, com uma diferença de quase dez pontos percentuais. De modo geral, os alunos negros tiveram os menores desempenhos nas cinco notas principais da conclusão do Ensino Médio de todos os grupos étnicos, mas é o desempenho dos alunos caribenhos que tem uma média de 53,1%.[2] Houve uma falta correspondente de pesquisa em relação às diferenças nos níveis de desempenho escolar entre alunos negros africanos e alunos negros caribenhos.

Não foi feito o bastante para tentar entender por que existe uma disparidade entre diferentes grupos de negros. Em vez disso, os dois grupos são frequentemente amalgamados em um só grupo, o que significa que somos incapazes de ver os padrões emergentes e que existe uma tendência de que muitas crianças fiquem marginalizadas a menos que estejam se saindo realmente bem na escola. Essa falta de pesquisas substanciais fica especialmente aparente quando se trata dos níveis de desempenho escolar de garotas negras. Althea Efunshile CBE, ex-CEO interina do Arts Council England, explica:

> Eu às vezes me perguntei se garotas negras que não se saem tão mal quanto meninos negros são tão invisíveis no sistema educacional. Porque, se formos compará-las com meninos negros, elas estão se saindo melhor, e então as pessoas dizem: "Bem, ok, nós não precisamos nos preocupar tanto com elas. Porém, se as compararmos com garotas brancas, elas não estão se saindo tão bem assim".

Jovens garotas negras parecem dar um alto valor à educação: elas querem ser bem-sucedidas e se esforçam para darem o melhor de si dentro do sistema escolar. Porém, conforme elas vão progredindo pela escola secundária, parece que fatores entram em cena, os quais, com frequência, levam-nas a não atingirem seu potencial pleno. Heidi Mirza é professora de Raça, Fé e Cultura na Faculdade Goldsmiths, na Universidade de Londres, e escreveu profusamente sobre etnia, gênero e identidade na educação, mais notavelmente em seu livro *Young, Female and Black** (1992). Conforme ela ressaltou quando falamos com ela:

* Jovem, mulher e negra. [N.T.]

Todo mundo diz que garotas negras se saem bem, que não há nenhum problema para elas. Elas se saem melhor do que os meninos, elas se saem melhor do que os meninos negros, elas se saem melhor do que meninos do proletariado, e elas estão se saindo melhor do que meninas brancas do proletariado. Qual é o problema? Nós nem mesmo precisamos olhar para elas; na educação, elas são meio que ordenadas. Porém, na verdade, quando se vê além das aparências e se analisa os detalhes, como fiz para o livro *Young, Female and Black*, o que descobri foi que existem tantas mitologias em torno da feminilidade negra, e o fato é que sempre existem as "fortes mulheres negras que sobrevivem à narrativa".

Tudo o que as teorias e os estudos estavam dizendo era que, porque têm aquela força interior, elas se saem bem, e o que eu descobri foi que, sim, elas têm essa força interior; sim, seus pais realmente valorizavam os estudos imensamente, e empurraram-nas para que se saíssem bem neles - o que aconteceu com algumas, mas com outras não -, porém, ao mesmo tempo, havia coisas estruturais como racismo, escolas com professores não tão bons, questões relacionadas à pobreza, recursos, políticas governamentais com as quais elas tinham de lidar, e o fato de que elas se saem bem na escola é porque sobrepujaram isso, aprenderam a navegar no sistema.

Elas tinham aspirações muito altas, mas, conforme foram ficando um pouco mais velhas e se deram conta de que não estavam obtendo o apoio na escola para seguirem em frente, acabavam fazendo escolhas muito estratégicas, então diziam: "Eu não vou me formar no ensino secundário, mas vou para a faculdade, vou obter esse certificado em uma outra instituição, e vou entrar em enfermagem, porque eu posso conseguir ingressar nesse curso, mas não necessariamente quero ser enfermeira. Eu quero ir para a universidade e estudar sociologia, esse poderia ser um ponto de partida na minha jornada".

Elas sabiam que o sistema não funcionava para elas, então fizeram muitas escolhas para acomodarem-se - o que chamo de "longa rota pelos fundos para o sucesso" - de modo que elas têm de dar muitos, mas muitos passos diferentes para contornar o racismo e a falta de apoio no sistema, fazendo escolhas estratégicas. Sendo assim, leva muito mais tempo para algumas delas entrarem no Ensino Superior, na universidade. Geralmente elas estão mais velhas; de quase todas as minhas alunas, quando eu estava dando aulas em lugares como Southbank e Middlesex, as mulheres negras já estavam, sabe, com seus vinte e poucos anos, ao passo que as jovens brancas tinham seus dezessete, dezoito ou dezenove. Elas eram muito mais jovens porque não precisavam navegar tanto assim no sistema.

Se pais negros, de fato, notam que seus filhos estão tendo dificuldades na escola, com frequência procuram métodos alternativos para compensar pela falha de escolas convencionais, em vez de tentar causar mudanças nas escolas em si. Alguns pais negros optam por enviar seus filhos para outro país durante seus anos de escola secundária assim que começam a ver um padrão de notas ruins ou de comportamento perturbador. Quando eu estava no nono ano na escola secundária, era constantemente avisada de que eu seria enviada à Nigéria se minhas notas não melhorassem em Matemática e Ciências, e meu irmão e minha irmã até foram enviados a internatos de lá durante alguns anos. Isso contrastava com a fé que eles colocavam no sistema educacional no Reino Unido. Eu tinha amigos que estavam na sala de aula em uma manhã de segunda-feira, mas que na sexta-feira já tinham sido tirados da escola.

Escola particular é uma outra opção para pais que podem pagar por isso. A doutora Nicola Rollock, revisora de provas em Equidade e Educação na Faculdade Goldsmiths, Universidade de Londres, começou estudando em escolas estaduais, mas logo seus pais tomaram a decisão de enviá-la a uma escola independente quando eles perceberam que ela não estava sendo puxada em termos acadêmicos.

Nós costumávamos ler os livros de Peter e Jane e eles tinham uma sequência - 1a, 1b, 1c -, e eu passava por ela bem rapidamente. Depois,

> em vez de me permitirem seguir para a próxima sequência, 2, 3 ou 4, a professora me pedia para voltar para o início, de modo que eu ficava incrivelmente entediada.

Em vez de passá-la para uma classe mais alta, esperava-se que Nicola aguardasse o restante da classe acompanhar a lição:

> Havia uma professora negra que aconselhou os meus pais a me mudarem de escola, porque eu não estava florescendo ali. Eu tinha sido mantida para trás pela professora da minha sala de aula, uma mulher branca, de modo que meus pais me mudaram de escola e eu fui para uma escola independente só de meninas.

Alguns pais negros complementam a educação de seus filhos com tutores. Eu frequentei uma escola aos sábados durante muitos anos, gerida por duas mulheres negras que empregavam professores negros altamente motivados. Lá os pais podiam dar suas opiniões em relação ao currículo escolar e a escola em si estava comprometida com a tarefa de levantar os níveis de realização escolar dos alunos negros de quem, com frequência, as escolas convencionais haviam desistido.

Mina com atitude

Então, o que nós, *de fato*, sabemos sobre os motivos pelos quais tantas garotas negras estão tendo um desempenho abaixo do esperado na escola? Nós sabemos que o racismo institucional desempenha um papel nisso e que preconceitos e condicionamentos nas percepções e expectativas dos professores contribuem para que alguns alunos negros tenham um desempenho abaixo do esperado e de seu potencial. Estudos revelaram que ideias tendenciosas podem se manifestar de diversas maneiras. Existem evidências de que professores rotineiramente subestimam a capacidade de alunos negros e que suposições sobre problemas comportamentais estão eclipsando seus talentos acadêmicos. Em essência, o baixo desempenho escolar entre alguns alunos negros é piorado porque seus professores de fato não esperam que eles sejam bem-sucedidos. O doutor Steve Strand, da Universidade de Warwick, autor de um dos estudos, disse:

> Depois de explicar todos os fatores medidos, a sub-representação é específica em relação a este grupo étnico e indica que, com todas as outras coisas sendo iguais, para cada três alunos britânicos brancos que ingressaram nas mais altas camadas, apenas dois alunos negros caribenhos também nelas ingressaram.[3]

Não é nenhuma surpresa que, de acordo com o mesmo estudo, crianças negras também são aquelas que mais se preocupam com a forma como os professores as veem e menos provavelmente sentiriam que seus professores as descreveriam como espertas.[4]

A doutora Maggie Aderin-Pocock MBE, cientista espacial e coapresentadora do programa de astronomia da BBC2, *The Sky at Night*, consegue se identificar com essas descobertas:

> Na escola eu não era considerada muito brilhante, eu sofro de dislexia e então, logo que a gente vai para a escola, tudo tem a ver com leitura e escrita. Quando comecei na escola, os professores disseram: "Ah, sim, ok, Maggie não é muito brilhante", e eles me colocaram no curso de recuperação, então eu estava lá nos fundos com a tesoura infantil e a cola longe de mim e eles não me viam como alguém que tinha muito potencial, o que é bem contrastante com o que eu recebia em casa, porque eu estava falando com o meu pai e ele estava dizendo: "Ah, sim, você deveria ir para a universidade, você deveria estudar". E então as duas coisas eram muito díspares. Eu não falava muito na escola sobre o que eu queria fazer, porque, de modo geral, quando eu falava, eu achava que os professores tentariam ser bondosos, mas eles costumavam olhar para mim com leves expressões de desapontamento no rosto, dizendo coisas do tipo: "Ah, Maggie, a ciência é para pessoas espertas, você deveria considerar algo como enfermagem, enfermagem é bom, e isso é

ciência também". Então eu acho que eles estavam tentando mitigar as minhas expectativas. Eu me senti um pouco desiludida; eu senti que a escola não era para mim, então eu ficaria no curso de recuperação. No entanto, as coisas tiveram uma reviravolta em um momento específico, quando eu estava sentada em uma aula de Ciências e um professor fez uma pergunta. A pergunta era a seguinte: "Se um litro de água pesa 1 kg, quanto pesa um centímetro cúbico de água?". Oras, um centímetro cúbico é uma milésima parte de um litro, e eu pensei: *Ah, seria 1 grama.* Então eu levantei a mão para responder à pergunta e olhei ao redor da sala de aula e ninguém mais tinha feito isso. Sabendo que eu era a burra no curso de recuperação, eu abaixei a mão, pois pensei que não podia estar certa. Mas então eu decidi tentar e respondi à pergunta e respondi certo e, de repente, eu pensei: *talvez eu não seja tão burra quanto eu pensava.* Ciências é uma matéria que leva as pessoas para o espaço e então eu pensei: *se eu estudar Ciências, talvez eu possa ir para o espaço.* Essa foi uma verdadeira virada para mim, então eu comecei a prestar mais atenção nas aulas, e, conforme minhas notas na matéria começaram a ficar mais altas, minhas outras notas também ficaram. Depois disso, eu tive muito encorajamento na escola, pois foi então que eles viram que eu tinha aptidão.

Manifestações de ideias preconceituosas inconscientes na sala de aula também se estendem ao fato de que é mostrado a garotas negras menos indulgência do que a suas colegas brancas, e elas são consideradas crianças problemáticas mais rapidamente. O Relatório Swann, pioneiro em 1985, apontou o seguinte:

> As atitudes dos professores e suas expectativas em relação a alunos das Antilhas podem ser subconscientemente influenciadas por visões estereotipadas, negativas ou condescendentes de suas capacidades e de seu potencial, o que pode se provar uma profecia autorrealizável, e pode ser visto como uma forma de racismo não intencional.

No Reino Unido, a probabilidade de que crianças negras sejam suspensas da escola é quatro vezes maior em comparação a crianças brancas. No ano escolar de 2013-2014, 18% dos meninos negros e 10% das garotas negras foram suspensos da escola. Isso em comparação a 5% de suspensão dos meninos brancos e 2% das garotas brancas.[5] Na minha escola, eu me lembro de alunos sendo excluídos por causa de seus cabelos. Crianças negras eram penalizadas pelos estilos de seus cabelos, ao passo que as crianças brancas de classe média, com seus longos cabelos soltos, não eram perturbadas. Na época, eu não conseguia entender por que um tipo de cabelo era policiado e o outro não. Se o cabelo de uma pessoa não afeta sua capacidade de aprender, por que deveria importar?

Eu também me lembro de pensar que havia com frequência dois pesos e duas medidas entre as garotas negras e as garotas brancas na escola. Nós éramos punidas enquanto elas recebiam segundas chances. É alarmante que isso tenha nascido de um estudo publicado em 2017 pelo Georgetown Law Center on Poverty and Inequality. O estudo revelou que, começando com a tenra idade de cinco anos, garotas negras são vistas como sendo bem menos inocentes e mais parecidas com adultas do que as garotas brancas.

Heidi Mirza desenvolve essa ideia:

> Se você simplesmente sair um pouco da linha, se a pessoa for branca e der risada na sala de aula, pode ser que eles riam com a pessoa; é meio que uma piada. Se *você* rir, é como se estivesse rindo de alguém, levante-se e saia da sala. Então, o que eles descobriram foi que existe uma espécie de estereótipo de que as garotas negras são mais agressivas, e é como você disse, essa espécie de preconceito, essa inclinação subconsciente segue em frente, de modo que qualquer coisinha fica grande muito mais rapidamente.

Dawn Butler explica como as percepções dos professores deixaram-na em uma situação difícil aos doze anos:

> Havia uma garota, uma garota branca, chamada Andrea, na minha escola, e ela sempre tirava A nas provas e nos trabalhos, então eu decidi que iria trabalhar com muito vigor e conseguiria tirar A. Tratava-se de um trabalho de História, e eu me esforcei muito para fazê-lo. Era um trabalho realmente bom, e eu me lembro de estar realmente orgulhosa

dele. Então, entreguei o trabalho e tirei nota D. E eu o comparei com o trabalho da Andrea e nós duas os comparamos, porque nós, na verdade, estávamos em uma competição para ver quem era capaz de escrever mais certinho e com menos palavras erradas.

A professora disse que eu havia colado. Eu não tinha como provar que eu não tinha feito isso, que o trabalho era meu e que eu tinha me esforçado - e muito - para fazê-lo. E eu só pensei: *As coisas nunca vão mudar.* Eu tive uma conversa sobre isso com a Andrea e nós decidimos um dia que trocaríamos nosso trabalhos, pois sabíamos que não importava o que eu colocasse no papel, eu nunca tiraria um A, e o que quer que ela colocasse no papel, ela sempre tiraria A. Analisando a situação em retrospecto, eu fiquei tão frustrada, porque eu não tinha como fazer nada para mudar isso, mas era a primeira vez, eu imagino, que eu me dava conta de que uma vez que alguém tivesse uma impressão de você, seria muito difícil fazer com que essa impressão dele mudasse. Sendo assim, Andrea, a garota branca, sempre tiraria A, e Dawn, a garota negra, nunca tiraria um A. Isso era algo difícil de aceitar - eu meio que não queria mais dar o melhor de mim, porque eu simplesmente nunca seria recompensada por isso.

Ser uma confiante e obstinada garota negra era algo inaceitável na minha escola e, como explica Jamelia, cantora e apresentadora de TV, a experiência de sua filha soa similar:

Eu notei isso na escola deles, que mesmo sendo um ambiente de escola particular, eles ainda são minoria por lá. Eu fui chamada para ir até a escola e lá tive uma reunião em que eles me disseram: "Ah, sabe, ela está agindo simplesmente de uma forma confiante demais". Isso porque minha filha mais velha passou em um teste em uma aula de Sociologia, porque ela quer fazer essa aula para qualificação acadêmica de *A-level* - ela está finalizando seu ensino secundário, mas eles têm uma aula experimental -, e o professor mostrou a ela uma estatística em uma tabela que na parte debaixo mostrava a etnia e seus sucessos em exames. Ele disse que garotas e meninos negros estavam na parte inferior da tabela. Minha filha pensou: *eu nem mesmo sei como ele acha que isso poderia fazer com que eu me sentisse melhor, e isso mostra que ele nem mesmo pensou nisso,* mas eu disse a ela que pelo menos ele tinha uma estatística. O que ele então continuou dizendo foi que o motivo pelo qual os meninos negros encontravam-se na parte debaixo da tabela era porque eles não tinham figuras paternas. Minha filha, então, o criticou por esse comentário, e ela ficou encrencada por essa sua atitude.

Existem evidências que sugerem que se seu professor se parece com você, é possível que você se saia melhor na escola. Um estudo norte-americano revelou que, quando os alunos negros têm professores negros, é mais provável que tais alunos se formem no ensino secundário.

> O estudo descobriu que, quando os alunos tinham professores da mesma raça que a deles, relatavam que sentiam que se importavam mais com eles, eles ficavam mais interessados em suas lições e mais confiantes nas capacidades de seus professores de comunicar-se com eles. Esses alunos também relataram que se esforçavam mais na escola e tinham mais altas aspirações em relação à faculdade. Quando tinham professores que não se pareciam com eles, relatavam níveis mais baixos de tais sentimentos e atitudes. Essas tendências ficavam mais visíveis em meio a alunos negros, especialmente a garotas negras.[6]

Sendo assim, é particularmente frustrante que, no Reino Unido, nós não tenhamos alunos negros em número suficiente. Segundo a National College for Teaching and Leadership, apenas 12% dos professores em treinamento em 2013-2014 eram de grupos étnicos minoritários - uma estatística que não se alterou em cinco anos.[7] A falta de professores negros pelo país significa que poderia haver uma ausência de entendimento em relação a como motivar e trabalhar com crianças negras. Em 2007, Catherine Rothon argumentou que a falta de modelos exemplares coétnicos poderia explicar o baixo desempenho escolar de meninos negros caribenhos,[8] e os professores que, *de fato,* vêm de minorias étnicas relatam dificuldades que incluem o racismo casual, a falta de modelos exemplares para crianças negras e de minorias étnicas (BAME - Black and Minority

Ethnic*) e o fato de serem forçados a lidar com microagressões vindas de outros membros do quadro de funcionários do colégio. Entro em mais detalhes em relação ao impacto do racismo casual no capítulo "Microagressões que são um balde de água fria".[9]

Quando eu crescer...

O que você queria ser quando crescesse? Quem eram seus modelos exemplares? Todos nós podemos nos lembrar de como era a sensação de sermos cheios de esperanças, sonhos e ambições em relação ao trabalho que teríamos quando estivéssemos com idade suficiente para isso. Porém, conforme os anos foram se passando, a sociedade e a escola com frequência bloqueavam essas ambições e colocavam limites para nós antes mesmo que tivéssemos tempo para, de fato, sabermos o que queríamos. Segundo um estudo do *Newsround* da BBC, cerca de uma entre cinco crianças negras acreditam que a cor de sua pele poderia prejudicar suas perspectivas de trabalho. Uma criança disse o seguinte ao repórter do *Newsround*: "Esta geração ainda está sendo julgada e estereotipada, então será difícil para nós fazermos o que queremos fazer quando formos mais velhos".[10]

Para mulheres negras, isso fica exacerbado pelo fato de que existe a tendência de que seja mostrado para nós apenas um âmbito estreito de possibilidades. Somos também bombardeadas com a ideia de que existem apenas determinados papéis para determinadas pessoas. Heidi entende tudo isso muito bem a partir de sua pesquisa:

> Há tão pouca representatividade de nós, garotas negras, na escola, de forma que não vemos nossa imagem em uma luz positiva nos livros

---

* Negros e minorias étnicas. [N.T.]

escolares e na História. Uma aluna minha, que fez seu doutorado em História Negra, disse que, quando ela entrevistou crianças negras, meninos e garotas, e os pais deles, responderam: "Nós não queremos que a História Negra seja ensinada nas escolas, porque sempre falam de escravidão e dos escravizados e então somos provocados por causa disso".

A autora disse que a forma como isso é ensinado é que é o problema. Não que isso seja ensinado como parte dos horrores do sistema colônia e imperial, não. Nem como deu gás para a revolução industrial, não. Isso é ensinado como uma coisa separada, o que é degradante, e, dessa forma, as únicas imagens que se vê são de negros acorrentados, sendo linchados ou algo do gênero, nunca imagens positivas.

Um dos objetivos que esperamos atingir com este livro é mostrar a jovens garotas negras que não existe limite algum em relação aos papéis que elas podem buscar para si no mundo.

Malorie Blackman OBE é uma autora de livros infantis ganhadora de prêmios e deteve a posição de *Children's Laureate* de 2013 a 2015. Ela acredita que seja incrivelmente importante que crianças negras tenham esses modelos exemplares visíveis.

> Quando eu era criança, embora adorasse ler e amasse escrever, não passava pela minha cabeça que eu poderia ser escritora, porque nunca tinha visto uma escritora negra e, na verdade, a primeira vez em que li um livro escrito por uma autora negra foi *A cor púrpura,* e isso foi quando eu tinha 21 ou 22 anos. Oras, essa *é* uma idade ridícula de se ter antes que, de fato, a pessoa leia sobre personagens negros escritos por um(a) autor(a) negro(a), e foi apenas a leitura desse livro que me levou à livraria negra em Islington, quando essa livraria ainda existia por lá, e foi para lá que foi todo o meu dinheiro. Eu me lembro de que, em uma aula, eu disse à minha professora: "Como é possível que você nunca fale sobre realizadores, cientistas e inventores negros?". E ela olhou para mim com um ar de presunção e disse: "Pois não existe nenhum". E eu não sabia que não era bem assim, eu nunca tinha aprendido nada sobre eles, de modo que eu senti que havia uma imensa lacuna no meu

conhecimento sobre a minha própria história, de forma tal que, quando me deparei com uma livraria negra, havia livros de não ficção lá, escritos na maior parte por afro-americanos, então eu os devorei.

Tendo as mesmas visões de Malorie em relação à necessidade de modelos exemplares visíveis, a doutora Maggie Aderin-Pocock foi atrás, incessantemente, de um cronograma de visitas a escolas junto a seu trabalho acadêmico:

> Este é um desafio um tanto quanto multifacetado. Meu objetivo é conseguir fazer com que mais garotas negras entrem no campo de STEM (Science, Technology, Engineering and Maths*), porque é a mesma coisa com respeito a todos, na verdade, existem desafios internos e desafios externos. Internamente, eu acho que muitas garotas não consideram a área de STEM, especialmente as garotas negras, mas a mesma coisa acontece com os meninos. Quando eles veem modelos exemplares ou modelos exemplares negros, eles veem jogadores de futebol, cantores, pessoas que estão realizando trabalhos brilhantes, mas não veem muitos cientistas. Agora, talvez eles vejam um pouco mais de médicos negros, mas meio que dentro de um reservatório limitado. E é sempre tentando expô-los a tantos modelos exemplares quanto possíveis em muitas disciplinas diferentes. É engraçado, quando vou a escolas, falo sobre ciência e espaço, mas não necessariamente quero que eles se tornem cientistas espaciais como eu, só quero que eles saibam que têm oportunidades incríveis e que existem carreiras também incríveis que poderiam ser adequadas para eles. Algumas das crianças podem ser o máximo como cientistas espaciais, mas algumas delas podem querer fazer algo totalmente diferente. Todavia, é mostrando a elas que, sendo uma garota negra em uma escola, o céu é o limite, que você pode fazer qualquer coisa que se determinar a fazer, mas você tem de realmente saber quais são as oportunidades. O que tento é fazer com que sejam expostos a oportunidades. Eu acho que isso não acontece assim com tanta frequência, mas eu acho que em alguns lugares eles ainda tentam limitar as expectativas das pessoas. E isso é especialmente verdade para garotas e eu acho que isso seja especialmente verdadeiro para garotas

* Ciência, Tecnologia, Engenharia e Matemática. [N.T.]

negras. Sendo assim, é meio como a situação em que eu me encontrava: "Ah, Maggie, não tenha ambições tão altas assim". É quase como falar "saiba qual é o seu lugar na vida" - e eu acho isso bem frustrante. Sendo assim, eu gosto de mostrar a minha história como um exemplo, sabe? Pois eu mostro que comecei exatamente onde a aluna está sentada e agora estou aqui em pé, fazendo coisas realmente empolgantes, e amo o meu trabalho. Então, é mostrando a elas que existem coisas incríveis que elas podem fazer, que elas têm o potencial e que o lance é que acreditem em si mesmas. É preciso tentar eliminar as barreiras externas e internas.

Mudanças positivas estão acontecendo! Natasha Codiroli descobriu que estudantes do sexo feminino de etnia mista e origem negra caribenha têm mais probabilidade de cursar *A-levels* de STEM em comparação a estudantes brancas do sexo feminino.[11] De fato, garotas negras são o único grupo étnico que tem um número maior de pessoas em *A-levels* de STEM em comparação a seus colegas do sexo masculino.[12] STEM é importante para impulsionar a inovação e é o setor com crescimento mais rápido no Reino Unido. Nunca houve uma época melhor do que agora para encorajar jovens garotas a entrarem nesse setor. Modelos exemplares como a doutora Maggie Aderin-Pocock entendem a necessidade da visibilidade negra para as crianças na escola, assim como projetos de alcance estão se tornando cada vez mais importantes no encorajamento da entrada de mais mulheres negras em todos os tipos de setores do campo de trabalho.

Malorie concorda com isso:

Então, em relação à representatividade, eu acho que isso seja totalmente vital, pois se eu não tivesse lido aqueles livros, ainda não estaria na minha cabeça que posso ser escritora, porque eu nunca tinha visto uma escritora negra! Eu me lembro de quando, por exemplo, eu comecei a escrever, e escrevi um livro chamado *Whizziwig*, e ele foi para uma produção de TV, na CITV (Children's ITV), por um tempinho. Eu me lembro de ir para uma palestra em uma escola - e isso foi realmente instrutivo para mim em termos de representatividade, pois eu frequentava uma escola em Wandsworth –, e eu diria que cerca de um terço dos alunos eram negros ou de outras etnias, e dois terços eram brancos. Eu me lembro de que eu estava conversando sobre o *Whizziwig*, e sobre a ideia dele e que isso estava na TV. Vários desses alunos tinham visto o programa, um menino negro levantou a mão e disse: "Com licença, então primeiro passou na TV sobre o livro *Whizziwig* e depois você o escreveu?". E eu respondi: "Não, eu escrevi o livro, e depois passou sobre ele na televisão". Ele disse: "Mas foi alguma outra pessoa que fez isso e depois você o fez?". E eu: "Não, foi minha ideia, eu escrevi o livro e então ele foi transformado em um programa de televisão". E ele me fez mais cinco ou seis perguntas, todas sobre o mesmo tema, e eu fiquei falando, tipo: "Não, eu escrevi o livro". Eu sabia exatamente o que ele estava pensando, e eu simplesmente pensei que amei isso, pois eu estava sentada ali com uma espécie de sorriso por dentro, pensando: *Eu quero que você olhe para mim e pense, que diabos, ela nem* é *tudo isso, então, se ela pode fazer isso, eu posso fazê-lo!* E foi isso: "Você fez isso? Você escreveu o livro?". E eu pensei, *é exatamente esse o ponto!* E então eu simplesmente amo isso, e é por esse motivo, especialmente, para começo de conversa, que às vezes eu fazia duas ou três visitas às escolas por semana, e eu ia de norte a sul do país e me certificava de que eu ia lá para mostrar, não apenas para crianças negras, mas para *todas* as crianças, que escritores e escritoras podem ser diversos, que eu era uma escritora. Ali estava eu: uma mulher negra e escritora!

De modo similar, em 2017, eu e Yomi fomos convidadas pelo Southbank londrino para mentorear jovens garotas com idade entre onze e dezesseis anos para o festival do Dia Internacional da Menina. Isso me levou de volta aos meus anos escolares e ao medo de não saber o que eu teria à minha frente no dia dos resultados dos exames finais do ensino secundário. Ao contrário do que aconteceu quando eu era adolescente, essas garotas pareciam mais confiantes em relação ao que elas queriam fazer, e nos fizeram perguntas interessantes sobre nossas carreiras e os motivos pelos quais nós chegamos às decisões que tomamos. Elas não pareciam perdidas como eu estava na idade delas e isso me encheu com uma grande esperança de que as coisas pareciam estar lentas, mas, certamente, melhorando.

Em suma, nós falamos sobre a necessidade de haver um aumento no número de professores negros, de lidar com as visões preconceituosas em alguns grupinhos dos funcionários do ensino por meio de treinamento e da chamada à responsabilização, e que os pais também precisam entender melhor o sistema escolar de modo que possam apresentar o melhor apoio a seus filhos em face desses obstáculos. A sensação geral de estar perdida que eu havia vivenciado por toda a minha vida escolar, e especialmente durante aquele verão enquanto esperava pelos resultados finais de meus exames do ensino secundário, vinha de uma falta de confiança em mim mesma, mas que se originava no sistema escolar. Mudanças estão acontecendo lentamente, mas nós precisamos fazer mais para erguer a autoestima de jovens garotas negras, de forma que elas possam saber que o céu é, de fato, o limite, e proporcionar a elas, de forma ativa, ferramentas para que realizem suas ambições.

— ROSTOS NEGROS EM ESPAÇOS BRANCOS —

YOMI

"As colegas de quarto branquelas da minha irmã jogaram a batata-doce dela na lata de lixo porque acharam que era um pedaço de uma árvore."

@ToluDk

Quando fiquei sabendo que eu tinha conseguido um lugar na Universidade de Warwick, comecei a chorar profusamente. Não com lágrimas de alegria, vejam isso: com lágrimas de medo. Com dezoito anos, eu havia me recusado completamente a tentar entrar em Oxford ou Cambridge, meu estômago ficava embrulhado com as histórias de elitismo, racismo e todos os outros tipos de "ismos" com os quais eu não tinha certeza de que conseguiria lidar, além de uma dissertação que teria de fazer. Eu achava que preferiria aprender sobre essas coisas em um curso de História em vez de ser a receptora delas, muitíssimo obrigada. Sendo assim, em vez de tentar Oxford ou Cambridge, eu tentei entrar na SOAS, uma universidade muito boa em Londres (que até mesmo ensinava iorubá), assim como Warwick, para agradar a meus pais obcecados com universidades da liga. Assim que me foi oferecido o meu lugar, meus pais me "aconselharam a" (leia-se: "mandaram") ir para

Warwick. Essa foi uma decisão pela qual eu agora estou grata, mas que, na época, eu senti como se fosse uma forma de punição.

Fiquei totalmente petrificada com o fato de que eu acabaria sendo a única garota negra dentro de um raio de mais de seiscentos quilômetros. Até mesmo o termo "Grupo Russell"* foi desalentador: para mim, soava como se fosse um bando de homens de mais de sessenta anos de idade fumando charutos "Russell", para os quais a caça à raposa e jogos raciais grosseiros eram um passatempo agradável. Isso não exatamente gritava "inclusão". É claro que, quando lá cheguei, eu me dei conta de que eu *não era* a única garota negra ali. Não havia muitos de nós de modo a garantir um baile popular anual da Sociedade Afro-Caribenha (ACS) cheio de pessoas - nem mesmo seu equivalente nigeriano.

A época da universidade foi um dos melhores tempos da minha vida, mas não foi sem seus desafios. Se você estiver a caminho de ir para a universidade ou se estiver considerando ir para lá no futuro, sem dúvida, já terá recebido muitos conselhos de websites, professores e aqueles que já se formaram: não deixe sua dissertação para o último minuto; coloque etiquetas em sua comida na geladeira compartilhada; aproveite a Feira dos Calouros para pegar quantos mais marcadores de texto e cadernos conseguir; sempre aceite os cupons de descontos de pizzarias - você precisará deles. Porém, com frequência, um tópico muito importante é deixado de fora dessa lista genérica de sabedoria bem-intencionada: como lidar com o racismo. E, quando eu digo racismo, não estou apenas me referindo a *blackface* e fantasias

* O Grupo Russell, uma associação das vinte maiores universidades de pesquisas intensivas do Reino Unido e que recebe dois terços dos recursos destinados às pesquisas do país, foi criado em Londres no ano de 1994, em uma reunião realizada no Hotel Russell, de onde vem seu nome. O objetivo desse grupo é a promoção dos interesses das universidades. O ensino e o aprendizado são empreendidos dentro de uma cultura de excelência de pesquisa e investigação, na identificação e disseminação de novos pensamentos e ideias sobre a organização e gestão dessas instituições.

de Bob Marley em todos os eventos concebíveis (sempre haverá um). Como eu voltarei a isso, as estatísticas mostram que, como a força policial, os serviços de saúde e os locais de trabalho, a universidade é um espaço onde o racismo está embrenhado - começando com o processo de tentativa de entrar na universidade e tendo continuidade até o momento da formatura. Desde o frequente oferecimento de matérias alienadoras até a ignorância pura e simples de colegas de quarto, a universidade pode ser intimidadora para qualquer aluno, mas é intimidadora especialmente quando se é uma mulher negra.

"Totó, nós não estamos mais no Kansas*."

Para muitos alunos negros, a universidade será a primeira vez em que eles estarão morando longe de casa e também, para muitos, a primeira vez em que estarão morando em uma área ou em um ambiente predominantemente branco. A beleza da universidade é que ela muitas vezes nos impele a entrar no meio de pessoas que são grandemente diferentes de nós, abrindo e ampliando nossa mente no processo. No entanto, isso também pode às vezes nos levar a nos sentir seriamente com saudade de casa, isolados e desconectados de modo geral.

Pouco reconhecimento é dado ao choque cultural vivenciado por muitos alunos que vêm de áreas étnicas predominantemente brancas. Os caldos de carne, frango ou legumes tornam-se tão raros quanto metais preciosos, e as ondas com frequência acabam ficando mais tempo em nossos cabelos do que o que estamos

* A frase original "Toto, i've a feeling we're not in Kansas anymore" foi dita pela personagem Dorothy ao seu cachorro no filme O mágico de Oz quando ela se vê na Terra de Oz, e não mais no Kansas. Essa fala ficou muito famosa e há diversas referências a ela em situações nas quais alguém quer expressar insegurança quanto ao desconhecido. [N.R.]

acostumadas, querendo que haja um cabeleireiro por perto. As pessoas fazem perguntas que você pode não estar acostumada a responder. Para alguns alunos, você será a primeiríssima pessoa negra na vida real que eles já conheceram e eles terão uma infinidade de perguntas sobre sua existência aparentemente desconcertante - que parece ter estado na estrada apenas por duas horas nos últimos dezoito anos -, perguntas às quais, a propósito, você não tem a obrigação de responder, certo?

Quando eu fui para a universidade, meu medo de que eu seria a única criança negra no *campus* não se realizou, mas, por outro lado, Warwick não era exatamente como Croydon em termos de diversidade. É normal que os calouros enfrentem dificuldades inicialmente para fazer amigos, mas, no final da primeira semana, quando uma das minhas primeiras conversas tinha sido com alguém que me disse que ele acreditava que havia o "Eu, negra" e "A Rihanna/ Beyoncé negra", eu já havia decidido que não passaria muito tempo nos meus corredores e nem com minhas colegas de quarto. Em vez disso, encontrei consolo e conforto nos corredores um pouco mais afastados de onde eu estava acomodada, que abrigava quase metade das alunas negras da universidade (mais uma vez, isso não era muita coisa). Porém, naqueles corredores, eu logo encontrei uma melhor amiga, um namorado e uma comunidade. Juntos, nós procuramos salões de cabeleireiro e descobrimos os clubes que tocavam música negra (por mais legal que fosse a música *Mr. Brightside,* do The Killers, nós a ouvíamos mais vezes durante a totalidade de nossas noites fora do que tínhamos ouvido algo mais remotamente "étnico"). "Música negra" era relegada a uma noite de quinta-feira e essencialmente consistia na discografia de Sean Paul.

O nosso grupo trocava historietas de fazer revirar os olhos sobre microagressões e lamentávamos pela falta de temperos disponíveis no supermercado mais próximo. E a melhor amiga que eu fiz? Eu nunca poderia ter previsto que oito anos e várias, diversas horas de telefonemas e até mesmo mais saídas nas noites depois, nós estaríamos escrevendo um livro juntas. A universidade realmente pode acompanhar você para sempre, mesmo que você não se dê conta disso na época.

A doutora Nicola Rollock foi para a universidade muitos anos antes de mim e é interessante o quão similar foi a minha experiência com a dela:

> Eu acho que havia um tanto de coisas a que não dei o devido valor quando adolescente no sudoeste londrino, mesmo que eu tenha ido estudar naquela escola essencialmente branca e muito de classe média. Encontrar um cabeleireiro negro ou comida negra caribenha era normal. Brixton ficava logo ali, Tooting também... Era completamente normal. Eu não tinha de ir muito longe para encontrar essas coisas, mas, ainda assim, ir para Liverpool no começo dos anos de 1990 – e lembrando que isso foi antes da Capital Europeia de Cultura – foi um verdadeiro desafio e, aos dezoito anos, eu, de fato, não sabia que eu precisaria dessas coisas na minha vida. Eu não sabia que tais coisas eram importantes para mim, porque eu realmente havia subestimado o valor delas. Até mesmo sair era um desafio em termos do tipo de música que eu costumava ouvir quando jovem. Eu tinha de ir para longe para encontrar baladas que tocassem música em que eu estava interessada; havia uma coisa chamada "Wild Life", que acontecia uma vez por mês, e que tocava *blues*, *soul* e *hip-hop* – isso acontecia uma vez por mês na universidade. Sendo assim, nós – eu e as outras poucas garotas negras – acabamos fazendo amizade com pessoas negras locais de Liverpool e indo para eventos de "*blues*", como eram chamados, ou "*shebeens*",[13] fora do contexto da universidade, porque nós estávamos realmente sedentas por isso e procurando lugares onde nossa cultura e nossa identidade fossem reconhecidas e onde pudéssemos simplesmente relaxar. Eu me lembro de que, com "Wild Life", nós íamos para curtir a música, e parecia que alguns de nossos colegas iam lá para beber, e, mais uma vez, isso era algo com o que eu não estava acostumada. Eu não cresci em uma casa onde nossos pais costumavam dizer: "Saia para beber um drinque", ou "Tome aqui algum dinheiro, vá até o *pub*". Eu não coloquei os pés em um *pub* até entrar na universidade, e até mesmo então, eu me lembro de dizer: "Mas não estou com sede!". O que completamente não está de acordo com a ideia de ir ao *pub*, visto que não se trata apenas disso,

mas, sim, de estabelecer conexões e sentar-se em um lugar para encontrar pessoas, mas, para mim, isso simplesmente estava fora do meu modelo cultural de referência. Sendo assim, eu achava, em termos de comida, música e cabelo - porque o meu cabelo tinha relaxamento e era alisado na época -, que encontrar um lugar em que eu poderia ser eu mesma e estar com outros era um profundo desafio, bem profundo, de modo que eu me sentia muito, mas muito mesmo, isolada. Então havia as coisas que muitos alunos vivenciam, tais como não ter dinheiro algum. Eu acabei precisando trabalhar além de estudar... Eu simplesmente achava isso incrivelmente difícil e isolador. Eu costumava pegar o trem de volta da Lime Street para Londres e voltava via Brixton (isso foi antes de Brixton passar por reformas de melhorias) e eu subia os degraus até a estação de Brixton e, literalmente, soltava o ar, porque as comidas estavam ali, os salões de cabeleireiros negros estavam ali, minha cultura e minha identidade, tudo aquilo estava ao meu redor. Era como se eu tivesse chegado em casa.

"Ah, a festa racialmente insensível. Um sustentáculo de instituições essencialmente brancas desde tempos imemoriais."

Para mim e para meu grupo na universidade, nossa amizade era um amortecedor maravilhoso entre nós de muitas coisas que não tinham quase efeito sobre nós, mas que poderiam ter tido se não tivéssemos uns aos outros. Por exemplo, houve a vez em que o clube das líderes de torcida decidiu dar sua festa anual de "leilão de escravos" (o que em si já era um problema) com um tema de *Django Livre*. Ou quando postaram uma foto no Snapchat em uma das páginas da comunidade de nossa universidade no Facebook com um homem negro envolto em uma rede com a legenda "Peguei um neguinho!". E nem mesmo vamos nos permitir começar a falar da Síndrome de

Estocolmo de outros alunos negros que mandavam as mulheres predominantemente negras que armavam barracos "relaxarem".

E *blackface*. Minha nossa, a *blackface*.

Microagressões - definidas como uma declaração, ação ou incidente considerado uma instância de indireta, sutil ou não intencional discriminação contra membros de um grupo marginalizado - podem variar desde um colega de quarto jogando fora sua tanchagem por pensarem que elas são bananas podres, até discriminações flagrantes diretas. E, em anos recentes, o racismo, que antes era apenas falado em sussurros em meio aos alunos, tornou-se um ponto de conversa dentro e fora do *campus*. As universidades colocaram para dormir o mito perigoso de que o racismo é perpetuado pelos "desprovidos de instrução" e "ignorantes" - na verdade, são com frequência aqueles que estão no poder que o estão perpetuando. As universidades são, às vezes, tão racistas, que elas chegam às manchetes. O país ficou boquiaberto com a história de uma aluna da minha antiga universidade que havia se deparado com as palavras "macaca" e "neguinha" escritas em um cacho de bananas que ela havia guardado em sua cozinha compartilhada. Muitos alunos negros fizeram *tsc-tsc* e soltaram suspiros, não por surpresa, mas, sim, por reconhecimento.

Às vezes, o racismo é mais sutil e sorrateiro, na forma como Afua Hirsch, advogada, jornalista vencedora de prêmios e autora, vivenciou em Oxford:

> As pessoas sempre me pediam maconha, especialmente quando eu estava com amigos e amigas, mais especialmente com meus amigos homens. Elas simplesmente presumiriam que meus amigos eram traficantes locais de drogas. E sempre eram aqueles rapazes verdadeiramente ricos que faziam isso. Na cabeça deles, a única função dos homens negros é servir como alguém de quem eles comprariam drogas. Essa era uma das coisas mais enfurecedoras e ofensivas. Ou nós simplesmente chegávamos em uma festa e eles apenas presumiam que éramos os traficantes locais aparecendo para fornecer drogas a eles. Eu odiava isso, eu realmente odiava isso.

Uma forma de racismo mais "na cara negra" é, bem, a *blackface*. Isso era algo costumeiro em festas quando eu era aluna, mas, na Universidade de Cardiff, isso de fato entrou em uma peça escrita por alunos de Medicina em 2016. Um ator-aluno pintou-se de preto e colocou um pênis artificial gigantesco para zombar de um palestrante negro na universidade, o que é de se surpreender, causando uma sensação de "segregação" entre grupos de diferentes etnias.[14] Oito alunos de origem africana reclamaram e isso, segundo o relatório independente comissionado pela universidade como resultado do incidente, levou a uma "grande reação adversa". Alguns daqueles que reclamaram ouviram de seus colegas alunos que eles estavam sendo "muito e indevidamente sensíveis", e que eles tinham de aceitar isso como sendo uma "tradição", visto que a peça era algo que ocorria anualmente. Os alunos que haviam levantado as objeções sentiram que estavam sendo "ostracizados" e alguns decidiram deixar Cardiff.

Três anos antes disso, a umas tantas centenas de quilômetros de lá, em Nova York, quatro estudantes do sexo masculino também fizeram isso de *blackface*.[15] Eles estavam representando a equipe de *bobsled* jamaicana do filme *Jamaica abaixo de zero*. Em Edimburgo, estudantes de Direito pintaram seus rostos para se fantasiarem de piratas somalis para uma festa temática "do mundo todo".[16] Enquanto isso, na Universidade de Londres, um aluno foi, de fato, recompensado com uma garrafa de vinho por sua insensibilidade racial quando ganhou uma competição de fantasia em um evento da liga com o rosto pintado de preto.[17] E, em Loughborough, no ano passado, alunos que organizavam eventos para calouros tiveram de emitir um pedido de desculpas depois de planejar um "leilão de escravos" e uma "noite dos escravos" como parte do entretenimento para os novos alunos da universidade.[18]

É importante observar que esse tipo de racismo "irreverente" é comum em meio àqueles que são cultos na mais elitista das instituições, assim como em toda parte. Não se trata de incidentes isolados, mas fazem parte da própria base da sociedade britânica. Essa forma de racismo está sendo perpetrada pelos banqueiros, advogados e médicos de amanhã, pessoas que se tornarão os gerentes que jogarão fora currículos por não se darem ao trabalho de pronunciar o nome "Akua".

Um relatório recente[19] feito pela fábrica de ideias em igualdade de raças, Runnymede Trust, ressaltou os sentimentos de exclusão e rejeição por parte de muitos alunos negros de universidades enquanto eles seguem currículos escolares alienadores, deparam-se com expectativas mais baixas dos professores e vivenciam um racismo descarado no *campus*. O relatório enfatizou a importância de as universidades se tornarem "instituições ativamente antirracistas" - algo que, sendo baluartes de "pensamentos progressistas" e "mentes talentosas", não deveria ser muito a se pedir.

Poucas universidades, no entanto, tomaram medidas apropriadas para prevenir a ocorrência do racismo ou puni-la, e alunos são, com frequência, forçados a lidar com essas questões por si. Foram incidentes racistas como esses delineados acima que levaram à criação, em 2013, da Sociedade Antirracismo, na minha antiga universidade, gerenciada voluntariamente por um grupo de formandos.

A sociedade oferece aos alunos conselhos ou alguém com quem falar sobre questões relacionadas a raça, além de fazer eventos como festas do pijama, noites de cinema e painéis que oferecem discussões com frequência catárticas sobre raça e racismo. Muitos alunos sentem-se mais confortáveis para relatar incidentes com seus colegas, em oposição a relatá-los aos sistemas oficiais de relato das instituições, mas as pessoas que gerenciam sociedades como essa encontram-se sob as mesmas pressões - em termos de tensões raciais e trabalho da universidade –, assim como aqueles que vão até eles em busca de ajuda.

A frequência do abuso racial no *campus* é algo com que as universidades, não os alunos, deveriam lidar melhor, mas, mesmo assim, esses espaços, esses grupos e essas organizações são importantes. Sociedades antirracismo são diferentes de uma Sociedade Afro-Caribenha, em que a base dos encontros nem sempre é necessariamente política; essas sociedades existem para lidar *especificamente* com o racismo. Não tenha receios de ser a pessoa que vai criar esse espaço em sua universidade se ele ainda não existir.

Às vezes, as microagressões podem ocorrer nas mãos das universidades em si. Femi Nylander era um recém-graduado de Oxford quando se viu vítima de racismo. Ele estava fazendo uma visita ao escritório de um colega na Harris Manchester College, e ficou trancado para fora do escritório. Então foi até a cozinha para escrever um pouco, conversou brevemente com funcionários e alunos que ele conhecia e depois foi embora. Mais tarde, naquele dia, uma imagem das câmeras do circuito interno mostrando Nylander caminhando pelos arredores da faculdade foi enviada por e-mail a todos os funcionários e alunos, junto de uma mensagem alertando-os para que "ficassem atentos" e para "alertarem um membro do quadro de funcionários [...] ou para chamarem um dos seguranças de Oxford" caso o vissem. Sua presença, a mensagem dizia, era um lembrete de que se pode tirar proveito do "maravilhoso e seguro ambiente" da faculdade, dizendo ainda que seus seguranças "desconhecem [suas] intenções". Ninguém perguntou ao menos uma vez a Femi quem ele era ou por que estava lá.

Afua lembra-se de que aqueles que a visitavam também eram vítimas de tratamentos racistas similares a esse em Oxford anos antes:

> Eu tinha um namorado em Londres que era negro, e eu lidava com as situações difíceis, fugindo bastante nos fins de semana e andando com ele. Então ele vinha me visitar e esse era o grande problema, porque ele era um homem negro de pele escura. Certa vez, quando ele veio até a minha faculdade, eles não o deixaram entrar e o porteiro me ligou e

> disse: "Você deveria nos avisar se estiver esperando alguém que parece um criminoso", eu nunca vou me esquecer disso. Eu pensei: *Eu não consigo acreditar que estou tendo de aturar isso.* Era como se não houvesse sentido algum nisso. Era algo realmente ruim e eu estava bem consciente de estar com ele em Oxford, porque isso meio que atraía ainda mais atenções para mim como uma mulher negra.

Esses tipos de agressões diárias estimularam várias conversas e motivaram diversas campanhas, sendo uma das mais importantes a série "I, too, am Oxford"*, inspirada pela iniciativa "I, too, am Harvard"** nos Estados Unidos. Em 2014, alunos de Oxford organizaram um ensaio fotográfico que consistia em 65 retratos de alunos BAME da universidade, na esperança de ressaltar a ignorância com que eles se depararam em Oxford - e confrontá-la. "Como foi que você entrou em Oxford? Jamaicanos não estudam", "Mas, espera, de onde você é?" e "Eu tive uma agradável surpresa... você na verdade fala o inglês muito bem!" foram apenas algumas das citações escolhidas e escritas nas placas que eles seguravam diante de si, forçando seus colegas a depararem-se com a cara feia do racismo da universidade. É de imensa importância que alunos negros continuem a ter essas conversas e a pedirem pela responsabilização de suas universidades, especialmente quando alunos brancos, com tanta frequência, centralizam o discurso racial em volta de si. Durante o tempo em que Afua esteve na universidade, até mesmo a Sociedade Afro-Caribenha (ACS) não era um lugar seguro para os negros:

> Eu me juntei à Sociedade Afro-Caribenha apenas para descobrir que era regida por um rapaz branco de uma das escolas particulares de elite no país, porque ele adorava ir para a mansão do pai dele na Jamaica nas férias de verão e tinha curtido a ideia de ser um "DJ do reggae". Na época, eu fiquei pensando em como isso era algo completamente

---

* Eu também sou Oxford. [N.T.]

** Eu também sou Harvard. [N.T.]

deslocado, mas eu não conseguia articular isso. Tratava-se do clássico privilégio branco de exotização.

Talvez como resultado do aumento lento da população estudantil negra, a voz dos alunos negros está começando a ser ouvida nas universidades de uma forma como não acontecia antes, como explica Afua:

> Para o meu livro, eu entrevistei algumas alunas negras e foi interessante ouvir o que elas tinham a dizer, pois, em um nível, elas estavam descrevendo as mesmas microagressões que nós vivenciamos, isto é, serem identificadas como mulheres negras mesmo quando estavam indo para faculdades diferentes, ao passo que isso não acontecia com as pessoas brancas, ou os porteiros confundindo-as com outras pessoas negras, mesmo que elas não se parecessem nem um pouco. Nós não tínhamos uma palavra para microagressão na época, e elas tinham uma confiança e uma capacidade de articular seu senso de opressão que eu realmente admirava. Mesmo que, em um nível, isso fosse um reconhecimento de que muitas coisas não haviam mudado, eu achava realmente positivo e edificante falar com essas alunas, pois elas eram muito mais organizadas e assertivas e criticavam as coisas quando as notavam e viam acontecendo, ao passo que nós simplesmente sentíamos que não éramos capazes de fazer isso. Nós costumávamos falar sobre isso entre nós, mas meio que apenas tínhamos uma atitude de derrotismo em relação a isso.

Pode ser que agora nós nos sintamos menos apologéticas em relação a ocupar espaço em um país que é armado contra nós, mas que muitas de nós ainda considera nosso. Porém, até mesmo com nossa recém-descoberta capacidade de nos pronunciarmos a respeito dessas questões, falando o que pensamos, alguns alunos ainda continuam sendo negativamente afetados pelo racismo na universidade. De fato, foi pedido que o governo tomasse atitudes "urgentes" depois que surgiu a estatística de que alunos negros têm mais do que 50% de chance de saírem da universidade em comparação a seus colegas brancos ou asiáticos.

Mais de um entre dez alunos negros desistem da universidade na Inglaterra, em comparação a 6,9% de toda a população estudantil, segundo um relatório feito pela UPP e Social Market Foundations.[20] O governo fez um grande rebuliço em relação ao crescimento em números de alunos negros matriculados em determinadas universidades britânicas, mas o problema de como mantê-los nas universidades vem sendo amplamente negligenciado. Universidades londrinas têm uma probabilidade maior de ter uma proporção mais alta de alunos negros - e não é coincidência que Londres tenha a mais alta taxa de desistência de todas as regiões na Inglaterra, com quase um entre dez alunos desistindo da universidade durante seu primeiro ano de estudo.

Afua relatou:

> Minha melhor amiga em Oxford desistiu no terceiro ano. Ela estava fazendo uma faculdade de quatro anos e desistiu, porque achava que não era boa o bastante, simplesmente não acreditava o suficiente em si mesma, ela não conseguia lidar com as situações. Tratava-se literal e exatamente da Síndrome do Impostor, algo do tipo: "Todo o restante das pessoas está se saindo melhor do que eu, todos eles são mais espertos do que eu e eles merecem estar aqui". Ela frequentou uma escola estadual, tinha um senso múltiplo de falta de legitimidade lá, e ficou um ano sem estudar, voltou e entrou de primeira. Eu achava isso interessante, porque não havia dúvida alguma em relação à inteligência dela ou ao fato de merecer estar ali; era apenas aquele senso de aceitação. Eu acho que isso é realmente comum. Eu estava lendo um relatório sobre como as taxas de desistência são mais altas para alunos negros, e eu estava mentoreando uma aluna que, ironicamente, vem de um histórico de vida muito similar ao de minha amiga e está fazendo o mesmo curso que ela fazia e desistiu no ano passado. É tão frustrante que não possamos dizer para alguém permanecer em algum lugar que o faz infeliz, mas nós, de fato, nos perguntamos se essa pessoa fosse apoiada, será que isso teria acontecido? Eu acho que as universidades simplesmente presumem que seus trabalhos sejam apenas o de fazer com que algumas pessoas negras passem por suas portas. Elas não têm

senso algum do peso emocional extra que carregamos por estarmos lá, então elas não fazem nada de proativo para nos apoiar. Eu quase desisti da universidade em meu primeiro ano, e as coisas eram basicamente assim: se você não estiver apto a isso, então já foi tarde. Não havia um "Como podemos apoiar você?"; "O que está acontecendo aqui?", sabe?, não havia simplesmente curiosidade intelectual alguma em relação ao que era esse fenômeno, o que ironicamente apenas confirmava por que eu não deveria estar lá de qualquer maneira, pois a possibilidade de eu não estar ali não incomodava remotamente a ninguém.

Os motivos pelos quais a taxa de desistência de alunos negros é mais alta do que a de outros grupos são complicados e multifacetados. Segundo um relatório,[21] muitas universidades têm dificuldade em responder às questões "complexas" relacionadas a etnia, que tendem a ser "estruturais, organizacionais, atitudinais, culturais e financeiras". Outros fatores mencionados foram a falta de conexão cultural com o currículo escolar, dificuldades em fazer amizade com alunos de outros grupos étnicos e dificuldades na formação de relacionamentos com os funcionários do quadro acadêmico, devido às diferenças no histórico de vida e nos costumes. O relatório também cita pesquisas mostrando que alunos de históricos étnicos apresentam mais probabilidade de morarem em casa durante seus períodos de estudos, talvez tornando menos fácil sua imersão na vida do *campus*. No entanto, a doutora Nicola Rollock acredita que não esteja sendo feito o bastante para investigar as causas subjacentes disso:

> Minha preocupação é de que essas questões não estejam sendo vistas de alguma forma fundamental: quando o são, todos os grupos étnicos negros são amalgamados em uma única massa, e isso não deveria ser feito. Os dados não falam com as distintas diferenças. E também existe o medo de falar sobre raça. Se eles estão falando sobre alunos negros e de minoria étnica, a raça precisa ser uma parte fundamental de tal conversa, mas eu argumentaria que, na sociedade como certamente dentro da academia e dentro da política educacional, raça é um assunto tabu. As pessoas têm medo de falar sobre raça e, quando elas o fazem, fazem em termos muito

limitados. Elas acreditam que tratar todo mundo exatamente da mesma forma seja a resposta. Ou retóricas clichês em particular acabarão sendo expressadas, como, por exemplo: "Esses grupos precisam de mentoria", ou "Falta confiança a esses grupos", ou que "Não há grupos o bastante passando pelo filtro do ensino", e, embora eu não esteja certamente rejeitando algum desses pontos, eu argumento que se focar apenas em tais questões é deixar de ver a imagem mais ampla da situação. Algumas pessoas, de fato, têm, confiança, mas mesmo assim não estão progredindo. Como se explica isso? Sendo assim, eu creio que exista um engajamento real limitado e fraco com as questões de raça tanto dentro da academia quanto em termos educacionais em um sentido mais amplo.

"Parece tão inteligente isso, como se você tivesse se formado na faculdade."

Cursar o Ensino Superior, qualquer que possa ser ele e por qualquer que seja o período de tempo, é uma realização pessoal. Optar por estender seus estudos para tempo integral, optar por fazer mais exames e, de livre e espontânea vontade, assumir dívidas estudantis que crescem cada vez mais é algo merecedor de um tapinha nas costas. No entanto, é notável que, embora jovens britânicos negros tenham mais probabilidade de irem para a universidade do que seus colegas brancos britânicos,[22] eles também têm menos probabilidade de frequentarem as mais seletivas universidades do Reino Unido. Não se trata de um sumário de culpa das universidades que não se encontram no topo das tabelas da liga, nem de um endosso do sistema francamente elitista que vê algumas universidades como inferiores. Ampliar o ensino é exatamente isso: a ampliação do ensino, e isso, onde quer que aconteça, deveria ser valorizado. Todavia, é importante interrogar os motivos pelos quais a sub-representação de pessoas negras nessas instituições ocorra, especialmente quando as estatísticas mostram que existem mais homens jovens de históricos negros na prisão no Reino Unido do que existem estudantes formandos negros frequentando universidades do Grupo Russell.[23] Bretões negros de origem caribenha compõem 1,1% de todos os jovens de 15 a 29 anos na Inglaterra e no País de Gales e compõem 1,5% de todos os alunos britânicos estudando em universidades no Reino Unido no ano letivo de 2012–2013.[24] Ainda assim, apenas 0,5% dos estudantes do Reino Unido nas universidades do Grupo Russell vêm de históricos de vida negros caribenhos,[25] e existe pouco entendimento dos motivos pelos quais esse é o caso.

Um desses motivos são as notas: alunos negros têm uma menor probabilidade de conseguirem chegar aos resultados desejados para entrar em universidades altamente seletivas, o que poderia ajudar a explicar suas taxas mais baixas de tentativas de ingressar nessas universidades.[26] Os obstáculos que afetam alunos negros na escola foram esboçados no capítulo anterior, e ajudam a contextualizar os motivos pelos quais isso ocorre com frequência. No entanto, a questão mais premente pela qual muitos passam por alto é que até mesmo quando eles, de fato, conseguem chegar aos mesmos resultados,[27] é menos provável que sejam oferecidos lugares a eles em comparação a seus colegas brancos. Em 2016, apesar dos números recordes de tentativas de ingresso em universidades e melhores notas previstas em *A-level* (e do fato de que a UCAS previu que 73% das tentativas de ingresso na universidade deveriam ser bem-sucedidas),[28] apenas 70% dos alunos negros que tentaram ingressar nas universidades receberam ofertas para tal, em comparação a 78% dos alunos brancos que tentaram.

No mesmo ano, a taxa de oferta de lugares da Universidade de Oxford para alunos negros caiu e atingiu seu nível mais baixo desde 2013, sendo oferecidos lugares para um a cada seis, em comparação a um em quatro alunos brancos. Em 2016, mais uma vez, foram oferecidos lugares a apenas 95 alunos negros em Oxbridge – 45 por Oxford e 50 por Cambridge. Esses cinquenta alunos negros aos quais foram oferecidos lugares em Cambridge foram escolhidos dentre apenas 220 que se candidataram, mas a taxa de ofertas para alunos negros foi bem inferior à dos alunos brancos: 22,2% dos alunos negros que se candidataram a uma vaga em Cambridge receberam a oferta para ingressarem na universidade, em comparação com 34,5% de alunos brancos. De forma similar, na Universidade de Oxford, a taxa de oferta de vagas a alunos negros foi de apenas 16,7%, ao passo que 26,3% dos alunos brancos receberam propostas de vagas lá. A falta de alunos negros nessas instituições com frequência leva a confusão, choque e, às vezes, a uma completa descrença tanto naqueles que se encontram fora da universidade quanto dentro dela, nas raras ocasiões em que eles os encontram. Afua esteve desse lado da situação muitas vezes durante seus anos como aluna:

> Quando eu ia a lojas em Oxford, os moradores locais que trabalhavam lá frequentemente me perguntavam, tentando ser amigáveis: "Você estuda por aqui?". E eu dizia que sim, e eles... "Em Brookes?", que era a universidade pública, e eu dizia que não, que estudava na Universidade de Oxford, e eles insistiam, dizendo: "Ah, sim, Oxford Brookes". Eu me questionava: *por que você se importa com isso de qualquer forma?* Às vezes quando eu ia para Oxford, as pessoas presumiam que eu era de Brookes, e não Oxford. Eu nunca me senti confortável indo para a Oxford Union e eu acho que isso era parte dos motivos pelos quais eu me sentia assim. Eu tinha consciência de que havia essa outra universidade, que tinha muitos alunos negros ali perto. Era simplesmente uma interação muito comum, frequente e casual, com moradores locais e alunos, clubes e bares onde isso aconteceria. Às vezes eu mostrava o meu cartão de aluna para obter um desconto ou algo do gênero e eles falavam, surpresos: "Universidade de Oxford?". Era simplesmente a clássica microagressão, que com frequência não tinha o propósito de ser ofensiva, e isso faz com que a gente sinta que tem de se explicar em situações em que um aluno branco nunca teria de fazer o mesmo.

Fora de Oxbridge, a taxa de sucesso de alunos negros que tentam entrar em outras universidades altamente seletivas - tais como instituições do Grupo Russell - também continua sendo um problema, apesar de um pungente aumento nas tentativas de ingressar na universidade por parte de alunos qualificados e do aparente "comprometimento com a diversidade" que continuamos ouvindo de praticamente todas as instituições. Em 2016, 61% dos alunos negros tentando ingressar em universidades seletivas receberam ofertas de vagas - uma melhoria em comparação ao ano anterior. Porém, segundo as previsões da UCAS, 64% dos alunos negros poderiam ter conseguido. A professora Vikki Boliver, conferencista em sociologia na Universidade de Durham, que realizou pesquisas sobre as tentativas de ingresso e aceitação de diferentes grupos étnicos em universidades do Grupo Russell, disse que isso também pode ocorrer porque as notas de alunos BAME têm mais probabilidade de serem previstas como inferiores. "Se isso fosse verdade", disse ela, "estaria suportando o argumento para um sistema de pós-qualificações na tentativa de ingresso em universidades, com julgamentos baseados em fatos em vez de previsões".

Ela também sugeriu que tentativas de ingresso em universidades em que não se soubesse o nome dos possíveis alunos poderia ser uma solução paliativa para o atual e prevalecente preconceito inconsciente:

> Deixar os nomes das pessoas de fora dos formulários da UCAS seria um experimento para ver se as pessoas estão sendo influenciadas por nomes... Se nós não tivermos procedimentos claros ao selecionar pessoas para trabalhos ou vagas em cursos que mitiguem esses estereótipos, pode haver o perigo de que caiamos inconscientemente neles mais uma vez... Nós poderemos sentir que determinadas pessoas se "enquadrarão" melhor.[29]

As Universidades de Exeter, Huddersfield, Liverpool e Winchester estão atualmente conduzindo um sistema piloto no qual os nomes dos alunos que concorrem a vagas são ocultados durante o processo de admissões, de modo a impedir que haja uma discriminação em potencial com base em suposições relacionadas aos nomes dos alunos. No entanto, essa é apenas uma gota em um tsunami de preconceito, ideias tendenciosas preconcebidas e formação de estereótipos no Ensino Superior.

O Grupo Russell respondeu a essas descobertas com o argumento de que candidatos a vagas pertencendo a minorias têm taxas inferiores de oferta de vagas em comparação a seus colegas brancos com os mesmos resultados de *A-level*, porque as probabilidades de que eles tenham estudado as matérias específicas de *A-levels* requeridas para o ingresso nos cursos que escolhem são menores.[30] Eles também citaram pesquisas[31] que sugerem que as taxas de oferta de vagas são inferiores porque minorias étnicas têm uma probabilidade menor de tentar ingressar em cursos com excesso de inscrições como Medicina ou Direito, talvez como resultado das orientações dos pais, como discutimos anteriormente. Uma análise interna dos dados por parte da UCAS também corroborou, declarando que uma parte significativa dos motivos para a existência de disparidades étnicas em taxas de oferta de vagas no Grupo Russell relacionava-se à escolha do curso.[32] Nem a UCAS nem o Grupo Russell, todavia, publicaram estatísticas detalhadas para apoiar seus argumentos.

Ensino, ensino, ensino

Nós podemos estar sub-representados no Grupo Russell e em outras instituições seletivas, mas o que é interessante é que alunos negros têm mais representação e alunos brancos e asiáticos têm menos representação em outros estabelecimentos de Ensino Superior. Nessas outras instituições, há uma sub-representação de 14,3% de alunos asiáticos e 3,1% de sub-representação de alunos brancos, em comparação com 56,4% de excesso de representação de alunos negros no corpo estudantil, tanto em níveis de graduação como de pós-graduação.

Esse excesso de representação de alunos negros é especialmente aparente em universidades mais novas, criadas depois de 1992, e instituições com corpos estudantis altamente diversos. Embora algumas universidades sejam quase que completamente brancas (em 2014, a Ulster tinha apenas 3% de um corpo estudantil não branco),[33] em outras universidades, os estudantes de minorias étnicas compõem quase três quartos do corpo estudantil, com uma correspondente sub-representação de alunos asiáticos e brancos. Com base em relatos, algumas creem que tal desequilíbrio possa ser devido a uma falta de informações referentes a escolhas de universidade dentro da comunidade negra. Alexis Oladipo, fundadora da gama de alimentos saudáveis Gym Bites, explica que, para ela, ir para a universidade tinha mais a ver com conseguir um diploma de Ensino Superior, e não com de onde vinha esse diploma:

> Eu queria ir para Kingston e Hertfordshire; Kingston porque todos os meus amigos estavam indo estudar lá, e então Hertfordshire, porque havia um curso interessante. Hertfordshire era a minha primeira opção, e Kingston, a segunda. Eu não entrei em Kingston, e para Hertfordshire minhas notas não eram boas o bastante, de modo que eles me transferiram para um curso preparatório. Foi por isso que eu tive de ficar na lista de espera para entrar em Roehampton.
>
> Inicialmente, antes de escolher para qual universidade queríamos ir, minha escola ajudou com coisas básicas - declarações pessoais e o resto -, porém, nada substancial. Para a minha mãe, a única alternativa era ir para a universidade, "se vira" e todo esse tipo de coisa. Eu apenas meio que segui em frente com isso. Na verdade, eu não tinha um grande desejo de ir para a universidade, eu só sabia que era algo [que] eu tinha de fazer e

que era algo que era exigido de mim, um único caminho - vamos para a escola, depois, para a faculdade e agora tenho de ir para a universidade*. O ensino e eu, na verdade, não nos dávamos bem desde que eu era jovem. Eu sempre meio que lutei com isso, de modo que não estava realmente empolgada para ir para a universidade. Quando eu não consegui as notas, fiquei chateada mesmo. Minha mãe me disse: "Você precisa encontrar uma universidade, você não ir para a universidade não é uma opção". Eu tive de repetir um ano na faculdade, eu já tinha feito três anos em vez de dois, de modo que não havia espaço para um ano sem estudar ou qualquer coisa do gênero, então eu passei pela segunda chamada. Minha faculdade me ajudou nisso da segunda chamada - havia uma lista de universidades que estavam aceitando pessoas e eu literalmente fiquei tipo "iuuupi!". Escolhi um curso na Roehampton, porque era a universidade mais próxima de Kingston. Pensei novamente nos meus amigos - nós estaríamos a 20 minutos uns dos outros.
Eu escolhi estudos de Mídia e Cultura; na verdade, eu não sabia do que isso tratava. Eu não gostava do curso nem o entendia muito bem. Tirei 2:2. Mas o que posso dizer quanto a isso é que, quando minha mãe me viu com a beca na formatura, ela começou a chorar imediatamente. Então, o que quero dizer é que aquilo não foi por mim, foi por ela, se é que isso faz sentido. O fato de eu ter me formado a fez feliz, ela ficou orgulhosa de mim... Na verdade, ela estava mesmo muito orgulhosa e ficava contando para todo mundo, sabe, "Agora ela está formada". Então eu fiz isso mais por ela mesmo. Eu acho que se eu tivesse tirado um tempinho para realmente pensar no que eu queria fazer, talvez a minha jornada tivesse sido muito mais descomplicada.

Um dos grandes motivos pelos quais alunos negros têm menos probabilidade de ingressar em universidades do Grupo Russell é porque a probabilidade é menor de que eles se candidatem a essas universidades, e pode haver um bom número de fatores em jogo aqui. Medo de alienação é um deles, mas também o desejo de permanecer perto da família, dos amigos (de lojas que, de fato,

* Faculdade neste livro refere-se ao *college,* são instituições menores, que podem ou não fazer parte de uma universidade, e que oferecem cursos de graduação. Uma *university* pode englobar vários *colleges*, por exemplo. [N.E.]

vendam tanchagem) pode ser um outro fator. Alguns alunos optam por tentar ingressar em escolas politécnicas simplesmente porque "muitas universidades de prestígio não refletem a diversidade das cidades em que estão localizadas".[34] Também existe o medo de simplesmente não ser bom o bastante. Alunos brancos se candidataram a uma vaga em Oxbridge com as minhas mesmas notas, mas a sensação incômoda de que, mesmo que eu conseguisse ingressar em uma delas - algo que eu tinha certeza de que não conseguiria -, eu ainda seria o menor filhote de uma cria muito inteligente e até mesmo mais rica, me deixaria afastada deles. Eu sentia que, embora pudesse ter sido elegível para alguma coisa "no papel", nas entrelinhas de tal papel se lia "não é para você". E, embora não me arrependa nem um pouco da minha escolha, eu realmente gostaria que a minha motivação para tentar ingressar na universidade tivesse tido mais a ver com o meu desejo de ir para a minha universidade por opção e menos com minhas preocupações emocionais em relação às outras instituições.

Um segundo motivo, conforme nos mostra a experiência de Alexis, é a falta de consciência por parte dos pais, que geralmente estudaram fora do Reino Unido e que não estão familiarizados com as diferenças entre determinados estabelecimentos educacionais e cursos. No entanto, ter um pai que saiba dessas coisas nem sempre quer dizer que ele estará mais bem preparado para ajudá-lo a escolher uma universidade que seja certa para você: muitas vezes, os pais simplesmente presumem que quanto mais alta a universidade se encontrar na tabela da liga, melhor ela será para você. Afua tinha uma mãe que sabia de tudo em relação ao prestígio da universidade na qual ela estava tentando entrar, mas isso significa que os motivos para a escolha de Afua da Universidade de Oxford tiveram como base as preferências de sua mãe, e não no quão adequada ela poderia estar em relação à universidade:

Por que eu decidi tentar entrar em Oxford? É simples: mãe africana. Era assim: "Você vai tentar entrar naquela universidade", e eu tenho de dizer que eu não entendia isso plenamente. Eu simplesmente não entendia qual era a grande coisa em relação a Oxford. Eu queria ir estudar na LSE. Para mim, ela estava no top 5. Eu realmente não cresci em um lar do tipo padrão, então eu simplesmente não entendia a vantagem extra que vinha junto com isso de Oxbridge. Eu meio que me candidatei a uma vaga nessa universidade para agradar a minha mãe porque ela achava isso muito importante, e entrei. Eu simplesmente não me via como uma pessoa de Oxford, realmente não passava pela minha cabeça que eu entraria lá. Tudo isso se conecta novamente com os estereótipos. Quando eu pensava em Oxford, quando eu visualizava Oxford, eu não via a mim mesma; eu via pessoas ricas e brancas, então eu não achava que eu entraria lá. Eu não levei a sério e então, quando entrei, eu tive uma crise total, porque eu fui estudar em uma escola particular e que era muito branca e eu vinha literalmente contando os dias até que pudesse me livrar dela. Eu não entendia as vantagens acadêmicas disso, mas definitivamente entendia as implicações sociais, que eram eu ficar de fora da comunidade - era isso o que eu sentia. Eu ficaria de fora de toda a minha cena. Eu realmente gostava de jornalismo musical e estava imersa na nova cena musical londrina. Eu havia me esforçado, e muito, para me livrar das confinações que vinham com isso de crescer em uma área muito branca, então isso foi um grande retrocesso para mim, essa era a minha principal preocupação. Eu simplesmente não tinha nada de positivo para contrabalancear isso na época.

Talvez o motivo mais importante, como vimos no capítulo anterior, seja uma falta de incentivo, por parte das escolas de onde esses alunos vêm, para candidatar-se a essas universidades. Sem isso, muito poucos alunos podem acreditar que uma universidade do Grupo Russell ou Oxbridge seja algo que esteja ao seu alcance - para muitos, a ideia em si não passa de um sonho impossível. Embora existam, é claro, crianças negras que estudem em escolas particulares, a maioria delas estuda em colégios do estado. Isso se torna particularmente significativo quando se considera que entre

2007 e 2009 apenas cinco escolas na Inglaterra mandaram mais alunos para Oxford e Cambridge (946 ao todo) do que quase duas mil outras escolas combinadas. Quatro dessas cinco escolas eram particulares.[35] As duas mil escolas com desempenho inferior enviaram um total de 927 alunos entre elas para essas duas universidades de elite. Muitas dessas escolas não enviaram um aluno que fosse para lá, ou enviaram uma média inferior a um aluno por ano para essas duas universidades.

Afua, que era mentora de crianças de escola quando estava na universidade, descreve os alunos negros que ela conheceu nas escolas estaduais lhe dizendo que sua universidade era um lugar ao qual eles jamais poderiam sonhar em aspirar a ir:

> Todos nós fizemos palestras de mentoria no verão. Nós íamos a escolas estaduais do centro da cidade e conversávamos com as crianças e nós estávamos tentando dizer que qualquer que fosse a perspectiva que a pessoa tivesse em Oxford, que é assim mesmo, mas que a pessoa pode estar lá. Nós fazíamos com que eles ficassem meio que motivados e interessados e depois, no final, eles nos perguntavam: "De que notas você precisou para entrar lá?", e eu respondi: "3 As", e eles simplesmente pareciam murchos, como uma bexiga sem ar, porque ninguém na escola deles jamais tinha conseguido tirar 3 As, nunca. Ninguém tinha ouvido falar que isso tinha acontecido. Então, a pessoa só pensa, qual é o propósito de ir para todos esses lugares quando eles estão lidando com uma injustiça estrutural tão maior? Oxford é muito lenta a reconhecer que um aluno de uma escola estadual bem dura que consegue notas B possivelmente é um aluno melhor e mais talentoso do que um aluno de uma escola particular que consegue tirar 3 As, e eu acho que outras universidades foram mais rápidas ao reconhecerem isso.

Heidi Mirza também fala sobre a importância dessas iniciativas no levantamento das aspirações de jovens crianças negras em grande parte do proletariado:

> As universidades nos Estados Unidos, como Cornell e Princeton, estão indo a escolas primárias em comunidades negras e conversando com as

crianças de bem tenra idade, de modo que as universidades não sejam vistas como alguma espécie de lugares inatingíveis; na verdade, elas fazem parte de um *mindset*. E eles de fato vêm investindo dinheiro nesses programas.

Andrew Pilkington, professor de Sociologia na Universidade de Northampton, ressalta o importante ponto de que, nos últimos anos, "a preocupação principal de ampliar estratégias de participação foi a classe social". Por causa disso, a importante intersecção de classe social e raça vem sendo ignorada e vista por alto pelos criadores de políticas. Portanto, questões que afetam especificamente membros negros do corpo estudantil foram amplamente negligenciadas.

O fato de que há mais alunos negros na universidade do que de qualquer outro grupo étnico é em grande parte resultado da forma como nós vemos o ensino. Para muitos de nós, como Elizabeth ressaltou anteriormente, o ensino é com frequência postulado como sendo o antídoto do racismo. Nós acreditamos que podemos nos educar e sair de situações de desigualdade com as qualificações e as notas certas. Porém, embora o ensino, especialmente o Ensino Superior, seja de fato capaz de fazer maravilhas pela mobilidade social, ainda é, infelizmente, verdade que a desigualdade esteja presente no caminho para subir na escala social, de modo que para conseguir entrar na universidade, para começo de conversa, alunos negros devem se sair melhor do que seus colegas brancos, e, ainda assim, eles têm menos probabilidade de entrar nas instituições de mais prestígio, a despeito de seus resultados no *A-level*.[36] Como diz o Dr. Omar Khan, Diretor do Runnymede Trust: "Que mensagem é enviada aos jovens que ouviram durante décadas até agora que 'ensino, ensino, ensino' garantirá a eles oportunidades iguais no mercado de trabalho?".

Até mesmo, e ainda mais alarmante, depois que conseguiram driblar os obstáculos para chegarem à universidade, os alunos negros, em média, saem dela com notas inferiores às de seus colegas brancos. Esses são alunos que provaram por seus *A-levels* que eles têm capacidade para prosperar nas instituições mais elitistas do mundo, porém, fracassam assim que chegam lá. Houve poucas pesquisas em relação aos motivos pelos quais isso acontece, mas diversos dos problemas discutidos em páginas anteriores - a falta de entendimento das coisas que cercam o inevitável choque cultural, múltiplas microagressões nas mãos de colegas e funcionários das universidades - provavelmente têm um dedo nisso. Em 2010, 67,9% dos alunos brancos conseguiram uma formação de primeira classe ou de segunda classe superior na universidade em comparação a apenas 49,3% dos alunos BAME que entraram com as mesmas notas. Alunos negros têm um desempenho inferior em comparação a todos os outros grupos,[37] e isso ocorre a despeito do tipo de universidade em que estudam. Enquanto 72% dos alunos brancos que começaram a universidade com notas BBB nos A-levels em 2014 conseguiram um primeiro ou 2:1, em comparação a 53% dos alunos negros.[38] Além do mais, apesar de um aumento geral de alunos BAME no Ensino Superior,[39] eles ainda se deparam com uma menor probabilidade de encontrar trabalhos que se equiparem a seu nível educacional assim que deixam a universidade, ou de progredirem e virar professores de universidade.[40] Os formandos de minorias étnicas britânicos têm entre 5 e 15% menos probabilidade de serem empregados do que seus colegas brancos - e, como se isso já não fosse um golpe ruim o bastante -, para formandas de minorias étnicas em particular, existem grandes disparidades entre seus salários e os salários de suas colegas brancas. O mesmo estudo mostra que três anos e meio depois que deixaram a universidade, a diferença em termos de ganhos monetários entre minorias étnicas - especialmente mulheres - e seus colegas brancos, na verdade, aumenta. Até mesmo se forem de históricos socioeconômicos similares, se cresceram com oportunidades similares e tiveram qualificações também similares, formandos de minorias étnicas têm menor probabilidade de serem empregados do que formandos brancos britânicos! Sendo assim, atualmente, estudantes negras estão pagando nove mil libras - e esse valor só aumenta - por uma experiência na universidade muito inferior àquela de seus colegas. E depois, na pós-universidade, elas também estão tendo ganhos menores, dificultando ainda mais que consigam pagar essas taxas de ensino, as quais aumentam a cada ano.

"Escrevi onze livros, mas, toda vez eu penso, *'Hum, ah, eles vão descobrir agora. Eu enganei todo mundo e eles vão descobrir o que eu fiz'*."

— Maya Angelou

Não existe motivo algum conclusivo pelo qual estudantes negros tenham menor probabilidade de estudar em universidades de elite, assim como não existe um único motivo pelo qual tiramos notas inferiores, mas os racistas haverão de nos garantir que isso se deve ao fato de sermos menos merecedores, preguiçosos ou simplesmente não inteligentes o bastante. Eles reclamam que os lugares de alunos brancos igualmente talentosos estão sendo "tomados" por alunos negros, apesar de as estatísticas declararem claramente o contrário. A Síndrome do Impostor com frequência corrói até mesmo os alunos mais talentosos, visto que eles internalizam essa calúnias e sentem como se estivessem "ocupando espaço".

Uma vez que você esteja na universidade, é importante lembrar-se de que fez por merecer seu lugar - não à custa de ninguém, mas, sim, contra os obstáculos que na verdade dificultam que você esteja lá. Afua Hirsch resume isso com perfeição:

Meu avô era filho de um fazendeiro de cacau no vilarejo em Gana e ele conseguiu uma bolsa de estudos para Cambridge na década de 1940, sob o sistema colonial. Naquela época, eles selecionavam quem eles viam como sendo os estudantes mais inteligentes do país a cada ano, isso fazia parte da regra indireta. Então eles os mandavam a Oxbridge, de modo que eles meio que pudessem condicioná-los [a terem] valores britânicos e depois os enviavam de volta para administrar as colônias para eles. Meu avô beneficiou-se disso, ele ficou realmente grato por sua experiência e meu primo encontrou todas as cartas dele do tempo em que ele passou em Cambridge - e foi fascinante. Eu me sinto como se, ao ler as cartas dele, ele estivesse constantemente pedindo desculpas. Se ele não conseguia as notas que queria, ele escrevia e pedia desculpas e dizia algo do gênero: "Eu espero que, no futuro, outros alunos da África venham e redimam o bom nome de nosso continente", e ele sentia como se fosse o embaixador da raça negra. Qualquer fracasso de sua parte era um fracasso da raça - ele simplesmente sentia esse grande fardo e eu acho que isso realmente atingiu alguma coisa em mim. Mesmo que minhas circunstâncias fossem completamente diferentes das dele, eu tenho aquela sensação de não pertencer muito bem a este lugar, de ter de me explicar e ter de responder por mim, como se não fosse meu direito de nascença estar aqui. Isso, de uma pessoa negra em uma instituição branca onde nós não sentimos que nos enquadramos, vai a fundo e é algo que passa por gerações. Durante anos, eu não conseguia articular isso, não tinha um nome para isso, porém, uma vez que eu li as cartas do meu avô, algo se ativou dentro de mim e eu estava pensando: *Isso é a Síndrome do Impostor*. É exatamente por isso que todos nós passamos. Meu avô foi para Cambridge em 1944 e aqui estava eu, 65 anos depois. Isso é simplesmente uma loucura.

Sempre nos questionamos se aqui é nosso lugar e se temos o direito de estar aqui e eu acho que temos de tentar tirar isso da cabeça e pensar: *Eu preciso aproveitar tudinho do que puder tirar disso. Vou fazer uso disso antes que isso faça uso de mim.* Eu trabalhei nesse pensamento em algum momento e isso realmente me ajudou. Eu ficava, tipo: Quer saber? O que quer que eu consiga obter desse lugar vai me dar aquilo de que preciso para a minha jornada, eu vou aproveitar cada gota. Isso me deu uma sensação de controle e isso é difícil quando se tem dezenove anos; nós não necessariamente sabemos o que queremos fazer com nossas vidas e não nos sentimos no controle, mas quanto mais adentramos nisso e sentimos como se estivéssemos no comando de nosso próprio lance, mais se torna algo realmente saudável.

"As universidades não são apenas cúmplices, elas produzem racismo. Elas não são menos racistas em um nível institucional do que a força policial."
— Dra. Kehinde Andrews

Universidades são predominantemente brancas e de classe média, não apenas em termos de alunos que nelas estudam como também em termos daqueles que nelas trabalham, o que, com frequência, pode querer dizer que elas também permanecem assim em termos de currículos escolares. Mais de 92% dos professores de universidades britânicas são brancos; 0,49% dos professores de universidades são negros; e meros 17% deles são mulheres.[41]

Apenas uma pessoa negra está atualmente trabalhando no nível de gerenciamento sênior em alguma universidade britânica. Ela é a diretora do SOAS, Valerie Amos, que é a primeira mulher negra a liderar uma universidade no Reino Unido e a primeira vice-chanceler negra do país (diretora executiva de uma universidade), ponto final. Dentre os 535 executivos seniores que declararam sua etnia em 2015, 510 eram brancos. Os números também mostram que as universidades empregam mais negros como faxineiros, recepcionistas ou porteiros do que como conferencistas.[42]

Karen Blackett é listada como uma dentre poucos chanceleres negros de universidade no Reino Unido (líder cerimonial não residente da universidade) em Portsmouth. De 525 vice-chanceleres substitutos, nenhum dos listados era negro.[43] Em 2011-2012, não havia mais de 85 professores negros de universidades no país inteiro, além do que, para muitos desses professores, as coisas não iam exatamente de vento em popa. Segundo um relatório da professora Kalwant Bhopal, muitos acadêmicos de minorias étnicas com frequência sentem que "desconfiam" deles e se sentem "abertamente escrutinados" por colegas e administradores, assim como se sentem também ignorados em se tratando de oportunidades de promoção.[44] Um relatório feito pela Equality Challenge Unit declarou que acadêmicos BAME também são mais tentados do que seus colegas brancos a viajarem para instituições no exterior de modo a obterem progresso em suas carreiras.[45]

Os problemas relacionados à retenção de funcionários negros são institucionais e foram assunto de muitos relatórios e ensaios que prometem trazer à tona uma mudança muito necessária por meio da reforma de políticas e programas. No entanto, como foi notado pelo Runnymede Trust em seu relatório sobre raça no ensino superior, é fácil demais marcar opções, e preencher os documentos necessários se torna um substituto de mudanças reais e substanciais. Muitas universidades colocam seus alunos e funcionários negros na frente e centram-se em seus prospectos, mas quando se trata de realmente garantir que eles mantenham aqueles membros do corpo da universidade, com frequência eles acertam bem longe do alvo.

Por exemplo, a Lei de Relações Raciais (Emenda) de 2000, inicialmente, exigia que as universidades desenvolvessem e publicassem suas políticas de igualdade racial, porém, muitas universidades relutaram em fazer isso. Agora, em seguida à implementação da Lei da Igualdade de 2010, esse requisito foi rebaixado para meras "orientações". A falta de pressão sobre as universidades para que retenham seus funcionários de minorias étnicas continua afetando o número de conferencistas negros visíveis para os alunos. Essa é uma questão premente, como ressalta Akwugo Emejulu, conferencista na minha antiga universidade:

Esta sub-representação de mulheres negras, não apenas professoras, mas em todo o quadro de pessoal acadêmico na universidade, tem efeitos diferentes. Primeiramente, isso tem um efeito simbólico. Universidades do norte ao sul do país - não importa se são as mais prestigiadas, universidades do Grupo Russell ou se são antigas escolas politécnicas - estão enviando uma mensagem muito similar de que mulheres negras não são desejadas. Elas estão enviando uma mensagem muito clara de que elas não valorizam a pesquisa, os interesses e as especialidades de mulheres negras. Uma mensagem de que não valorizam as mulheres negras como [sendo] mulheres de autoridade, de que não as valorizam como eruditas. Eu acho que existe essa ideia de "agentes do saber", então existe essa ideia de que mulheres negras, independentemente da disciplina em que estejam inseridas, simplesmente não podem ser vistas como especialistas acadêmicas. Eu acho que este é o maior problema das mulheres negras: a sub-representação.

Althea Efunshile concorda, acrescentando que essa escassez pode impedir a qualidade do ensino também:

Nós queremos pessoas negras em toda parte, então é claro que isso é importante. Se houver fatias inteiras de áreas de vida pública em que somente se veem pessoas brancas, então isso quer dizer que existem fatias inteiras de partes de nossa comunidade, de nossos cidadãos, de nosso povo, que provavelmente estão pensando: Pode ser que isso não seja para mim, então me deixe seguir por aquele caminho, mas sua escolha em relação a "me deixe seguir por aquele caminho, deixe-me fazer aquilo" ocorre apenas devido ao fato de que a pessoa vê que existem outras pessoas como ela por lá. Isso, para mim, não é aceitável, não é justiça, não é igualdade. Então, é claro que isso é importante. Você quer ser ensinado, ou aconselhado, ou tratado com sucesso por especialistas, você quer as melhores pessoas, então obviamente, se for um homem branco, é um homem branco, mas por que a pessoa ia querer que todos os especialistas em seu campo fossem homens brancos? Diversidade é importante, porque isso leva a diferentes perspectivas e diferentes formas de ver as coisas.

E não se trata apenas de raça e gênero, mas também de classe social ou de onde a pessoa vem, idade e assim por diante. No ensino, isso é importante porque a educação tem a ver com ajudar as pessoas a aprenderem a pensar. Não tem a ver com o aluno como um recipiente vazio dentro do qual se pode despejar um pote de conhecimento. Se fosse assim, talvez não fizesse diferença quem estaria despejando o conhecimento dentro dele, a pessoa apenas faria isso e ponto final. O ensino, especialmente em níveis de Ensino Superior, realmente tem a ver com "Como você pensa?; Quais são os tipos de questões que você está sendo ensinado a fazer?; Qual é a crítica que você está sendo ensinado a aplicar?", porque nós somos pessoas que pensam, somos seres sencientes. Sendo assim, é importante que estejam ensinando as pessoas como pensar e ensinando as pessoas como a fazer essa análise. Isso é importante.

Assim como ocorre com outras profissões, existem barreiras que permanecem quanto ao progresso dentro da força de trabalho nas universidades para acadêmicos negros. No relatório da Runnymede,[46] os funcionários que são de minorias étnicas relataram que têm pouco acesso a "guardiões acadêmicos" e sentem-se de fora das redes que seriam capazes de prover a eles os meios para ampliar seu desenvolvimento profissional - redes de apoio que eles descreveram como sendo "vitais". Acadêmicos BAME e funcionários das universidades permanecem sendo "forasteiros" no Ensino Superior, e seu local de trabalho continua sendo a reserva daqueles que são brancos, de classe média e predominantemente do sexo masculino, dentre os funcionários seniores.

Estereótipos também podem ser uma praga para os funcionários de uma universidade. Alguns acadêmicos notaram que, por causa de sua raça, não somente colegas brancos presumiam que eles estavam interessados ou trabalhando no tópico de raça e racismo, mas também seus colegas esperavam que eles assumissem papéis que estivessem relacionados a questões de diversidade e igualdade, simplesmente por eles não serem brancos. Aqueles que responderam às perguntas disseram que o racismo afetava todos os aspectos de sua vida de trabalho, "estivesse isso ligado à forma como eles eram tratados por seus colegas ou alunos brancos, aos papéis que pediam que eles desempenhassem ou à forma como eram julgados na academia."[47] Junto a isso, vários falaram de um tipo de racismo tipicamente britânico: passivo-agressivo e sutil, além de ser difícil de se provar com evidências, o que os deixa relutantes em reportarem incidentes inapropriados aos administradores. Aqueles que tiveram coragem e decidiram se arriscar e relatar disseram que suas reclamações "raramente foram levadas a sério".

> Heidi Mirza diz o seguinte: "As atitudes não mudaram". "E, no Ensino Superior, nós não fizemos realmente muito em nosso treinamento de conferencistas, de professores, para melhorar isso, para que seja filtrado no sistema. Nós apenas nos deparamos com visões radicais racistas. Agora nós temos uma cultura de negação, de modo que tudo que a pessoa tem de dizer é: "Eu não sou racista!" - e as pessoas vão declarar isso. E: "Ah, sim, eu disse a eles para que se tornassem cabeleireiros, e não é porque eu sou racista, é porque me importo com eles!". E então, se você apenas se declarar como não sendo racista, você se torna não racista. Nós chamamos isso de performatividade. A pessoa encena isso, vem do inglês, *perform*. Ouvimos as pessoas dizerem as coisas mais horríveis - coisas sexistas e racistas - e elas dizem: "Bem, não, eu não sou racista, estou apenas dizendo as coisas como elas são".

Estudantes de minorias étnicas que decidem assumir papéis dentro do corpo estudantil também se deparam com racismo, e encontram-se não apenas sob o escrutínio de outros alunos como também do público mais amplo. Em 2017, Jason Okundaye, um aluno em Cambridge que liderava a Sociedade Negra e de Minorias Étnicas, foi alvo de veículos da imprensa conservadora de direita por causa de seus tweets abordando o racismo institucional. Uma seleção de tais tweets foi repostada fora de contexto, e a reação adversa racista prosseguiu por vários dias.

Esme Allman, que foi eleita para o cargo de Coordenadora de Negros e Minorias Étnicas na Universidade de Edimburgo, deparou-se com um padrão similar de comportamento. Um colega estudante comentou em um post no Facebook sobre a notícia de um ataque dos Estados Unidos contra o ISIS: "Fico feliz porque pudemos fazer com que esses bárbaros chegassem mais perto de coletar suas 72 virgens". Foi reportado que, como resultado de uma reclamação feita por Allman em relação ao post, a universidade começou a investigar o aluno em questão. Isso causou uma comoção na imprensa. Na verdade, a Universidade de Edimburgo confirmou que o aluno estava sendo, de fato, investigado por uma quebra do código de conduta de aluno em vez de estar sendo investigado por zombar de um grupo terrorista - Allman não havia nem mesmo mencionado o ISIS na transcrição de sua reclamação. A forma geral como a universidade lidou com a reclamação de Allman e a subsequente atenção da mídia deixou muito a desejar - eles disseram para ela não falar com os jornalistas que haviam tentado falar com ela e, uma vez que a situação saiu do controle quando a história virou uma bola de neve e a "trolagem" dos racistas on-line teve início, eles simplesmente garantiram a ela que isso haveria de passar.

Para que alunos brancos cheguem aos noticiários, eles têm de ser ativamente racistas e agressivos - *blackface*, a palavra P****, todo esse "lance"- antes que os veículos da imprensa conservadora demonstrem um interesse pelo assunto. E, quando se escreve sobre esses alunos, com frequência leitores pulam em sua defesa, condenando o que eles veem como uma caça às bruxas atrás de um jovem "que não sabe agir de forma diferente". Quando foi a última vez em que você viu um aluno branco chegar às manchetes por escrever uma série de tweets? E quando foi a última vez em que você viu um aluno negro receber o benefício da dúvida?

Cada um ensina um

Até recentemente, não havia uma única instituição no país que oferecesse um programa de graduação em Estudos Negros Britânicos. No entanto, em 2016, o primeiro curso de graduação do Reino Unido de Estudos Negros foi lançado na Universidade da Cidade de Birmingham.[48] Considerando o vasto número de cursos de graduação no Reino Unido, muito dos quais servem a muitos nichos, é surpreendente que antes disso nenhuma universidade houvesse sentido a necessidade de oferecer um curso que explorasse a história, as experiências e o histórico de vida de uma parte da população que vem desempenhando um papel tão essencial na moldagem de nosso país. Com a população negra na Grã-Bretanha sendo estabelecida mais recentemente, nós estamos uns cinquenta e tantos anos atrás de nossos colegas americanos, que começaram a oferecer cursos de Estudos Negros em 1968, depois que seu corpo estudantil mais diverso exigiu que sua história e suas experiências fossem incluídas em um currículo escolar sobre o qual eles também estavam aprendendo. Estudos Negros agora é uma parte integrante do Ensino Superior nos Estados Unidos, embora isso só tenha acontecido depois de vários protestos, boicotes e ocupações estudantis pelo país.

Porém, isso não quer dizer que a comunidade negra não está inserida no currículo escolar do Reino Unido. De fato, com frequência nós temos nossas experiências explicadas para nós de uma perspectiva bem mais antropológica, e nos encontramos sendo os objetos de um escrutínio acadêmico detalhado levado a cabo por acadêmicos. Em cursos tais como Política, Sociologia, Psicologia e História, a experiência negra frequentemente é analisada e examinada, mas, de modo geral, isso é feito com um distanciamento e, considerando a composição do quadro de professores na maior parte das universidades do Reino Unido, isso geralmente é feito por acadêmicos brancos. Como William Ackah, conferencista em Birkbeck, explicou em um artigo: "Pessoas negras são usadas para ilustrar problemas tão diversos quanto baixo desempenho educacional, desigualdade de saúde e extremismo religioso".[49]

As histórias complexas, diversas e carregadas de nuances da população negra britânica são marginalizadas por uma narrativa em que apenas são adicionadas a narrativas já existentes - suportadas por pesquisa e por meio de descobertas das mentes mais brilhantes do país. Enquanto acadêmicos brancos dão tapinhas nas costas uns dos outros por seu comprometimento com a inclusão, estudantes negros permanecem alienados, apenas vendo a si mesmos refletidos em seus currículos escolares quando são parte de um curso sobre crimes. Essa falta de diversidade dentro dos estudos acadêmicos levou à criação da campanha "Por que meu currículo escolar é branco?", fundada na University College London, em 2014, em resposta à falta de diversidade encontrada nas listas de leitura da universidade e no conteúdo dos cursos. No decorrer dos últimos quatro anos, a campanha continuou a desafiar o discurso existente, e desde então se espalhou para diversos *campus*. Isso também fez surgir uma conversa pública na UCL, em 2014, conduzida pelo Dr. Nathaniel Adam Tobias Coleman e intitulada "Por que o meu professor não é negro?", buscando uma resposta a essa mesma pergunta.

Coleman é um em meio a poucos conferencistas negros de filosofia no Reino Unido. Ele diz que foi rejeitado em um emprego em tempo integral na UCL porque o curso que ele propôs, "Estudos Brancos Críticos", não foi bem-aceito junto a seus colegas que queriam oferecer um programa de Estudos Negros que fosse menos crítico em relação à elite governante branca. Muito do trabalho de Coleman foi focado nos currículos da universidade, que é branca demais, e exclui as escritas de eruditos étnicos a favor de "homens brancos mortos". Depois que seu contrato com tempo fixo na UCL terminou, foi informado de que não havia trabalho para ele (tais cargos precários são preenchidos, com mais frequência, por aqueles que são jovens mulheres e de grupos de minoria étnica ou negros, em vez de receberem ofertas de cargos permanentes; por exemplo, 83% dos funcionários brancos do Ensino Superior em 2012-2013 tinham contratos permanentes em comparação a 74% dos funcionários BAME).[50] Isso ocorreu a despeito do que ele acreditava que se tratava de um recorde incrível no ensino e de ter recebido o prêmio de Comunicador On-Line do Ano por parte da universidade naquele ano. A candidatura dele para tornar-se um membro permanente do quadro de funcionários da universidade foi rejeitada, visto que isso requeria a criação de um novo curso de mestrado de Estudos Negros, o que foi considerado inviável. Jonathan Wolff, Diretor Executivo da Faculdade de Artes e Humanidades da UCL, disse que o mestrado proposto foi rejeitado porque "se tornou aparente que a UCL ainda não [estava] preparada para oferecer um forte programa nessa área".

Porém, apesar da falta de Estudos Negros em universidades do Reino Unido, qualquer que seja o curso superior que você faça, só de estar na universidade lhe dá acesso a uma imensa gama de amplos e engajadores textos e recursos. Apesar de eu estudar Direito, foi quando optei por cursar módulos sobre raça e feminismo fora do meu currículo central que me engajei plenamente com o aprendizado durante o ano final de meu curso, o que essencialmente moldou as visões que tenho agora. Afua fez o mesmo, e ela fala sobre as oportunidades que eram oferecidas – até certo ponto – de criar seu próprio currículo:

> Eu comecei a fazer trabalhos sobre a África e a estudar o período pós-colonial e a me engajar com assuntos que estavam se manifestando na minha experiência, o que me deu acesso a professores negros e escritores negros e acadêmicos e pensadores negros, e, sendo assim, eu tinha essa comunidade intelectual na minha cabeça também.

Existe muita flexibilidade em Oxford. Eu estava cursando Filosofia, Política e Economia; podemos escolher. Há uma gama tão grande de opções e eu, de forma consistente, optei por matérias sobre descolonização e teorias políticas de igualdade e raça e teoristas feministas e estudos africanos. Sendo assim, aqueles eram os acadêmicos que me davam acesso, e as matérias em que eu estava interessada, e eu acho que isso ajudou. Isso me ajudou a me ajustar ao motivo pelo qual eu estava nesse lugar.

Os Estados Unidos estão à nossa frente em termos de currículo universitário, e Faculdades e Universidades Historicamente Negras (Historically Black Colleges and Universities [HBCUs]) proporcionam um espaço educacional feito sob medida para alunos negros que podem muito bem ajudar em termos de engajamento e resultados. Até mesmo as universidades norte-americanas que podem ser comparadas com Oxbridge, como Harvard, por exemplo, são muito mais progressistas do que as do Reino Unido em termos de diversidade no corpo estudantil. A classe da Universidade de Harvard de 2017 foi supostamente a mais diversa nos 380 anos de existência da instituição. No entanto, a professora Emejulu também acredita que os Estados Unidos possam aprender, e muito, com o Reino Unido.

Faculdades e Universidades Historicamente Negras são uma solução de algumas formas, mas elas foram estabelecidas no começo para servirem aos assim chamados "talentosos 10%", aqueles que estavam mais próximos da brancura, para ser honesta, para ser franca. Essa história foi um tanto quanto mitigada, mas ainda assim é uma parte imensa e subjacente das Faculdades e Universidades Historicamente Negras. Porém, elas servem a uma função importante. Creio que seja importante não as valorizar por completo. Não quero dizer com isso que a existência dessas instituições não seja importante; é totalmente crucial isso de serem pioneiras em Estudos Negros, mas eu acho que eu sempre me senti como se eu não soubesse, em termos de diáspora negra, o quão útil seria estar sempre olhando para o caso dos Estados Unidos. Havia coisas que estavam sendo aplicadas aqui na Grã-Bretanha que tinham sido desfeitas e que eu acho que foram bem mais úteis, se olharmos para isso da perspectiva de uma aluna negra.

Primeiramente, existe a questão da ajuda de custo de moradia. Isso em si e por si é essencial para o encorajamento da entrada de mais pessoas no Ensino Superior. Sendo assim, pessoalmente, eu acho que isso vem sendo bem mais importante em termos de minar o acesso das pessoas a mais estudos. A instituição de taxas? Esse é o tipo de história que com frequência não é contada em relação ao contexto americano, de modo que até mesmo que existam taxas aqui de 9 mil libras, na época em que eu estava na universidade nos Estados Unidos, a minha taxa de ensino era de 25 mil dólares por ano - mais alojamento e tudo o mais, ficando por volta de 30 mil dólares por ano. E, então, sabe, as HBCUs não são diferentes; elas também têm de cobrar taxas. Além disso, em termos do que pode ser aprendido, eu, de fato, acho que a lição não vem tanto dos Estados Unidos, mas, sim, da África do Sul e do movimento pela descolonização. Eu acho que isso vem sendo algo incrivelmente importante em termos de pensar sobre o desmantelamento das estruturas de que estávamos falando; daquelas desigualdades estruturais em termos do afunilamento que ocorre da escola ao Ensino Superior, o desmantelamento das ideias de quem será um agente do saber, o desmantelamento da ideia de que apenas alguns conhecimentos são importantes. Particularmente, o conhecimento de mulheres negras é de alguma forma menos valioso e menos importante. Sendo assim, esses movimentos de descolonização que tiveram início na África do Sul agora se espalharam pela Europa e pela América do Norte. Para mim, esses são modelos importantes. Na verdade, o problema aqui na Grã-Bretanha era que havia modelos-chave que ajudavam os alunos a terem mais acesso à educação e ao Ensino Superior e que agora foram desmantelados. Então, o lance é o seguinte: Como é que voltamos a isso? Como é que retomaremos o controle dessa forma?

"Eu disse a eles que terminei a escola e comecei com meu próprio negócio. Eles disseram: 'Oh, você se formou?'. Não, eu decidi que meu negócio com a escola tinha terminado."

— Kanye West, "School Spirit" [Espírito Escolar]

O ensino é algo imensamente valioso, e conseguir uma vaga na universidade é uma enorme realização pessoal. No entanto, estudantes de minorias étnicas optam por candidatar-se porque eles sentem que devem fazer isso, ou porque acreditam que, caso não o façam, terão, de alguma forma, fracassado. Isso quer dizer que muitos deles acabam indo parar em *campi* nos quais eles não se sentem muito adequados, estudando matérias por estudar, incapazes de fazer com que a universidade trabalhe para eles. Uma das maiores lições deste capítulo deveria ser que é crucial que você faça uma pesquisa - não simplesmente para ficar sabendo o que sua universidade em potencial pode lhe oferecer na forma de cursos e instalações, como também para que fique sabendo qual tipo de clima e cultura existe por lá. Dessa forma, você ficará sabendo logo de cara se é um lugar onde você se encaixaria, ou se é algum lugar onde pelo menos pode conseguir aproveitar o máximo possível. Você deveria explorar todas suas opções: em termos de escolha dos cursos de formação oferecidos, dos estabelecimentos em si, quando você deveria ir e, de fato, se deveria mesmo ir para lá, visto que essa também é, claro, uma opção. Cada vez mais, nem todas as vocações requerem que você tenha Ensino Superior, ou pelo menos não em tempo integral. Alexis acredita que teria seguido uma rota diferente se ela soubesse o que agora sabe sobre como sua carreira é:

> Pessoalmente, eu teria tirado um outro ano sabático. Eu teria tentado me encontrar, porque quando saímos da faculdade, ainda não sabemos, na verdade, o que queremos fazer da vida, ainda somos bem jovens, com dezoito anos. Vindo de um histórico de vida africano, há muita pressão para seguir e ir para a universidade assim que saímos da faculdade.
> Eu teria feito mais trabalhos para ter experiência nesse ano sabático e teria visto o que eu realmente queria fazer, e depois teria decidido ir para a universidade e arrasaria. Estou de volta à universidade agora, e voltei para fazer um mestrado, estou fazendo mestrado em Administração, o que faz sentido, e estou tendo um desempenho excelente nisso. Fiquei

em primeiro lugar na classe no meu primeiro semestre e nunca pensei que eu conseguiria atingir um primeiro lugar na classe - eu, que nunca tirei um A na minha vida! Isso me mostrou que existe pressão demais para que os alunos encarem a universidade, entrem em uma grande dívida para fazerem cursos nos quais eles não têm interesse algum ou sobre os quais poderiam mudar de ideia mais tarde em suas vidas. Eu não sabia o que eu queria fazer. Foi com os meus vinte e poucos anos que me dei conta daquilo pelo que eu era realmente apaixonada, e faz sentido que eu esteja obtendo uma excelência nisso, pois é o que eu quero fazer. Eu sinto como se as pessoas devessem simplesmente tirar um tempo para pensar, que elas não deveriam se sentir pressionadas pela sociedade ou por seus pais - mesmo que isso seja difícil. Dê-se um tempo e realmente explore as possibilidades sobre o que você, de fato, deseja fazer. Em grande parte das vezes, a pessoa sai da universidade depois da faculdade e ainda não consegue arrumar um emprego porque eles vão lhe dizer que vocês não têm experiência.

A universidade sempre estará lá, isso não tem de ser feito quando a pessoa tem dezoito anos e acaba de sair da faculdade, quando não faz a mínima ideia do que é a vida. O mundo disse a vocês que vocês têm de ir para a faculdade e depois para a universidade e então ficar com muitas dívidas - pelo menos entre em dívidas se for para algo que você vai usar!

Sharmaine Lovegrove, editora no selo Little, Brown, da Dialogue Books, só foi para a universidade aos 21 anos, quando foi estudar Política e Antropologia na UCL. Antes disso, ela havia desejado ser diretora de documentários e havia decidido que a melhor maneira de seguir com isso seria conseguir um pouco de experiência de trabalho primeiro, trabalhando com empresas de produção e tornando-se agente. Ela havia escolhido seu curso de especialização, depois de ficar três anos sem estudar, e, embora não tenha seguido o caminho de carreira que inicialmente havia achado que queria, seu curso levou-a direto a seu primeiro amor: livros.

Se eu estivesse fazendo isso agora, eu olharia para as universidades e faculdades que oferecessem cursos de formação que não fossem em período integral para obter a qualificação. Cada vez mais lugares estão fazendo cursos de formação on-line, e eu teria feito isso à noite e nos fins de semana e então teria trabalhado durante o dia. Eu só acho que as pessoas estão pagando muito agora, e a maioria das pessoas que eu conheço, quando falo com elas sobre quando terminarem a universidade, na verdade, não sabe o que quer fazer. Eu penso que o Ensino Superior não deveria estar relacionado a comprar mais tempo até que a pessoa decida o que quer fazer, deveria ter a ver com, de fato, conseguir realizações. Na Alemanha, as pessoas só vão para a universidade se for para fazer um trabalho que requer aquela formação específica. Seu curso de formação já treina você diretamente para o trabalho. Ao passo que aqui, você pode ir para a universidade e estudar quase qualquer coisa e, então, fazer algo completamente diferente. Idris Elba disse que nós, sendo pessoas negras, precisamos trabalhar dez vezes mais arduamente que os brancos e nós sabemos disso, então eu sempre penso que, se você tiver alguma coisa que se destaque no seu currículo, as pessoas vão erguer uma sobrancelha e considerá-lo acima de outros se você tiver o mesmo curso que seus colegas brancos têm.

"No minuto em que os alunos negros se sentam juntos em uma lanchonete, os caras brancos dizem que isso é autossegregação. E daí que as pessoas brancas sempre se sentaram juntas e sempre farão isso?"

Cara gente branca

Embora a universidade de alguma forma prepare as pessoas para o mundo real e para um bom número de agruras com que as pessoas possam se deparar nele, ainda assim, ela não é lá muito uma realidade. Minha universidade recebeu o apelido de "a bolha" e tinha uma revista homônima do *campus*. Eu passei a vasta maior parte do tempo da universidade no *campus*, criando memórias e fazendo amigos e colegas, no entanto, como eu vou falar mais adiante em "Garotas negras não choram", essa também foi uma época um tanto quanto opressiva para mim, assim como para muitos alunos. E, como muitos estudantes, especialmente mulheres negras, eu sofri em silêncio, hesitando em alertar meus professores sobre "circunstâncias mitigadoras" por medo de como eu seria vista se fizesse isso. Quando, em dado momento, eu tomei a decisão de tirar um ano sabático, ter um pouco de espaço e objetividade realmente me ajudou a apreciar o quanto eu gostava da universidade e o quanto eu sentia falta dela. Porém, isso não tem de ser assim tão drástico - vocês se surpreenderiam ao ver o que beber um drink com os amigos em casa ou simplesmente cozinhar algo em casa pode fazer por nossas almas. Sair do *campus*, assim como sair um pouco mais é algo muito bem-vindo e um intervalo muito necessário, como aconselha Afua:

> Eu acho que nós precisamos cair fora, mesmo que seja somente por nossa sanidade, porque existe uma bolha. Não se trata do mundo real, muitas das pessoas com quem você se depara nunca haviam conhecido uma pessoa negra na vida real antes, e então você está na linha de frente daquela experiência de ter de se explicar ou de ter de explicar a textura de seus cabelos e todas essas coisas. Eu nunca perdi a apreciação exacerbada que eu tenho por Londres tendo estado em Oxford, pois simplesmente o fato de que eu sou relativamente anônima é um tamanho alívio ao que eu ainda dou valor. Eu acho que fiquei impressionada com a nova geração de alunos que se sentem capazes, coletivamente falando, de apropriar-se das coisas, dar nome a elas, criticá-las, e eu acho que o fato de que eles são uma rede os ajuda, então eu acho que isso é realmente importante.
>
> Eu achei que fazer trabalhos de mentoria e ajudar outros alunos era algo realmente útil porque isso me deu um senso de propósito. Mesmo que eu me sentisse muito ambivalente em relação a estar lá, quando eu via pessoas mais jovens se realizando, isso me levou a pensar, *eu quero que seja o mesmo para eles? Eu ficaria feliz com a conclusão de que o lugar deles não é aqui?* E isso me levaria a dizer não, nós temos todo o direito

> de estar aqui, então, o que quer que eu possa fazer para normalizar isso é meu dever fazê-lo. Sendo assim, eu acho que às vezes é bom sair um pouco de seu próprio ego, de seu próprio senso de sofrimento e de sua própria preocupação em relação ao que você vai fazer, e pensar no quadro mais amplo. Você não está aí apenas por si, você está aí para tentar impedir que outras pessoas passem pela mesma coisa, e eu achei isso realmente útil para entrar em um senso de propósito.

Para muitos, a oportunidade de fazer novos amigos é tão atraente quanto as oportunidades acadêmicas oferecidas pela universidade. Encontrar sua própria tribo não somente o ajudará a se estabelecer, como também poderá fazer com que o tempo que você for passar lá seja mais agradável. Pode ser que você encontre seus amigos em seu curso, nos corredores e em encontros em banheiros da universidade com pessoas geralmente bêbadas. Porém, se você estiver se sentindo isolado culturalmente, estão aumentando os números de sociedades focadas em identidade - por exemplo, a minha universidade tinha uma sociedade africana e caribenha, uma sociedade nigeriana e uma sociedade chamada "Esta é a África" e, todas realizavam eventos aos quais eu ia com diferentes níveis de curtição.

A ACS e sociedades similares nem sempre funcionam para todo mundo, e alguns alunos enfrentam dificuldades para encontrarem seus lugares na universidade. Para outros, a ideia de tentar encontrar sua tribo na universidade não é prioritária. Porém, se essa for sua opção, ainda assim é importante que você tenha um grupo de amigos a quem se voltar, até mesmo se for fora do *campus*, de modo a garantir que você não se torne socialmente isolado. Alguns alunos optam por andar com outros alunos de universidades locais mais diversas, assim como com moradores locais que não são estudantes. Outros têm amigos de antes da universidade com quem eles mantêm contato, ou viajam com frequência de volta para casa. Você pode optar por imergir-se na vida no *campus* ou por construir ou manter uma rede fora dele

– apenas tenha certeza de que sua escolha funcione bem para você, e não subestime a importância de redes de apoio durante o tempo que você for passar na universidade. Afua nos conta:

> Eu de fato fiz amizade com outras pessoas negras, e nós buscávamos uns aos outros de outras faculdades e então nos encontrávamos e fazíamos coisas juntos. Eu sentia que isso criava um pouco de hostilidade com alguns dos meus amigos da faculdade. Eles simplesmente não conseguiam entender por que eu tinha de ter meus amigos fora da faculdade, mesmo que fosse um tanto quanto óbvio que todos eles eram negros e então havia simplesmente essa sensação de estranheza porque eles não queriam dizer: Por que você está andando com essas pessoas negras? Eu não queria explicar a eles por que eu tinha uma necessidade de criar um grupo social de colegas negros, então ficava apenas aquela estranheza. Ter outros amigos – e eles não têm de ser amigos negros –, obviamente que eu tinha amigos brancos de todos os históricos de vida. Quando eu olho para as pessoas com quem eu ainda tenho amizade, não são todas pessoas negras, [mas] o que eles têm em comum é uma leve sensação de estar à margem. Sendo assim, seja por causa do histórico de vida de sua classe ou por causa de sua herança religiosa ou o que fosse... simplesmente [eles] não vinham do que eles sentiam que era, tipo o histórico de vida convencional e que tinham passado pelos mesmos tipos de questionamentos. Sendo assim, eles não são exclusivos em relação à raça, eu acho que obviamente se você tem aquela diferença visível, ela é aumentada porque isso se manifesta constantemente em toda as suas interações. Então se cerque de pessoas que podem se identificar com você por qualquer motivo que seja ou com quem você possa se identificar e com pessoas que o apoiem.

Alexis também fala sobre a importância de suas amizades na universidade – muitas das quais continuaram por muitos anos depois que ela saiu de lá:

> Eu não achei difícil socializar de forma alguma. Eu acho que a melhor coisa que eu aprendi sobre Roehampton foi a minha experiência social; sendo um espaço independente de casa, pagando minhas próprias contas, simplesmente sendo adulta e começando a viver uma vida de adulta

que eu mesma tinha que viver. Até mesmo no primeiro ano, eu não morava no *campus*, eu vivia com dois caras em uma casa e todo mundo falava, tipo: "Você não tem medo de morar com dois caras?". E eu ficava, tipo, "Não", e dou graças a Deus, porque os dois caras eram como se fossem meus irmãos. Eles eram como irmãos para mim, eram uma bênção... Eles cuidavam de mim e eu cuidava deles. Foi uma experiência realmente muito boa, eu conheci algumas pessoas muito boas lá e a maioria delas está vindo ao meu casamento; nós mantivemos nossas amizades.

"O futuro é tão brilhante que eu tenho de usar óculos escuros."
– Timbuk 3, The future's so bright [O futuro é tão brilhante]

Tanto a versão longa quanto a versão curta disso é que a experiência de todo mundo na universidade será diferente. Algumas pessoas acabarão indo exatamente aonde elas queriam ir e depois perceberão que não era isso que haviam esperado; outras irão para sua segunda opção e descobrirão que essa foi a melhor coisa que aconteceu com elas. O mais importante é armar-se com conhecimento: antes de tomar quaisquer decisões que possam mudar sua vida, certifique-se de tomar tais decisões depois de obter informações a respeito. Essas informações podem levá-lo a seguir uma rota completamente diferente: as universidades são cheias de oportunidades, mas o mundo também é.

"Em suma, não pense no Ensino Superior como simplesmente o próximo passo depois dos *A-levels*, pense como um caminho a ser trilhado para entrar em uma carreira", diz Sharmaine.

"Quando pensamos no Ensino Superior como o caminho a ser trilhado para nossas carreiras, nós pensamos nisso em termos de sua praticalidade. Quando estiver na universidade, caso você decida ir para a universidade de imediato, então se certifique de que haja muito tempo entre escrever um ensaio e outro; em seu segundo ano, certifique-se de conseguir aquelas colocações. Não deixe a cargo da universidade fazer tudo por você, realmente pense nisso em termos práticos: o que é que eu tenho de fazer para ser melhor? Dê ouvidos a seus amigos e depois simplesmente pense em maneiras como você pode tentar fazer as coisas de forma um pouco diferente para se destacar. Não tenha medo de não seguir a multidão, mas faça isso de seu próprio e sutil modo. Não deixe que as pessoas duvidem de você, seja, tipo: "Isso é o que quero fazer", e vá falar com as pessoas que são da área e escreva para pessoas pedindo que elas a mentoreiem ou faça perguntas a pessoas que fazem isso. Encontre os especialistas certos que irão lhe ajudar.

Meu segundo lance é, seja um especialista. Seja brilhante e audaz e valente e conheça sua área de cabo a rabo; saiba como ela funciona e conheça a história e a cultura, e simplesmente a conheça, respire-a e viva-a. Eu acho simplesmente que isso é tão importante, quando se entra na universidade, que não seja apenas sobre passar nas provas; na verdade, a experiência tem a ver com aprendizado. Aprender realmente uma habilidade ou um ofício ou ter um entendimento de um tópico ou de uma matéria, e então realmente entrar de cabeça nisso. Ver isso como uma oportunidade para curtir ao máximo. Tudo isso faz parte do processo. Eu acho que o que realmente é importante é que estudar Direito ou Medicina para fazer com que seus pais se orgulhem de você é algo muito diferente de estudar isso de fato.

Apesar de todas as coisas que são zoadas e todos os absurdos, a universidade ainda é um lugar brilhante, onde aqueles que têm sorte o bastante de conseguirem frequentá-la podem se encontrar, e mais, fazer amigos para toda a vida, partilhar visões políticas, adquirir conhecimento infinito e, às vezes, até mesmo arrumar um parceiro de longa data. Embora ainda exista um longo caminho a ser trilhado em termos de diversidade e inclusão, uma população estudantil cada vez mais ciente de si e não apologética está continuando a consertar os erros em uma taxa sem precedentes. Mencionei a uma atual aluna de Warwick que na época em que eu estava na universidade houve um leilão de escravos e ela me disse que "eles não se atreveriam" a fazer uma coisa dessas hoje em dia - menos ainda uma festa com tema de *Django Livre*. Eu só estive na universidade quatro anos antes dela. E, como Alexis mencionou, a recém-descoberta liberdade é particularmente maravilhosa - para todos os alunos, claro, porém mais especificamente para calouros negros que às vezes ainda se encontram sob uma forma de toque de recolher por mais tempo do que seus colegas brancos. A transição de ter de negociar e barganhar com os pais em relação a passar noites fora para simplesmente sair para onde a pessoa quiser é apenas uma das muitas coisas que não tem preço em relação à universidade, e isso, em si, quase vale todos os prazos e noites passadas acordada fazendo os trabalhos e estudando.

Um choque cultural pode ser exatamente isso - chocante -, mas ele também pode lhe dar a oportunidade de conhecer pessoas e ter experiências que você nunca teria de outra forma. Como a maioria das coisas na vida, é importante entrar na universidade com ciência das coisas, mas também otimista, visto que seu futuro (assim como o futuro dessas instituições) deve ficar bem mais brilhante.

TRABALHO

"Nós não precisamos superar um padrão de excelência que não criamos. Em vez disso, nós temos de criar nossa própria versão de sucesso, nossa própria versão do que é bom."

ELIZABETH

"Más nós éramos más, com muito pouco de burguesas."

YOMI

— "DÊ O DOBRO DE SI NO TRABALHO PARA QUE A CONSIDEREM METADE TÃO BOA QUANTO AS BRANCAS" —

ELIZABETH

"Eu não sou apenas negra, eu sou uma mulher, então existem dois telhados de vidro que eu tenho de quebrar toda vez que abro a boca para falar alguma coisa, mas, se eu acordar pela manhã e pensar *'Ah, meu Deus, eu tenho dois telhados de vidro a quebrar hoje'*, isso não é jeito de se viver."

– Destiny Ekaragha

"A aluna para quem o professor deu nota A tinha duas cabeças?", meu pai me perguntou, desapontado, ao voltarmos da noite com os pais, no meu oitavo ano escolar, enquanto ele dirigia rumo à nossa casa. Tendo crescido em uma casa nigeriana, eu estava acostumada com essas perguntas retóricas. Essa pergunta retórica em particular foi uma que evidenciou ainda mais que, primeiro, meu pai poderia exagerar as coisas pela Inglaterra inteira; e segundo, ainda assim, eu tinha fracassado no atendimento das expectativas dele em se tratando das minhas notas.

"Você tem de dar o dobro de si em comparação a elas" era algo implícito em tudo que eu fazia ou - segundo o meu pai - não *poderia* fazer. Como foi discutido anteriormente no capítulo "Advogada, Médica, Engenheira", a importância da excelência na escola não tinha limites. Você poderia acertar 98% das questões em uma prova e seus pais ainda perguntavam: "O que aconteceu com os outros 2%?". Então você acertaria 100% na próxima prova e perguntariam a você por que você não estava estudando direito como sua prima; e, em algum momento, você se candidataria a uma vaga na universidade e eles iam querer saber por que você não se candidatou a uma vaga em Oxford, visto que Warwick era boa, mas não era *a* mais prestigiada das universidades. Lições sobre racismo estavam, de maneira intrínseca, ligadas à ética de trabalho. Se você desse duro, conseguisse boas notas, então não daria a eles uma desculpa para tratá-la de forma diferente.

Além de me sentir irritada e pensar que eles estavam reagindo de forma exagerada na metade do tempo, eu tinha um pouco de empatia pelas atitudes dos meus pais. Eles sabiam que eu seria julgada mais duramente do que meus amigos brancos em certas ocasiões e que, se eu quisesse ser advogada ou ter o meu próprio negócio, atender ao mínimo dos padrões às vezes simplesmente não seria o bastante. Quando a ex-Primeira-Dama, Michelle Obama, deu sua versão do discurso de "Ser duas vezes tão bom quanto", em 2015, para a Universidade Tuskegee, uma universidade historicamente negra, ela disse uma versão daquilo que todos os pais negros dizem aos filhos para nos lembrar de que a vida será mais difícil para nós do que para nossos amigos brancos:

> A estrada à sua frente não será fácil. Nunca é, especialmente para pessoas como você e eu. Porque embora nós tenhamos vindo tão longe, a verdade é que aqueles problemas antigos são teimosos e eles não se foram por completo... Sendo assim, haverá tempos em que você sentirá que as pessoas passam batido por você, ou que eles veem apenas uma fração de quem você realmente é.[2]

Infelizmente, esses problemas antigos não foram mesmo embora, e a discriminação ergue sua cabeça feia, tanto antes de entrarmos no local de trabalho, como quando estamos dando passos para progredir dentro dele. Isso pode, com frequência, nos deixar sentindo que temos de dar o dobro de nós apenas para conseguirmos ser considerados metade tão bons quanto os brancos. E isso pode fazer com que a existência para uma mulher negra seja dura. Quando você entra em espaços brancos, encontra-se tentando discernir o seguinte: será que essa qualificação será o bastante? Será que meu sotaque do sul de Londres vai me entregar? Ou será que eles são simples e puramente velhos racistas e eu nunca receberei minhas recompensas, não importando o quão dobrado eu me esforce?

"A sorte não tem nada a ver com isso, pois eu passei muitas e muitas horas, incontáveis horas, no tribunal, trabalhando para meu momento único no tempo, não sabendo quando ele viria."

— Serena Williams

Eu não consigo me lembrar de quantas vezes na minha carreira eu me sentei em reuniões nas quais eu sou a única mulher negra na sala. Ainda sem fracassar, eu estava cercada de quatro Jamies ou três Chris, todos os quais eram, é claro, homens brancos. Eu não tenho ressentimento algum com esses nomes em particular, mas eu notei como eles tendem a ser excessivamente representados em todos os lugares onde trabalhei, ao passo que encontrar uma mulher negra é como tentar encontrar uma garota negra no programa de TV *Love Island*. E é com isso que eu tenho um problema. Onde nós estamos? Naquelas reuniões eu me via pensando, repetidamente: *Por que eu continuo sendo a única garota negra no marketing neste escritório?* Como Yomi ressaltou no capítulo anterior, nós somos relativamente o maior grupo de formandos no Reino Unido, mas a maioria de nós continua desempregada.

Está claro que a Grã-Bretanha está longe de ser um campo plano cheio de oportunidades para todos. Até mesmo depois que você tiver conseguido as notas certas na escola, e tiver ido acima e além em atividades extracurriculares, quando chega a hora da transição do ensino para o emprego, alguma coisa dá bem errado. Em 2016, a Comissão de Mobilidade Social revelou que as crianças negras e as crianças asiáticas têm menor probabilidade de conseguir empregos profissionais, apesar de se saírem melhor do que seus colegas brancos do proletariado na escola.[3]

Eu sempre presumi que ir acima e além e me esforçar sempre para ser excepcional seria o suficiente. Eu não achava que tinha o privilégio de ser apenas "regular": a mediocridade não me serviria. Isso resultou em um medo irracional de ser deixada para trás, o mesmo medo que me levou a tentar conseguir um emprego quando eu tinha dezesseis anos, convencida de que eu nunca conseguiria me formar no Ensino Médio. Sabe aquele medo que o acorda às três da manhã? Você acha que pode ser apenas um ímpeto de fome, mas, na verdade, trata-se de um medo de fracasso que se intensifica quando os exames se aproximam ou na noite anterior à uma entrevista de emprego.

Uma consequência não intencional do meu *mindset* de "dar o dobro de mim" foi que lenta, mas certamente, com o passar dos anos, eu me transformei em uma espécie de bola de fogo insuportável. Mesmo que eu nem sempre tivesse o apoio certo na escola, eu sabia que eu queria me sair bem, então, uma vez que havia decidido me comprometer com alguma coisa, nada podia me fazer parar, e eu sempre tentava me calcar com um quê de competitivo em tudo que fazia. Sendo assim, quando a maioria das crianças ia para a escola apenas nos dias de semana, eu frequentava as aulas de sábado também. Quando meus amigos aproveitavam seus intervalos para o lanche, eu ajudava com as tendas da feira da escola, e quando tive o meu primeiro estágio, fui a primeira a me candidatar ao cargo de presidente do comitê de responsabilidade corporativa social.

Isso instilou em mim uma ética de trabalho que significava que eu nunca queria deixar de dar o devido valor a nada. Amigos de Warwick me diziam que eles sofriam do mesmo vício de fazer tudo em excesso: desde se voluntariarem para serem monitores no playground, tentarem ganhar o Prêmio Duque de Edimburgo a frequentarem clubes de debates depois das aulas. Quando eram adolescentes, eles haviam reunido uma impressionante carga de atividades extracurriculares. Agora fica mais aparente para mim que nunca nós simplesmente chegamos aonde estamos por sorte: isso é resultado de um esforço intensivo com o decorrer do tempo. Passamos por desafios na escola que tivemos de escalar, navegando em meio às altas expectativas de nossos pais e às vezes nas baixas expectativas de nossos professores.

Charlene White, da ITV, tornou-se a primeira mulher negra a apresentar o programa *News at Ten* em 2016: uma cadeira predominantemente ocupada por homens brancos desde que o programa foi criado em 1967. Apesar de ver isso como um fardo, o que é compreensível, a jornalista e âncora de noticiário diz que o motivo pelo qual ela está onde está hoje foi que trabalhou "em dobro" no decorrer de seus vinte anos de carreira na área.

> Bem, eu sempre fui criada - como tenho certeza de que todo mundo com quem você falou também foi - para trabalhar em dobro em relação a seu vizinho. Sendo assim, na escola, eu tinha de dar o dobro de mim em comparação à criança ao meu lado, eu tive de fazer a mesma coisa quando estava na universidade, e eu fiz a mesma coisa na minha

vida de trabalho. Eu não sei como fazer as coisas de outro jeito, para ser honesta. Sendo assim, nos meus primeiros anos de trabalho, eu fazia trabalhos supervisionados desde os meus dezesseis anos - não que alguém tenha me dito para fazer isso. Com meus quinze, dezesseis anos, enviei cinquenta cartas (porque ainda não se usava e-mail na época), cinquenta cartas para tentar conseguir experiência de trabalho. Consegui no jornal *Guardian*, e isso meio que mudou tudo, pois, como resultado de conseguir entrar lá por um verão, ficou muito mais fácil conseguir outros estágios em toda parte. Depois, quando eu estava trabalhando na BBC, eu trabalhava em seis redes diferentes: na Rádio 1 e 1Xtra como membro do quadro de funcionários, mas depois fazendo trabalho freelancer com meu próprio programa na BBC de Londres. Além disso, apresentava o noticiário de sessenta segundos na BBC3 e o de entretenimento no canal da BBC News. Também apresentava noticiários na 5 Live, e o de meia hora cedo pela manhã, antes do *Wake Up to Money* na 5 Live. Resumindo: eu estava simples e essencialmente trabalhando sete dias por semana com turnos dobrados e triplicados.

Eu sei, com certeza, que de modo algum no mundo eu teria chegado aonde estou agora, nessa idade, se eu não tivesse feito todas aquelas coisas. E, sim, haverá muita gente que não teve de fazer nada daquilo para chegar lá, nadinha, e, sim, isso de fato me incomoda. Eu espero que quando eu tiver filhos e eles estiverem no ambiente de trabalho, eles não tenham de passar por tantas dificuldades diferentes. Eu não tinha alguém na minha família que trabalhava na televisão. E, quando se está trabalhando com pessoas que, literalmente, conseguiram uma vaga para trabalhar em um estúdio de TV, porque o pai delas insistiu que seu melhor amigo lhes arrumasse tal vaga, e foi assim que elas acabaram trabalhando na TV, você fica tipo: sabe o quão duro eu tive de trabalhar para conseguir chegar aqui? Eu não tive esse luxo. E também tem o entendimento disso, mas eu não acho que as pessoas sempre entendem. Um dia, eu me sentei com um amigo meu e tentei explicar isso a ele, porque ele ficava falando coisas do tipo: "Sim, mas só porque, sabe, eu tive um pai que trabalhava na TV... Isso foi uma introdução, sim, mas eu trabalhei duro mesmo na minha carreira para conseguir chegar aonde eu estou". E eu disse: "Mas o que você não está entendendo é o quão difícil é simplesmente passar pela porta de um jornal ou de um estúdio de TV ou um estúdio de um programa de notícias quando você não conhece ninguém. Essa é a parte difícil. E quando você consegue fazer isso, então eu receio que nós não tenhamos vindo do mesmo lado, nem da mesma perspectiva, nem da mesma situação de vida em nenhuma forma".

Uma rosa, com qualquer outro nome, pode deixar você desempregado

Alguns podem não aceitar que isso de "dar o dobro de si" seja um fato, mas as estatísticas falam por si. Provavelmente você já ouviu o seguinte: homens candidatam-se a uma vaga de emprego quando atendem a apenas 60% das qualificações, mas as mulheres só se candidatam a essa vaga se elas atenderem a 100% dessas qualificações.

Sendo de minoria étnica, até mesmo quando você atende a 100% das qualificações exigidas pela vaga, fica preocupado com a possibilidade de não ser o bastante e de que ainda enfrentará discriminação. Em 2012, um relatório dos Grupos Parlamentares de Todos os Partidos informou que mulheres de minorias étnicas sofriam discriminação em "todos os estágios" do processo de recrutamento. O relatório revelou discriminação contra nomes e sotaques, o que tornava muito mais difícil para mulheres de minorias étnicas conseguirem respostas sobre candidaturas a vagas de empregos. É interessante notar que algumas delas conseguiram notavelmente resultados melhores quando mudaram seus nomes para "disfarçar" sua etnia com nomes "brancos ingleses", aumentando em 74% a chance de serem chamadas para uma entrevista em seguida à candidatura do que candidatas com um nome de minoria étnica, apesar de as duas candidatas terem as mesmas qualificações.

Durante um discurso em 2015, o então primeiro-ministro David Cameron pareceu chocado com uma prática que é uma realidade para a maioria das minorias para a qual elas dão de ombros.

> E ele disse ofegante: "Vocês sabiam que em nosso país, hoje em dia", "mesmo se tiverem exatamente as mesmas qualificações, pessoas com nomes que soam como nomes de brancos têm uma probabilidade maior de conseguirem ser chamadas para entrevistas de empregos do que pessoas com nomes que soam como sendo étnicos?".

Bem, sim. Nós sabemos disso. "Uma jovem negra teve de mudar seu nome para Elizabeth antes que conseguisse ser chamada para entrevistas. Isso, na Grã-Bretanha do século XXI, é uma desgraça", ele continuou a dizer.

De fato, é uma desgraça. Surpreendente? Nem um pouco. A jovem negra a que Cameron se referiu não era eu, mas bem poderia ter sido. Tentar dar o dobro de mim nas minhas candidaturas a trabalho é algo a que já me acostumei. Logo que me formei na universidade, havia um emprego específico em marketing em uma firma de investimentos super-rica na Mayfair que eu realmente queria. Mesmo que eu estivesse confiante em relação às minhas habilidades e qualificações, e sentia que atendia aos critérios, eu sabia que isso poderia não ser o bastante. Antes de clicar para me candidatar à vaga, eu dei uma última olhada no site deles. Fui, então, para a seção de "equipe da gerência" e vi um oceano de pessoas brancas - e na maior parte homens - olhando para mim. Isso foi a gota d'água. Hoje em dia se espera que a maior parte das empresas esconda sua falta de diversidade e exiba pelo menos uma pessoa negra, mas essa empresa era tão apologeticamente branca, que nem isso! Eu reli o meu currículo mais uma vez e vi que havia mencionado ali, com orgulho, que era uma mentoreada do "Google Top Black Talent" em 2012, em um programa que a Google realizou como parte de suas iniciativas de diversidade. Voltei a olhar para o site da empresa e então fiz o impensável: removi a palavra "black" e ficou: "Google Top Talent". É vergonhoso agora pensar que fiz isso, mas eu estava tão ciente da minha negritude e da minha feminilidade e do pungente contraste entre mim e a equipe da gerência que senti que tinha de fazer o que pudesse para conseguir ser chamada. E eu garanti uma entrevista.

Eu não tenho uma experiência única; tenho amigas que admitiram usar seus nomes ingleses em vez de seus nomes nigerianos em candidaturas a vagas de trabalho para conseguirem passar pelos primeiros obstáculos do recrutamento. Tão insidiosa é a natureza da discriminação que encontramos que até mesmo quando mulheres negras saem do mercado de trabalho e optam por estabelecer seus próprios negócios, ainda têm de passar por árduos obstáculos antes que possam emergir no mesmo campo de jogo das colegas brancas. A Dra. Clare Anyiam-Osigwe BEM - uma empresária ganhadora de diversos prêmios que abriu sua marca de produtos de cuidados com a pele, a Premae, com 26 anos - recorreu à criação de um pseudônimo quando estava tentando fazer com que seus negócios saíssem do papel:

> Eu tenho meu pseudônimo branco, que é Nina Fredricks, e Nina é meu alter ego - ela consegue todos os trabalhos para mim, e todos os eventos, e todas as vendas que eu não consigo. Com minha presença no LinkedIn, eu descobri a existência de um leve cartel. Por exemplo, vou contar essa história a vocês: eu estava tentando fazer com que a Premae entrasse em canais de compras, então estava convidando as pessoas para se conectarem comigo nessa rede social - elas não faziam isso. Então, eu fui até a página cem no Google Imagens, encontrei uma moça branca com cabelos loiros, roubei uma foto dela, criei um perfil falso em que ela tinha tido apenas dois empregos, um deles era em uma empresa desconhecida e o segundo era eu mesma - trabalhando na Premae como gerente de varejo - e o nome dela era Nina Fredricks. E eu fiz com que Nina escrevesse para eles. Dentro de poucos minutos, eles haviam aceitado a solicitação de amizade. "Sim, a Premae parece incrível, nós adoraríamos que você viesse até aqui, vamos marcar uma reunião na

semana que vem." Então, no dia antes da reunião: "Desculpe-me, eu não conseguirei ir à reunião, mas eu vou mandar a Clare no meu lugar, ela é a fundadora, ela sabe de tudo". "Ah, não, não, não, vamos remarcar." "Não, não, não, você não está entendendo. Eu ficarei em Paris por três meses lançando os produtos da Premae, então vocês precisam falar com a Clare." "Ok, ok."

Eu ia até a empresa, já nervosa, naturalmente, porque eu pensava: *Há tanta resistência, o que foi que eu fiz a vocês? Por que vocês estão fazendo isso comigo? Por que eu tive até mesmo de criar a Nina? De que se trata tudo isso?* E quando eu chegava a essas empresas, acho que eles esqueceram ou eram simplesmente ignorantes, não importa, mas eles ficavam fazendo perguntas do tipo: "Então... Há quanto tempo você trabalha na empresa?". E eu pensava: *Uau...* Eu me lembro de ter apenas me reclinado e dito: "Bem, eu comecei a fazer esses bálsamos na minha cozinha em Islington, no Norte de Londres, então eu acho que estou na empresa desde o começo, não?". "Ah, meu Deus, desculpe-me, você é a Clare, Clare, a fundadora... Certo...". E então sempre vem a defensiva: "Então, onde você estudou?; O que você sabe sobre beleza?; Por que você está aqui?; Como foi que você teve conhecimento disso?; Como você conseguiu criar alguma coisa inovadora no mundo?; O que a torna especial?". E eu respondia simplesmente: "Eu sofro com alergias, isso é a base das minhas formulações". Assim nós havíamos chegado até mais de 200 mil lares com a Glossybox e a Birchbox, então nós tínhamos uns belos testemunhos. "É por isso que vocês querem nos ver, certo? Porque vocês viram a marca. Esse é o meu trabalho, é isso que eu faço." Então uma das compradoras, que tinha um irmão com eczema, disse-me: "Bem, sabe, esse produto seria muito útil para o meu irmão, eu acho que o Reino Unido precisa conhecer esse produto. Então eu realmente compro a ideia", e [ela] meio que estava olhando para a outra mulher, tipo, como se dissesse: "Nós compramos a ideia, não?" A outra estava com uma cara de Ainda estou tentando processar isso! Isso porque nós provavelmente tínhamos a mesma idade, então ela ficava olhando para mim e pensando: *Eu tenho esse emprego em um escritório e aqui está você, uma empresária, criando todo um estabelecimento, e eu simplesmente não posso, meu cérebro não quer permitir que eu aceite que isso é real.*

Pode ser divertido criar alter egos, com a palavra em si sendo divertida - basta olhar para Sasha Fierce, o alter ego de Beyoncé, que detona toda vez que sobe no palco. No entanto, alter egos não deveriam nascer por causa da frustração devido a uma discriminação descarada com que mulheres negras se deparam quando tentam progredir em suas carreiras.

Analisar candidaturas sem os detalhes de nome e gênero seria um passo positivo para ampliar oportunidades para pessoas com históricos de minorias étnicas. No entanto, embora David Cameron tenha conseguido persuadir algumas empresas - inclusive NHS, Deloitte, BBC e o serviço público - a permitirem que candidatos a vagas de emprego omitissem seus nomes, apenas algumas universidades concordaram em avaliar as candidaturas a vagas de 2017 com os nomes dos alunos suprimidos. O plano dele para que todas as candidaturas a vagas em universidades fossem com os nomes em branco, em 2017, foi rejeitado por todas as outras instituições acadêmicas no Reino Unido (*vide* "Rostos negros em espaços brancos").

"A única coisa que separa mulheres negras
de qualquer outra pessoa são as oportunidades."

— Viola Davis

Uma das explicações mais comuns para a lacuna de gêneros em posições de liderança é a noção de que mulheres não são tão ambiciosas quanto os homens. Sendo assim, apesar das três ondas de feminismo, aparentemente, o *verdadeiro* motivo pelo qual as empresas do FTSE 100 são comandadas por homens brancos é que mulheres não têm as mesmas aspirações que eles. Hilário, certo? Vamos desbancar este mito: mulheres negras querem ser bem-sucedidas em suas carreiras e não lhes falta ambição para fazer isso. Na verdade, segundo um relatório feito por um instituto de pesquisas com base nos Estados Unidos, embora apenas 8% das mulheres brancas americanas aspirem a um cargo de poder no trabalho, 22% das mulheres negras americanas (uma porcentagem similar àquela dos homens brancos) aspira a um papel poderoso e são significativamente mais ambiciosas.

Os autores do estudo descobriram que

> mulheres negras têm uma probabilidade maior do que as mulheres brancas a verem um cargo de poder como um meio para realizar suas metas profissionais e estão seguras de que podem ser bem-sucedidas nesse papel.

Embora não haja estudo idêntico no Reino Unido com foco somente em mulheres negras, e embora nossas experiências variem um tanto aqui, indícios casuais, assim como o Relatório Raça no Trabalho de 2015, sugerem que nós temos atitudes similares em relação a nossas carreiras. Esse relatório descobriu que, no Reino Unido, pessoas negras no mercado de trabalho têm mais ambição do que seus colegas brancos: a ambição de progredirem em suas carreiras foi de 72%, em comparação a 41% dos funcionários brancos. No entanto, pessoas negras também tinham uma probabilidade maior de relatarem que se sentiam estagnadas em suas carreiras e de dizer que haviam "fracassado na realização de suas expectativas". Não é difícil ver o porquê disso. O fato de que os formandos negros recebem, em média, 4,30 libras por hora a menos do que formandos brancos também poderia ter alguma coisa a ver com isso.

Depois que o Presidente Trump derrotou Hillary Clinton na Presidência dos Estados Unidos, eu me lembro de ter lido um tweet que dizia:

> Pela primeira vez na história, Hillary Clinton sabe como se sente uma mulher negra. Você pode ter trinta anos de experiência em um trabalho

para o qual você excede em qualificações e ainda assim eles escolhem um *homem* que *não* tem experiência alguma de trabalho em comparação a você.

Isso não é verdade?

É seguro dizer que não se trata de falta de ambição, nem a atitude delas, que seguram as mulheres negras no mercado de trabalho. Então, qual é a barreira que frustra sua ambição até um ponto em que elas se sentem menos valorizadas e inspiradas depois de apenas alguns anos no trabalho? O teto de concreto, é isso.

Enquanto as mulheres brancas vivenciam a ansiedade na carreira em relação ao teto de vidro - as barreiras informais, ainda que impermeáveis, impedem as mulheres de conseguirem promoções ou seguirem para o próximo estágio em suas carreiras -, para as mulheres negras, esse teto pode parecer, às vezes, ser feito de concreto. Embora vidro possa ser algo difícil, pelo menos dá para quebrá-lo. Se você já deixou seu iPhone cair no chão, é capaz de identificar o doloroso som de vidro sendo estilhaçado contra o chão de concreto. Contudo, o teto de concreto com que se deparam as mulheres negras é ainda mais difícil de se quebrar - é praticamente impossível de se quebrar sozinha.

Com o vidro, dá para ver através dele até o nível acima e você sabe que existe algo a que aspirar. Se você consegue ver algo, pode atingi-lo, certo? No caso do concreto, por outro lado, é impossível ver através dele. Não existe um destino visível, apenas o que parece ser um beco sem saída. Não dá para ver uma mulher negra como parceira, muito provavelmente, porque não existe uma. Então, é como olhar para o nada - o próximo nível não é visível.

Exatamente como Malorie Blackman e a Dra. Maggie Aderin-Pocock falaram sobre a necessidade de modelos exemplares aos quais as crianças na escola possam aspirar, da mesma forma essa necessidade continua presente no mercado de trabalho.

Não me entenda errado. Nem *sempre* existe um teto de concreto. Existem algumas mulheres negras em papéis de liderança que navegaram de forma brilhante nas complexidades de ser tanto negras quanto mulheres no mercado de trabalho. Veja o número absoluto de mulheres negras que entrevistamos que não apenas quebraram o vidro - e o concreto - como também agora têm domínio em seus campos de trabalho. No entanto, para a maioria de nós, logo que entramos em um local de trabalho, com frequência descobre-se regras não escritas para seguir em frente com as quais lutamos para entendê-las, quanto mais para segui-las, e, portanto, ao contrário de nossos colegas homens e mulheres brancos, não conseguimos pisar no chão e correr, mesmo com todo o entusiasmo e toda a ambição do mundo. Frequentemente nos encontramos fechadas para fora das redes informais que ajudam mulheres e homens brancos a encontrarem empregos, mentores e patrocinadores, e, embora não seja culpa nossa, nós fracassamos ao tentarmos navegar nesses espaços com sucesso - o que explica os sentimentos de estagnação de carreira e frustração, como fica evidenciado no Relatório de Raça no Trabalho.

Porém, é certo que a atenção recente que vem sendo dada às questões de diversidade no mercado de trabalho está ajudando a trazer esse teto abaixo, não? Bem, não exatamente. Apesar de toda a conversa sobre diversidade que vem acontecendo no decorrer dos últimos anos, parece que as mulheres negras foram marginalizadas novamente. É notável que, quando existe um impulso de fazer com que mulheres entrem em cargos importantes nos negócios, isso tende a ocorrer apenas com um tipo de mulher. Se eu ganhasse uma libra para cada vez em que fui a um painel sobre diversidade apenas para ver que era composto por homens brancos e mulheres brancas falando sobre como aumentar a diversidade, mas, na verdade, apenas querendo dizer que a porta deveria ser alargada para permitir a entrada de mulheres *brancas,* eu seria milionária.

Pode ser fácil demais erguer a questão de gênero como símbolo de diversidade em uma organização, e nós nos centramos na questão das mulheres brancas nas pautas sobre diversidade da mesma forma como nos centramos em meninos brancos do proletariado no debate sobre resultados educacionais. No entanto, a diversidade tem muito mais a ver do que apenas com gênero, e nós não deveríamos ser amalgamadas no mesmo grupo de talentos monolíticos. Por tempo demais, as aspirações das mulheres negras no Reino Unido não fizeram parte da conversa. Quanto mais cedo nos dermos conta disso, mais cedo poderemos ter conversas mais ricas sobre isso e trabalharmos juntas para surgir com soluções práticas para o problema.

Pesquisas em 2014 revelaram que a lacuna no nível de gerenciamento entre pessoas BAME e pessoas brancas não é apenas desproporcional em relação a sua representatividade, como também está aumentando. Portanto, foi uma grande surpresa quando o presidente da Tesco, John Allan, notificou que os homens brancos estão se tornando uma "espécie em extinção" em diretorias no Reino Unido:

> Por mil anos, os homens conseguiam a maioria desses trabalhos; o pêndulo oscilou muito significativamente para o outro lado agora e isso ocorrerá em um futuro próximo ainda, eu acho. Se você for um homem branco – difícil –, você faz parte de uma espécie em extinção e terá que dar o dobro de si no trabalho.

Isso, vindo de um homem branco que está sentado ao lado de outros oito homens brancos e três mulheres brancas na diretoria da Tesco... Não foi surpresa alguma que uma pesquisa realizada em 2017, conduzida pelo *Guardian* e pela Operation Black Vote, descobriu que a mais poderosa elite da Grã-Bretanha é 97% branca. Proporcionalmente, deveria haver 136 BAMEs na lista de mil no poder – há apenas 36. Isso fica pior quando se divide ao longo das linhas de gênero, visto que menos de um quarto dessas posições de poder ocupadas por BAMEs é ocupado por mulheres.

Essencialmente, ajudar as mulheres negras a progredirem em suas carreiras na mesma proporção que é feito com suas colegas brancas é tanto a coisa certa a ser feita quanto a coisa rentável a ser feita. Isso poderia acrescentar dois bilhões de libras à economia do Reino Unido por ano, segundo uma revisão do governo. A autora do relatório, a mulher de negócios, Ruby McGregor-Smith, disse: "O tempo para conversas sobre raça no mercado de trabalho acabou, está na hora de agir. Ninguém deveria se sentir incapaz de atingir o topo de uma organização por causa de sua raça". Quando você sentir que as coisas não são justas, muito provavelmente você se sentirá ressentido e, portanto, desmotivado no trabalho. É ineficaz tratar todas as mulheres no mercado de trabalho como se nós nos deparássemos com os mesmos desafios nessa pauta de diversidade. As organizações precisam dar passos audaciosos e cruciais para remover a discriminação sistemática crucial que teve permissão para se disseminar.

O problema da invisibilidade *versus* visibilidade: agora você me vê, agora você não me vê

De modo a garantir que mulheres negras não considerem suas carreiras como becos sem saída de concreto, nós precisamos entender os desafios sutis e às vezes ocultos com que nos deparamos ao entrarmos no ambiente profissional: desafios que podem nos impedir de progredirmos e irrompermos quebrando os tetos de vidro (e concreto).

Por fim, existe o problema da invisibilidade/visibilidade. Isso é um problema de duas vias. Em virtude de ser uma dupla minoria, você é muito visível: você se sobressai como se fosse um unicórnio, e isso é reforçado pelas microagressões que frequentemente a lembram de que você é "a outra". No entanto, "ser vista" não é algo assim tão direto quanto você poderia pensar que é, pois essa visibilidade vem com mais escrutínio. Dawn Butler explica como a espada de dois gumes entra em jogo: "*Sendo mulheres negras, vocês são tanto visíveis quanto invisíveis. Se fizerem algo errado, as pessoas sempre as verão como as pessoas que fizeram algo errado. Se vocês fizerem algo certo, então, é como se, ah, bem, o que você esperava? E, sendo assim, vocês são tanto visíveis quanto são invisíveis. Vocês podem ser invisíveis, ignoradas em se tratando de uma promoção, e podem ser visíveis quando eles quiserem culpar vocês por alguma coisa*". É simples: se algo der errado, vocês se tornam a regra e são julgadas mais arduamente, mas se fizerem algo bem, serão vistas como a exceção.

De modo a progredir em sua carreira, você *precisa* ser visível, fazer um bom trabalho e ser vista como material de liderança. Ainda assim, estudos descobriram que mulheres negras estão sendo ignoradas e que têm menos probabilidades de serem classificadas nas duas categorias mais altas de desempenho, ou de serem identificadas como tendo "alto potencial" no trabalho, em comparação a funcionários brancos. As mulheres negras encontram-se em uma posição de desvantagem imediata no local de trabalho, porque nós não nos parecemos nem soamos como as pessoas que predominantemente compõem a maioria dos líderes de negócios dos dias de hoje - homens brancos. Eu fui me tornando incrivelmente consciente, conforme progrido na minha carreira, do quão branca e masculina ela é, e fui ficando cada vez mais ciente de que não me pareço nem um pouco com o meu chefe, nem com o chefe dele, nem com o chefe do chefe dele. Alguns poderiam dizer que isso não vem ao caso, mas eu me sinto inclinada a dizer que isso vem ao caso, sim!

Eu me lembro de uma ocasião no trabalho em que pedi que um colega me enviasse uma foto nova para nossa brochura de negócios bancários: a licença de uso da foto que estávamos usando estava acabando e precisávamos substituí-la. A foto atual era uma imagem de banco de imagens de um homem branco em um terno, olhando para seu iPad, com um fundo de um escritório de vidro – bem clichê, mas passa a mensagem, certo? Minhas instruções para ele foram: "Por favor, envie-me algo um pouco mais diverso do que isso, ok?". Uma hora depois, ele me enviou uma imagem de outro homem branco, dessa vez um mais jovem, *millennial,* usando roupas mais casuais. Mais uma vez, eu respondi: "Não era o que eu tinha em mente, há mais opções?". Eu havia me decidido a não especificar nada, e fiquei intrigada para ver o que ele me traria. Uma hora depois, ele me enviou três imagens: uma de um homem branco parecendo poderoso em um terno (dessa vez ele estava fazendo uma apresentação), uma de um homem negro de terno em um outro escritório de vidro e uma foto de uma mulher branca de terno. Eu fui até a mesa dele e perguntei: "Essas são as únicas imagens disponíveis no banco de imagens?". A essa altura, ele estava obviamente irritado, mas eu estava parada, em pé, na frente dele, que estava sentado, e eu podia ver muitas imagens no banco de imagens de mulheres negras que ele poderia ter escolhido, mas pelas quais ele não optara.

Segundo Valerie Purdie-Vaughns, professora de Psicologia na Universidade de Columbia, a mesma tendência preconceituosa que meu colega demonstrou quando as pessoas comuns pensam em uma mulher líder ocorre em muitos casos: "A imagem que vem à mente delas é a de uma mulher branca – como Sheryl Sandberg. Contudo, se forem visualizar líderes negros, a probabilidade é maior de que seja um homem negro, e não uma mulher negra". Ela diz ainda:

> As mulheres negras não são vistas como sendo típicas das categorias "negro" ou "mulher", os cérebros das pessoas acabam não as incluindo em ambas as categorias. Mulheres negras sofrem de um efeito 'Agora você as vê, agora você não as vê' no mercado de trabalho.

Mulheres negras já estão intervindo; elas querem posições de liderança, mas estão sendo ignoradas. Quando você vai trabalhar, quer somente fazer o seu trabalho da melhor forma como lhe é possível, ser apreciada e conhecida justamente por isso, em vez de ter de mostrar ao mundo que você é perfeita. Nós não deveríamos ter de ser invisíveis ou visíveis segundo os caprichos dos preconceitos de outras pessoas, mas precisamos parar de lutar com essa visibilidade; ao contrário, deveríamos tentar tirar proveito disso. "Abaixar nossas cabeças", na esperança de que o trabalho duro em si traga recompensas e "cobertura", minimizando o que nos torna diferentes, como discute Yomi no capítulo "Impecável", não fará muita coisa pelo progresso de nossas carreiras.

A Dra. Maggie Aderin-Pocock diz que podemos transformar essa visibilidade em positividade:

> Eu estou trabalhando em uma arena muito dominada por homens brancos, e eu sempre penso, *não importa o que eu faça eles vão se lembrar de mim, porque só existe uma mulher negra na sala, e sou eu*. Sendo assim, quando estou em reuniões, eu tento ser o mais positiva possível, tento causar um impacto, eu quero que a minha voz seja ouvida e eu quero que eles se lembrem de mim por algo positivo.

Vanessa Kingori MBE, Diretora Editorial da revista britânica *Vogue,* explica por que deveríamos abraçar a visibilidade em vez de lutar contra ela.

> Se eu me encontrar em uma situação em que estou sentada em uma sala, não há propósito algum em fingir que eu sou menos visível; eu tenho de estar ciente disso e então eu tenho de fazer bom proveito dessa situação. No entanto, eu acho que isso é uma vantagem, porque, se você pensar no assunto, existem muitos livros de negócios escritos sobre tentar ser notada, tentar abrir caminho, tentar conseguir a atenção de seus chefes, tentar seja lá o que for. Nós celebramos isso em nossos trabalhos e em nossas produções, certo? Então, é assim: "Eu quero ser notada". Nós temos isso em nossa fisicalidade, certo ou errado, não há por que lutar contra isso.

> Existem muitas pessoas que são parecidas, que não terão a oportunidade que você tem de abrir aquele caminho, então use essa plataforma. Esteja preparada para aquela reunião, vá até lá com algumas coisas que você já tem pensadas para dizer, isso desafiará as opiniões e fará com que as pessoas pensem: "*Ela é inteligente*". Sendo assim, tudo tem a ver com a preparação e com estar presente naquela sala, e não se encolhendo. Você não pode tentar fazer alguma coisa que fisicamente não é possível. Você não pode ser menos negra e menos mulher, certo? Sendo assim, simplesmente faça valer. Não lute com algo que é um dom, eu acho que isso é uma tremenda de uma vantagem.

Mas como vamos fazer isso valer? Taxas de desempenho são essenciais; há uma oportunidade para ilustrar para seu gerente o que você realizou nesse ano. As taxas afetam promoções e pagam por aumentos, então é importante que o seu gerente a note e que seja exposto ao trabalho que você realizou durante todo o ano. No entanto, como nos expressamos como impulsionadas e ambiciosas sem dar uma impressão errada para as pessoas?

A advogada sênior e ganhadora de diversos prêmios e líder em diversidade no Reino Unido, Funke Abimbola MBE, explica como ela se tornou parte do grupo de talentos e como se certificou de que fosse identificada como tendo um alto potencial no escritório de Direito onde trabalhava:

> Eu me pus a garantir que o meu trabalho fosse visível, não de uma forma exibicionista, e você tem de ser muito clara para não ser vista como alguém que está apenas se mostrando também. Sendo assim, eu fiz isso através da minha equipe, mostrando o que nós fizemos como equipe, tanto individualmente quanto em grupo, e isso só pode acontecer se a pessoa for um líder eficaz. Dessa forma, a maneira como eu exibi a visibilidade foi a seguinte: nós temos todos os tipos de canais de comunicação internos que querem histórias sobre o que os diferentes grupos estão fazendo; nós temos uma revista; temos uma comunidade no Google; temos um e-mail que é enviado semanalmente; nós temos todos os tipos de canais para a comunicação. Então, como equipe, nós lançamos histórias positivas relacionadas a todos os aspectos do que estamos

fazendo – os anúncios nem sempre vêm de mim, membros individuais da equipe às vezes publicam anúncios sobre outros, então, com bastante frequência, outros lançam anúncios sobre eu ter ganhado prêmios e eu faço o mesmo para com eles, de forma a tentar evitar que alguém ache que estamos fazendo isso só para nos promovermos como indivíduos. De muitas maneiras, as histórias podem ser expostas. Tudo tem a ver com mostrar o que se está fazendo e o impacto disso, comunicar essas coisas e realmente impulsionar aquela narrativa, de modo que haja tantos exemplos do que você fez, que, quando chegar o final do ano, você terá uma longa lista de exemplos do que fez. As evidências são sempre sobrepujantes; na verdade, é assim: aqui está tudo, e o impacto foi esse.

No entanto, existem muitos casos em que, quando se está fazendo tudo de que falei anteriormente, você já esteja trabalhando em dobro e tentando aproveitar-se dessa visibilidade, mas isso não se reflete em seu progresso até o próximo nível em sua carreira. Pode ser realmente frustrante, e pode ser que então seja o momento de buscar isso em outro lugar. A Dra. Anne-Marie Imafidon MBE concorda comigo nisso:

> Se aquelas pessoas não reconhecem isso, é um daqueles lances: aquela porta pode estar fechada; uma outra vai se abrir em algum outro lugar, e você terá de bater naquelas portas, e poderá pensar que isso está acontecendo porque você é negra, mas também poderia pensar que é porque você é jovem, por ser mulher, mas nada disso importa, pois existe uma porta que irá se abrir para você em algum outro lugar porque você é todas essas coisas. Mas você tem de ir atrás e encontrar essa porta; não fique batendo em uma que não valorize você.

Mentorias e patrocínios

No meu primeiro dia de aula na sétima série, todas as meninas foram designadas a uma "Grande Irmã", uma garota de um dos anos mais avançados cujo papel era guiá-las durante seu primeiro ano na escola secundária. Eu achei reconfortante que houvesse alguém que fosse cuidar de mim, proteger-me e me dizer como me virar. Ela me mostrou que eu não estava sozinha, e, além disso, ela me mostrou como uma "boa aluna" se parecia em pessoa.

Nós não podemos subestimar o impacto positivo que ter um mentor e patrocinador pode trazer a nossas carreiras. Estudos mostraram que todas as minorias étnicas que avançam mais em suas carreiras partilham de um mesmo atributo: uma forte rede de mentores e patrocinadores que nutrem seu desenvolvimento profissional. No entanto, existe atualmente uma falta de mentores ou patrocinadores para mulheres negras no mercado de trabalho, e isso muitas vezes pode ser um problema quando se trata do nosso desenvolvimento.

Eu sempre pensei que mentores e patrocinadores fossem a mesma coisa, e eu usava as duas palavras como se fossem sinônimos, mas não são, e saber a diferença e aproveitar-se disso poderia, de fato, causar um impacto no progresso de sua carreira. Funke Abimbola explica como isso funciona:

> Eu chamo isso de triunvirato: patrocínio, mentoria e *coaching* são as três coisas que são essenciais para a progressão de uma carreira, e elas são todas muito diferentes umas das outras. Mentoria são orientações e conselhos. Patrocínio é alguém procurando ativamente oportunidades para você e colocando você em frente a elas. *Coaching* é, de fato, ensinar a você as habilidades: como influenciar, como comunicar, como se virar, é assim que você deveria conduzir a reunião, e assim por diante. Todos os três foram completamente essenciais para o progresso da minha carreira.

Mulheres negras que desejem avançar nos seus campos de trabalho escolhidos podem beneficiar-se imensamente da visibilidade e do suporte extra que um patrocinador traz a suas carreiras. Isso se deve ao fato de que, dentro de todas as empresas, existem algumas pessoas que fazem parte do processo de tomada de decisões, que guiam os projetos mais excelentes. Essas são as pessoas que têm o acesso para falar a favor de você por trás de portas fechadas e também de defendê-la contra detratores. Isso é importante particularmente porque é nos projetos e nas tarefas mais importantes que você terá sua chance de se provar para seus colegas e essa coorte de tomadores de decisões.

Se você conseguir encontrar um patrocinador que fique impressionado com você e que queira apoiá-la, suas chances de promoção e aumento de salário aumentam dez vezes, como explica Sandra Kerr OBE: "*Estes processos são, muitas vezes, aqueles de advocacia, em que líderes seniores recomendam indivíduos conhecidos para que sejam considerados – uma forma de patrocínio ativo, seja formalizado ou não. Se essas conversas não incluem líderes BAME ou líderes seniores que estão sendo expostos a talentos BAME, a diversidade do fluxo dificilmente irá mudar*".

A CEO de Stemettes, Dra. Anne-Marie Imafidon, entende pessoalmente os benefícios do patrocínio. Em 2017 ela recebeu um MBE [Mestrado em Engenharia de Negócios], e foi essencial que tivesse um patrocinador que falasse a favor dela. O interessante é que até hoje ela ainda não sabe quem apoiou sua candidatura, mas a pessoa em questão realmente entendeu a marca pessoal de Anne-Marie como líder de STEM.

> Eu não me candidatei ao MBE; você não se indica a um MBE. Outra pessoa tem de fazer toda uma carga de trabalho em seu nome, colocar o nome dela em jogo, sem que você saiba disso, ou colocar o seu nome em jogo, e dizer que essa pessoa precisa receber uma honra, "porque está realizando muita coisa". É assim que funcionam as honras. Aquela pessoa não foi minha mentora para que eu tivesse um MBE. Aquela pessoa foi minha patrocinadora nisso.

Como se consegue um patrocinador? Karen Blackett diz que isso tem de acontecer de forma orgânica:

> Eu acho estranho quando as pessoas em eventos, pessoas que eu nunca vi antes, me pedem para ser mentora delas, porque você tem de ter

alguma espécie de química com o indivíduo e conhecer um pouco sobre ele para ser capaz de ajudá-lo. Então eu acho que, para conseguir um patrocinador, essa pessoa precisa ser alguém com quem você tem, primeiramente, um relacionamento, e se mulheres negras estão achando difícil conseguir um patrocinador, é porque elas não trabalharam com sua marca pessoal para que tenham alguém que seja capaz de falar por elas. Sendo assim, uma vez que você tenha trabalhado em cima disso - e leva tempo, é necessário reescrever as coisas várias vezes, ficar lá, sentada, dizer isso em voz alta, anotar as coisas -, mas, assim que você fizer isso, será capaz de articular as ideias. Aí você tem de testá-las para ver o que alguma outra pessoa acha disso. Uma vez que você consiga fazer isso, eu acho que fica bem mais fácil encontrar um patrocinador.

É incrivelmente importante ter líderes de torcida - algumas das mulheres que vocês estão entrevistando são minhas líderes de torcida, e eu, a delas, pois eu acho realmente importante ter pessoas que são objetivas, que não necessariamente estão na sua área de trabalho, que conhecem você de verdade, a sua versão autêntica, que podem basicamente lhe dar um tapa verbal quando você tiver aqueles momentos, aquelas crises de autoconfiança, aqueles momentos de falta de crença em si mesma - e todas nós temos isso. E você precisa de alguém que basicamente vai dizer: "Por que não?", e lhe dar conselhos em meio a essas crises. E beber muito vinho, se for o caso, quando algo der errado.

Mas todas precisam de alguém que seja igual ao meu "Time Karen"; todo mundo precisa disso. E então eu, definitivamente, acho que vocês precisam de alguém como patrocinador porque vocês precisam estar na sala, e não apenas na sala, vocês precisam estar à mesa. Se você não estiver, você precisa de alguém que vá falar em seu nome, porque é daí que o próximo passo em sua carreira virá. Isso quer dizer que você tem de ter uma marca pessoal, e aquela pessoa precisa ser capaz de articular isso. E, se elas não conseguirem, é exatamente por esse motivo que é difícil conseguir um patrocinador.

Karen está certa; ter um patrocinador fica mais fácil uma vez que você saiba qual é a sua marca pessoal e que você seja capaz de articulá-la para os outros. Mais uma vez, Yomi entra nesse assunto em "Impecável", e isso não é algo que necessariamente vem com facilidade. Para mim, começou quando criei autoconfiança e a crença em mim mesma, e isso também significava que eu tinha de calar as vozes, de dentro e de fora, que me diziam que eu não era boa o bastante, que não deveria estar ali e que eu tinha de dar mais duro no trabalho - as vozes que tinham sido tão altas naquele meu verão dos resultados das minhas provas de conclusão do ensino secundário. Uma consequência não intencional de se crescer com a mentalidade de "dar o dobro de si" foi vivenciar constantemente a Síndrome do Impostor. Como expliquei no capítulo "Advogada, Médica, Engenheira", eu fui criada com mensagens mistas: com pais que se gabavam das minhas realizações para os meus familiares em um momento, e que no outro me criticavam por não tirar sempre A. Como resultado disso, eu não era capaz de internalizar minhas realizações devidamente, e, em vez disso, atribuía meus feitos à sorte, e não ao fato de que eu havia dado duro para consegui-los. A construção de confiança é algo grande, e entender que eu tenho direito a estar na sala, que tenho uma contribuição a fazer, que tenho valor a adicionar, foi algo chave no desenvolvimento da minha carreira. Não permita que a Síndrome do Impostor a impeça de realizar seu potencial.

Malorie Blackman fala sobre suas experiências de se sentir como uma impostora:

> Eu estive no jantar da Black Powerlist no ano passado. Quando estava sentada lá, em uma mesa, havia um CEO à minha esquerda e um almirante à minha direita e eu estava pensando: *Por que eu estou aqui?* Eu ficava: *Ai, meu Deus.* Todo mundo que estava sentado à mesa era incrível, uma ou outra pessoa gerenciava uma carteira de milhões e milhões, e eu só pensando: *Por que eu estou aqui?* Então eu meio que só refleti: *Não, você foi convidada! Você tem o direito de estar aqui tanto quanto qualquer outra pessoa.* Mas só o fato de eu ainda estar pensando aquilo simplesmente me dizia que eu ainda tinha um bom caminho a seguir, que eu ainda sofria da Síndrome do Impostor.

A pessoa que mais me bloqueia sou eu mesma. Quando as pessoas dizem: "Você consegue fazer isso?" ou "Você consegue fazer aquilo?", eu penso: *Ah, eu não consigo fazer aquilo!* E eu olho para as coisas em retrospecto agora e há algumas oportunidades em que eu penso: *Ah, você deveria ter feito aquilo.* Mas eu, na época, pensava: *Ah, eu não tenho certeza se isso é para mim,* ou *Eu não consigo fazer aquilo.*

Eu realmente não me importo com o fracasso, porque eu acho que aprendo muito com os meus erros e com os meus fracassos, mas, para mim, a pior coisa seria estar no meu leito de morte e pensar: *Eu gostaria de ter tentado e gostaria de ter tido gana de tentar e foi o medo que me segurou, e eu nunca deveria ter permitido que o medo fizesse isso comigo.* E isso seria pior.
E eu acho que para mim também isso tem a ver com entender que nossas zonas de conforto são bem legais, mas que elas se chamam "zonas de conforto" por um motivo, e a forma como nós crescemos é saindo delas e assumindo riscos. E eu acho que isso tem sido bem instrutivo para mim, especialmente na minha carreira como escritora, o fato de que os livros que fizeram o melhor por mim foram os livros em que pensei: *Eu vou me dar mal com esse daqui!*, mas vou fazer isso de qualquer forma.
Até mesmo se você não acreditar em si, é meio que como eles dizem: "Finja até que consiga fazer com que seja real". Então, finja até que você acredite plenamente nisso e não tenha mais de fingir, porque você consegue! E você provou para si mesma que é capaz de fazer isso.
Há certas vezes em que me pedem para fazer coisas e eu penso: *Eu não acho que isso seja para mim!* Sabe? Mas agora eu meio que penso: *Ok, por que isso não é para mim? Isso realmente não é para mim, ou estou apenas me afastando de alguma coisa por timidez?* Então simplesmente saia no mundo e agarre essas oportunidades, pois às vezes é verdade: elas virão apenas uma vez.

Um lugar à mesa

Para aquelas de nós que de fato se esforçam em dobro em relação a nossos vizinhos na escola, depois em relação a nossos colegas no trabalho, e que acabam em algum momento sendo bem-sucedidas nisso de irromper pelo teto de concreto, ser uma pioneira pode trazer pressões por si. Shonda Rhimes, em seu livro *Year of Yes*, falou sobre ser a "Primeira e Única Diferente": assumir um lugar a uma mesa como a única mulher negra e a pressão que vem com isso. Com sua decisão de escolher para o elenco Kerry Washington em *Scandal* como sendo a primeira personagem principal negra do sexo feminino da ABC, em 37 anos, ela estava ciente das consequências se esse passo não rendesse bons frutos e o programa não encontrasse seu público. Quanto tempo demoraria para que uma outra oportunidade surgisse para uma outra diretora negra? Ela disse:

> Quando se é uma primeira e única diferente, você fica encarregada daquele peso de responsabilidade adicional – quer você queira isso ou não. Eu não ia cometer um erro agora. Não conseguimos segundas chances. Não quando se é alguém que fracassou. Fracasso significaria que duas gerações de atrizes teriam de esperar por uma outra oportunidade de serem vistas como mais do que *sidekicks*.[18]

Como mulheres negras, não nos é estranho ter de lutar muito pelo sucesso, mas, enquanto seguimos com nossas carreiras, nos damos conta de que promoção e um lugar à mesa é maiores do que nossas próprias vitórias pessoais, e nós começamos a temer que não exista espaço para fracasso, porque se corre o risco de que eles não permitam a entrada de mais garotas que se pareçam com você.

A diretora vencedora do prêmio BAFTA, Amma Asante, conhece muito bem o peso dessa responsabilidade.

> Eu acho que a coisa mais difícil é saber que o mundo lá fora, até mesmo sua própria comunidade, não necessariamente sempre tem a oportunidade de ver ou saber pelo que você passou sendo aquela "única" com um lugar à mesa. Aquele lugar à mesa vem com um preço.
>
> Com frequência, você é convidada para assumir um lugar à mesa, mas você está sendo convidada para falar com a mesma voz são daqueles com quem você está ocupando a mesa, e não está apenas sendo convidada para ficar à mesa para refletir e representar a voz que é

unicamente sua e que poderia, de alguma forma, representar algo de sua comunidade.

Esforçar-se em dobro e esmagar o teto de concreto pode, com frequência, significar que você se torne um modelo exemplar para outros. Isso pode ser intencional ou não, mas ser um dos poucos rostos negros femininos em um determinado espaço pode trazer consigo seus próprios desafios. Karen Blackett, que se tornou a primeira mulher a ficar no topo da Powerlist 100 de britânicos negros mais influentes, reconhece isso.

Eu acho que existe uma pressão para ser um modelo exemplar. É claro que existe, pois qualquer pessoa que seja boa e que tenha um bom coração quer fazer com que outras pessoas avancem consigo para que você não seja a primeira o tempo todo e para que nem sempre seja a pioneira, e para facilitar que outras pessoas consigam fazer o mesmo. Mas seria de se esperar que, se estiver sentada a uma mesa, você esteja ali por causa daquilo em que você é boa e por causa daquilo que você realizou, e não por seu gênero ou sua raça.

Você está ali por algo que você é capaz de fazer, o que complementa todo o resto das pessoas em volta da mesa, ou por ser consegue fazer o que ninguém mais que está ali é capaz de fazer. E então isso tem a ver com alavancar outras pessoas, até que isso se torne a norma, em vez da exceção. E esse é o lance. Eu nunca vou descansar até que seja a norma que haja uma multidão de rostos negros em volta da mesa, em vez de apenas um ou dois.

Então, sim, existe a pressão, sim, você se sente como um modelo exemplar. Você precisa certificar-se de que seja realmente boa e de que facilite as coisas para aqueles que estão em volta da mesa para fazer com que mais pessoas como você entrem, e que você está ali por causa do que é capaz de fazer, e não por seu gênero ou sua raça.

#ExcelênciaNegra

De uma modelo exemplar para outra: se existe alguém que incorpora a mentalidade de dar o dobro de si, esse alguém é Serena Williams. Trilhando e dominando o mais branco dos esportes, ela ergueu-se acima do racismo e do sexismo e ganhou 23 Grand Slams. Ela não é apenas uma incrível atleta do sexo feminino nem mesmo a melhor atleta negra: ela é, indiscutivelmente, uma das maiores atletas que já existiram. Quando eu era criança, eu a apoiava como se ela fosse britânica: sua negritude e sua feminilidade eram fundamentais nas identidades de nós duas e ela fazia com que eu me sentisse muito orgulhosa por ser uma garota negra. Por quê? Porque eu me dei conta de que meu desejo de vencer era devido ao fato de que ela é um exemplo brilhante de excelência negra. Em uma sociedade que a todo tempo nos faz sentir, sendo mulheres de pele escura, que estamos no fim da fila, seu sucesso na quadra fazia com que eu me sentisse melhor em relação à minha existência como garota negra no mundo. Isso me deu a confiança de acreditar que eu também poderia realizar grandes coisas se desse o dobro de mim.

Ainda assim, apesar disso, Maria Sharapova, a rival branca, que não era bem uma rival, de Williams, foi, durante muito tempo, a atleta do sexo feminino mais bem paga do mundo, apesar de ter ganhado apenas cinco Grand Slams. O que falta a Maria na quadra, ela compensa em suas vantagens financeiras, pois patrocinadores corporativos preferem um certo tipo de "visual" para ser o rosto de seus produtos.

Quando isso foi trazido à tona em uma entrevista no *New York Times* com Serena, em 2015, sua resposta foi diplomática:

> Se eles querem vender uma pessoa branca e loira, a escolha é deles – eu tenho muitos parceiros que estão muito felizes de trabalhar comigo. Eu não posso ficar aqui sentada e dizer que eu deveria estar no topo da lista

porque eu ganhei mais vezes. Estou feliz por ela, porque ela também deu duro. Existe mesa o bastante para todo mundo.[19]

Eu respeito Serena por sua humildade, mas dar o dobro de si e às vezes conseguir metade em retorno deixou um gosto ruim na minha boca.

Oprah Winfrey disse uma vez: "Eu fui criada para acreditar que a excelência é a melhor força dissuasora para o racismo ou sexismo. E é assim que eu opero na minha vida". Eu cresci acreditando que isso era verdade, mas agora acho que, embora a excelência seja o máximo e tal, ela não dissuade o racismo. Não me entenda errado, eu fico feliz quando vejo #ExcelênciaNegra em uma foto de uma pessoa negra fazendo coisas incríveis nas mídias sociais. Caramba, eu serei a primeira a retuitar isso. No entanto, é isso de ir atrás da excelência para contra-atacar o privilégio branco e o racismo que eu acho desmoralizante. Nessa corrida pode parecer que eu tenho minhas duas mãos atadas atrás das minhas costas enquanto estou tentando nadar contra a corrente, contra ondas de ideias tendenciosas inconscientes e discriminação. Mulheres negras são, é claro, resilientes, e nós quebramos, e continuaremos quebrando, tetos de vidro e de concreto, de modo a ocuparmos um lugar à mesa e, no fim das contas, continuarmos a emergir como líderes em nossos campos. No entanto, nossa resiliência não deveria ser subestimada.

Isso de sempre tentar seu excelente pode colocar um nível desnecessário de pressão sobre nós. Eu vejo isso em mim mesma e posso ver isso nas experiências das minhas amigas também. A mediocridade é real: eu a vejo todos os dias. Homens brancos têm permissão para serem medíocres, e eles entram em todas as salas como se fossem os maiorais e ainda assim serão bem-sucedidos. Em alguns dias eu adoraria ficar numa boa com isso de ser medíocre também, e nem sempre ter de, exaustivamente, ir acima e além para ser vista como simplesmente boa. Ainda assim, a frase "a aluna para quem o professor deu nota A tinha duas cabeças?" sempre ecoa nos meus pensamentos.

Embora não exista nenhuma solução mágica para resolver os problemas que levantei neste capítulo relacionados ao progresso de nossas carreiras, o que eu sei é que nós não deveríamos ter de, constantemente, alcançar um nível de excelência que é criado pelas expectativas de outras pessoas, inclusive da nossa família. Às vezes, dar o dobro de si pode levá-la a ficar duas vezes constrangida e com a metade da confiança em suas próprias capacidades. E isso é prejudicial para sua autoestima. Às vezes eu nem mesmo queria tentar fazer coisas novas porque tinha ficado paralisada pelo meu medo do fracasso - exatamente da mesma forma como as dúvidas de Yomi em relação a si mesma a impediam de candidatar-se a uma vaga em Oxbridge. Quando somos tão boas quanto todo o restante das pessoas, mas ainda assim somos tratadas de forma diferente, isso pode realmente abalar nossa confiança, e nós temos de aprender que, quando nos esforçamos a ser o melhor que podemos, isso deveria ser o bastante. Nós não precisamos ultrapassar um nível de excelência que não criamos. Em vez disso, nós temos de criar nossa própria área e nossa própria versão de sucesso, nossa própria versão do que é bom.

É essencial, para isso, ter um forte senso de identidade. Isso deveria ter a ver com saber o tempo todo o que estamos trazendo à mesa, e, exatamente como Karen e Serena, não pedir desculpas por sua feminilidade e sua negritude. Então, quando você se deparar com desafios, deveria ainda se lembrar de ir atrás de sua versão do que é bom, e não daquela que está ligada ao privilégio branco e que a deixa se sentindo inadequada quando não acerta o alvo do que é tanto ser negra quanto ser "excelente".

A busca pela excelência negra não pode ser feita em detrimento de nossa autoestima e confiança, pois estamos ficando metade tão boas quanto as brancas em resposta a isso. Nossa ideia de sucesso não deveria estar simplesmente ligada a medidas externas, mas também a como nos sentimos por dentro quando estamos atingindo tais marcadores de "excelência". Se você for ficar o dobro tão boa quanto as brancas, certifique-se de que não esteja negligenciando seu senso de "eu" enquanto progride em sua carreira.

Em resposta à pergunta do meu pai, todo mundo na minha sala de aula obviamente tinha uma cabeça só e, portanto, um cérebro. Porém, não tirar um A acabou não sendo bem o fim do mundo que aquela eu de treze anos havia acreditado que seria. Enquanto eu ia crescendo, gostaria de ter tido permissão de cometer mais uns erros, de forma que pudesse ter aprendido com eles e criado minha confiança e minha resiliência no processo. Em vez disso, eu aprendi a criar minha própria definição de sucesso, e do que é "bom", e agora sei que a busca pelo bom é uma maratona, e não uma corrida curta; ela é medida com o passar dos anos, e não momentos transitórios; com os fracassos e passos em falso e, é claro, com os sucessos. Como mulheres negras, nós entendemos essa jornada mais do que a maioria, e nossa motivação continuada e nossa ambição é o testamento disso.

— MICROAGRESSÕES QUE SÃO UM BALDE DE ÁGUA FRIA —

ELIZABETH

"Eu sou uma mulher negra forte. E eu não posso ser intimidada. Não posso ser minada. Não se pode achar que eu tenho medo de Bill O'Reilly ou de qualquer outra pessoa."

— Maxine Waters

Você entra no prédio de seu escritório depois de um longo fim de semana; algo irritante, você deixou seu cartão da entrada em casa e tem de ir até o balcão do segurança e pedir um cartão temporário para o dia. O homem que está no balcão passa os olhos por você e então diz: "Não, você não é gerente, você terá de ligar para um colega de trabalho lá de cima para liberar sua passagem". "Ok", você responde. "Mas eu sou gerente."

Ele procura por você no sistema e, com relutância, lhe dá um passe. Você fica irritada, mas sorri, educadamente. Primeiro ataque do dia!

Enquanto você entra em seu departamento, começa a se preparar mentalmente para o ataque de comentários sobre seu novo penteado. Depois de três minutos, começa... Um de seus colegas olha para você e começa a cantar a música "One Love", do Bob Marley, porque ele diz que suas tranças lhe passam "essa *vibe*". Vários colegas se reúnem ao seu redor: "Seu cabelo faz uma tremenda de uma declaração. É política? Posso pôr a mão nele?", diz um outro colega. Você tenta buscar a coisa certa a dizer. Mas para quê? A área da sua mesa agora é uma exibição, e seus cabelos são a atração principal e a animação é palpável. Você sorri, dessa vez, sem graça. Segundo ataque do dia.

Então, enquanto você está esperando uma reunião começar, alguém anuncia, olhando na sua direção, que "o hip-hop é uma forma de arte", e lhe pergunta de que lado você estava durante "a briga do hip-hop das costas leste e oeste", e como foi que tudo aquilo começou. Porque, obviamente, você é negra e deveria saber disso! Você não sabe. Terceiro ataque do dia.

As chances são grandes de que, sendo uma mulher negra no que provavelmente é um espaço branco, você terá vivenciado isso de alguém fazer um comentário sobre seus cabelos, questionado sua autoridade ou presumindo que você seja a porta-voz para todas as pessoas negras, gírias negras e tendências culturais negras. Ondas e mais ondas de comentários racistas passam por seu caminho todos os dias, e às vezes pode parecer que estamos nos deparando com um tsunami.

Embora o racismo estrutural deixe as mulheres negras sentindo que têm de dar o dobro de si – e ele garante que nossos bolsos recebam os mais duros golpes –, nós não devemos subestimar as formas menos óbvias como as pessoas podem nos causar danos. O racismo é fluido. O racismo mudou com o decorrer do tempo, mas não desapareceu. Em vez disso, ele assumiu uma forma mais casual e implícita que, com frequência, é mais coberta, indireta e ambígua. Por causa disso, pode ser difícil identificar e confrontar esse racismo e, então, nos pegamos nos perguntando: Será que estou exagerando na reação? Isso realmente aconteceu? Ele de fato disse aquilo? Como consequência, a simples existência como mulher negra nesses espaços brancos pode ser difícil de se trilhar, uma constante negociação de quem você é, e, portanto, isso é exaustivo, em uma base diária. Claro que esses comentários não carregam o mesmo peso que tem o racismo explícito, e é claro que os insultos nem sempre são intencionais, mas nós não deveríamos ter de nos acostumar a sorrir estrategicamente para isso nem ter de desviar dos comentários racistas que enchem de lixo os nossos dias.

Eu realmente não tinha pensado em como as palavras e ações que parecem banais a princípio podem às vezes mascarar atitudes pavorosas, até que vi isso exacerbado ao extremo em forma cinemática em *Corra!*, um filme de terror sobre um homem negro que vai encontrar os pais de sua namorada branca pela primeira vez em uma viagem em um fim de semana em sua propriedade isolada num bosque. Inspirando-se na experiência visceral de ser negro em um espaço predominantemente branco, o que começa com um encontro amigável rapidamente se transforma em um pesadelo social. Infelizmente, na vida real, o horror do racismo casual (deliberado ou não intencional) é algo que, para pessoas negras, fica por mais tempo do que depois que os créditos rolam e as últimas pipocas caras são comidas.

"#MulheresNegrasNoTrabalho recebem menos, pede-se que façam mais, são constantemente antagonizadas e depois são chamadas de raivosas/ásperas por estabelecer limites."

— Tora Shae

Era a minha primeira entrevista depois de me formar na faculdade e eu tinha chegado, superentusiasmada, na recepção, trinta minutos antes. Eu fui andando na direção da recepcionista e ela me perguntou qual era o meu nome e por quem eu procurava. Eu disse a ela qual era o meu primeiro nome e o nome do gerente que me disseram que iria me entrevistar. Ela perguntou qual era o meu sobrenome e eu disse: "Uviebinené". Ela voltou a olhar para mim com um sorriso insolente e disse "Então é Uvveee blá blá... Eu vou chamar você só de Elizabeth", e começou a rir. Fiquei encarando-a, pasma que ela fosse ter a audácia de zombar do meu nome assim.

Eu sabia que meu sobrenome nunca estaria na ponta da língua para a maioria das pessoas. Para mim, isso fazia parte de ser uma criança africana na escola. Quando Skepta cantava o rap: "Quando eu estava na escola, ser africano era um insulto, parece que a senhora precisa de ajuda para falar o meu sobrenome, não?", eu me sentia vingada. Estava acostumada a ouvir os professores assassinando o meu sobrenome, e isso era um dos motivos pelos quais eu odiava reuniões de fim de semestre. Eu me preparava mentalmente para ouvir meu sobrenome ser chamado e ia andando rapidamente para pegar o meu certificado enquanto meus colegas de classe abafavam as risadinhas no fundo. Eu me preparava, tentando não parecer envergonhada, sussurrando "Cala a boca, cara", enquanto voltava para a minha cadeira. Analisando isso em retrospecto, tratava-se de um rito de passagem; de formação de caráter, poderia dizer.

Essa recepcionista, no entanto, não era um dos meus imaturos colegas de classe. Ela não precisava de ajuda para falar o meu nome: ela nem mesmo se deu ao trabalho de tentar. Ainda assim, se eu tivesse perguntado a ela qual era o seu designer italiano predileto, aposto que ela teria se esforçado mais para pronunciar corretamente o nome dele. Sua ideia de piada imediatamente fez com que eu não me sentisse bem-vinda naquele espaço. Não é preciso dizer que isso me incomodou. No entanto, eu sorri para ela e me sentei, suprimindo a minha irritação. Confronto não daria certo. Eu estava tentando ser contratada, e não escoltada para fora do prédio!

Existe um nome para esses comentários ofensivos e inapropriados que nos deixam nos sentindo violadas. Nós falamos sobre eles em capítulos anteriores; são chamados de microagressões, e o Dr. Derald Wing Sue, professor de Psicologia na Universidade de Columbia e autor do livro *Microaggressions in Everyday Life**, as define como sendo "breves e comuns indignidades verbais, comportamentais ou ambientais, sejam intencionais ou não, as quais comunicam afrontas e insultos para com pessoas negras".[20]

Existem três tipos de microagressões raciais que o Dr. Sue identificou. Microataques são a forma mais intencional e explícita - "o velho racismo" -, isto é, servir deliberadamente uma pessoa branca primeiro em vez de uma pessoa negra em um restaurante, ou segurar a bolsa de mão quando vê uma pessoa negra na rua. Então vêm os microinsultos, a forma mais inconsciente e sutil, que geralmente são embrulhadas na forma de um elogio: "Uau, você é tão articulada, você é a pessoa negra mais branca que eu conheço". Aquele que faz o microinsulto associa as qualidades de que ele gosta em você com a brancura. E, por fim, existem as microinvalidações: comentários que sutilmente excluem ou anulam os pensamentos, os sentimentos ou a realidade vivenciada de uma pessoa - comentários do tipo: "Não, de onde mesmo você é?". Segundo o Dr. Sue, os microinsultos e as microinvalidações são potencialmente mais danosos devido ao fato de serem sutilmente insidiosos, e por causa da dificuldade quando se tenta confrontar o perpetrador em relação a eles.[21]

Microagressões tendem a acontecer em situações particulares e aparentemente insignificantes, mas seu impacto sobre nós pode ser substancial, e eles ocorrem com bem mais frequência do que gostaríamos de pensar, algo que foi revelado em 2017 pela *hashtag* viral #MulheresNegrasNoTrabalho. O comentarista de direita, Bill O'Reilly, havia zombado da Congressista Maxine Waters enquanto ela estava fazendo

* Microagressões na vida cotidiana. [N.T.]

um discurso importante sobre questões de políticas, dizendo que estava distraído demais pela peruca dela de "James Brown" para ouvir alguma coisa do que ela tinha a dizer sobre o Presidente Donald Trump. "Eu não ouvi palavra alguma do que ela disse", ele falou no ar. "Eu estava olhando para a peruca de James Brown que ela estava usando." No mesmo dia, o Secretário da Casa Branca, Sean Spicer, repreendeu a respeitada jornalista April D. Ryan, interrompendo-a no meio de uma pergunta e falando: "Pare de balançar a cabeça".

Essa diminuição de uma mulher adulta - dando bronca nela como se ela fosse uma criança - aconteceu em uma sala cheia de jornalistas e foi transmitida em rede nacional. É difícil imaginar Spicer falando dessa mesma maneira com um repórter homem e branco. Ambos os incidentes ocorreram publicamente com mulheres que são veteranas em seus respectivos campos, e ambas envolveram homens brancos criticando mulheres negras de uma forma que parecia projetada para embaraçá-las e zombar delas em seus locais de trabalho.

Frustrada com o fato de que esse tipo de coisa acontece todos os dias com mulheres negras no trabalho, a ativista Brittany Packnett decidiu encorajar outras mulheres negras a partilharem suas próprias experiências usando a *hashtag* #MulheresNegrasNoTrabalho no Twitter. Ela disse:

> Eu queria que a *hashtag* tornasse o invisível visível, para desafiar pessoas não negras a ficarem do lado das mulheres negras não apenas quando isso acontecer na televisão, mas no cubículo no trabalho bem ao lado delas também.

Não seria uma declaração exagerada dizer que #MulheresNegrasNoTrabalho se tornou um quadro público para soltar o verbo em que mulheres negras de várias partes do mundo se reuniram on-line para partilharem suas experiências. Suas histórias variavam de sentirem-se isoladas no trabalho até passarem por desrespeito descarado e ter sua confiança diminuída como resultado de estar recebendo inúmeras microagressões. #MulheresNegrasNoTrabalho pareceu uma sessão de terapia há muito tempo devida, visto que mulheres negras encontraram solidariedade em meio às histórias umas das outras.

Pode ser tão frustrante ficar fitando o rosto do microagressor e saber que a única resposta certa que lhe é permitida naquele momento é um sorriso cúmplice ou uma risada. Por que esse deveria ser o caso? Por dois motivos: em primeiro lugar, em nome da cortesia, de modo a proteger os sentimentos das pessoas (talvez eles não tenham dito isso com maldade?); em segundo lugar, sendo mulheres negras, nós estamos cientes de que, se expressarmos a irritação a que temos direito, nós correremos o risco de sermos estereotipadas ainda mais, vistas como "raivosas", e nós não queremos parecer sensíveis demais. Então, em vez de dizer: "Você só pode estar de brincadeira!"– como eu quis dizer àquela recepcionista –, nós usamos de tato com as nossas respostas, mantemos a calma e aprendemos a deixar isso para lá. E então eles interpretam nosso silêncio como conformidade, e o ciclo continua.

Contudo, pegar a alta estrada nem sempre é uma opção.

Às vezes seus limites são ultrapassados e alguém a violou com suas palavras e realmente atingiu um ponto fraco. Você tem aquele debate interno: fica calma e deixa isso para lá, pois não quer causar uma cena, certo? Porém, talvez porque você tenha tido um longo dia no trabalho, tenha perdido o trem, esteja cansada, então nesse momento decide que não somente vai causar uma cena como vai fazer algo digno de um Oscar e criticar essa pessoa.

Em outras vezes, a situação acontece tão rapidamente que você nem mesmo tem tempo para entender o que foi dito ou feito e acaba ficando efetivamente calada por estar pasma. A apresentadora de rádio, Clara Amfo, passou por isso:

> Houve vezes em que alguém tirava foto comigo e acontecia com tanta rapidez que eu não conseguia reagir, eles pegavam nos meus cabelos

e eu ficava, tipo: "Oh, oh", e eu sorria. Nós sabemos que nem sempre podemos lidar com isso. Às vezes as pessoas vêm direto com um "toca aqui" em vez de me dar um aperto de mãos como adultos. Eu só fico pensando: *Não, você não me conhece para fazer isso, então, não faça, é um prazer conhecê-lo – me dê um aperto de mãos.*

Mesmo que posteriormente Bill O'Reilly tenha pedido desculpas por seus comentários e tenha dito que tudo aquilo era "brincadeira", o incidente reacendeu uma importante conversa em torno da dura realidade de ser uma minoria no mercado de trabalho. Microagressões criam ambientes hostis e invalidadores, e esses comentários aparentemente inócuos acabam minando nossa confiança e energia. Em um estudo realizado pelo Center for Generational Kinetics and Ultimate Software, notou-se que uma falta de segurança emocional no trabalho é o motivo pelo qual seis dentre dez funcionários deixam seus empregos, e não é difícil ver o porquê disso.[22] Uma cultura tóxica de embaraço, comentários ofensivos e microagressões fazem nascer condições de trabalho negativas, e, o que é alarmante, 28% de funcionários BAME vivenciaram ou testemunharam embaraço racial de seus gerentes nos últimos cinco anos.[23]

Uma mulher negra relatou o seguinte:

> Eu trabalhava com um colega que constantemente tinha discussões em voz alta sobre "crimes de negros contra negros" e sobre os motivos pelos quais pessoas negras não poderiam reclamar de serem incomodadas pela polícia, considerando-se a prevalência dos crimes com arma de fogo e faca de negros contra negros. Eu reclamei para um gerente que testemunhou a conversa sobre isso, mas nada foi feito em relação a esse problema e me fizeram sentir como se eu estivesse fazendo muito barulho por nada.[24]

O Relatório sobre Raça no Trabalho de 2015 revelou que o racismo é algo que acontece diária se não constantemente na vida de trabalho para funcionários de minorias étnicas, e que as "provocações" racistas estavam dentro do tipo mais comum de racismo. Se você repelir essas "piadas" para tentar estabelecer limites, é acusado de tirar a carta de raça da manga: não é como se seu colega o estivesse chamando de P****, certo? E não é como se houvesse uma placa na porta dizendo: "Nada de negros, nem irlandeses, nem cachorros". Eles não fazem com que você se sinta desconfortável de maneiras explícitas, mas por formas cobertas que tornam mais difícil explicar isso. Embora eles possam fazer com que queiramos gritar "Eu de fato tenho sentimentos, assim como você", o poder corrosivo das microagressões é que, com frequência, elas são enquadradas como sendo ignorância, e, com o passar do tempo, nós fomos condicionados a nos questionar, e não a questionar a pessoa que está fazendo a microagressão. Infelizmente, é fácil ficar se perguntando se nossos sentimentos são legítimos. No entanto, é, de fato, legítimo, como descobriu uma pesquisa da TUC em 2017, que "um a cada três trabalhadores BAME britânicos sofreu *bullying*, foi abusado ou recebeu tratamento injusto", e desse número, duas entre cinco (41%) mulheres quiseram deixar os seus empregos por causa de *bullying* e assédio, mas não podiam se dar ao luxo de fazer isso.[25]

Em 2013, Oprah Winfrey revelou que ela tinha sido vítima de uma microagressão racial em uma loja de moda de Zurique quando uma vendedora se recusou a mostrar uma bolsa a ela, dizendo que era "cara demais". Oi? Eu acho que se esqueceram de dizer para ela que eles estavam atendendo a uma das mulheres mais ricas do mundo. Oprah fez a seguinte observação:

> "Os racistas de hoje em dia não vêm diretamente até nós e dizem algo horrível na nossa cara, isso não acontece mais dessa forma. Em vez disso, nós temos os tipos de coisas como a que sofri naquela loja na Suíça. Pessoas brancas como aquela vendedora – eles fazem uma avaliação baseada na minha aparência".

Mesmo que ela tenha decidido não fazer com que a coisa toda explodisse, Oprah foi considerada pela dona da loja como sendo "sensível demais" e a mídia aludiu a ela dizendo que ela tinha "tendências de diva". No fim das contas, foi Oprah que se sentiu compelida a pedir desculpas: "Eu sinto muito mesmo que as coisas tenham saído do controle. Eu acho que aquele incidente na Suíça foi apenas um incidente na Suíça, e, propositalmente, eu não mencionei o nome da loja", disse ela. "Eu estava apenas me referindo a isso como um exemplo de estar em um lugar onde as pessoas não esperam que você seja capaz de estar, e não sobre haver alguma responsabilidade ali."

Mas esse é o lance. Deveria haver responsabilidade. O perpetrador, em vez de assumir a responsabilidade pela forma como sua microagressão, fez com que a pessoa se sentisse responsável. Frequentemente, e de imediato, eles ficam na defensiva, e reagem de um jeito ruim, o que pode fazer com que o confronto seja uma opção perigosa. Eles respondem com comentários como: "Eu não sou racista, eu não vejo cor - veja, eu tenho amigos negros!", ou "Você não tem nenhum senso de humor". No meu caso, eu ouvi: "Por que você encana tanto com isso de raça?". Certo, ninguém gosta de ser detido por causa de seu comportamento, mas quando a primeira prioridade de uma pessoa é erguer uma muralha de defesa, eles não tomam um tempo para questionar e rever suas próprias ações. Uma das piores coisas em relação a microagressões é que elas podem vir de todos os tipos de pessoas: daqueles de mente aberta, de liberais com mentalidade progressista que se veem como guardiões do multiculturalismo e até dos tipos não apologéticos de direita como Bill O'Reilly. As microagressões não se limitam a racistas gritantes; elas estão entranhadas no tecido da sociedade, e isso é o que as torna tão insidiosas.

Ser uma vítima desse racismo ou até mesmo testemunhá-lo tem um impacto direto e adverso sobre a saúde mental e emocional das minorias étnicas. Foi catártico, ainda que depressivo, ver a quantidade de tweets de #MulheresNegrasNoTrabalho que se pronunciaram sobre a forma como as microagressões, com o passar do tempo haviam, resultado em depressão, perda de autoestima e ansiedade. Nós passamos um bom tempo no trabalho, e essa experiência de se sentir constantemente como a "outra" pode ter um peso fisiológico e físico sobre nossa saúde.

É normal de vez em quando duvidar de si mesmo, mas, quando você está constantemente questionando os próprios instintos e sentimentos, isso tem um grande impacto sobre sua saúde mental. Essa forma sofisticada de abuso emocional é chamada de gaslighting.[26] A Dra. Nicola Rollock explica como existe um alto preço a ser pago caso não confrontemos a questão.

> Eu acho que os custos são bem claros. Existem custos sérios em termos de bem-estar, saúde e saúde mental. Sendo assim, estar em um espaço em que você fica isolada e vive passando por microagressões raciais só vai induzi-la a mais estresse. E nós também conhecemos os dados sobre hipertensão, pressão alta e assim por diante, que, de forma desproporcional, afeta a comunidade negra e as mulheres negras. Isso é algo que nós realmente precisamos levar bem a sério. Pesquisas nos Estados Unidos mostram que existem consequências para a saúde decorrentes de estar sujeito a constantes microagressões raciais. Essa é uma questão muito importante e uma área que realmente merece muito mais atenção no Reino Unido. Nós ainda operamos em um ambiente em que acreditamos que ser tolerante é um rótulo suficiente para repelir e/ou apresentar desculpas para os muito evidentes problemas raciais que temos na sociedade com as correntes predominantes.

Ter aquela conversa

Se formos nos pronunciar como mulheres negras, nós precisamos fazer isso sem medo de repercussões. Em 2017, a atacante da Inglaterra, Eniola Aluko, foi retirada do time feminino de futebol americano inglês depois de se pronunciar sobre o racismo e a vitimização que ela vivenciou por parte do empresário do time das mulheres, Mark Sampson. Supostamente, ele teria dito a uma de suas jogadoras negras para se certificarem de que seus parentes nigerianos não trariam o vírus ebola para um jogo em Wembley. Eniola notou que, durante meses, um membro do quadro de funcionários do time costumava falar com ela usando um falso sotaque caribenho. Devido à natureza daquele ambiente tóxico, ele se sentia empoderado pela cultura para fazer isso e achava isso engraçado. Em uma entrevista no *Guardian*, Eniola disse:

> Raça, por algum motivo, é um assunto tabu sobre o qual todo mundo evita falar. No minuto em que você é valente o bastante para falar sobre raça, você fica em uma situação difícil. Isso em si é discriminação: o mero fato de que eu me encontre nessa posição. Provavelmente eu não posso mais jogar pela Inglaterra. Eu perdi a minha carreira na Inglaterra, apesar de ser a jogadora que mais marcou pontos na última temporada da liga.[27]

Eniola foi pintada como "encrenqueira", "sabe-tudo" e "um pé no saco", apenas por se pronunciar. As empresas precisam levar mais a sério o dever de cuidar que elas têm com seus funcionários e devem ter uma abordagem de tolerância zero para com todos os tipos de racismo no local de trabalho. Como vão ficar sabendo das coisas se nós formos incapazes de nos pronunciar e contar a verdade?

Uma mulher negra que de fato se pronunciou foi a Membro do Parlamento, Dawn Butler, quando ela revelou que um colega, também Membro do Parlamento, a havia confundido com uma faxineira. A primeira mulher negra Membro do Parlamento da Grã-Bretanha, Diane Abbott - uma das mais visíveis mulheres negras em nosso país -, infelizmente, vem sendo, de forma contínua, sujeita a abusos racistas durante todos os trinta anos de sua carreira. Diane e Dawn, apenas por irem a seus locais de trabalho todos os dias, desafiam o *status quo*. Afinal de contas, elas trabalham em uma das instituições mais brancas no mundo ocidental. Durante a Eleição Geral de 2017, Abbott escreveu um artigo comovente no

Guardian intitulado: "Eu lutei contra o racismo e contra a misoginia para me tornar um Membro do Parlamento". A luta está ficando mais difícil, para abordar a forma como a política de destruição pessoal está silenciando minorias.

> Suponhamos que alguém tenha me dito lá atrás que trinta anos depois eu estaria ouvindo coisas do tipo: "A merdinha negra patética e gorda e inútil da Abbott. Apenas uma merdinha de porco que deveria ser enforcada (se conseguirem encontrar uma árvore grande o bastante para aguentar o peso daquela vaca gorda)". Eu acho que até mesmo a jovem e destemida Diane Abbott poderia ter feito uma pausa para pensar.[28]

Como a jovem Diane, muitas de nós nos sentimos, de forma similar, destemidas e entusiasmadas quando começamos a trabalhar. Estamos preparadas para abraçar o mundo, para provar nosso valor - até mesmo em face do encoberto racismo. Porém, qual é o custo disso para nossa autoconfiança, nossa confiança e nosso bem-estar? A própria Diane desceu de seu gabinete nas sombras no meio da campanha, porque o peso disso estava prejudicando sua saúde.

Sendo assim, como se navega em meio a essas situações? Como nos pronunciamos contra as microagressões sem que paguemos um preço alto por isso? O conselho de Dawn é que depende das circunstâncias:

> Então você tem de adequar as ações em relação ao que a situação permitir, a menos que você deseje entrar em modo destrutivo pleno. Um dos melhores conselhos que eu recebi foi o de escolher as minhas batalhas, porque, quando somos jovens, nós lutamos contra tudo. Eu lutava contra tudo quando era jovem, e tudo bem, quando jovens, temos essa energia. Quando ficamos mais velhas, nos damos conta de que estamos cansadas e de que não podemos sempre lutar contra tudo, então temos de escolher nossas batalhas.
>
> Eu fiz isso de diversas maneiras. Primeiramente, tumultuando - eu desafiava as pessoas diretamente, na cara delas: "O que você acha que é? O que leva você a pensar que pode me abordar dessa maneira?". Em segundo lugar, eu lidei com isso de forma mais discreta, desafiando

alguém em relação a seu racismo, em relação a seu preconceito tendencioso inconsciente, sobre isso de talvez eles nem se derem conta de que aquilo que tinham feito ou dito era racista. Eu também desafiei o racismo pela mídia, deixei que a mídia cuidasse disso, e talvez ter o fator de choque, sim, foi isso que aconteceu.

No entanto, como foi vivenciado por Eniola, pode haver consequências em relação a isso de desafiar o *status quo*. Dawn explica:

> Cause tumulto quando isso for lhe dar a maior vantagem, porque eles sempre usarão isso como uma desculpa para derrubar você. Sendo assim, às vezes tumultue, às vezes desafie, algumas vezes tenha uma palavrinha discretamente, porque por vezes aquele com quem você trocou uma palavrinha estará esclarecido para ser a melhor pessoa para falar a seu favor, pois ela se dará conta de que você poderia tê-lo exposto, mas não o fez. Tipo, eu lhe dei uma chance, eu não o expus. Eu lhe dei uma chance e uma oportunidade. E às vezes isso é empoderador. Então, às vezes use isso para fazer com que todas essas ferramentas em seu arsenal estejam prontas para serem usadas. Mas isso de fato significa que, naquela fração de segundo, você tem de analisar a situação e analisar seu estado de espírito. Porque houve vezes no Parlamento em que eu simplesmente queria surtar e dizer: "Você não me conhece, então não mexa comigo".
>
> Quero dizer que existem situações em que eu não fiz nenhuma dessas coisas. Eu não desafiei, não causei tumulto e não fui para a mídia. Em alguns dias, me dói o fato de eu não ter feito nada para desafiar algo que aconteceu. Mas eu mantenho a fé no fato de que, em algum momento, eu vou expor a situação. Sendo assim, existiram pessoas que talvez vão pensar que se safaram de alguma coisa comigo. Elas não se safaram. E eu vou esperar pelo momento certo, pela hora certa, para expô-las.

A escolha de tática por parte de Butler quando seu colega membro do parlamento a confrontou no elevador foi de causar tumulto e desafiar:

> Quando o membro do parlamento disse "Esse elevador não é para as faxineiras", nem mesmo passou pela minha cabeça que ele estava falando comigo, e foi apenas quando o elevador subiu, eu disse para o homem: "Só tem eu e alguns de vocês aqui dentro do elevador, então você

está se referindo a mim!". Então eu perguntei a ele: "Você está falando sobre mim?", e não houve tipo algum de resposta. E eu disse: "Veja bem, mesmo que eu fosse faxineira, isso é rude e desrespeitoso. Você precisa pensar sobre isso e examinar seu comportamento e suas atitudes".

No meu caso, eu aprendi a seguir minha intuição: se me deixar "mordida" e parecer "deslocado", então muito provavelmente meus sentimentos são válidos. Dependendo do meu estado de espírito e da severidade do comentário, eu me pergunto: "O que você quer ganhar com essa situação?". Às vezes, meu único desejo é o de causar tumulto e dizer como eles me ofenderam, e, em algumas ocasiões, isso não será o bastante. Existe uma diversidade de maneiras de se lidar com isso e cabe a você somente escolher se prefere engajar-se e ensinar algo às pessoas. Muito provavelmente eu faria algo assim se for um colega, e estaria menos inclinada a fazer isso com uma pessoa aleatória no trem.

A Dra. Maggie Aderin-Pocock opta pela abordagem educativa:

> Na minha vida diária, eu tenho de lidar com o público, mas, geralmente, quando eu vou dar uma palestra ou algo do gênero, então eles estão previamente avisados de quem eu sou. Porém, como eu digo, eu entro em um táxi e eles dizem: "Você é o que, uma cientista espacial, é sério?". Eles ficam surpresos e eu acho que isso se deve ao fato de eu ser uma mulher - e uma mulher negra.
>
> No passado, eu acho que isso acontecia, quando eu era mais jovem. Eu me lembro de que, quando eu estava estudando para o meu doutorado, estava almoçando e um cara que tinha vindo da Holanda estava fazendo seu doutorado lá também. Nós tivemos um belo almoço e apenas no final do almoço ele virou para mim e disse: "Você é secretária de quem?". Todo o restante das pessoas à mesa estava estudando para o doutorado, mas ele presumiu que eu era secretária de alguma outra pessoa. E os caras com quem nós estávamos almoçando - porque eu estava no departamento de Engenharia, então eram apenas homens lá - todos inspiraram com pungência, tipo, pensando, *ah, não, o que ela vai fazer?*
>
> Eu me lembro de ter pensado, *por que diabos ele acha isso?* E foi meio que um lampejo de raiva, *isso é terrível, por que ele presumiu isso?* E eu pensei,

bem, se segura, não há nada de errado com ser secretária, o problema aqui é o que ele presumiu, que porque sou negra e mulher eu só posso ser secretária. Então, para mim, a chave é educar. Eu poderia ter irrompido para cima dele à mesa e dito: "Como você se atreve?!", poderia ter ralhado com ele. Mas eu acho que é muito melhor se eu disser: "Ah, não, você está enganado. Eu não sou secretária, eu me formei na Imperial e agora estou fazendo meu doutorado". E tentar ensiná-lo, para que ele saia por aí e diga: "Ei, eu conheci uma mulher muito bacana outro dia, e ela é negra e está fazendo seu doutorado". Essa é uma mensagem muito mais positiva a ser enviada do que: "Eu estava no almoço e cometi um erro simples e então ela gritou comigo". Então, para mim, tudo tem a ver com educação. É a mesma coisa com o cara que achou que eu fosse a faxineira, eu não gritei com ele, eu apenas disse: "Não, você está enganado". Estou tentando reeducar. E há muitas formas de fazer isso, você pode fazer isso individualmente, mas isso leva um tempo terrivelmente longo. Então, eis por que indo para a TV e aparecendo como um modelo exemplar e treinando outros modelos exemplares, nós podemos enviar a mensagem para o mundo mais rapidamente. Essa é a meta: não gritar com as pessoas por fazerem esses julgamentos, mas mostrar a elas que estão enganadas e que existem muitas mulheres negras fazendo esse tipo de coisa. Nós somos aquelas que movem e abalam o mundo. Sendo assim, minha meta é essa e é por isso que é incrível ser uma embaixadora do Terrific Scientific – isso pode mostrar para muitas pessoas o que nós estamos fazendo.

Se houver uma oportunidade para desafiar e afetar o comportamento daquela pessoa de uma forma positiva, então eu muito provavelmente a puxarei para o lado e colocarei um holofote em cima de suas ações e de suas palavras. Eu poderia dizer: "O que você quer dizer com isso?" ou "Essa pergunta faz muitas suposições, porque..." e trazer a microagressão para a luz, na esperança pelo melhor, mas geralmente esperando por uma intensa negação. Quando se opta pelo desafio, nem sempre precisa ser em forma de uma bronca severa, nem dizendo algo acusador como: "Você é racista". Em vez disso, apenas deixe que saibam que o que eles disseram foi ofensivo. Pode ser constrangedor vê-los tentando procurar uma explicação, mas isso vale muito a pena. No entanto, é um desafio provar intenções quando elas estão implícitas e não articuladas. Se achar que as microagressões são um problema contínuo em seu local de trabalho, agende um tempo para falar com seu gerente, vá preparada e liste as ocasiões, as horas e as datas e as pessoas envolvidas nesses incidentes, de modo que você tenha evidências.

Por lei, existem processos em prática que deveriam resguardá-la de constrangimentos raciais. No entanto, também é - segundo uma pesquisa publicada pelo TUC em 2017 -, infelizmente, o caso, que 42% daqueles que sofrem *bullying* ou que são constrangidos por causa de sua raça disseram que seus gerentes diretos eram os principais perpetradores disso. Esse é um número realmente alto e aponta para o fato de que todos os locais de trabalho precisam ter uma política de tolerância zero e um processo claro para o relato de tais comportamentos que proteja o bem-estar dos trabalhadores. O Secretário Geral do TUC, Frances O'Grad, disse:

> O racismo ainda assombra os ambientes britânicos de trabalho. *Bullying* racista, constrangimento e vitimização não deveriam ter lugar em parte alguma, menos ainda no trabalho. E está claro que estão sendo negadas oportunidades às pessoas por causa de sua raça. Os empregadores devem ter uma atitude de tolerância zero em relação a isso e tratar todas as reclamações com seriedade. É um escândalo que tão poucos trabalhadores asiáticos e negros sintam que seus chefes estão lidando com o racismo da forma devida.[29]

O que quer que você decida fazer, embora seu coração possa estar acelerado, seus punhos cerrados por causa da raiva, a expressão de irritação estampada no rosto, primeiramente faça uma pausa, e então se acalme. Embora se deparar com essas situações possa às vezes deixá-la deprimida, é importante ter um entendimento das opções que estão disponíveis para você – o preço que você está pagando é alto demais para não fazer algo em relação a isso.

"A MediaCom de fato foi muito boa, mas não tem como termos algum dia uma diretora de negócios, menos ainda uma diretora de negócios negra."

– Homem branco não identificado

Quando o Oscar teve seu ano mais diverso, em 2017, nós comemoramos, animados: estamos chegando a algum lugar! No entanto, a inclusão de mais pessoas negras em um espaço dominado por brancos inevitavelmente tem repercussões. Como diz o ditado: "a única certeza da vida é a morte", mas pessoas negras podem incluir aí as "microagressões", e a noite da premiação não foi diferente. *Estrelas além do tempo* e *Um limite entre nós*, filmes em que os protagonistas eram retratados por atores negros, foram confundidos um com o outro diversas vezes, e reduzidos, de forma eficaz, a versões não identificáveis do mesmo filme. Embora as mídias sociais tenham tido bastante trabalho criando memes que mesclavam os nomes dos filmes para ressaltar a gafe, houve um erro em particular que realmente me pegou de jeito. O apresentador de TV e veterano entrevistador, Ryan Seacrest, perguntou à atriz Viola Davis como ela "conseguiu" memorizar todas as suas falas em *Um limite entre nós*, uma pergunta ridícula a ser feita a uma atriz do *status* dela. Será que ele teria feito a mesma pergunta a Meryl Streep? Esse questionamento de suas realizações e de sua credibilidade como atriz realmente me deixou no chão.

A pergunta de Seacrest me deixou particularmente "mordida" porque, no local de trabalho, a competência e a capacidade das mulheres negras são frequentemente desafiadas e minadas por seus colegas brancos.[30] Desde ter as pessoas falando mais alto que elas em reuniões até a partilha de uma ideia e serem ignoradas – apenas para descobrir que sua ideia foi a melhor coisa desde a criação do pão fatiado quando proferida por outra pessoa –, mulheres negras muitas vezes se sentem invisíveis tanto em relação a seu valor como sua importância no trabalho.

Então, qual é o propósito de dar o dobro de si no trabalho quando ninguém nota isso?

Em um estudo chamado Double Jeopardy? Gender Bias Against Women of Color in Science*, publicado por WorkLife Law, sessenta cientistas do sexo feminino têm de "prover mais evidências de competência do que os outros para se provarem para seus colegas".[31] Eu me lembro de quando fui recentemente promovida a Gerente de Marketing e um colega, deliberadamente, me chamou de Gerente de Marketing Júnior na frente de todo mundo. O que eu senti que foi uma tentativa dele em minar minha contribuição para uma tarefa. Eu tive de puxá-lo para o lado, desafiar suas palavras, explicar a ele por que isso era um problema.

Eu também tive de ficar ultraciente da escolha de palavras que vou usar quando vou falar em reuniões e olhar duas vezes quando for enviar e-mails, e de ter ciência do tom que uso quando estou expressando um ponto de vista diferente do restante da minha equipe. Quando meus colegas brancos foram louvados por terem defendido suas posições e por serem assertivos, eu me deparei com acusações de ser argumentativa. "Eu não quero discutir com você", me disse um colega certa vez, e eu fiquei lá sentada, desacreditando nisso, e pensei: *O que você quer dizer com isso de não querer discutir comigo? Eu estou calma. Eu não ergui a voz nenhuma vez. Como é que o ônus agora recai sobre mim, como se eu fosse a agressora?*

---

* Perigo duplo? Preconceito contra mulheres negras na ciência. [N.T.]

Portanto, não é surpresa alguma que em uma pesquisa com mais de trezentas mulheres líderes BAME foi descoberto que mais de três quartos delas sentiam que o estilo de liderança de mulheres brancas era percebido de forma mais positiva no local de trabalho; 80% sentem que o estilo de comunicação das mulheres brancas era visto de forma mais positiva.[32] A sensação pode ser incrivelmente frustrante de receber uma promoção não com base em seu trabalho, mas, sim, com base na percepção que as pessoas têm de quem elas acham que você seja.

A realidade é que eu quero progredir na minha carreira e que o trabalho que eu produzo deveria ser o bastante, mas tive de aprender a ter mais tato e a acomodar meu estilo de comunicação no local de trabalho de modo a construir relações com as pessoas e oferecer a elas uma versão de mim que seja mais palatável. Por quê? Porque, sejamos honestas, não ter uma relação profissional positiva com acionistas é um caminho só de ida para a estagnação na carreira. Amigas me dizem que elas tentaram demais, de forma estratégica, encontrar interesses em comum com suas colegas brancas, tirando a ênfase em diferenças étnicas e raciais de modo a serem assimiladas organicamente em seus ambientes de trabalho. Elas mudam sua linguagem corporal, seu discurso e suas vestimentas para contra-atacar imagens percebidas de inferioridade e estereótipos. Mulheres negras são profissionais em acomodarem todo o resto das pessoas (*vide* o capítulo "Impecável"), e mudar o código é uma ferramenta para se lidar com essas situações usadas por muitas de nós para nos enquadrarmos em espaços de trabalho brancos.

No entanto, eu também aceitei que existem limites no que posso fazer sem que eu me transforme em uma sombra de mim mesma no trabalho. O fato é que existem atitudes negativas embrenhadas em relação às mulheres negras e se eu me modificar completamente para me adequar às ideias, mesmo que inconscientes, preconceituosas e tendenciosas das outras pessoas, isso só dará poder a elas para permanecerem ignorantes em relação à próxima jovem garota negra que vier depois de mim.

Tome, por exemplo, uma amiga minha que trabalha em uma empresa onde ela é a única mulher negra. Pediram que ela mostrasse o escritório a uma nova recruta em potencial que estava lá para uma entrevista: uma jovem garota negra. Estava claro que a garota era enérgica, cheia de vida e personalidade, "havia vida nela", mas minha amiga disse que, enquanto estava mostrando a ela o escritório, lembrou-se de ter pensado: *Eles não vão dar o emprego a ela, ela tem vida demais para este lugar.* Sabendo que minha amiga é alguém que também é cheia de personalidade, eu perguntei a ela qual era a diferença entre elas duas, e ela me respondeu:

> "Definitivamente, eles dirão que ela é um pouco intensa. Pessoas brancas têm o direito de ter grandes personalidades e serem excêntricas nesses ambientes, mas, sendo uma mulher negra, temos de diminuir essa intensidade. Sendo a única garota negra no escritório, eu dei a eles a versão mais diminuída de intensidade de mim mesma".

É justo dizer que ela, de fato, disse que não estava presente na entrevista da outra mulher, então ela sabe como foi o desempenho dela. No entanto, em suma, ela continua sendo a única mulher negra na firma.

Em *Corra!*, há uma cena em que um policial pede para ver a carteira de motorista de Chris, embora ele saiba que Rose, a namorada branca dele, era a pessoa que estava dirigindo. O tom do policial muda tão logo Rose entra em cena para oferecer validação. Esse é um exemplo da coassinatura branca, em que o endosso de um colega branco pode, com frequência, ser a forma como algumas mulheres negras ganham credibilidade no local de trabalho. Anne-Marie Imafidon é uma pessoa que sempre foi uma grande realizadora, tanto na escola quanto no trabalho, o que significa que ela esteve em ambientes em que suas contribuições são vistas com alta consideração, e ela é respeitada por aqueles que estão cientes de seus conhecimentos e de suas habilidades. No entanto, para os que a veem de fora, sua proeza pode frequentemente se deparar com desafios e confusão. Diz Anne-Marie:

> Essa pessoa estava questionando o meu conhecimento do sistema em que eu trabalhei na Deutsche, e eu era, provavelmente, a única pessoa na equipe que o entendia em um nível técnico, e então isso queria dizer que, quando eu dizia alguma coisa, e aquela pessoa dizia: "não, isso não é verdade", ele então levava meia hora para descobrir que o que eu tinha falado era verdade. A gerente dela teve de intervir e apoiá-la, dizendo: "Anne-Marie realmente sabe do que ela está falando", assim provendo a ela a "coassinatura branca".

Anne-Marie sustenta o seguinte, falando sobre o homem que fez isso com ela:

> Se eu fosse mais velha do que Felix, mais branca do que Felix, mais homem do que Felix, ele teria encontrado uma maneira diferente de dizer isso; ele teria escrito um e-mail duas semanas depois. Ele não diria, em uma sala: "Eu não acho que você saiba do que está falando", mas, quer saber de uma coisa? Isso é mais um problema do Felix do que meu.

É verdade, isso é um problema dele, mas pode ser extremamente frustrante e exaustivo sentir que temos de nos provar constantemente, ou que temos de encontrar uma pessoa branca que nos dê respaldo. Anne-Marie sustenta o seguinte:

> Se eu fosse alguma outra pessoa, ele não teria dito aquilo para mim, mas, até mesmo nesse cenário, por causa do valor que eu tenho por mim mesma, mas também pelo valor que a minha equipe tinha por mim, essa foi uma daquelas situações em que imediatamente a pessoa é repreendida e há repercussões para ela, o que eu acho que é uma outra coisa que nem sempre acontece.

Quando você realiza um grande trabalho e alguém acha difícil ver além da cor da sua pele e acha difícil lhe dar o crédito que você merece, pode ser doloroso vivenciar microataques em resposta – o "velho" tipo de racismo. Em 2002, Karen Blackett conduziu uma tentativa de venda para uma bem conhecida marca de cereal de café da manhã e sofreu com esse tipo de racismo.

> Nós não ganhamos a venda, mas, em uma indústria assim tão pequena, você meio que sabe quem são seus concorrentes. A agência de mídia que de fato ganhou levou o cliente para jantar e perguntou a eles, como você faria (e eu faria exatamente a mesma coisa): "O que foi que as outras agências fizeram?", de modo a ter um pouco de *insight* competitivo. E eles perguntaram sobre a MediaCom.
>
> Em vez de oferecer um *feedback* construtivo, o cliente disse: "A MediaCom de fato foi muito boa, mas não tem como termos algum dia uma diretora de negócios, menos ainda uma diretora de negócios negra". Eu estaria mentindo se não dissesse que aquilo foi incrivelmente doloroso. Foi pessoal. Não tinha a ver com o trabalho que havíamos criado como uma agência. Tinha a ver comigo. Eu sou resiliente, mas não tão resiliente assim. Dessa forma, aquilo foi realmente pessoal, mas eu sei que o trabalho foi bom, de modo que eu sei que a perda é deles. E é difícil fazer isso entrar na nossa cabeça, a princípio, quando se ouve de cara esse tipo de *feedback*. E eu me senti tão responsável, porque eu senti como se eu tivesse perdido uma venda para a agência, porque sou mulher, porque sou negra. Foi horrível e eu achei que se eles tivessem colocado alguma outra pessoa em campo, nós teríamos ganhado o contrato.
>
> Mas nós falamos com aqueles que torcem por nós, falamos com nossos patrocinadores na agência, que ficaram, tipo: "Bem, você realmente quer trabalhar com alguém assim? Porque eles são seres humanos vis, de modo que... nós queremos realmente trabalhar com alguém assim? Não, nós não queremos".
>
> Então, pensando sobre isso de modo racional, se nós tivéssemos ganhado aquela conta e eu tivesse sido forçada a trabalhar com aquelas duas pessoas, mais dia, menos dia, eu teria me sentindo miserável, pois eu estaria tentando encobrir quem eu sou, e não ser eu. E eu não quero fazer nada em relação ao meu gênero. Eu não quero fazer nada em relação à minha etnia. Estou, na verdade, muito feliz com ambos.
>
> Eles simplesmente não gostaram de mim, não por causa do trabalho, nem por causa do que eu estava dizendo, nem dos conselhos que eu estava dando, mas apenas por causa da minha aparência; eles não

> gostaram de mim. Eu realmente acredito em carma, e existe um ditado budista que diz: "Prender-se à raiva é como segurar um carvão quente com a intenção de jogá-lo em alguém". Então nós deixamos essas coisas pra lá, e então, porque eu sou incrivelmente competitiva, vou lá e ganho muitos outros negócios e deixo-os arrependidos pelo fato de não terem me escolhido.

Sendo mulheres negras no mercado de trabalho, nós precisamos estar cientes dos estereótipos, de modo que não estejamos totalmente no escuro em relação a eles. Funke Abimbola diz que nós também temos de parar de pedir desculpas e que ter um forte senso de identidade é fundamental.

> As pessoas têm uma probabilidade maior de ter uma impressão negativa de você por causa da cor da sua pele, e você pode ser a pessoa mais cortês do mundo - eu tive pessoas presumindo que sou a secretária em firmas de Direito, a assistente administrativa, a menina da xerox, puramente por causa da cor da minha pele. Se eu fosse uma mulher branca vestindo um terno, eles não fariam esse tipo de suposição - você realmente precisa saber quem você é primeiramente e, acima de tudo, não peça desculpa alguma pelo fato de que você é uma mulher negra, pois eu acho que, geralmente, nós quase nos curvamos para trás e quase pedimos desculpas de todas as formas ridículas possíveis por sermos negras. Tentamos não ser tão assertivas porque ficamos preocupadas com a possibilidade de que as pessoas possam nos ver como uma "mulher negra raivosa". Bem, na verdade, você pode expressar sua raiva de forma eficaz sem ser vista como a mulher negra volátil e raivosa. Porém, aprender quem você é e dominar isso é muito importante.

Além disso, como Karen ressaltou, é tão importante ter uma rede de pessoas junto às quais você pode buscar conselhos e apoio em face das constantes microagressões - seja seu esquadrão de amigas ou familiares, contanto que seja alguém que entenda isso. Houve muitas ocasiões em que eu chamei a Yomi para fazer uma análise sobre uma situação, para buscar conselhos ou apenas para descarregar. Simplesmente ter alguém que possa validar seus próprios sentimentos e oferecer aquilo que chamo de "verificações de sanidade" em relação à existência de tal discriminação, isso tudo pode fazer uma diferença brutal na diminuição do potencial impacto adverso que essas situações podem ter sobre a autoestima de alguém. A ideia deste livro foi criada a partir de algumas dessas "verificações de sanidade" quando eu liguei para a Yomi em um ataque de fúria, e *A Bíblia da Garota Negra* nasceu.

"[...] quando eles jogam baixo, nós voamos alto."
— Michelle Obama

Se existe alguém qualificada para saber como é aguentar ataques racistas e sexistas viciosos, esse alguém é a ex-Primeira-Dama Michelle Obama. Fazer história e quebrar o teto de vidro sendo a primeira mulher negra a ser Primeira-Dama dos Estados Unidos foi algo que veio com seu preço. Quando lhe perguntaram sobre o tempo que passou na FLOTUS (First Lady Of The United States) e sobre como ela foi tratada, ela disse:

> "Os cacos de vidro que me cortaram mais a fundo foram aqueles que pretendiam causar esses cortes – é duro saber que, depois de oito anos trabalhando duro por este país, ainda existem pessoas que não querem me ver não pelo que eu sou, mas, sim, por causa da cor da minha pele".

Os comentários surpreendentemente cândidos de Obama foram um esforço para fazer com que as pessoas se lembrem de que elas são responsáveis pela forma como tratam os outros e pela forma como fazem com que eles se sintam. Ela não tinha como fingir que aqueles comentários não a machucaram, pois isso seria efetivamente dar às pessoas que os fizeram um "passe livre".

O que realmente me abalou foi quando ela disse:

"Mulheres, nós aguentamos esses cortes de tantas maneiras que nem mesmo notamos que somos cortadas, nós estamos vivendo com pequenos, minúsculos cortes, e estamos sangrando todos os dias."[33]

Ideias tendenciosas e preconceituosas têm consequências sérias além de ferir os sentimentos de alguém. Sendo mulheres negras, nós realmente sabemos como seguir em frente e lidar com as coisas em face da adversidade, é algo que está no nosso DNA. Nós acordamos todos os dias e encaramos o mundo, cientes de que algumas pessoas olharão para nós e farão comentários e não nos tratarão com base no mérito de quem nós somos, mas, sim, com base em puro preconceito. Esses insultos podem cortar, e realmente cortam, a fundo. Comentários inapropriados e ofensivos são importantes, porque eles são sintomas de um problema maior subjacente na sociedade, e diminuir sua importância é subestimar o quanto esses minúsculos cortes podem, com o passar do tempo, desenvolver-se e transformar-se em feridas maiores que fazem com que você sinta que é uma sombra de seu verdadeiro eu.

Nós tendemos a inventar muitas desculpas para os perpetradores dessas microagressões e queremos acreditar que seus comentários não sejam fundamentados em intenção e malícia. No entanto, essas "piadas" e provocações são uma das formas que comprovam como estereótipos racistas são reforçados e reproduzidos. Colocando o foco na intenção, isso pode levar a permitir que os microagressores se soltem e, sem querer, acabar permitindo que o racismo continue fazendo parte de nossa cultura. Isso é importante até mesmo no contexto de Brexit e na ascensão do nacionalismo. Karen Blackett concorda comigo nisso:

Até o último mês de junho [quando a Grã-Bretanha votou para sair da União Europeia] e, meio que, até o último mês de novembro [quando o presidente Trump foi eleito], com o que aconteceu no Reino Unido e com o que aconteceu nos Estados Unidos, eu teria dito que "sim, as coisas mudaram". Minha leve preocupação em relação ao resultado de Brexit e ao resultado do presidente Trump e seus valores e suas visões é que as pessoas poderiam se sentir exoneradas para terem aquelas visões novamente. Porque, se ainda havia um grupo de pessoas que ainda tinham aquelas visões, elas haviam sido sensatas o bastante para escondê-las, e não falar abertamente sobre elas. Ao passo que agora houve um aumento de 57% nas taxas de crimes, depois do voto para sair da União Europeia. Eu apenas sinto que algumas pessoas com aqueles tipos de atitudes sentem-se exoneradas novamente, só isso. E eu não sei se elas, de fato, foram ou não embora, e talvez elas sempre estivessem lá, mas apenas escondidas.

Pedir para que eu ensine a última loucura da dança de hip-hop pode ser irritante pra caramba, mas outros insultos abrem cortes mais fundos. Como disse, de forma desafiadora, Michelle Obama em meio à feiura da campanha do presidente Trump: "Quando alguém é cruel ou pratica atos de *bullying*, não se deve descer ao nível dele. Nosso lema é, quando eles jogam baixo, nós voamos alto". No entanto, voar alto pode ter significados diferentes em diversas situações, e sempre pegar a alta estrada e ser a melhor pessoa pode ser algo difícil. Sendo mulheres negras, esperam que nós sigamos por essa estrada mais vezes do que as outras.

Dependendo da situação, não há nada de errado com o causar tumulto e desafiar as microagressões: manter-se firme em suas convicções em vez de guardar tudo até quase explodir em um esforço de ficar por cima. Sim, você pode provocar uma reação defensiva, mas, em resumo, a intenção por trás de comportamentos sexistas ou racistas é irrelevante. Colocando o foco somente na intenção da pessoa que é responsável pela microagressão, nós acabamos priorizando seus sentimentos em vez dos nossos. Há necessidade de haver um equilíbrio entre o impacto e a intenção.

Acima de tudo, trata-se de ser honesta consigo mesma e reconhecer quando alguém passou dos limites, a forma como você escolhe por reagir a isso. Busque o apoio e uma verificação de sanidade de sua melhor amiga, de seus amigos, de sua família e daqueles que torcem por você, porque um corte ainda é um corte, não importa o quão pequeno seja. Nem todas as ideias preconceituosas são inconscientes e esse pode ser um comprimido duro de engolir. No fim das contas, apenas você poderá determinar qual é o melhor curso de ação para você, porque 99% do tempo provavelmente você estará certa.

IMPECÁVEL

YOMI

"Garota, você sabe como são essas pessoas brancas. Se você quiser ser bem-sucedida aqui, terá de saber quando precisará mudar algumas coisinhas em si."
– Molly Carter, Insecure

Quando estávamos na universidade, eu e Liz falávamos gritando e ríamos uivando como se ainda fôssemos as "meninas do fundo do ônibus" em 2007. Nós andávamos em um grupo formado por jovens mulheres negras que eram grandemente similares - muitas vindas do sul de Londres, a maioria tinha estudado em escolas estaduais e imitaria uma arma com a mão por reflexo se tocasse a música *Talkin' The Hardest.* Nós éramos faces muito negras no espaço muito branco do *campus* da Universidade de Warwick - exasperando sem querer nossos colegas de quarto brancos ao lotarmos a cozinha, enchendo os corredores com os cheiros de arroz jollof e tanchagem e os sons de Wizkid e D'banj. Em um espaço mais sobrepujantemente branco do que muitas de nós estávamos acostumadas, nós ficávamos duplamente com saudade de casa - saudades da família e dos amigos, assim como da cultura também. Sendo assim, tentávamos levar o lar até nós. Nosso grupo encontrava conforto umas nas outras, embora tivéssemos acabado de nos conhecer, como se todas nós, de alguma forma, tivéssemos vivido a mesma infância e os anos da adolescência, só que em ruas diferentes. Mas, às vezes, nossas risadas altas, nossas piadas em vozes retumbantes e comportamentos impróprios em casas noturnas, balançando as cabeças, arrancavam *tsc-tsc* e faziam revirar os olhos de nossos colegas, que eram mais adequados que tias de igreja. Em um dia em particular, uma amiga de um ano acima do nosso nos informou que o bando ruidoso de garotas negras com quem andávamos era chamado de "alto demais, muito estilinho calouros negros", por *outras* pessoas negras.

Na época, eu me lembro de que ficamos danadas com isso. Eu, em particular, era o tipo de garota que subia nas mesas em *raves*, dançava sobre elas e depois as derrubava no chão porque tinha bebido um tiquinho além da conta. Nós nos esfregávamos em rapazes, garotas, umas nas outras, enquanto alguns de nossos colegas negros ficavam olhando, pasmos. Nós éramos - com muito pouco do lance de burguesinhas, sim -, também, garotas com seus dezenove anos vivenciando a liberdade de uma noite longe de casa e dos pais que não haviam permitido festas do pijama quando éramos mais novas (*vide* "Rostos negros em espaços brancos").

Antes de ir para Warwick, eu havia me corroído com o pensamento de que seria a única pessoa negra lá, mas, quando cheguei, me deparei com uma inteira ACS - uma Sociedade Afro-Caribenha -, mas, para o meu choque, não fiquei muito fã dela. Logo me dei conta de que meu comportamento era quase até mesmo mais policiado lá do que no restante do *campus*. Era como se você, caso não fosse careta, adequada e não corresse atrás de uma carreira na cidade, pudesse ser penalizada por pessoas brancas *e* negras igualmente. Eu não entendia por que, na universidade, a única vez em que nos permitiam ter a melhor época de nossas vidas, havia pessoas que ficavam irritadas ao verem alunos do primeiro ano ficando bêbados, desleixados e dançando escandalosamente. Nós sabíamos como nossos comportamentos seriam interpretados pelos alunos brancos, mas isso de os alunos negros nos considerarem negros demais era de entornar o cérebro.

Agora, depois que vários anos se passaram, eu comecei a entender a hostilidade. Nós havíamos sido aceitas em uma instituição que estava no top 10 e de maioria branca de classe média por causa de nossas notas, mas isso não queria dizer que *nós* éramos aceitas. Nós não pensamos muito nisso do que outras pessoas achavam ou como nos expressávamos - e nós particularmente também não nos importávamos com isso. Na verdade, embora isso tenha sido antes de o termo popular ter sido cunhado, nós realmente éramos a definição ambulante e que falava alto das "garotas negras de boa". E isso queria dizer que, com frequência, éramos desinibidas, bagunceiras, barulhentas, emotivas e, às vezes, miseráveis. Essa liberdade significava ocupar aqueles mesmos estereótipos com os quais as pessoas negras temem ser marcadas. E isso significava atiçar algumas pessoas de um jeito errado: pessoas que sentiam que nós estávamos "decepcionando o lado" - lado esse que elas estavam tentando provar que era apenas tão digno dos lugares delas quanto nesses espaços também.

R-E-S-P-E-I-T-A-B-I-L-I-D-A-D-E

Por definição, políticas de respeitabilidade são uma tentativa por parte de

> grupos marginalizados de policiar seus próprios membros e de mostrar que seus valores são contínuos e compatíveis com os valores da corrente dominante em vez de desafiar tal corrente dominante pelo que eles veem como seu fracasso em aceitar a diferença.[34]

É uma semente semeada pela sociedade branca e regada dentro de nossas comunidades. Pegando dicas do restante do mundo, muitos de nós internalizam a ideia de que existe um "jeito certo" de ser uma pessoa negra, e que o "tipo certo" de pessoa negra é recompensado com levemente menos rejeição de coisas que são consideradas "negras". Essa ideia é o motivo pelo qual parentes do sexo feminino mais velhas às vezes me veem com meu cabelo natural e me perguntam por que "não estão feitos". É por esse motivo que camaradas negros podem colocar limites em relação ao quão "negro" você deveria parecer em certos espaços. Isso leva à punição dupla - de dentro e de fora da comunidade negra - por certas coisas que não são consideradas aceitáveis pelas massas brancas.

O fato é que sermos barulhentas e nossa "negritude" na universidade é vista como algo que exacerbava os clichês danosos já existentes dos quais muitos estavam tentando se distanciar. Comportamentos eram chamados de comportamentos de "gueto" e de "miseráveis", porque nós estamos colocando uns aos outros nos mesmos padrões de aceitabilidade que a sociedade mais ampla estabeleceu para cima das mulheres negras, em vez de questionar sua legitimidade. No entanto, essa é uma mentalidade da qual é difícil se desvencilhar, quando a negritude é colocada como oposta ao "profissionalismo" e sucesso - e quando o comportamento de alguns é tornado representativo dos comportamentos de todos. A triste verdade de ser um rosto negro em um local branco é que você se depara com suas ações sendo não somente consideradas em um padrão diferente em comparação com as dos seus colegas brancos, como também, de alguma forma, ligadas a todas as outras mulheres negras no país. Um pé fora da linha coloca nossos pés conjuntos, grandes e negros como comunidade um passo para trás. É por isso que, sempre que um crime hediondo é relatado nos noticiários, nós rezamos com fervor para que não tenha sido cometido por "um de nós". Pessoas brancas por todo o país podem cometer crimes sem que a população branca de alguma forma se sinta responsável por isso. Pessoas negras, por outro lado, leem ou assistem a essas notícias com uma sensação de algo afundando no peito, sabendo que pagarão indiretamente pelas indiscrições de outros. Uma garota negra desbocada em um *reality show* de TV atrai vergonha da massa porque ela é vista como um acréscimo e uma piora em uma narrativa predominante - uma narrativa da qual até mesmo o mais humilde dos negros não pode escapar. Não nos é permitido o luxo do individualismo. Em espaços em que nós somos minoria, pode ser fácil sentir como se fôssemos responsáveis não apenas pela forma como os outros nos percebem, como também pela forma como as mulheres negras como um todo são percebidas.

Muitos comentaram sobre a perfeição de outro mundo de Michelle Obama como se isso fosse um dom de Deus a ela em vez de ser algo que ela havia tido de dominar por pura necessidade. Se ela tivesse sido pega plagiando um discurso, como ocorreu com Melania Trump, nunca teria chegado ao ponto de fazer o discurso que Melania acabaria em algum momento roubando. Ela simplesmente não podia se dar ao luxo de ser qualquer coisa que não fosse Michelle Obama - a personificação da perfeição, um tom de classe real. Uma minoria modelo.

A negritude raramente permitiu que houvesse espaço para erros, benefício da dúvida e a benevolência de uma segunda chance. Para muitos, uma primeira impressão é a única impressão, e então isso começa a ter relação com "sair" de sua pele. A busca da respeitabilidade garante que, em sextas-feiras casuais, você nunca seja casual demais, pois você não quer ser "aquela garota negra". Existe uma pressão não falada, não escrita para falar de modo mais manso, vestir-se com mais formalidade, abrir sorrisos maiores do que os de todo mundo. A vida no trabalho torna-se uma batalha constante para contra-atacar os estereótipos que dizem que mulheres negras são raivosas, petulantes, preguiçosas e do "gueto". O espaço para erros é mínimo e a pressão, palpável - algo que Melanie Eusebe, a cofundadora do BBB Awards

(Black British Business Awards*), conhece bem demais. Tendo trabalhado em um dos setores mais restritivos - o mundo corporativo - durante muitos anos, na primeira vez em que ela abriu as conversas sobre o tópico de raça para seu chefe foi quando viu alguém cometer um erro que ela sabia que simplesmente não poderia se dar ao luxo de cometer sendo uma mulher negra:

> Meu chefe e eu estávamos falando sobre um caso de privilégio branco - alguém que tinha feito algo bem errado na liderança. Eu explodi com essa pessoa, dizendo: "Você consegue imaginar se Sophie [Chandauka, cofundadora do BBB Awards] e eu tivéssemos feito exatamente as mesmas coisas que essa pessoa fez? Nossos negócios estariam acabados. Eu não consigo acreditar que uma pessoa possa ter feito algo assim tão ruim, apropriado, desonesto, todos os tipos de negócios e simplesmente possa voltar numa boa e todos os amiguinhos dela possam ajudá-la. Está vendo? Isso não acontecerá, isso não acontece conosco. É disso que eu estou falando - isso é privilégio".

Na *sitcom* clássica animada *Daria*, a personagem negra, Jodie Landon, é presidente do Clube Frances, vice-presidente do Conselho Estudantil, editora do anuário, está no time de tênis e é a oradora da turma na solenidade da formatura da classe de Lawndale High. Ela é tudo na escola, exceto ela mesma, como ela diz em um dos momentos mais memoráveis. "Em casa, eu sou Jodie. Eu posso dizer ou fazer o que quer que pareça o certo", lamenta Landon. "Mas na escola eu sou a Rainha dos Negros. A perfeita adolescente afro-americana. O modelo exemplar para todos os outros adolescentes afro-americanos em Lawndale." A maioria das mulheres negras sentiu-se uma vez na vida como Jodie. É difícil não se sentir assim quando existe tão pouco espaço para erros. No entanto, como mostra o restante deste capítulo, existe mais do que uma maneira de ser um modelo exemplar. Para Amma Asante, ela quer ser um modelo exemplar para jovens mulheres negras ao atingir suas metas como ela mesma, e não como alguma outra pessoa.

---

* Premiação de Negócios Negros Britânicos. [N.T.]

> Para menininhas negras que estão crescendo nos dias de hoje, eu quero que elas sejam capazes de olhar para mim e seguir - obviamente, respeitando a minha jornada e respeitando o meu caminho, mas seguir dizendo: "Quer saber de uma coisa? Se ela consegue fazer isso, eu também consigo". Eu não quero que elas olhem para mim e digam: "Uau, ela é tão cortês e ela é tão perfeita e ela e tão metida, de modo que isso é inatingível".

A verdade é que o ambiente de trabalho britânico, seja a indústria criativa ou o mundo corporativo, não foi construído nos tendo em mente. A cultura do trabalho tira suas pistas de uma cultura branca mais ampla, que pode ser dura o bastante para ser trilhada. Com a estipulação adicional do "profissionalismo" que é exigido em um ambiente de trabalho, e a falsa dicotomia que coloca a negritude em oposição a ser "cortês", muitas mulheres negras podem ser deixadas se sentindo como se elementos que fazem parte de quem elas são tivessem de ser deixados em casa, guardados em uma gaveta. No entanto, até mesmo quando abaixamos a música de nossos fones de ouvido, e vamos trabalhar com os mais convincentes e lisos *megahairs*, nossa pele não pode ser descartada da mesma maneira. Nós não podemos verdadeiramente "nos comportar" em nosso caminho fora das percepções que são colocadas sobre nós. Como Jay-Z resume em "The Story of O.J.": "falso preto, preto de verdade/Preto rico, preto pobre... Ainda assim, preto".

Aviso: Trabalhando sendo uma pessoa negra

Embora ninguém leve totalmente seus eus para o trabalho, como Liz falou no capítulo anterior, às vezes, para as mulheres negras, os reinos de respeitabilidade significam quase levar uma espécie de vida dupla - falando de forma diferente em casa, falando sobre coisas diferentes, usando o cabelo de forma diferente, comendo comida diferente. Todo mundo mostra um lado particular e específico de si no trabalho, mas e se você se sentir incapaz de mostrar lado algum que seja?

Embora não haja dados equivalentes no Reino Unido, segundo a pesquisa realizada pelo Center for Women Policy Studies*, nos Estados Unidos, 21% das mulheres negras não se sentem "elas mesmas no trabalho". O mesmo estudo descobriu que mais de um terço das mulheres negras acreditavam que, para serem bem-sucedidas no trabalho, tinham de "amenizar" sua raça ou etnia. Padrões de profissionalismo são construídos em torno da pessoa padrão esperada dentro daquele espaço, o que, na maioria dos cargos de poder, é de homens brancos. O ambiente de trabalho tinha de exigir que a pessoa fosse a melhor versão de si, e não uma versão de um outro alguém por completo, e é assim que navegar em um local de trabalho predominantemente branco pode fazer com que a gente se sinta.

No Reino Unido, a melhor versão de uma mulher negra é essencialmente um homem branco ou, no mínimo dos mínimos, uma mulher branca. A sensação pode ser como se você estivesse brincando de se fantasiar, em oposição a mostrar o melhor de si. Por exemplo, uma mulher branca e uma mulher negra indo trabalhar com cabelos lisos simplesmente não é algo comparável. Embora pessoas brancas possam ver a progressiva e o uso de chapinha como mais uma simples mudança de cabelo ("Qual é o problema? Vocês mudam seus cabelos o tempo todo!"), essas podem ser "soluções" com frequência irreversíveis, causadoras de danos permanentes, às quais as mulheres negras aderem com ressentimento em busca do profissionalismo.

Um comitê parlamentar em 2017 ouviu dizer que falaram para uma mulher negra que estava se candidatando ao trabalho em Harrods que ela não conseguiria o papel a menos que alisasse quimicamente os cabelos, porque seu estilo natural era considerado

* Centro para Estudos Políticos de Mulheres. [N.T]

"não profissional demais". De modo algum ela é a única... Houve também o caso de Simone Powderly, que se candidatou a uma vaga de "uma líder respeitada na indústria de recrutamento de luxo" e foi informada, depois da primeira avaliação em grupo, que ela havia sido bem-sucedida, mas que teria de tirar as tranças. Outra mulher, Lara Odoffin, recebeu um e-mail de sua empregadora nos seguintes e exatos termos: "Infelizmente não podemos aceitar tranças – isso simplesmente faz parte do uniforme e dos requisitos de cuidados com a aparência que recebemos de nossos clientes", declarava o e-mail. "Se você não conseguir tirá-las, infelizmente eu não poderei lhe oferecer trabalho algum". E essas são apenas algumas das histórias que chegam aos jornais.

A ideia de que tranças ou cabelo natural são, de alguma forma, descuidados não é algo novo nem existe somente no local de trabalho: como vimos em "Advogada, Médica, Engenheira", nossos cabelos com frequência são policiados na escola também. Uma aluna de catorze anos, na Fulston Manor School, em Kent, chegou com tranças e lhe disseram que ela deveria fazer com que seus cabelos voltassem a um estilo "normal" no primeiro dia de aulas no novo período escolar, visto que isso violava as regras da escola. Esses padrões são até mesmo impostos àquelas que estão na televisão: apesar de sua fama, a cantora que virou apresentadora, Jamelia, não ficou imune às críticas sobre seus cabelos durante o tempo que passou em um programa de TV semanal popular:

> Eu estava em um programa de TV e toda semana, sem falta, me pediam para alisar os cabelos, me pediam para fazer relaxamento nos cabelos. Eu ficava chorando a semana inteira. E tentava explicar a eles que fazer um relaxamento nos meus cabelos seria um processo químico permanente, e eu não queria fazer isso com os meus cabelos. Naquele ponto, eu vinha deixando os cabelos crescerem por quase um ano e estava dizendo que tinha acabado de deixá-los no estado natural e que não queria fazer nada permanente. Eles ficavam falando coisas do tipo: "Nós só

não achamos que isso fica bom, nós não achamos que parece profissional, não achamos que pareça elegante". Eles entravam no meu camarim e eu me sentava e nós tínhamos de discutir cabelos e maquiagem toda semana, e eles falavam: "Aaaah, você poderia usar uma peruca essa semana?". E eu respondia: "Mas eu não quero fazer isso!". E falando com meus supervisores, dizia: "Vocês entendem o quão ofensivo isso é para mim? E vocês entendem o que estão dizendo para as minhas filhas, e para todas as outras crianças ou mulheres que têm cabelos como os meus? Isso é tão errado!".

Eu me lembro de que eles ficavam falando coisas do tipo: "Bem, você não acha que poderia alisar só por essa semana?", e eu dizia: "Não, não é assim que funciona, pessoal!". As coisas simplesmente chegaram ao ponto em que eu sabia que teríamos essa conversa toda semana, e que eu teria de lutar no meu canto.

Houve uma comoção muito necessária que se espalhou pela nação em 2016, quando Nicola Thorp, uma secretária branca, foi mandada para casa por se recusar a usar sapatos de salto alto. Muitos não conseguiam acreditar que um sexismo assim tão descarado fosse permitido no local de trabalho. Muitos ainda não se dão conta de que, para as mulheres negras, o que ocorre é a combinação de sexismo e racismo que reforça não apenas o policiamento de nossas escolhas de sapatos, como de nossos cabelos também.

"Você tentou mudar, não foi? Fechou mais a boca.
Tentou ser mais suave."
– Warsan Shire, "Para mulheres que são difíceis de amar"

Como já tocamos no assunto antes, um dos maiores desafios no trabalho e na vida como um todo pode ser abrir caminho em meio ao estereótipo da "mulher negra raivosa"– especialmente quando tanto de seu progresso no trabalho depende de você ser capaz de pisar no chão e se colocar lá no mundo. Mulheres negras têm de ser capazes de provar que são mais competentes do que qualquer outra pessoa na sala, mas, com frequência, são impedidas de fazê-lo, pois uma das principais formas de se fazer isso é por meio da assertividade, que com muita frequência pode ser mal interpretada. O lado negativo disso, então, é não ser capaz de provar seu valor, por medo de parecer agressiva. Como muitos notaram quando Sheryl Sandberg lançou seu famoso livro *Lean In*, a maioria das mulheres negras vêm intervindo durante anos, mas isso vem acontecendo à custa de ser estereotipada como "assertiva demais" ou "raivosa". Legitimamente, mulheres brancas dizem que são interpretadas como raivosas no local de trabalho quando estão, na verdade, sendo assertivas. É vergonhoso que, apesar disso, muitas mulheres brancas, assim como homens brancos, também associem a assertividade das mulheres negras com o prejudicial estereótipo da "mulher negra raivosa".

Emoções são uma parte natural da vida e todo mundo fica com raiva às vezes. A expectativa de que isso seja algo que temos de compartimentalizar e guardar para depois, quando estivermos em casa, não somente é irrealista, como é prejudicial também. É claro que ninguém deveria surtar, debater-se nem ficar com a boca espumando de raiva, mas, como disse Funke no capítulo anterior, nós não deveríamos ser mantidas em um padrão diferente e mais alto por causa dos estereótipos que fogem ao nosso controle. Keisha Buchanan, membro fundadora de um dos mais bem-sucedidos grupos de garotas do país, as Sugababes, lembra-se de ser colocada em um padrão diferente pela imprensa e subsequentemente retratada como "agressiva" com muito poucas evidências disso. Apesar de todas as garotas serem do proletariado, ela notou que se falava de forma diferente sobre Heidi Range para Buchanan e a colega de banda, Mutya Buena, ambas mulheres negras. Com elas, diz Keisha, estava claro que "elas eram as garotas étnicas".

> Quando analiso as coisas em retrospecto, agora eu vejo que existem muitos artigos escritos que sugerem que [eu era] a garota agressiva. E não foi só comigo, Mutya também era considerada assim - Mutya era filipina e irlandesa, mas ainda assim ela é étnica. Eu não me importo de ser a garota irritadiça, porque isso é, sei lá, mas eu sinto como se isso viesse com uma *vibe* negativa numa boa parte do tempo. E agora, quando vejo pessoas como Megan McKenna [estrela famosa de *reality show* na TV por seus surtos temperamentais], nunca alguém me viu reagir daquela forma, e eu recebi mais críticas em relação ao meu comportamento do que ela, e nunca alguém me viu surtando... eu penso, *Ah, meu Deus, você nunca me viu agindo daquele jeito, mas tem uma percepção minha e pode escrever artigos.*

Às vezes, o estereótipo da mulher negra raivosa pode ser dispensado simplesmente porque a pessoa é desprovida de emoções positivas e está tentando se manter neutra - quando uma mulher negra não ri de uma piada, pede para que alguém não mexa em seus cabelos, partilha sua opinião ou é qualquer outra coisa que não uma superdoce e agradável mulher que sempre diz sim. Como resultado disso, de modo a compensar pelos estereótipos existentes, a vida no trabalho de muitas mulheres negras torna-se um exercício estendido em provar não sua capacidade, mas, sim, que elas são um "tipo diferente" de pessoa negra. Por exemplo, sentir-se obrigada a ficar para trás apenas um pouco mais de tempo para mostrar que o estereótipo de preguiçosa não se aplica a você. Porém, isso pode ser um tiro que acaba saindo pela culatra; em vez disso, ficar para trás pode levar os colegas a presumirem que você é simplesmente incapaz de completar suas tarefas no tempo alocado para isso. Só porque você muda, isso não quer dizer que os preconceitos inconscientes necessariamente mudam com você.

Por causa desses preconceitos, muitas de nós, no local de trabalho, apenas tentamos abaixar nossas cabeças, na esperança de que o trabalho duro em si seja o bastante e traga resultados. No entanto, o resultado é, com frequência, uma falta de patrocínio, e uma maior invisibilização das mulheres negras. Outros colegas podem aproveitar a oportunidade para clamar pelo direito ao nosso trabalho e às nossas ideias, com o resultado que, embora evitemos o estereótipo raivoso, nós também evitamos qualquer promoção. Sendo assim, metade de nós está intervindo e sendo interpretada como agressiva, enquanto a outra metade está com tanto medo desse resultado que não intervém em nada que seja. Ambos os grupos sofrem de maneiras diferentes. Ironicamente, mulheres negras sempre têm de provar mais seu valor, mas têm menos meios de fazê-lo.

No trabalho, ninguém quer ser o novato "ruidoso demais, negro demais". A diminuição na ênfase da negritude torna-se um meio de sobrevivência - você pode ser negro, mas não pode "esfregar isso na cara de qualquer um". Uma candidata negra com cabelos lisos, um sotaque fino, que mora em uma área predominantemente branca, ainda é uma mulher negra, mas é mais "adequada" do que uma igualmente qualificada candidata negra que usa cabelo afro, que se pronuncia quanto às injustiças raciais e que mora nas últimas partes não gentrificadas de Peckham. A Dra. Nicola Rollock detalha como "adequada" é priorizada pelos empregadores do Reino Unido:

"Colegas que trabalham na UCLA falaram sobre as formas como as instituições apoiam e promovem pessoas negras sendo vistas como mais 'adequadas', e 'adequado' é um daqueles termos que empregadores em potencial usam com um abandono livre, o que eu realmente acho que precisa ser mais questionado." Colegas na UCLA argumentam que nós podemos pensar em "adequado" em termos daqueles que são *palatáveis em termos de raça* ou *salientes em termos de raça*. Quer dizer, as instituições veem as pessoas negras que minimizam ou dão menos ênfase à sua identidade racial - que são aquelas que são vistas como *palatáveis em termos de raça* - como as que têm mais probabilidade de se enquadrar na cultura e nas normas organizacionais. De modo inverso, as instituições têm uma menor probabilidade de ver aqueles que abraçam sua identidade racial ou que colocam questões de raça em primeiro plano - que são, portanto, vistos como *salientes em termos de raça* - como alguém que complemente sua cultura e normas organizacionais.

Funke Abimbola MBE fala sobre algo similar, mas da perspectiva do funcionário: a ideia de "cobertura".

> Mostrar o melhor eu profissional é importante, embora sem sentir que você tenha de encobrir quem você realmente é. Existe esse lance imenso em relação à teoria da inclusão, inclusão de todas as formas, chamado "cobertura", e eis onde você sente que está tendo de gastar uma quantidade desproporcional de energia encobrindo um aspecto de quem você é, que você não deveria realmente ter de encobrir de modo algum. E pode ser qualquer coisa: em que universidade você estudou, o fato de não ter estudado em uma escola particular - você tem de pisar em ovos na divisa entre ser o seu melhor eu profissional, ao mesmo tempo em que se lembra de que não deveria ter de encobrir algo que é fundamental para você em termos de sua identidade.

Quando reprimimos nossa negritude ao evitar certos tópicos, escondendo nossos cabelos e o que mais seja, pode parecer que somos recompensados com exclamações como "você é tão articulada", tapinhas amigáveis nas costas e convites para ir a *pubs*, mas o preço que pagamos é geralmente maior do que qualquer potencial aumento em pagamento. Na segunda temporada de *Insecure*, a muito competitiva Molly descobre sem querer que está recebendo menos do que seu colega, um homem branco. A solução em sua mente é simples: para ser paga tanto quanto um homem branco, ela deve se tornar um homem branco, e ela passa um bom tempo da temporada tentando se mesclar com seus chefes, aparecendo do nada e de repente em seus jogos de futebol americano e praticamente se engasgando com todas as piadas deles. Ela foi recompensada por seus esforços com a oferta de um prêmio de "estrela emergente", sua foto no site deles e um pedaço de papel, mas não mais dinheiro. Ela também perdeu uma boa parte de seu senso de valor. O preço mental de essencialmente usar um "rosto branco" no trabalho, suprimindo a identidade cultural e encolhendo-se, é inevitável - e as coisas ficam ainda mais difíceis quando o assunto de raça em si é trazido à tona.

(Não) Vamos falar sobre raça

Embora falar sobre sexismo provavelmente tenha o respaldo das pessoas, falar sobre raça é algo que as faz darem ré em direção à saída mais próxima enquanto contemplam como mostrar que o termo "*branquelo*" é, na verdade, um equivalente inverso a "*nego*". A combinação dos dois geralmente apenas deixa as pessoas em silêncio. Estudos mostram que funcionários em locais de trabalho do Reino Unido sentem-se menos confortáveis falando sobre raça do que sobre idade e gênero: 37% deles acreditam que seus colegas se sentem confortáveis falando sobre raça, em comparação a 44%, que dizem que se sentem confortáveis falando sobre idade e 42%, sobre gênero.

Falar sobre raça pode ser difícil em qualquer lugar; um estudo dos comentários no *Guardian* mostrou que dos dez repórteres que mais sofreram abuso, oito eram mulheres (quatro brancas e quatro não brancas) e dois eram homens negros.[35] Eles receberam esse abuso, sem dúvida, por causa do que estavam escrevendo, em combinação com quem eles são. E, embora trolagem racista e sexista não ocorra com tanta facilidade em um local de trabalho, abrir esses assuntos para discussão quando você não é um repórter que está sendo pago para fazer isso, mas, sim, para fazer algo totalmente diferente, pode ser difícil. Discussões relacionadas a raça são centrais no trabalho da Dra. Rollock, e, apesar disso, como muitas outras, ela se deparou com atitudes defensivas e fragilidade ao tentar discutir isso com colegas:

> Existem colegas brancos - não apenas no meu setor, mas também em outros setores - que dirão, absolutamente: "Eu não conheço essa área, e eu também sou uma pessoa branca, então eu tenho e posso apenas ter um entendimento limitado disso". Se alguém vem até mim com essa perspectiva, a conversa pode ser produtiva, mas, com muita frequência, o que eu descubro é que existe um senso de falta de humildade e reflexividade ou apenas uma crença de que, porque alguém diz que está comprometido com a justiça social, eles acreditam que [tenham] conhecimento suficiente com o qual possam entrar em uma conversa sobre raça. Eu gostaria de ver mais humildade em meio aos colegas brancos, em todos os setores, em se tratando do engajamento com essas questões. Como eu lido com isso? Não tenho certeza de que sempre eu lide com isso, às vezes eu posso ver um padrão aprendido de respostas sempre que a questão da raça de alguém é levantada. Uma das coisas que vivencio são as atitudes defensivas, às vezes, raiva, às vezes chateação, e isso pode drenar e muito as energias, isso pode ser bem desafiador. E o que isso tem feito é tirar a atenção das questões estruturais mais amplas de que estamos falando e então isso se torna uma questão pessoal, isso se torna sobre as pessoas como indivíduos e, embora eu de fato acredite, e as evidências mostram que existe o racismo do dia a dia, que existe o sexismo do dia a dia, eu estou principalmente e também falando sobre a forma como nós temos políticas e sobre a forma como nós organizamos instituições e como isso causa impactos sobre pessoas negras. Então, com bastante frequência, a sensibilidade, a raiva e a chateação servem para tirar a atenção das questões essenciais ou buscar recolocar as pessoas brancas no centro da conversa, o que não é o ponto. O ponto é prestar atenção na forma como a desigualdade racial é provida em todos os passos da sociedade britânica de hoje, e no passado.

Tentativas repetidas de explicar fenômenos invisíveis àqueles que não os estão vivenciando pode ser física e mentalmente exaustivo. Isso pode levar, com frequência, a pessoas negras ficando caladas em relação ao racismo, até mesmo quando o racismo permeia o trabalho que está sendo criado. Por exemplo, se você trabalha em um ramo da indústria em que a representatividade está em primeiro plano, uma incapacidade de articular retratos problemáticos de minorias pode ser ruim não apenas para você, como também para a empresa. Se apenas alguém tivesse intervindo em um estágio inicial para explicar por que um anúncio comercial apresentando uma criança negra vestindo uma fantasia de macaco (uma gafe de 2014 cometida pela loja de roupas Matalan) poderia não ter sido a melhor das ideias, isso poderia ter evitado seu inevitável e arrastado questionamento no Twitter.

Profissionais negros com frequência se sentem obrigados a mostrar sentimentos de serenidade, de modo geral, mas especificamente em resposta a questões raciais. Isso constuma ser aplicado não somente ao racismo dentro do ambiente de trabalho, como também em resposta às crescentes e contínuas tensões raciais na Grã-Bretanha pós-Brexit. Emoções de raiva e irritação são frequentemente desencorajadas de forma sutil a favor de uma retórica espiritualista e daltônica que está longe de ser reconfortante - não pelo funcionário negro, é claro, mas, sim, pela fragilidade branca do escritório. Várias amigas minhas vivenciaram isso de estar sempre pisando em ovos, mas uma história em particular me vem à mente. Uma amiga bem chegada (vamos chamá-la de "Tasha", para o caso de seu empregador se deparar com este caso que estou contando e se sentir frágil, como de costume) estava sentada em meio ao quadro de funcionários, jogando conversa fora, quando uma colega de trabalho voltou a conversa para a única outra mulher negra dentre eles. Ela disse que ela "parecia assustadora", descrevendo-a como usando um "bagunçado acessório nos cabelos, como uma bandana, com os cabelos saindo dela e tal". O que ela estava descrevendo era um estilo de faixa usada nos cabelos comum entre mulheres negras, em que o tecido é preso no topo da cabeça de quem o usa, imitando um coque. "Parece que ela está saindo diretamente do gueto!", disse a colega de trabalho, histérica. Tasha não disse nada, ficou em silêncio porque temia que, caso criticasse arduamente a mulher por seus comentários, isso levaria Tasha a ser penalizada, em vez da outra mulher. "Eu fiquei com raiva de mim mesma, porque eu pensei: *Tasha, você de fato gosta desse visual, isso é algo que você usaria*. Mas eu não consegui me levar a dizer algo. Como eu até mesmo poderia abordar o fato de que isso não é algo ok a ser dito?" A mulher fez seus comentários sem medo de repercussão – Tasha não poderia responder sem se preocupar com resultados adversos.

Muitas pessoas sentem que têm de suprimir suas opiniões, não apenas sobre justiça social e racismo de modo geral, mas sobre questões pessoais de abuso de poder também. Em 2015, o Relatório sobre Raça no Trabalho descobriu que 32% das funcionárias negras no Reino Unido que testemunharam ou vivenciaram constrangimento racial no local de trabalho passaram por isso só naquele ano, um aumento de 7% em comparação aos anos anteriores.[36] Opportunity Now's Project 28-40 também descobriu que 69% das mulheres negras vivenciaram *bullying* e constrangimento no trabalho nos últimos três anos, em comparação a 52% das mulheres de modo geral.[37] Da mesma forma como piadas sexistas podem ser dispensadas como sendo brincadeiras provocativas, isso muitas vezes também é o caso do humor feito em torno de raças. Mulheres negras são vítimas de ambas.

Mesmo quando as pessoas passam dos limites, está ainda mais difícil para aqueles que encontram a coragem de se pronunciar, e mais difícil para nós responsabilizarmos e punirmos empregadores que não protegem as pessoas da minoria de *bullying* racista. Desde 2013, quando taxas proibitivas foram introduzidas, os processos em tribunais trabalhistas caíram em 67 %. São questões como essa que levam grupos de minorias a sentirem-se mais isolados no mundo dos negócios, com apenas 55% dos funcionários BAME sentindo que são membros valorizados de suas equipes, em comparação a 71% dos funcionários brancos. Não só é permitido sofrer em silêncio, como também parece que isso é encorajado. Os britânicos são bem conhecidos por manterem os lábios rígidos, e se existe uma coisa sobre a qual nos ensinaram a ficarmos de bico calado é sobre raça e racismo.

"Todo negro norte-americano é bilíngue. Todos eles. Nós falamos o vernáculo de rua e nós falamos o idioma de 'entrevista de trabalho'."

— Dave Chappelle, Inside the Actors Studio, 2006

Eu não sei como minha voz de verdade é, nem mesmo se eu tenho uma. Conscientemente, eu nunca assumi uma, mas, da mesma forma como as pessoas têm diferentes lados que elas mostram para diferentes indivíduos, eu, como muitas mulheres negras, definitivamente criei "vozes" que vêm à tona, dependendo de com quem eu esteja falando. Quando estou falando em um painel ou na rádio, a voz que afinei nos meus anos na universidade irrompe à frente. Quando estou brincando, sou um espelho dos meus pais, com um sotaque nigeriano que eu uso para dar ênfase e causar risadas. Quando estou com raiva, eu soo como o que pode apenas ser precisamente descrito como uma "mulher da estrada". No trabalho, quando o meu telefone toca, a mudança no meu tom, sotaque e nas minhas palavras é audível e automática. Se eu saio do escritório e entro no vestíbulo, uma saudação em um dialeto da Jamaica pode escapar para a amiga do outro lado, que mal piscaria com a repentina e sísmica mudança no sotaque; elas estão acostumadas demais a ter de "mudar o código".

O termo "mudar o código" inicialmente surgiu na área da linguística e referia-se a misturar idiomas e padrões de linguagem na conversa. No entanto, agora, seu significado está mais para as linhas dessa definição provida pelo jornalista Gene Demby na NPR:

> Muitos de nós, de forma sutil, reflexivamente, mudamos a forma como nos expressamos o tempo todo. Nós ficamos pulando entre diferentes espaços culturais e linguísticos e diferentes partes de nossas próprias identidades - às vezes em uma única interação.

Mudanças no código é uma ferramenta de sobrevivência que é uma segunda natureza para a maioria das pessoas negras. No entanto, a voz "certa" é às vezes valorizada em detrimento da competência. Um estudo descobriu que 82% dos líderes da indústria financeira sentiam que a apresentação restringia a participação de candidatos com histórico mais pobre - mais até do que fracos resultados em provas. Executivos da indústria financeira indicavam que ter o sotaque "errado" e, sem querer, violar os códigos de vestimentas eram dois fatores prevalecentes. Quase dois terços deles acreditavam que poderiam ser recusados porque simplesmente não "se encaixavam" na cultura do escritório.[38] E, como com quase todas as questões em torno de raça, isso não é algo que só ocorre no local de trabalho - uma escola no sul de Londres proibiu seus alunos de usarem gírias e palavras como "montão" e "nisso aê", em uma tentativa de especificamente reduzir o uso de "gírias de rua". A escola parece um lugar estranho para proibir o uso de gírias - escolas são para crianças, pelo amor de Deus, e se elas não usarem gírias, quem é que vai usá-las? Porém, o que realmente se sobressai é ter como alvo a assim chamada "gíria de rua", como popularizada por crianças da periferia, predominantemente negras e do proletariado, considerando-as "inadequadas" para um local de aprendizado e desenvolvimento. Será que o termo "mano" atrai o mesmo escárnio quanto "migo"? Ou "os hómi" tanto quanto "tira"?

Por causa dessa demonização de um sotaque específico e de gírias específicas geralmente atribuídos ao proletariado negro, muitas mulheres negras aperfeiçoaram sua "voz de trabalho" ou, expressando isso de outra forma, aprenderam a "parecerem brancas". Embora não exista literalmente algo como uma "voz branca"– uma pessoa branca criada na Nigéria vai falar exatamente como os nascidos lá –, muitas pessoas estarão familiarizadas com isso de mudarem sua voz ao telefone de modo a tentarem convencer a pessoa que está do outro lado de que estão falando com Kate em vez de Kemi. Ou, no caso de Clare Anyiam-Osigwe, com "Nina Fredricks". Da mesma forma como nomes étnicos podem deixar um candidato "de fora", sotaque e escolha de palavras podem colocá-lo para fora do jogo rapidamente. Até mesmo aqueles que não estão tentando obscurecer suas identidades podem às vezes perceber-se em uma situação constrangedora em que as pessoas ficam surpresas ao se encontrarem com eles e verem que seu sotaque "bem falado" vem da boca de uma pessoa negra. Então existe o desafio da mudança de códigos que cria uma crise de identidade dentro de sua própria comunidade, quando é percebida como "bancar o esnobe". Mover-se entre o que podem parecer dois mundos completamente opostos pode ser algo que causa confusão, especialmente quando você começa a sentir como se não pertencesse a nenhum desses dois mundos. Irene Agbontaen, fundadora da marca próspera de roupas TTYA (Taller Than Your Average [Mais alta do que a média]), diz o seguinte:

> Isso é estranho, porque, quando você está manobrando nesses dois setores, você de fato meio que sente como se estivesse preso nesse estranho paralelo porque às vezes sente como se tivesse se afastado de seus amigos extremos".
>
> Porque a forma como eles percebem você é: "Ah, você está neste ramo criativo, você vai a todos esses eventos, você viaja tanto, você vive cercado de todas essas pessoas", mas então é como se você estivesse tentando se encaixar neste mundo que não é de fato feito para alguém como você. Você se encontra neste meio, que universo paralelo estranho, preso entre dois mundos. Não me entenda errado, eu ainda consigo me identificar

com isso, eu posso me atualizar junto a minhas amigas dos extremos. Quando você é freelancer, você meio que tem uma liberdade espiritual, mas, ao mesmo tempo, ainda está lutando por uma voz, ainda está lutando para ser ouvida, ainda está lutando para ser reconhecida. É um meio traiçoeiro. Eu realmente não acho que você algum dia deveria ter de deixar sua personalidade em casa, mas eu de fato acho que você precisa se adaptar - existe um molde para se adequar em algum lugar que realmente não foi criado para você.

Pode ser difícil ficar constantemente alternando entre rostos (e vozes), mas, no trabalho, em particular, as pessoas - e possivelmente mulheres negras mais do que qualquer um - são forçadas a serem não autênticas devido à priorização de protocolos criados por brancos. Aprender a interpretar salas e a mudar de códigos são, com frequência, fatores essenciais para seguir sua jornada em mundos diferentes, mas você precisa certificar-se de que não vai se perder por completo. O que realmente deve ser priorizado é a autenticidade.

Expresse-se

O trabalho consiste em diversos problemas estruturais e culturais, de modo que muitos de nós têm como meta apenas sobreviver, quem dirá prosperar. Em termos de diversidade, muitos locais de trabalho estão comprometidos com fazer o mínimo dos mínimos, se fizerem isso - causando a "diversificação" por meio da marcação de x em caixinhas e campanhas de recrutamento, mas raramente desafiando uma cultura de trabalho que deixe alguns membros do quadro de funcionários se sentindo alienados e alvos. Os problemas podem parecer insuperáveis, e eles são generalizados. Os sistemas estão precisando do tipo de mudança que nossos ancestrais tinham esperança de que a essa altura do campeonato tivessem sido realizadas. No entanto, nós podemos reconhecer isso enquanto também reconhecemos que existem maneiras de tornar a nossa existência mais fácil dentro dessas estruturas, e que isso significaria que nós poderíamos até prosperar dentro delas, assim como o fizeram as entrevistadas neste livro. Por isso, apesar das atribulações, mulheres negras continuam a ascender até o topo, apesar de todos os pesares, fazendo bom uso do que nos foi dado. Então, embora possa parecer impossível mudar a totalidade da cultura branca de trabalho, o que é de fato possível é garantir que nossas ideias sejam ouvidas, indo até onde nossas contribuições são apreciadas e garantindo que avaliemos a atual situação em relação ao que temos a oferecer.

Uma dica importante e com frequência ignorada para conseguir seguir em frente no local de trabalho é simplesmente fazer a avaliação prévia das cercanias de onde você em breve vai trabalhar. Uma coisa que as entrevistadas se esquecem de fazer é entrevistar o entrevistador: tente descobrir o máximo quanto possível sobre como é trabalhar onde quer que você tenha esperança de ir trabalhar. "Cultura" está se tornando cada vez mais importante nos espaços de trabalho, em escritórios e em organizações como um todo - um emprego pode parecer tudo com que você já sonhou no papel, mas tente descobrir qual é a "*vibe*" antes de assumir um papel, e então tome uma decisão, veja se é para você ou não. Em entrevistas, quando lhe perguntam se você tem alguma pergunta a fazer, sim, você tem. Sua pergunta é: "Como é a cultura de trabalho daqui?". Se a resposta deles a essa pergunta deixá-la cheia de temores - rígido demais, conservador demais, talvez -, pense no preço que provavelmente lhe será cobrado em sua vida diária. Para alguns, seguir determinadas "regras" não é tão difícil quanto para outros, mas essa deveria ser uma parte igualmente importante de seu processo de tomada de decisões, assim como o salário que lhe está sendo oferecido.

Logo que se começa em um trabalho, é útil ouvir mais do que falar. Primeiramente, entenda o local e as pessoas que ocupam o espaço, e então reaja de acordo com ambos. A maioria de nós não pula para dentro de um emprego já sabendo quem nós vamos ver, e, sendo mulheres negras, no princípio de um novo trabalho ou quando pisamos pela primeira vez em um espaço, esse é um luxo que muitas de nós não têm. É importante ser realista - e, em alguns papéis, isso pode querer dizer que devemos entrar no jogo para sobrevivermos a ele. No entanto, isso também significa que temos de ser realistas em relação ao que podemos e estamos dispostas a aguentar.

Políticas de respeitabilidade podem cobrar seu preço em você mentalmente, mas é importante não permitir que isso também cobre um preço em relação a suas ideias. Se você trabalha em um espaço predominantemente branco, ver sua perspectiva como uma ajuda em vez de um empecilho é essencial. Certamente é mais fácil falar do que fazer, mas você tem uma perspectiva que a vasta maioria das pessoas à sua mesa não tem, e isso é valioso, especialmente se considerarmos que as marcas cada vez mais se apropriam e pegam emprestado elementos da cultura que continuam subvalorizando e colocando de lado. Essa citação da corporação norte-americana, Hyatt, delineando sua abordagem em relação à diversidade, expressa isso perfeitamente:

> Diversidade sem inclusão leva ao conflito. Inclusão sem diversidade pode criar harmonia, mas, considerando-se que todo mundo é igual, a organização não será capaz de atingir seu potencial pleno, nem criativo, nem inovador.[39]

Minorias étnicas são sub-representadas em quase todas as profissões - na mídia e nas empresas do FTSE 100, e em todos os níveis de gerenciamento - em comparação a colegas brancos com o mesmo nível de ensino e realizações profissionais. A última coisa que muitas diretorias precisam é de um outro homem branco de classe média, mesmo que não saibam disso ainda.

Então, onde quer que você trabalhe, uma perspectiva de uma mulher negra sempre é importante, porque você provavelmente será uma das únicas pessoas que têm tal perspectiva por lá. Além disso, mulheres negras transformaram e continuam a dominar todas as áreas da cultura pop, o que inspira tantas outras coisas - você tem uma margem importante, então, faça uso dela. Karen Blackett OBE chegou à sua posição atual não somente estando ciente de sua marca pessoal e sendo fiel a ela, como também optando por deixar empresas onde ela não era valorizada por quem ela era:

> Uma vez que você conhece sua própria marca pessoal e se sente confortável em sua própria pele, você não tem de tentar se transformar em alguma outra coisa para ser bem-sucedida. E existe um estudo, realizado pela Universidade Deloitte, que fala sobre a cobertura. Foram 71% das pessoas entrevistadas, e eles fizeram entrevistas em dez setores diferentes da indústria - mais de 3.500 pessoas; 61% das pessoas suprimiram algum aspecto de sua personalidade para tentarem ser bem-sucedidas no trabalho. Quando se está constantemente tentando ser algo que você não é, você será malditamente infeliz. Então eu acho que isso tende a resultar em uma população de trabalhadores infeliz e em uma vida infeliz, pois você não conseguirá viver aquela farsa para sempre. Se você estiver em uma organização em que você teme ter de se transformar em alguma outra coisa, ou ser algo que você não é, saia dela. E eu tive isso na minha vida, quando eu entrei em uma organização e havia um molde, como se fosse daqueles de fazer biscoitos, do que a pessoa deveria ser, e isso não sou eu. Eu acho que encontrar um lugar onde você possa ser você mesmo e trazer a totalidade de seu eu para o trabalho é importante. Eu acho que a maioria das pessoas, negras ou brancas, modera seus comportamentos e apresenta uma determinada versão de si mesma no trabalho - falando a linguagem certa, por exemplo. Porém, nós não deveríamos ter de nos tornar alguém completamente diferente de nós, alguém não autêntico, só porque a nossa diferença assusta as pessoas. Eu não saberia como ser alguma outra pessoa. E também não

conseguiria continuar com uma farsa como essa, eu não sou tão boa atriz assim - eu não seria capaz de fazer isso.

Em um mundo ideal, as pessoas dariam menos importância à sua aparência, ao que você ouve, como você fala e como você come no trabalho e dariam mais importância à forma como, sabe?, você trabalha. No entanto, por ora, aprender como se mover entre diferentes públicos, estilos e abordagens quando se está no trabalho também significa manter seu verdadeiro eu e sua sanidade intactos. "Tornar seu estilo flexível" não deveria significar uma mudança de penteado nem um transplante de sotaque, mas, sim, ser você mesma enquanto conversa e apresenta ideias e permanecer ciente do que você está trazendo para a mesa - até mesmo se essa mesa tiver de ser em um *pub* em prol de seu chefe.

Ser não autêntico no trabalho é algo comum e, de muitas formas, recompensado, diga-se de passagem. Se você entrar no jogo político, isso pode muito bem ajudá-lo em seu arco pessoal, a curto prazo, mas as mulheres com quem falamos são realmente mulheres que se mexem e abalam os sistemas - elas mudam o jogo -, mulheres que se recusam a entrar nesse jogo e jogá-lo e que encontraram sucesso a longo prazo mantendo-se fiéis a si mesmas. Apesar dos desafios, muitas delas citaram que seus eus autênticos são uma parte integral de seu sucesso, mas deve ser notado que isso é algo que se torna mais fácil com o tempo e com o *status*, como ressalta Althea Efunshile:

> Eu acho que, conforme fui ficando mais velha, conforme fui ficando mais bem-sucedida, conforme fui ficando mais confiante no senso de que as outras pessoas me respeitam pelo que eu faço, fui ficando cada vez mais confortável com isso de ser apenas eu mesma.

E, embora eu ainda não tenha chegado às alturas como Efunshile, isso é algo que eu também aprendi. Sendo novatos "muito ruidosos e muito negros", funcionários e mulheres depararam-se com dificuldades, mas essas são quem eu e Liz somos, e sempre fomos. E se não fosse por sermos quem e como somos, eu posso dizer honestamente que não acho que este livro existiria. Claro que nós "flexibilizamos nosso estilo" quando isso se faz necessário, mas ainda falamos gritando e rimos uivando também, e quanto mais nossa crença em nossas capacidades foi sendo validada, menos motivos nós já tivemos para sermos alguma outra coisa que não quem nós somos.

AVANÇANDO

"Sua história particular e sua perspectiva individual sobre a vida é uma vantagem de valor inestimável: vantagem esta que muitas de nós acabam não reconhecendo. As oportunidades para mulheres negras ganharem dinheiro com o que sabemos nunca foram mais abundantes do que agora."

ELIZABETH

— MULHERES INDEPENDENTES —

ELIZABETH

"[...] e eu estava parada, em pé no meio de Richmond, e irrompi em lágrimas. Eu estava tentando explicar isso ao meu pai, o motivo disso, e ele estava, tipo: 'Isso é feito de tijolos e cimento, eu não entendo por que você está ficando assim tão emotiva'. E eu, tipo: 'É mais do que isso, é a minha independência, é a maior coisa que já fiz sozinha na minha vida'."

— Charlene White

Quando eu era criança, nunca recebia mesada, não era algo que meus pais viam valor em fazer. Afinal de contas, eles provinham bem as coisas para mim, compravam roupas para mim, colocavam comida na mesa, e mesmo que eu implorasse por uma libra que fosse para que pudesse me juntar a meus amigos e comprar e comer muitos doces na loja local, eles se recusavam a fazer isso. A única vez em que encontrei dinheiro foram nos preciosos 30 segundos em que familiares meus me deram dez libras e meus pais vieram por trás como se fossem um jogador de defesa de futebol na final e tiraram o dinheiro de mim, prometendo cuidar dele. E, surpresinha, eu nunca mais vi aquele dinheiro.

No entanto, isso mudou um dia quando me confiaram a responsabilidade de comprar meu passe de ônibus semanal. A eu de doze anos de idade não foi à banca comprá-lo, como deveria ter feito. Em vez disso, fui andando direto até a escola, me sentindo como Charlie com seu bilhete de ouro*, mas em vez de um rio de chocolate e doces gigantescos, eu tinha os melhores locais que vendiam frango do sul de Londres para ir. Três escolhas de comida depois, além de frangos desossados para meus amigos e uma ida ao fliperama, e eu tinha gastado todo o meu dinheiro do ônibus. Era apenas o terceiro dia da semana e o dinheiro tinha acabado, fim. A *Riquinha* aqui tinha perdido o controle e eu tinha de admitir minha derrota. Eu não tinha dinheiro o bastante nem para chegar em casa. Fiquei sentada, ansiosa, na parada de ônibus, sabendo que receberia a punição da minha vida assim que meus pais ficassem sabendo disso. Sentindo-me impotente, enquanto meus colegas entravam no ônibus e a primeira onda de trabalhadores deixava a cidade, meus olhos começaram a encher-se de lágrimas. Felizmente para mim, minha professora, a senhorita Rodriguez, me avistou quando ela estava indo para casa. Depois de uma confissão e uma bronca, ela salvou a minha pele e comprou um bilhete de ônibus para mim e me mandou ir para casa. Essa foi a primeira vez na minha vida em que me dei conta da importância de ser responsável com dinheiro e das consequências do mau gerenciamento dele.

Dizem que, muitas vezes, é uma situação inesperada que nos inspira a olhar com atenção para nossas finanças. Da segunda vez em que os holofotes se focaram, de um jeito feio, na minha conta bancária foi quando me separei da minha família. Isso me deixou exposta financeiramente falando, com ninguém para salvar a minha pele dessa vez, nem mesmo a senhorita Rodriguez. De repente, eu tinha de encontrar um lugar para morar, deixar um depósito gordo e esperar pelo melhor. Como a maioria das garotas

* Referência ao personagem Charlie do filme *A fantástica fábrica de chocolate.* [N.E.]

negras que conheci quando criança, ninguém havia me ensinado a importância de um plano financeiro de longo prazo, nem em casa nem na escola - dinheiro simplesmente não era algo sobre o que nós falávamos abertamente. Mas isso não tratava apenas de ter dinheiro suficiente para pegar o ônibus para ir para casa: eu estava preocupada em relação a todo o meu futuro.

Embora a diferença de pagamento entre homens e mulheres esteja bem documentada, o que vem menos a público é como o combo duplo de raça e gênero causa impactos negativos nos bolsos das mulheres negras, o que, por sua vez, pode impedi-las de sustentarem suas famílias, de juntarem dinheiro e de criarem um plano financeiro de longo prazo.

"Quem governa o mundo?", perguntou Beyoncé - e não é quem, é o quê. O dinheiro governa o mundo. O dinheiro desempenha um papel poderoso na forma como o mundo é regido, e, o que é frustrante, mulheres negras ainda estão tentando chegar lá.

Cuidado com a lacuna

A lacuna que existe na diferença de pagamento entre gêneros é real e generalizada, e afeta todas as mulheres. Por definição, a lacuna no pagamento entre gêneros é a diferença, com base em uma taxa por hora, entre homens e mulheres em empregos pagos no mercado de trabalho, e nós a usamos como um dos muitos indicadores de desigualdade de gêneros na sociedade. É uma loucura que a atual lacuna média entre homens e mulheres no Reino Unido seja de 18,4%, o que quer dizer que, de fato, as mulheres trabalham de graça durante dois meses no ano. Embora a discrepância nos pagamentos esteja ficando menor, na atual taxa de progresso, levará mais de sessenta anos para fechar essa lacuna. Caramba!

Equal Payday [Dia do pagamento igual] foi criado para ressaltar essa injustiça, marcando o dia em que as mulheres essencialmente param de ganhar um salário relativo à média do que ganha um homem. Nesse dia, você pode ver suas celebridades prediletas usando camisetas que dizem "é assim que se parece uma feminista", e políticos frenéticos entrando na onda logo em seguida. Não obstante, isso deveria ser chamado de dia do pagamento *desigual de mulheres brancas,* porque, por trás das camisetas, dos *slogans* e das campanhas em mídias sociais, tornou-se claro que as mulheres de minorias étnicas são invisíveis dentro do debate sobre a lacuna de pagamento entre gêneros. Um estudo realizado pela Fawcett Society em 2017 revelou que, apesar do progresso que fizemos como sociedade, a lacuna de pagamento entre mulheres de quase todas as minorais étnicas e mulheres brancas britânicas está crescendo, enquanto mulheres negras vivenciam a maior lacuna integral de pagamento entre gêneros, em 19,6%.[1]

Nos Estados Unidos, o Equal Pay Day das Mulheres Negras é dia 31 de julho. Para que elas ganhem a mesma quantia de dinheiro que um homem branco ganha em 12 meses, as mulheres negras teriam de trabalhar 19 meses - sete meses inteiros de trabalho extra. Deixe que essa realidade se assente em sua mente.

Essa grave desigualdade em pagamento nasce de uma diversidade de motivos, incluindo o fato de que é maior a probabilidade de que mulheres negras sejam empregadas em trabalhos mal pagos e inseguros. E então, é claro, temos o elefante na sala: a discriminação. Isso ocorre em dois pontos, dos quais falamos no capítulo anterior: a entrada no mercado de trabalho, depois no local de trabalho em si, onde mulheres negras deparam-se com barreiras que podem impedi-las de progredirem tão rapidamente quanto suas colegas brancas.

Você se lembra de quando eu disse que demoraria sessenta anos para fechar essa lacuna entre pagamentos entre gêneros? O que é horrível é que, para mulheres étnicas, isso aumenta para 158 anos: 158 de salários inferiores quando somos contratadas, promovidas e ganhamos bônus. Chocante, certo? A realidade é que agorinha mesmo nós estamos perdendo em termos financeiros, e parece que podemos continuar a passar por isso. Segundo um relatório recente, são as mulheres negras de baixa renda que pagarão o maior preço pela austeridade, e, por volta de 2020, elas terão perdido quase o dobro de dinheiro que as mulheres brancas pobres terão perdido no mesmo período.[2]

Isso tudo é desconfortável de se ler, mas é uma verdade inconveniente que mulheres negras no Reino Unido estejam cada vez mais se deparando com a desvantagem econômica. Mas você não seria capaz de adivinhar isso pela falta de conversas girando em torno da interseccionalidade dentro das campanhas por igualdade nos pagamentos que surgem todos os anos.

Embora bastante atenção seja focada na lacuna de pagamento que afeta as mulheres de modo geral, menos se sabe sobre como aquelas com mais de uma identidade "em desvantagem" sofrem com uma penalização significativamente maior em termos de pagamento do que as que têm apenas uma desvantagem.[3] Isso é chamado de "Efeito de penalização em forma de bola de neve". A professora Carol Woodhams, que produziu um relatório explicando como fatores como raça, deficiência, sexualidade, idade e classe social se interseccionam com o gênero e criam múltiplas camadas de desvantagens para mulheres, explica:

> Uma mulher que é negra tem uma experiência qualitativamente diferente. E deveria ser reconhecido na legislação que uma pessoa em tal experiência deveria ter mais proteção legal. Eu encorajaria o governo a olhar para as implicações de ter mais do que uma característica protegida - ser mulher e ser negra, ou ser mulher e deficiente, ou todas as anteriores - porque essa combinação tem um efeito de bola de neve em nossa lacuna de pagamento, de todas elas operando juntas contra indivíduos.[4]

Uma recomendação essencial sugerida pela Fawcett Society é que as leis no Reino Unido por fim reconheçam formalmente casos de múltiplas discriminações por meio da legislação. A seção 14 da Lei da Igualdade de 2010, "A Lacuna de Pagamentos por Etnia", nunca foi implementada devido a uma aparente "falta de evidências", com o resultado de que a lei atual "não tem respostas para a realidade das vidas e das identidades das pessoas".[5] Ainda assim, está claro que algumas mulheres negras sofrem discriminação em todos os estágios do processo de recrutamento6 e o número de mulheres negras com contratos temporários aumentou para 82% nos últimos cinco anos.[7] A discriminação dupla de raça e gênero não pode continuar sendo ignorada, e as leis sobre discriminação deveriam refletir a identidade interseccional verdadeira de uma pessoa. A falta de urgência para abordar este problema por parte das leis é, na melhor das hipóteses, preguiça, e, na pior das hipóteses, uma desgraça.

A lacuna no pagamento de etnias é complexa, e a atual abordagem bitolada é insuficiente. Esta é uma lacuna que tem efeitos financeiros para toda a vida e que, visto que baixa renda e emprego inseguro são fatores reconhecidos que contribuem para a pobreza, causa impactos diretos no padrão de vida de mulheres negras. Mais de um terço das mulheres negras e 40% das mulheres de minorias étnicas vivem na pobreza8 - duas vezes a proporção de mulheres brancas. Isso tem uma consequência negativa óbvia sobre a riqueza e o bem-estar de suas famílias e das comunidades em que vivem. É notável que, em 2017, um estudo realizado pelo instituto de pesquisas da Resolution Foundation descobriu que famílias de minorias étnicas no Reino Unido ganham £8.900 a menos por ano do que seus colegas britânicos.[9]

Nós devemos combater os preconceitos explícitos e implícitos no mercado de trabalho que estão penalizando mulheres negras. Mas como?

Primeiramente, nós devemos fortalecer nossas leis para promover transparência de pagamento e confrontar e abordar a injustiça no sistema atual. Em 2017, uma revisão comissionada pelo governo recomendou que as empresas deveriam publicar dados sobre o quão etnicamente diversas elas são por faixas de salários. Ruby McGregor-Smith, que conduziu a revisão independente, revelou que ficou "chocada" quando apenas 74 empresas do FTSE 100 responderam a seu chamado por dados anônimos sobre etnia por faixas de salários - e apenas metade delas forneceu informações significativas. Meu lado cínico não ficou chocado com esse número; basta olhar para o furor causado quando a BBC publicou os salários de seus principais astros e estrelas. Dava praticamente para ouvir homens brancos mexendo os pés, sentindo-se desconfortáveis, em salas de diretoria na Grã-Bretanha com seus ternos, temendo as chamadas que se aproximam por transparência em relação a salários.

O furor foi justificado: a BBC tinha tido dois anos para se organizar, ainda assim, as mídias sociais estavam furiosas porque os homens brancos mais bem pagos ainda levavam para casa praticamente a mesma quantia que todos os seus colegas BAME juntos. Embora nos seja dito repetidas vezes que "mulheres negras raivosas" não são promovidas, nós precisamos ficar com raiva dessa injustiça. Melanie Eusebe concorda comigo nisso:

> A raiva é uma força propulsora e cheia de paixão, e, mais uma vez, por outro lado, eu encorajo as pessoas a ficarem com raiva - eu as encorajo a reconhecerem a raiva, mas existem mais coisas em relação à manifestação dessa raiva e à forma como isso acontece. Havia um artigo, eu me lembro de uma revista me entrevistando, e eles estavam dizendo: "Conselhos para mulheres jovens?". E eu dizia: "Eu quero que elas fiquem com raiva!". Nós somos corrigidas em relação a nossa noção de raiva - a raiva é uma emoção bela e saudável que nos diz: "Nossos limites foram ultrapassados". Ou nossos limites estão bagunçados, ou alguém passou dos nossos limites, mas alguma coisa aconteceu. Não remova essa

raiva, porque existem algumas coisas de que as mulheres deveriam ter raiva. Eu acho que deveríamos sentir raiva em relação à desigualdade nos salários.

Eu não entendo por que se pode fazer uma lei para cobrar cinco centavos de libra por sacolas, de modo que se pode dizer que valorizamos sacolas, e se pode certificar-se de que um supermercado cobre cinco centavos por sacola, mas não se pode certificar-se de que esse supermercado me pague a mesma quantia de dinheiro que meu colega do sexo masculino recebe se estamos fazendo o mesmo trabalho. Isso é raiva para mim.

Apesar de haver leis atuais para forçar grandes empregadores a publicarem dados sobre as lacunas de salários entre gêneros, a recomendação de McGregor-Smith para usar as leis para compelir à transparência em torno da lacuna de salários por etnias foi rejeitada. O governo na época preferiu uma abordagem voltada para os negócios, voluntária, e não as leis, como uma forma de trazer mudanças duradouras.[10] Eu discordo disso; a abordagem voltada para os negócios não está funcionando e está na hora de os negócios colocarem seu dinheiro onde fica sua boca e realizar ações significativas em relação ao fechamento dessa lacuna em salários de etnias.

"Nós temos de aprender sobre ações e a bolsa de valores, da mesma maneira como temos conhecimentos sobre batom, cabelos e maquiagem. Nós precisamos nos certificar de que tenhamos conhecimentos sobre essas coisas."

— June Sarpong

A década de 1990 foram anos de hinos de poder das garotas. Foi a era de ouro das bandas de meninas e havia um grupo de garotas adequado a todos os gostos.

Destiny's Child eram as garotas negras mais velhas e mais legais que você desejaria que fossem suas irmãs. De todos os hinos delas, aquele que mais tocou em uma corda no meu coração foi "Independent Women". A letra declarava que as mulheres não deveriam depender "de um homem para lhes dar o que elas querem"; em vez disso, nós deveríamos caminhar sozinhas para alcançarmos libertação financeira. O videoclipe mostrava-as com roupas combinando, como chefes, sentadas à cabeceira da mesa, dando ordens. Meu eu de treze anos de idade foi fisgado. Eu fiz uma nota mental disso porque estava determinada a me tornar a mulher independente que elas me encorajaram a ser.

Isso era mais fácil dizer do que fazer. Quando fiz a transição dos meus anos de adolescência ao meus vinte e poucos anos, eu me dei conta de que não tinha adquirido o conhecimento que me equiparia para estar sentada no banco do motorista do meu futuro financeiro. Sejamos honestas, a complexidade do sistema financeiro não torna as coisas mais fáceis: ele efetivamente exclui aqueles que não têm as ferramentas para entendê-lo. Alfabetização financeira refere-se ao conjunto de habilidades e conhecimento que permitem que uma pessoa tome decisões informadas e eficazes, e eu tinha pouco disso. Eu não entendia o básico da poupança, como usar um cartão de crédito devidamente e o impacto dos pontos de crédito (*score*). Então eu cometi muitos erros - erros que me foram custosos. Se eu não estivesse andando aos tropeços no escuro, estava avançando rapidamente demais nesse campo. Eu estava me sentindo confortavelmente desconfortável nisso de ser ruim com dinheiro e constantemente procrastinava as coisas em se tratando de tarefas financeiras.

Não me ensinaram nada sobre habilidades práticas de gerenciamento financeiro nem na escola nem em casa; meu entendimento de dinheiro começava e acabava naquilo que ele poderia comprar. A relação de Jamelia com dinheiro era similar; ela foi apresentada a ele quando assinou seu primeiro contrato para gravar, aos quinze anos de idade. Essencialmente, poderia ser dito que o primeiro trabalho dela foi ser "Jamelia", a cantora.

> "Em um dia você está em uma casa do conselho e no dia seguinte eles estão lhe dando um cheque de um valor maior do que o salário anual inteiro de sua mãe. Aos quinze anos, a primeira coisa que eu fiz foi sair e comprar tênis para toda a minha classe na escola. Eu não tinha conselho financeiro algum, era uma criança que estava recebendo imensas quantias em dinheiro."

Para mim, o dinheiro só vinha à tona na minha casa quando se falava dele em brigas, ou quando um eletrodoméstico inconvenientemente quebrava. Tendo falado com as minhas amigas, todas nós tivemos experiências similares: nos foi ensinado que falar sobre dinheiro é de alguma forma grosseiro, que não é coisa de mulheres e que é algo de quem não tem bons modos. No Money FIT Women Study da Fidelity Investments realizado em 2015,[11] eles descobriram que oito a cada dez mulheres evitam discutir sobre dinheiro com familiares e amigos, sentindo-se desconfortáveis demais em relação a isso ou achando que se trata de algo muito pessoal. A embaraçosa verdade é que dinheiro está, com frequência, ligado a *status*, e *status* está ligado ao poder. Se você não tem muito dinheiro, falar sobre ele pode fazer com que as pessoas sintam que elas não têm poder, o que resulta em uma falta de conversas significativas relacionadas a dinheiro. No entanto, dinheiro é uma forma de poder, e plena igualdade para mulheres é igualdade financeira. O mesmo estudo também descobriu que 92% das mulheres estavam ávidas para aprenderem sobre dinheiro e finanças e apenas 7% das mulheres atualmente se dariam uma nota dez por seus conhecimentos de investimentos.

Nós vivemos em uma sociedade que fica feliz que as pessoas, especialmente os menos privilegiados, se sintam impotentes em relação a questões financeiras. Educação financeira inexiste na maioria das nossas comunidades e escolas menos privilegiadas e ainda assim é nesses lugares em que a educação financeira é mais necessária. Os estudos da professora de economia Annamaria Lusardi documentaram as lacunas em conhecimento financeiro em meio a diferentes grupos demográficos. Ela explica:

> O que os dados sobre a alfabetização financeira mostram é que o conhecimento financeiro é distribuído de forma desigual. Aqueles que têm menos conhecimento disso também são os grupos mais vulneráveis em termos econômicos. Como resultado disso, a falta de alfabetização financeira exacerba a desigualdade econômica[12]

A atriz Susan lembra-se de como essa distribuição desigual de conhecimento afetou negativamente sua infância:

> Nós não tínhamos dinheiro, e às vezes as pessoas transformam isso em uma historinha da Cinderela, porque é fofo. Mas nós não tínhamos dinheiro algum. Nós éramos pobres. Tudo de que me lembro é de oficiais de justiça vindo à nossa casa. Agora que sou adulta, analiso isso em retrospecto e não acho que meus pais lidavam bem com o pouco dinheiro que tinham, porque eles constantemente pediam dinheiro emprestado, e então, assim que o dinheiro entrava na casa, ele teria de sair de novo, de modo que todos os tipos de sacrifícios eram feitos. Eu me dei conta de que isso tinha a ver com o mau gerenciamento do dinheiro. Mas as coisas foram ficando melhores conforme ficávamos mais velhos, e eu percebi que o que era necessário evitar eram as dívidas. Eu tenho muito medo de dívidas. Levei eras para finalmente ter uma conta com cheque especial, pois eu precisei disso quando fui colocada para fora da minha casa. Então eu precisei de uma conta com cheque especial, de uma conta de estudante e eu realmente não tinha uma; eu não quero dever a ninguém. Eu acho que uma das coisas que deveriam nos ensinar nas escolas é o gerenciamento do dinheiro.

Diferentemente, Vanessa Kingori recebia uma mesada e foi ensinada desde muito cedo a gerenciar as próprias finanças, o que a preparou bem para sua vida adulta:

> Eu tinha uma conta bancária desde muito jovem. Eu recebia mesada, mas eu nunca recebia mesada só por receber: eu tinha tarefas a serem feitas para receber esse dinheiro. Sendo assim, mesmo no inverno eu estava lá fora lavando o carro, e ninguém mais faz isso, mas eu tinha de fazer isso. Eu tinha de fazer coisas bobas - desde arrumar as coisas, organizar os arquivos da minha mãe ou sua penteadeira. Eu acho que, se você está criando filhos agora, a ideia de trabalho duro, ganho e recompensa é importante de se instilar.

Se a alfabetização financeira é aquilo de que você precisa para entender como o sistema financeiro funciona (inclusive o entendimento de coisas como impostos e pontuação de crédito), a alfabetização de riqueza é a forma como você coloca seu conhecimento em uso de modo que possa criar e trabalhar em direção a suas metas financeiras. Estudos mostram que, em comparação a pessoas brancas, as pessoas negras no Reino Unido têm uma participação menor na gama de produtos financeiros, incluindo títulos de capitalização e a bolsa de valores e ações.[13] No meu caso, nunca tive interesse em investimentos, ou, por um bom tempo, eu achava que isso não se aplicava a mim. Eu via os investimentos como algo que homens brancos de ternos como Lord Alan Sugar faziam em *O Aprendiz*. Minha mentalidade era a seguinte: Eu não tenho milhões, então o que vou investir? No entanto, a realidade é que os investidores não têm de se encaixar nesse estereótipo e você não precisa ter conhecimento da bolsa de valores de Londres de cabo a rabo para ser um investidor.

June Sarpong insiste que as coisas deveriam ter a ver com o equilíbrio certo:

> Eu acho que, de modo geral, de qualquer forma, nós temos de aprender sobre bolsa de valores e ações, da mesma forma como aprendemos sobre batons, cabelos e maquiagem. Nós precisamos nos certificar de que tenhamos conhecimento sobre essas coisas. Isso é realmente importante, pois é o que nos dá independência e liberdade, quando não precisamos aceitar um trabalho para pagar as contas. Eu diria que meu

> primeiro lance seria economizar. Economizar, só para se acostumar a ter pelo menos 10% do que você ganha e que não gaste. Apenas guarde esse dinheiro. E então tenha um plano de longo prazo em relação ao que você vai fazer com aquele dinheiro e como vai fazer com que aumente, tendo um tipo apropriado de carteira de investimentos. Há muitas coisas que os ricos sabem em relação à criação de riqueza e fazer com que seu dinheiro aumente, e eu acho que é realmente importante que aprendamos isso também, de modo que tenhamos opções"

June está certa. Essas coisas são importantes e nós precisamos saber disso.

Em se tratando de gerenciamento de finanças, eu sempre noto que algumas das minhas amigas parecem ser mais bem preparadas e organizadas do que outras. Elas usam a linguagem financeira com confiança e têm conhecimento de sua situação financeira. No entanto, onde quer que você esteja em sua jornada financeira, quer esteja focada em sair de sua dívida estudantil, caso queira economizar dinheiro para um depósito em uma casa ou apenas queira saber o que está disponível, eu ressaltei alguns passos essenciais que podem ajudá-la a assumir o controle e estar no banco do motorista de seu futuro financeiro, porque não existe momento melhor do que o presente para criar um plano para tal.

Em primeiro lugar, qual é seu *score* de crédito? Eu sei que isso não é algo que as pessoas saem por aí dizendo, mas seu *score* de crédito desempenha um papel fundamental em sua jornada financeira. É um número que avalia seu valor em crédito a emprestadores de dinheiro, tais como bancos e negócios, e tem como base seu histórico de crédito. Eles usam o *score* de crédito para avaliar a probabilidade de que você os pagará, então esse é um fator decisivo para você ter uma hipoteca aprovada, um cartão de crédito ou um empréstimo. Você provavelmente já contribuiu, de livre e espontânea vontade, sem querer ou não, com a taxa de seu *score* de crédito, seja de forma negativa ou positiva. No entanto, se você não sabe qual é seu *score*, descubra-o*. Sem bom crédito, você não consegue nem mesmo um contrato de serviços de telefonia. Existem empresas como Clear Score, Experian e Noddle que podem ajudá-la a ter uma boa ideia em relação a como está o seu *score*. Uma vez que você tenha conhecimento disso, deverá buscar maneiras para erguê-lo de forma positiva, por meio de coisas tão simples como se registrar para votar e colocar contas em débito automático para certificar-se de que suas contas sejam pagas em dia.

Então é importante rastrear o dinheiro que sai e, nem é preciso dizer, deveria estar gastando menos do que o que você ganha.

Tire um tempinho para entender seus padrões de gastos; se você ainda não tem um orçamento, crie um - compare suas despesas com sua renda e então estabeleça metas financeiras inteligentes: "SMART" (eSpecíficas, Mensuráveis, Ambiciosas, Relevantes e urgenTes). Esse método é único para todo mundo e pode ser para todo tipo de meta, desde a entrada para comprar para uma casa, férias ou um carro, ou simplesmente para tirar a conta bancária do vermelho.

Se você não tem uma conta poupança, procure abrir uma. Como disse June, se você começar a poupar pelo menos 10% do que você ganha, poderá começar a ganhar juros em cima de sua renda. Se você for como eu, que olha para o celular pelo menos cem vezes ao dia, considere gerenciar suas financias via uma nova gama de aplicativos de orçamento pessoais. Eles são ótimos para se rastrear os gastos: eles mostram o quanto você gasta em pequenas coisas como um café, e enviam a você mensagens de texto quando estiver chegando perto do fim do seu orçamento. Eles podem até mesmo economizar dinheiro por você. Eu recebo uma mensagem de texto no começo de toda semana sobre o quanto de dinheiro tenho na minha conta-corrente, e isso me forçou a entender os meus hábitos de gastos - para melhor ou pior.

---

* No Brasil, é possível consultar seu *score* através do site do Serasa Experian. [N.E.]

Além disso, coisas simples como ter todos os seus pagamentos em débito automático na sua conta no mesmo dia podem tornar o gerenciamento de dinheiro bem mais fácil. Ou até mesmo ter duas contas bancárias separadas: uma para os seus gastos e outra para as demais despesas. Isso tudo soa básico, mas ainda assim me surpreende o quão pouco conhecimento minhas amigas e eu tínhamos, e o quão melhores ficamos assim que adquirimos o hábito de gerenciar nossas finanças.

Não se esqueça das aposentadorias também. A maioria dos empregadores têm um esquema que você pode subscrever em que eles contribuem para seu plano de aposentadoria. Se estiver em dúvida, entre em contato com seu departamento de RH para descobrir os detalhes. Por que aposentadoria é importante? Você não será capaz de trabalhar eternamente, então nunca é cedo demais para começar a planejar sua aposentadoria.

E, por fim, comprar uma casa não é a única forma de investimento que existe no mundo - também temos as bolsas de valores, títulos e fundos de investimento em que você pode aplicar o seu dinheiro. Converse com seu banco sobre isso e eles poderão informar sobre como aplicar melhor o seu dinheiro. No entanto, seja qual for sua escolha em relação a em que investir, pesquise - não se comprometa com um investimento ou produto financeiro se você não o entender. Faça perguntas. Sim, isso vem com muito jargão da área de investimentos, mas não se abale, existe um site útil chamado Boringmoney.co.uk que explica os produtos financeiros em inglês simples, sem jargão.

Quando você der os primeiros passos, pode parecer demais e pode haver muitas informações a serem processadas. No entanto, ter uma vantagem inicial beneficiará você no futuro. Leva tempo para formar bons hábitos, e você não tem de implementá-los todos mediamente, mas quanto mais cedo você começar a aprender e evoluir, mais cedo poderá começar a cuidar de seu bem-estar financeiro.

"E eu tive de decidir então: 'Alugo com algumas amigas e fico toda preocupada com isso ou simplesmente curto esse momento? Ou será que a negocio?'. Eu decidi negociar."

— Vanessa Kingori

Como resultado da lacuna nos salários de minorias étnicas, mulheres negras têm menos probabilidades de terem a oportunidade de formar economias significativas para um momento de apuros. E, morando na Inglaterra, se existe uma coisa que entendemos é que os apuros não são como uma chuvinha de verão, não, rapaz! As chuvas podem ser torrenciais! Todas nós sabemos que a vida nem sempre sai de acordo com os planos, mas ficamos mais vulneráveis a emergências se tivermos dificuldades em economizar.

Economias são vitais, provendo uma rede de segurança contra mergulhos na renda e situações não planejadas. Até mesmo em quantidades relativamente pequenas, economias podem ajudar as pessoas a evitarem dívidas ou severas dificuldades financeiras.[14] Um relatório da Fawcett revelou que mulheres de minorias étnicas têm níveis inferiores de economias e altos níveis de dívidas, o que as torna particularmente mais vulneráveis. Três quartos das mulheres negras têm menos de £1.500 em economias, em comparação a metade de todas as mulheres brancas. Além do mais, 24% das mulheres negras têm contas atrasadas, em comparação a 9% das mulheres asiáticas e brancas. Essa dívida acabará trazendo a inocorrência de mais dívidas, particularmente quando mulheres de baixa renda não têm acesso algum a garantias e são forçadas a recorrerem a agiotas.[15]

Ter dívidas é muito assustador, e é algo que a cantora VV Brown vivenciou aos 21 anos de idade:

> Eu tinha assinado um contrato com a Universal aos 18 anos e me mudei para Los Angeles. Fiz um álbum, comprei uma casa, vivia como uma estrela do rock, recebi conselhos ruins e perdi tudo. Fui colocada de molho e aos 21 anos de idade eu tinha dívidas no valor de mais de 100 mil libras. Foi uma das piores épocas na minha vida. Eu ainda olho para isso em retrospecto e não consigo acreditar que saí dessa. Para falar a verdade, eu consigo lidar com qualquer coisa agora. Essa situação foi realmente muito difícil e foi um imenso teste de caráter e força, especialmente tendo apenas 21 anos. Obviamente, quando paguei a dívida e depois comecei a ganhar dinheiro de novo, havia tantas coisas que eu tinha aprendido - desde abrir uma conta de impostos especificamente para os impostos, de modo a sempre estar organizada financeiramente falando; conseguir o contador certo; abrir várias contas e distribuir o dinheiro por contas diferentes; categorizar as contas especificamente. Agora eu tenho uma conta para a minha vida pessoal, na qual eu me pago um salário, eu tenho uma empresa limitada, mas eu também tenho contas separadas para coisas como cuidados com os filhos, carro e faxineiras. E então, na verdade, isso de categorizar minhas contas de forma específica em relação ao meu estilo de vida ajudou no meu orçamento.

Muitos não têm o luxo de formar um fundo de emergência, ou o que a escritora Paulette Perhach chama de "fundos do que-se-dane", que lhe dá a liberdade de levar a vida que deseja, ou simplesmente ter liberdade financeira para sair de um relacionamento ou trabalho tóxico, ou de uma situação tóxica onde você mora. Mesmo que eu nunca tenha sido uma pessoa que realmente economiza dinheiro - porque eu não sabia para o que estaria economizando -, quando me separei da minha família, tive sorte o bastante de ter um fundo de emergência que usei para pagar o primeiro mês de aluguel e o depósito. Isso significava que eu consegui encontrar um outro lugar para morar horas depois de sair de casa.

Porque eu não tinha mais o suporte financeiro da minha família, tive de me certificar de que eu sabia para onde ia cada centavinho que entrava na minha conta bancária. Mesmo que eu tivesse um emprego em tempo integral, ainda estava muito nervosa em relação a ter os meios para cuidar de mim mesma. De quanto dinheiro eu precisaria se alguma coisa acontecesse? Se eu perdesse o emprego, teria o suficiente para me virar até encontrar um emprego novo? Em doze meses, eu tive de me mudar três vezes devido a substanciais aumentos no aluguel, e, a cada vez que me mudava, tinha de pagar um novo depósito e o primeiro mês de aluguel adiantado. Foi difícil. Na época, a casa de caridade Shelter estava dizendo que mais de um milhão de famílias que moravam em acomodações particulares alugadas estavam correndo o risco de ficar sem ter onde morar por volta de 2020, por causa dos aumentos nos aluguéis, congelamentos dos benefícios e a falta de alojamentos sociais.[16] Com essa dura realidade na minha cabeça, isso por fim acabou significando que eu teria de fazer o que Vanessa Kingori chamou de "negociação".

> Entende-se que cada uma e todas as coisas na vida são uma negociação. Todo mundo que você vê levando boa vida negociou alguma coisa, certo? E tudo que você tem é uma negociação por alguma outra coisa. Se você quer a coisa pequena, e, tipo, fica dizendo "Eu só quero isso", você tem de ter em mente que na hora em que você estiver conseguindo a coisa pequena, isso significará que demorará mais para você conseguir aquela outra coisa. Sendo assim, eu estou literalmente pensando em relação ao que estou negociando se eu...? e não é só uma questão de dinheiro ou posses – mas também é dinheiro e são posses –, mas também é meu tempo, o que, facilmente, eu acho que seja nosso bem mais valioso, meu bem mais valioso agora. Eu me lembro de quando eu estava economizando para comprar a minha propriedade agora, e eu estava curtindo

> levemente a vida, e todos os meus amigos estavam se mudando para o leste de Londres. Eu ainda estava no lado oeste de Londres, e estava relativamente bem estabelecida, pagando um aluguel realmente baixo onde eu estava e era bom para ir ao trabalho e tudo o mais. E esse de fato foi um momento definidor para mim, porque eu era jovem, estava solteira; eu queria sair nas noites de sexta-feira com todo mundo. Eu queria ter essas coisas, o lance em que alguém liga para você e diz: "Consegue chegar lá em dez minutos?", e eu responderia: "Sim, consigo!", mas eu também queria ser dona da minha propriedade e queria não ficar sempre despejando dinheiro em aluguel. E eu tive de decidir então: "Alugo com algumas amigas e fico toda preocupada com isso ou simplesmente curto esse momento? Ou será que a negocio?". Eu decidi negociar e permanecer no oeste londrino, que eu agora amo totalmente. E eu ainda moro no oeste de Londres e tenho a minha propriedade. Oras, ambos eram importantes para eles, trata-se apenas do que era importante para mim. Mas você tem de saber o que está negociando no momento e tem de pensar bem a respeito disso. É literalmente assim que eu penso em relação a tudo: desde oportunidades de carreira, até tempo, compras, trabalhos extras e trabalhos que assumo. De certa forma, todo mundo está fazendo isso, só que nem sempre sabem disso.

Negociações são difíceis, especialmente quando você dá duro no trabalho, e é claro que as mídias sociais não ajudam. Biggie Smalls não contou mentira alguma em "Mo Money Mo Problems"; até mesmo quando você ganha dinheiro e as coisas começam a parecer boas em termos financeiros, pode ser fácil cair em uma armadilha de gastar além da conta e viver além do que os seus meios suportam. É difícil evitar a pressão dos colegas e o medo de perder alguma coisa, particularmente nesses tempos em que as comparações em mídias sociais podem estar a apenas um clique e uma curtida de distância. Agora leva apenas uma hora examinando seus aplicativos favoritos detalhadamente para saber o que você precisa ter de modo a acompanhar o que acontece no mundo. A verdade é que, é claro, as mídias sociais são apenas como um rolo de filme que ressalta os pontos altos, um instante da vida das pessoas, e nós temos de nos lembrar de que elas capturam deliberadamente apenas os aspectos mais glamorosos delas.

Melanie Eusebe entende muitíssimo bem os pesos do consumismo alimentado pelas mídias sociais.

> Você tem todas essas coisas, e então não as usa ou não precisa delas. Eu acho que existiu um ponto em que eu estava me organizando e então nós nos damos conta simplesmente quando começamos a de fato fazer um orçamento, de quanto dinheiro gastamos em coisas que não mais usamos ou desejamos.
>
> Eu gostaria de ter sabido um pouco mais sobre mim mesma em termos do que realmente, de fato, me fazia feliz, para que eu pudesse investir nisso. E o que teria me feito realmente feliz seria ter meu próprio negócio e a liberdade de fazer o que eu quisesse em relação a projetos e coisas do gênero - não trabalhar por um tempinho, viajar um pouco, em vez de ser presa das contas a pagar. Eu aprendi que as coisas que eu compro não me fazem feliz.

É claro que existe um meio-termo. Vanessa Kingori diz que usa uma abordagem de "ganhos, recompensas, trabalho duro".

> Ensinaram-me que, toda vez em que eu fosse paga, eu deveria ter uma minicelebração por isso, porque - esse era o ponto de vista, em particular, da minha mãe -, se tentarmos ser frugais demais, acabamos chegando a um ponto em que queremos apenas torrar dinheiro, certo? E então detonamos tudo. Ou, se estamos esbanjando dinheiro o tempo todo, gasta, gasta, gasta, e então fica, tipo: "Ah, não tenho mais nem um centavo no bolso".
>
> Então, tente encontrar um senso de meio-termo, de forma que esteja constantemente pensando: *Eu me lembro de quando consegui esse dinheiro e para quê.* Pense:
>
> a) isso lhe dá um senso de significado para as coisas que você tem - como, a cada promoção, eu compro alguma coisinha para mim mesma e, quando usar aquela bolsa, vou pensar: *Esta foi a bolsa da minha promoção!.*
>
> b) a sensação de quando for usá-la será melhor, não é só: "Ah, eu comprei essa bolsa em algum momento, quando eu estava continuamente torrando dinheiro". E isso simplesmente proporciona uma espécie de qualidade

para a forma como você vive, as experiências que você tem; elas têm algum significado.

"Não seja apologética em relação a pedir o tanto de dinheiro que você merece receber."

— Nicki Minaj

Como eu mencionei anteriormente, a lacuna nos salários por raça ficou no centro do placo em *Insecure*, na TV, quando Molly, uma advogada altamente poderosa, por engano recebe o cheque do pagamento de seu colega de trabalho branco e descobre que ele ganhou mais do que ela, apesar de não trabalhar nem um pouco tão arduamente quanto ela. Isso revela o adágio clássico de que nós já falamos bastante: mulheres negras estão colocando o dobro de esforço e recebendo metade das recompensas. Falar sobre dinheiro em um dia bom é difícil o bastante, mas negociar o seu salário pode ser uma outra fera em si.

Como nós já notamos, funcionários negros têm uma probabilidade maior de dizer que suas carreiras não atenderam às suas expectativas, e é fácil ver o motivo disso, quando, em média, eles estão obtendo um retorno financeiro menor por seus estudos.[17] O aumento em qualificações para jovens funcionários negros ainda tem de criar uma marca na persistente disparidade de salários que eles vivenciam, o que, por sua vez, abala suas chances de atingirem mais segurança financeira.

Uma das coisas mais importantes de que você deve estar ciente enquanto progride em sua carreira é do seu potencial para ganhos. Como você se certifica de que está maximizando suas qualificações e sua experiência de trabalho de modo que possa trabalhar em direção a uma carreira que vai lhe pagar o bastante para levar a vida que deseja ter?

A rapper Nicki Minaj não fica tímida e pede o quanto ela vale:

> Em um estágio bem cedo na minha carreira no rap, eu estava ganhando seis dígitos pelos shows. Se eu ficasse sabendo que havia algum outro rapper ganhando isso, eu pensava: *Quer saber de uma coisa? Eu vou lá e exijo ou comando uma multidão. Eu vou lá e faço meus fãs felizes. Eu vou lá e dou um show de verdade. Eu também quero isso.* E eu me forcei a ser melhor com minhas habilidades em fazer um show, mas eu também decidi: sabe de uma coisa? Eu também quero ser bem recompensada. Se você sabe que é ótimo no que faz, nunca deveria ter vergonha de pedir pelo mais alto pagamento na sua área.

Quando Jennifer Lawrence expressou raiva em relação à lacuna nos salários entre gêneros em Hollywood em 2015, a colega atriz, Kate Winslet, foi citada. Ela disse:

> Eu entendo por que esse assunto está vindo à tona... Eu não gosto de falar de dinheiro. Isso é um pouco vulgar, não é? Eu não acho que é uma conversa muito legal de se ter em público de modo algum... Eu sou uma mulher de muita sorte e estou bem feliz com a forma como as coisas estão andando.

Que bom para você, Kate, mas e se você não estivesse feliz com a forma como as coisas estão "andando"? Nós não temos o luxo de esperar por 158 anos para que o campo de jogo fique igualado. Nas palavras de Rihanna: "Pague o que você me deve".

Sendo assim, nós devemos negociar nossos salários em todas as oportunidades, de modo a nos certificarmos de que estamos pedindo pelo que merecemos.

No entanto, sendo mulheres negras, nós podemos nos deparar com desafios únicos na negociação, em comparação a nossas colegas mulheres brancas. Enquanto elas temem ser rotuladas como "forçadoras de barra" quando pedem por uma promoção e um subsequente aumento de salário, minhas amigas negras não querem parecer a "mulher negra raivosa". Como nós vimos, mulheres negras podem, frequentemente, ser colocadas em face de um padrão mais alto do que suas colegas brancas. Sendo uma mulher negra, se você for impassível demais, podem considerar que não se importa o bastante – "legal demais para essa turma". Se você for apaixonada demais pelo que faz, será percebida como sendo raivosa. Joan C. Williams, coautora do livro *What Works for Women at Work*, diz que aquelas mulheres que pedem por aumentos em seus salários podem deparar-se com discriminação com base na raça e no gênero também, "até o ponto em que homens brancos meio que têm um passe livre que é negado a outras pessoas".[18]

Então, como lidamos com isso? Geralmente não se fala sobre pagamento no trabalho, porém, mais uma vez, pesquise. Quando eu me senti preparada para a minha primeira promoção, uma das primeiras coisas que fiz foi pesquisar minha taxa de mercado. Atualizei meu currículo, entrei em contato com recrutadores e fiz uma pesquisa on-line pela faixa de salário que uma pessoa com experiência similar à minha poderia esperar ganhar. Armando-se com essas informações, você ganhará perspectiva e confiança em relação ao que é realista de se pedir e o que você deveria esperar receber.

Em seguida, agende uma reunião com seu gerente e notifique-o com antecedência sobre o que é a reunião: ninguém gosta de ser pego de surpresa. Quando for abordar seu gerente, discuta os fatos. Em vez de dizer: "Eu valho X", seja o mais objetiva quanto possível e, ao contrário de abordar o assunto dizendo: "Depois de fazer uma pesquisa, eu posso ver que alguém com a minha experiência recebe na faixa de X em dinheiro", prossiga e destaque os exemplos específicos de como você demonstrou sua experiência e especialidade no trabalho que realizou. Essa não é a hora para ser modesta. Nós vimos como mulheres negras têm de prover mais evidências de competência do que outras para provarem seus valores para seus colegas, enquanto o oposto é a verdade para os homens brancos. Se você é um homem branco, o mundo é praticamente sua ostra; você pode pedir o que quiser. Na verdade, diz Joan C. Williams: "Homens brancos são punidos por serem 'modestos demais'. No entanto, para mulheres de qualquer raça e para homens negros, esse não parece ser o caso".[19]

A atriz Yvonne Orji, também conhecida como a Molly, de *Insecure*, diz:

> Sim, seu trabalho deveria falar por si, e deveria ser reconhecido, mas eu também acho que você deveria advogar por si. As mulheres não são as melhores em defenderem a si mesmas, mas, a qualquer momento em que você estiver trabalhando em um projeto, e você souber que está arrasando nele ou que suas contribuições causaram um impacto no resultado, você tem de manter anotações e registros disso, de modo que, quando houver uma conversa sobre um aumento ou uma promoção, você terá os fatos. Isso não se constrói somente com base em emoções. Você tem fatos. Tipo, ei, foi isso que eu fiz para impactar o resultado final. Pode parecer que você está defendendo sua própria causa, mas, se você não fizer isso, quem fará?[20]

Você deveria delinear suas realizações de uma maneira factual. No meu trabalho, em particular, eu sempre acho mais fácil fazer isso usando números, de modo a demonstrar o quão eficaz eu fui em uma campanha em particular. É fácil demais ficar emotivo e presumir que seu gerente já saiba o quão duro você vem trabalhando. No entanto, até mesmo aqueles que têm as melhores intenções podem não se lembrar de todas as coisas incríveis que você realizou, e, portanto, você deveria chegar preparada com exemplos específicos de como contribuiu para os objetivos do negócio.[21]

Em segundo lugar, como diz Anne-Marie, a prática é essencial:

> Sempre pratique sua negociação – com um amigo ou com uma amiga, com um mentor ou uma mentora, com sua mãe, com seu pai. Se você tiver dito isso em voz alta, e tiver praticado aquela coisa, então fica bem mais fácil para você entrar na negociação, pois meio que já sabe o que poderia acontecer ou não, então isso não é uma coisa nova para você.

Sendo assim, você tem a confiança, a outra coisa que vem da prática de fato, e fazer isso e passar pelas transições de tantas coisas diferentes. Eu falo muito em eventos e as pessoas sempre dizem: Você está nervosa? E eu fico, tipo: "Não, não estou nervosa. Por quê? Pois já fiz isso antes. Nada vai acontecer, minhas roupas não vão entrar em combustão simultaneamente e cair, certo? Então, o que de pior pode acontecer?".[22]

E, por fim: entrar nessa sabendo o quanto você quer e qual é a menor quantia que você aceitará. Quando eu estava fazendo negociações, naquilo que sentia como se fosse um árduo processo de vaivém, eu não queria passar por forçadora de barra e ingrata, mas, ainda assim, eu estava determinada a não me conformar só porque seria mais fácil. A pior coisa que você pode fazer é conformar-se com uma quantia com a qual não se sente realmente confortável, pois isso só vai causar o acúmulo de ressentimento na linha.

"Eu senti como se fosse chegado o momento de estabelecer o meu futuro, então estabeleci uma meta. Minha meta era a independência."
– Beyoncé

No fim das contas, aumentos de salário, promoções e pagamento igualitário são importantes porque o dinheiro é importante. Não somente por causa de seus benefícios funcionais - pagar contas e comprar as coisas de que precisamos -, mas porque o valor que colocamos no dinheiro é inseparável da oportunidade que ele nos dá de sermos independentes.

Charlene White lembra-se de quando comprou sua primeira casa e da independência que isso lhe deu.

Sim, eu me sinto orgulhosa de fazer as coisas com o *News at Ten*, é claro que sim, mas eu comprei minha casa com 24 anos de idade, e totalmente sozinha, sem ajuda alguma. Eu não venho de uma família endinheirada nem nada assim, então não é como se papai pudesse pegar umas dezenas de milhares de libras sobrando para me dar como entrada! Eu tive de fazer isso por mim mesma. Há dez dias eu acabei de completar a compra dessa casa, e, durante todo o processo de passar por isso, por essa compra, eu fiquei totalmente bem, completamente bem, não fiquei emotiva em relação a isso de modo algum, e, colocando todas as minhas coisas no contêiner de depósito, eu fiquei bem com tudo aquilo, até o dia em que isso acabou e o advogado me chamou para dizer que estava feito, e eu estava parada, em pé no meio de Richmond, e irrompi em lágrimas. Eu estava tentando explicar isso ao meu pai, o motivo disso, e ele estava, tipo: "Isso é feito de tijolos e cimento, eu não entendo por que você está ficando assim tão emotiva". E eu, tipo: "É mais do que isso, é a minha independência, é a maior coisa que já fiz sozinha na minha vida. Isso não requer mentor algum, não requer aquelas coisas, fui eu, apenas eu, sem ajuda alguma de família nem financeira nem nada, foi totalmente eu. Aquela era uma representação física do meu trabalho árduo, dos meus pais tendo me criado para ser essa pessoa que foi capaz de comprar algum lugar com 24 anos de idade. Era isso que aquela casa significava para mim. Quando caí no choro, eu de repente me dei conta da importância dela. Eu amo completamente minha outra metade, mas é aquela sensação de que aquela é a última coisa que já terei tido na vida pela qual fui apenas eu trabalhando para comprá-la. Porque agora nós estamos trabalhando em coisas juntos e estamos comprando uma casa juntos e essa é uma coisa maravilhosa de se fazer, mas também é dizer adeus àquele nível de independência.

Não basta nos encorajar a aprender melhor coisas essenciais sobre finanças e riqueza para que nos sintamos firmes com a bola no meio da quadra nesse jogo. Se formos ter uma chance de alcançar o nível de independência de que Charlene fala, a lacuna nos salários étnicos deve ser abordada. Visibilidade é a chave. As políticas não deveriam fazer uma abordagem genérica em relação às experiências da mulheres de minorias étnicas. Existem desafios específicos com que se deparam mulheres de minorias étnicas e uma abordagem no estilo "tamanho único" não funciona. Nós não deveríamos ter de esperar 158 anos para que as coisas magicamente entrem nos eixos. No entanto, nós precisamos que nossos comportamentos financeiros pessoais e que a política pública andem de mãos dadas.

É útil formar conhecimentos financeiros pessoais e é algo que a ajudará a longo prazo. Todos nós deveríamos lutar para sermos melhores no gerenciamento de dinheiro: é essencial que nos armemos com o conhecimento para tomarmos decisões informadas sobre o nosso futuro. As circunstâncias de todas as pessoas são diferentes: finanças pessoais é exatamente isso: pessoal. No entanto, todos nós podemos concordar que o dinheiro deveria nos proporcionar escolhas e que a verdadeira liberdade vem de sermos capazes de usá-lo para levarmos a vida do jeito como quisermos. Sendo assim, aproximar-se de suas finanças lhe permite criar uma vida com experiências que são feitas sob medida para você. Nunca é tarde demais para começar nem ficar melhor nisso. Então, como a independência financeira se parece para você?

— QUANDO A VIDA LHE DER LIMÕES, FAÇA LIMONADA COM ELES —

ELIZABETH

"Por um bom tempo, eu me defini pelo que eu não era. Minha vida mudou quando me foquei naquilo em que eu era boa, no que eu mais gostava em relação a mim mesma e no que fazia com que eu me destacasse do restante das pessoas."

— Issa Rae

Um dos meus jogos de computador prediletos quando eu era adolescente era *Diner Dash*. O jogo era sobre uma jovem empreendedora chamada Flo que decide deixar seu terrível emprego na cidade para seguir seus sonhos e abrir um restaurante. Subindo por meio de quarenta níveis desafiadores no jogo de ritmo acelerado, eu ficava acordada até altas horas da madrugada, levando Flo de uma cafeteria com colher sebenta até o restaurante fino de cinco estrelas de seus sonhos. Por mais que ela fosse fictícia, eu admirava sua ambição e era dedicada a ajudar Flo a alcançar sua meta empresarial.

Exatamente como Flo, mais de nós nos últimos anos estão começando a realizar ambições paralelas a nossos empregos regulares, antes de um dia acabar saindo e trabalhando por nossa conta. Essa tendência cultural explosiva foi impulsionada pela era digital: quando você pode criar um logotipo e um website e registrar sua empresa em uma hora, colocar sua ambição em prática é algo que realmente está a poucos cliques de distância de você. Um estudo chamado Millennials Deconstructed revela que *millenials* negros são o grupo que se sente mais otimista em relação ao futuro, até mesmo em face da discriminação.[23] Nós estamos mais abertos ao rompimento de limites; nós vemos barreiras como oportunidades e imaginamos novas maneiras de resolver problemas e acrescentar valor ao mundo – e todas essas são características requeridas para ser um empresário de sucesso. Talvez não seja coincidência então que e a Monitoria de Empreendedorismo Global da Babson College tenha revelado que as pessoas negras estão estabelecendo negócios em uma taxa mais alta do que as pessoas brancas e outros grupos minoritários.[24]

Muitas de nós têm ideias para projetos ambiciosos paralelos ou negócios, mas dar esse salto com fé e transformá-los em um produto ou serviço é onde reside o verdadeiro desafio. Porque temos coisas da vida no caminho, certo? Mas se você tiver uma boa ideia, há mais oportunidades do que nunca para criar seu próprio caminho e construir algo excelente a partir do nada. Este capítulo não tem o propósito de ser um guia passo a passo sobre como começar um negócio: não existe espaço aqui para que mostremos a você um quadro real de quanto realmente está envolvido em começar e administrar uma empreitada de sucesso, e – ao contrário do que a mídia nos diz –, nem todo mundo tem uma ideia para um aplicativo da noite para o dia e então o vende por milhões um ano depois. O que este capítulo pretende fazer, entretanto, é explorar *os motivos pelos quais* tantas de nós estão começando negócios e aconselhar você sobre *como* dar esses primeiros passos quando tiver aquela ideia matadora. Pode ser difícil destacar-se da multidão, especialmente na era digital, mas nós também recomendaremos recursos úteis de forma que você também consiga fazer limonada com aquele limão.

A estrada para o empreendedorismo é desafiadora, ainda que recompensadora. Não existe uma fórmula para o sucesso, mas, como a incrível Maya Angelou disse uma vez: "O sucesso está gostando de você, está gostando do que você faz e está gostando de como você faz o que faz". Sair por si, criando alguma coisa do zero, lhe dá a oportunidade de fazer exatamente isso.

"Eu sempre quis ser empresária. Se eu tivesse tido mais sucesso no mundo corporativo, será que eu teria ficado por lá mais tempo? Provavelmente, se eu não estivesse trabalhando dobrado."

— Melanie Eusebe

Negócios de minorias étnicas desempenham um papel significativo na economia do Reino Unido, com uma contribuição anual estimada de 25-32 bilhões de libras.[25] Segundo o relatório Ethnic Minority Businesses and Access to Finance [Negócios de Minorias Étnicas e Acesso a Finanças], grupos de minorias étnicas têm aspirações significativas para lançar negócios, especialmente grupos de negros africanos (35%) e de negros caribenhos (28%), em comparação a um número de apenas 10% em meio a pessoas brancas britânicas.[26] Dentro desse grupo, mulheres negras têm uma probabilidade maior de começarem seus próprios negócios.[27]

A motivação para criar um negócio pode surgir dos mais interessantes lugares, e por uma variedade de motivos. Para muitas mulheres negras, porém, existem algumas tendências comuns que ajudam a explicar por que tantas de nós estão se aventurando no mundo dos autônomos.

Em primeiro lugar, mais de nós estão obtendo qualificações adicionais e ganhando experiência de trabalho. Como veremos em "Cinquenta tons de bege", Florence Adepoju começou trabalhando no balcão de maquiagem da Benefit aos dezessete anos de idade, onde ela se viu ficando frustrada com a falta de maquiagem disponível para peles mais escuras. Quando foi convidada para um dia de treinamento no laboratório da Benefit, ela ficou fascinada com a forma como os diferentes pigmentos e as diferentes texturas eram feitos e, subsequentemente, aprendeu o processo de misturar maquiagem. Florence apaixonou-se pelo ramo, foi inspirada a correr atrás de uma carreira em ciências e seguiu em frente e foi se formar em Ciências Cosméticas. Ela começou sua formação sabendo que ao final dessa ela queria criar uma marca de produtos de beleza que fosse inclusiva para todas as mulheres:

> Em minha declaração pessoal para conseguir uma vaga, eu estava falando sobre o fato de que eu queria criar o meu próprio lance. A ideia e a sensação de que eu queria criar uma marca de produtos de beleza foi, desde o começo, algo que eu creio que definitivamente todas as mulheres negras vivenciam: amar produtos de beleza, mas depois, meio que eles não são feitos para você – eu só queria que as mulheres negras se sentissem bem. Então eu definitivamente entrei na minha formação pensando que queria criar alguma coisa. E mesmo que eu não fizesse isso a partir da minha própria marca, eu queria mudar a forma como a indústria funciona.

Em segundo lugar, existe o efeito insidioso do teto de concreto, o qual, conforme nós exploramos no capítulo "Dê o dobro de si...", pode levar a uma falta de oportunidade para mulheres negras progredirem no local de trabalho. Isso resultou no fato de que algumas mulheres, sentindo-se insatisfeitas com o *status quo*, decidiram buscar realização fora da cultura de microagressões e privilégio branco que domina seu local de trabalho; uma cultua que torna difícil para elas alcançarem seus potenciais. Com frequência empregadas em trabalhos abaixo de suas habilidades, elas ficaram exaustas nas tentativas de serem promovidas ou reconhecidas por seu valor. Melanie Eusebe fala sobre a sensação de tentar em dobro, mas não progredir tão rapidamente quanto suas colegas brancas, mesmo tendo uma carreira muito bem-sucedida na EY, onde ela era especializada no design e na entrega de programas de transformação de negócios. E ela diz:

> Eu sempre quis ser empresária. Se eu tivesse tido mais sucesso no mundo corporativo, será que eu teria ficado por lá mais tempo? Provavelmente, se eu não estivesse trabalhando dobrado. Eu sabia que eu era mais inteligente e melhor, mas eu ainda não estava avançando em minha carreira como meus outros colegas. Alguns daqueles caras não conseguiam nem falar com pedras, eles tinham as habilidades sociais de moscas, e, acima disso, eu sabia que eu não apenas era culta, lendo o *FT*, eu estava dando o curso em consultoria, e não estava me saindo tão bem quanto eles.

Então, pegando seu conhecimento e sua experiência, Melanie decidiu começar seu próprio negócio de consultoria. Além disso, em 2013, depois de ver a grande onda de pessoas negras iniciando seus próprios negócios, ela tornou-se cofundadora do Black British Business Awards, que celebra as realizações e contribuições notáveis de pessoas negras de negócios para a economia do Reino Unido.

Por fim, a falta de representação em marcas conservadoras (*vide* "Cinquenta tons de bege") apresentou uma oportunidade para jovens empresárias negras tomarem a questão em suas próprias mãos e criar produtos e serviços que ativamente resolvam os problemas com que elas e dois milhões de outras mulheres se deparam. Florence sabe de tudo isso muito bem:

> Eu acho que, quando se trata de empreendedorismo negro e de mulheres, e especialmente mulheres negras, eu creio que nosso empreendedorismo quase surge da necessidade. E eu acho que muitas pessoas não se dão conta de que empreendedorismo tem muito mais a ver com

prover soluções e pontes e construir plataformas e prover respostas do que simplesmente ganhar dinheiro.

É verdade que os tons de nossa pele, os tipos de nossos cabelos e as nossas experiências não são edições "limitadas" (como as marcas conservadoras nos levariam a pensar), então, até que nos encontremos em um mundo perfeito onde podemos entrar em uma loja na rua e virmos uma boa gama de produtos que servem de forma precisa às necessidades das mulheres negras, ainda existe uma real oportunidade para abordarmos essa falta de representação nas marcas. Afinal de contas, nós temos o conhecimento interno: ninguém nos conhece melhor do que nós, certo?

Falta de representatividade vem de diversas formas, e nem sempre isso tem como base uma identidade racial. Desde uma tenra idade, a Dra. Clare Anyiam-Osigwe BEM sofria com acne e eczema severas. Ela não conseguia encontrar um produto em lojas de rua para ajudá-la a combater esses problemas sem o uso de esteroides, petróleo ou lanolina. Ela estava trabalhando para a The Body Shop havia seis anos quando decidiu fazer seus próprios produtos em casa. Seus conhecimentos da indústria significavam que ela era capaz de identificar seus clientes em potencial muito facilmente e que conseguia entender os negócios de dentro para fora.

> Eu estava sofrendo com alergias e dizia a eles: "Vocês estão perdendo pessoas". Eu tratava cada cliente como se fosse um amigo, eu tinha conversas íntimas com eles ou notava as pessoas – eu via uma moça com bolachas de arroz nas mãos e todos nós sabíamos que ninguém come bolachas de arroz por opção, porque o gosto delas não é bom, e elas não tinham gosto bom dez anos atrás. Então eu perguntava: "Você é celíaca?". "Sim, você é?" "Sim! Ah, meu Deus, e quanto às suas alergias?" "Trigo, produtos lácteos, glúten, levedura." Então nós conversávamos e elas diziam: "Estou vendo esses ingredientes contidos nesses produtos, e eu não posso usá-los". E eu falava: "Eu me sinto tão tamanha fraude, eu estou aqui vendendo esses produtos, mas eu não os uso, eu faço os meus próprios".

Foi realmente preciso apenas dar um salto de fé e deixar a indústria. Eu fazia maquiagem artística na época, durante anos - criei meu próprio catálogo, deixei a Body Shop, comecei a fazer misturas e a criar esses produtos. Minha acne e meu eczema se foram, eu me tornei vegana, comecei a fazer produtos com os ingredientes que eu estava ingerindo, e levava pequenos lotes deles todos os domingos no Mercado de Spitalfields no leste londrino, e comecei a vender os meus produtos.
O momento em que tudo se iluminou para mim foi quando as pessoas me disseram que vinham usando o meu produto por um ou dois meses e voltavam dizendo: "Clare, esses produtos funcionam, onde podemos encontrá-los além daqui?". E eu dizia: "Eu não sei...". *Como vou levar isso a um nível acima? Eu não sou uma celebridade, ninguém me conhece. Sabe, amigos e familiares e um turista aqui, outro ali em Spitalfields, tudo bem, mas transformar isso em uma marca de verdade?...* Eu meio que dei o salto da fé, peguei um empréstimo no banco pela primeira vez na vida e coloquei o site no ar no dia 1º de dezembro.

Com oito milhões de pessoas sofrendo com eczema só no Reino Unido, os produtos de Clare logo ganharam o reconhecimento da Allergy UK e, desde então, ela lançou o Premae UK, agora vendendo seus produtos ganhadores de prêmios através da Shopping Nation.

Qualquer que seja o seu motivo pessoal por que você deseja começar a trabalhar por si, ser sua própria chefe, ter flexibilidade, mais satisfação no trabalho e a oportunidade de fazer a diferença na vida de outras pessoas, você tem o que acredita que seja uma grande ideia para preencher uma lacuna no mercado, a próxima grande coisa!

"Então foi realmente importante para mim isso de fazer com que a garota que sempre se sentira excluída sentir-se incluída."
— Irene Agbontaen

Depois de sua animação inicial, o próximo passo deveria ser o processo de validação da ideia - realização de testes e validação da sua ideia antes do lançamento. Você precisa descobrir se sua ideia de negócios se mantém em pé e se oferece algum valor de verdade. É duro, mas é verdade - você não vai querer perder tempo tendo uma ideia de algo que ninguém quer. Esse processo também a ajudará a criar o melhor produto ou serviço para seus clientes em potencial, descobrindo o que eles querem e se sua ideia de negócio atende a essa demanda. Isso responderá à sua pergunta central: - *será que eu deveria começar com este negócio?* Validar sua ideia envolve fazer pesquisas de mercado para identificar qual problema, desejo ou necessidade seu negócio resolve, e exatamente como ele o resolve. Isso expõe sua ideia a seu público-alvo antes de você montar e lançar o produto final.

Existe uma variedade de métodos de pesquisa disponíveis para você fazer uso deles. A internet é uma forma fácil e simples de se fazer pesquisas de mercado.

Usando ferramentas como Typeform e SurveyMonkey®, você pode criar e enviar pesquisas a seus contatos, permitindo avaliar se as pessoas se sentem atraídas por sua ideia. Foi isso que Irene Agbontaen fez antes de começar com sua marca de roupas TTYA (Taller Than Your Average) em 2013. Usando as mídias sociais, ela conseguiu descobrir em um período de tempo bem curto se sua ideia de negócios servia a uma necessidade, e se havia uma demanda clara por seu produto em potencial.

> Com a TTYA, eu fui viajar. Eu fui à Ásia e me dei conta de que, durante aquela viagem, as pessoas podiam levar poucas coisas nas malas, e, por causa da minha altura, isso era realmente um inconveniente para mim porque eu tinha de levar nas malas camadas e mais camadas de coisas para fazer com que minhas roupas funcionassem bem em conjunto. E eu ficava assim: "É tão irritante que eu não consiga arrumar roupas básicas para pessoas altas", e eu pensei: *Eu trabalho na moda, eu conheço*

muitas modelos, deve haver muitas garotas como eu. Então eu coloquei um post no Facebook, apenas usando o SurveyMonkey®, pedindo:

"Será que vocês podiam preencher essa pesquisa para mim e me dizer como vocês se sentem em relação à moda para mulheres altas?". Eu recebi mais de mil respostas só do Facebook, e então eu pensei: *Quer saber de uma coisa? Isso poderia, na verdade, ser uma boa ideia.* Então eu comecei a fazer toda a minha pesquisa de mercado; olhei para os meus concorrentes e vi que havia uma série de itens básicos legais, de jérsei, para garotas altas - tudo associado à moda para garotas altas era sempre meio que desalinhado, não realmente algo na moda, sabe? Então foi realmente importante para mim isso de fazer com que a garota que sempre se sentira excluída sentir-se incluída.

De modo similar para Yomi e eu, quando tivemos a ideia para este livro em 2015, embora nós realmente acreditássemos nisso desde o começo e soubéssemos que havia uma necessidade e um mercado óbvios para ele, nós ainda nos certificamos de fazer nossa pesquisa de mercado. Nós queríamos *feedback*, então montamos um grupo de foco para melhor entendermos nosso grupo demográfico alvo e quais eram seus interesses. Nós falamos com uma diversidade de garotas negras, de diferentes históricos de vida, e grupos de faixas etárias diferentes - algumas delas nós conhecíamos bem e outras nós conhecíamos das mídias sociais. Nós reservamos um espaço em um restaurante para que pudéssemos ter um ambiente relaxado onde elas poderiam partilhar suas visões, e foi ótimo ver tamanha diversidade de mulheres se reunindo e falando sobre suas experiências sendo garotas negras na Grã-Bretanha moderna. Nós discutimos os diversos temas e tópicos com os quais queríamos lidar no livro e exploramos algumas ideias em que não tínhamos pensando originalmente. Apesar de sermos todas tão diferentes, nós conseguimos encontrar pontos e experiências em comum. Como poderíamos dizer que essa seria a "Bíblia da Garota Negra" se não pudéssemos representar uma boa amostra de experiências de mulheres negras?

Embora nós tivéssemos feito uma abordagem com base em pesquisa de campo na nossa pesquisa para este livro, e Irene tenha feito uma abordagem mais distante, todas nós fizemos uma pesquisa pelos concorrentes, o que foi essencial para compreender nosso ponto de venda único. Você precisa se perguntar: o que mais existe lá fora? O que vai ser único, cativante ou diferente em relação à minha ideia? Ela atende à necessidade de um grupo que não é bem servido ou preenche uma verdadeira lacuna no mercado? Será que eu posso fazer algo um pouco melhor, mais barato e mais rápido? Seu ponto de venda único é o coração de sua ideia de negócios: o ponto de diferenciação que ajudará seu cliente em potencial a optar por você em vez de qualquer outra pessoa. Você deveria passar um tempo trabalhando nisso e realmente entender as forças de sua ideia de negócios. É isso que lhe dará uma vantagem competitiva em um mercado de trabalho abarrotado de opções. Como o dito que ficou famoso, por Steve Jobs: "Você não tem de ser o primeiro, você tem de ser o melhor".

Entender sua proposta única de venda e sua vantagem competitiva foi central para o sucesso de WAH, um negócio fundado por Sharmadean Reid. A revista de hip-hop e moda que começou como um projeto apaixonado de Sharmadean quando esta tinha 22 anos de idade, desde então, cresceu e se transformou em uma marca líder mundial em termos de cuidados com as unhas. Logo que ela começou com a WAH, destacar-se da multidão estando na frente em termos de tecnologia foi essencial para Sharmadean.

> A internet é totalmente responsável pelos motivos pelos quais nós dominamos a área de *nail art,* porque havia algumas outras pessoas que estavam fazendo experimentos com *nail art* tal como nós, mas elas apenas não eram tão prolíficas com seus resultados como nós. Eu postava coisas no blog constantemente, e no Facebook também – porque

> não havia Instagram naquela época –, então nós tínhamos um blog da WAH, tínhamos uma página da WAH no Facebook, e simplesmente sempre estávamos postando todos os trabalhos que nós fazíamos, mas também postávamos todas as atividades relacionadas ao salão.
> Uma marca não tem literalmente a ver com seu produto final, ela tem a ver com todas as coisas que acontecem antes, durante e depois do resultado final - então, isso tem a ver com as garotas que vêm até o salão, tem a ver com as unhas sendo feitas, tem a ver com o resultado final acontecendo nas unhas, e eu acho que eu apenas partilhava todos os pedacinhos da jornada on-line, ao passo que outras pessoas estavam talvez apenas mostrando as unhas. Em vez de fazer apenas isso, eu construí uma história em volta disso.
> Sendo assim, nós realmente crescemos desde o começo, e eu sou daquelas pessoas que adotam logo no começo qualquer tecnologia nova que saia, então, assim que o Tumblr foi criado, nós estávamos no Tumblr, e fizemos o mesmo com o Instagram - o que simplesmente nos dá uma vantagem inicial em comparação a todas as outras pessoas. Então, o fato de que nós fomos um dos primeiros salões de manicure no Tumblr, um dos primeiros salões de manicure no Instagram, isso significava que, se as pessoas estivessem procurando por unhas naquela plataforma, elas sempre iam nos seguir porque nós estávamos lá. Então isso ajudou imensamente.

Assim que tiver identificado seu ponto único de venda, você precisa torná-lo parte da visão de sua marca. Essa visão deveria encapsular seu objetivo final: uma declaração ambiciosa que pinta um quadro do que você quer realizar com sua marca no futuro. Devido ao fato de que Sharmadean tinha uma forte visão de marca, ela conseguiu aproveitar os canais das mídias sociais para mostrar a personalidade da WAH quando criava conteúdo on-line. Sim, é isso mesmo: seu negócio deve ter uma personalidade distintiva. Um dos seus maiores desafios como empresária será criar uma visão única que destaque seus negócios do restante. Por exemplo, Bill Gates queria colocar "um computador em toda mesa e em todos os lares". Sharmadean Reid queria ter o salão mais legal do mundo, e, com *Brilhe na sua praia,* nossa visão foi a criação de um guia para a vida para uma geração de mulheres negras britânicas: *A Bíblia da Garota Negra*". As melhores ideias são simples e claras de serem comunicadas, motivo pelo qual você precisa aperfeiçoar seu discurso de elevador - uma declaração curta, previamente preparada, que inclui os motivos pelos quais sua marca está aqui, o que ela representa e o que pretende realizar. Projetado para ser vendido para qualquer um, independentemente de se ter um entendimento da indústria ou não, o discurso de elevador ideal deve ser interessante e memorável; deve despertar centelhas de interesse.

"Minha assinatura se esvai com a lâmina Blade.
Esse é um elemento fundamental."
— Nas

No entanto, e se você tiver o impulso e a vontade de começar um negócio, mas não teve aquele momento de *eureca* ainda? Você não está sozinha. E, se esse for o seu caso, e não tiver uma ideia matadora, você deveria começar a explorar suas paixões e seus interesses - passar um tempo descobrindo aquilo de que realmente gosta. Pense em seus *hobbies*: no que você é boa? O que você adora fazer? Como poderia moldar isso e transformá-lo em uma ideia de negócios? Começar um negócio é algo desafiador e, inevitavelmente, seu comprometimento será testado, então mais provavelmente acabará se comprometendo e ficará motivada a se destacar se a ideia tiver raízes em alguma coisa pela qual você seja apaixonada.

No caso de Alexis Oladipo, sua trajetória para se tornar empresária começou quando ela ficou frustrada com sua jornada como estilista de moda *freelancer*. Então ela aceitou um emprego como faxineira, mas isso não lhe deu satisfação real alguma no trabalho.

Com a ajuda de The Prince's Trust – uma instituição de caridade para jovens –, que lhe deu £3.000 e lhe atribuiu um mentor, Alexis conseguiu criar a Gym Bites, um produto alimentício para pessoas com vidas (profissional e social) frenéticas, que estão se esforçando para seguirem uma dieta. Alexis descobriu que, na época, as opções de salada para viagem eram limitadas e, em seu ponto de vista, entediantes, então sua *eureca* foi colocar a "diversão de volta na alimentação saudável". Por meio de trabalho duro e determinação, em 2017, ela ganhou o prêmio de "Melhor Provedora de Alimentos Saudáveis de 2017" no UK Enterprise Awards.

No entanto, criar uma marca ganhadora de prêmios não é algo fácil nem simples. Alexis mudou seus planos de negócios quatro vezes e explorou diversas ideias antes de encontrar sua verdadeira paixão. Simultaneamente, em sua vida pessoal, Alexis estava passando por uma separação e também se recuperando de um procedimento médico. Em uma de suas sessões com seu mentor, ela chegou ao ponto de ruptura:

> Eu simplesmente comecei a chorar na frente dele. Eu disse a ele que estava visando parar de fazer faxina e que eu queria criar alguma coisa para preencher uma lacuna no mercado: "Eu quero fazer alguma coisa, o impulso está aqui dentro de mim, eu sinto dor agorinha mesmo, meu coração está partido, eu não tenho dinheiro algum, mas eu preciso fazer alguma coisa". Eu chorei na frente dele e entrei em colapso. Eu disse: "Eu só não sei o que fazer, não sei como limitar as opções até chegar ao ponto".
>
> Ele falou: "Ok, acalme-se". Eu nunca vou me esquecer da pergunta que ele me fez: "No que você é boa?". E eu só disse: "Comida, moda, eu gosto de cozinhar" – isso era algo que eu sempre fazia, mas eu sempre via isso como, eu gosto de boa comida, então eu preparo comida boa. Eu sempre fui fanática por comida, e as pessoas sempre falaram para eu me tornar uma *chef*.

> Na universidade, eu sempre era a garota a quem as pessoas recorriam, os caras vinham até mim com seu saquinho de frango e diziam: "Lex, você pode me ajudar, por favor?". Eu sempre era aquela "pessoa que sabia cozinhar". Sendo assim, meu mentor disse: "Ok, você fez o lance da moda, vamos deixar isso de lado agora. Vamos focar na parte de cozinhar - sua paixão pela comida". Eu disse a ele: "Ok, para falar a verdade, eu tenho uma ideia, mas eu contei isso a um amigo um ano atrás, e porque eu não tive a recepção que eu achava que deveria ter, eu meio que simplesmente não me dei mais ao trabalho de pensar nisso" - isso foi meio que um desencorajamento indireto. Eu tenho certeza de que ele não estava muito ciente disso, mas isso não me motivou a seguir mais com a ideia. Então, quando falei da minha ideia para o meu mentor, ele disse: "Essa é uma ideia excelente. Você precisa colocar isso em prática". E eu fiquei, tipo: "O quê? É mesmo?". E ele disse: "Sim, vá em frente e faça isso".

Então ela foi lá e fez.

Desde o começo, Alexis sabia que não somente ela precisava fazer boa comida, como também um ótimo design e criar uma marca. Em uma entrevista posteriormente ela disse ao BuzzFeed:

> Eu queria fazer um produto que, quando as pessoas o pesquisassem no Google, elas falariam: "O quê? Isso é de uma garota negra nigeriana de Hackney?".[28]
>
> Eu estava usando nossas mídias sociais, e ficava simplesmente marcando todo mundo nos posts - marcando a Tesco, Co-op, Nike - eu ficava simplesmente marcando todo mundo relacionado a comida e ao mundo fitness, e Selfridges fazia parte disso, então eu os marquei também.

A equipe de compras de comida da Selfridges analisou a página da Gym Bites de Alexis no Instagram e eles ficaram impressionados com sua forte identidade de marca e com a visão de sua criadora.

> Sendo assim, muitas pessoas poderiam achar que eu consegui chegar na Selfridges porque eu trabalhei lá [como especialista de marca e consultora de vendas], mas esse não foi de modo algum o caso. Eu nem

> mesmo acho que eles sabiam que eu trabalhei lá quando entrei lá. Um dia eu estava no Barking Market, no carro, esperando pela minha mãe, que teve de sair e comprar creme para os cabelos. Então eu abri meu Instagram e só vi um monte de notificações. Era o diretor do restaurante da Selfridges, o comprador de comida da Selfridges, a página da Selfridges, e simplesmente todo mundo tendo suas próprias conversas sob uma de nossas fotos. E eu pensei: *Ok, o que está acontecendo?* Então eu abri o post para ver o que estava sendo dito, e eles estavam falando coisas do tipo: "Isso é incrível, nós precisamos disso. Isso é incrível. Isso é fantástico, veja.", marcando uns aos outros para vir dar uma olhada. Eu fiquei, tipo: "Nem, eu estou sonhando, isso não é verdade. Isso é só a Selfridges realmente adorando a minha página agorinha mesmo!".
>
> Era verdade: "Oi, Gym Bites, nós vimos seus produtos nas mídias sociais e estamos realmente interessados neles e queremos discutir isso mais a fundo - quais são os seus preços? Está disponível? Podemos ter exclusividade?". E eu só comecei a chorar, literalmente lágrimas de alegria. Minha mãe começou a chorar.

Três meses depois que a primeira salada da Gym Bites foi lançada, ela estava disponível no restaurante de prestígio da Selfridges. Com pouco para bancar sua ideia de negócios, Alexis havia, não obstante, conseguido chamar a atenção de um dos maiores varejistas do mundo. O poder das mídias sociais havia atacado novamente.

Uma vez que você tenha um senso mais claro de qual poderia ser sua paixão, deveria pensar no que poderia ser melhorado naquele setor da indústria em particular. Pesquise um pouco, dê duro. Analise as tendências do negócio e dos consumidores, pergunte-se o que poderia vir em seguida. O que você poderia fazer para trazer para o mercado isso que ainda não existe? Foi isso exatamente que o empresário e CEO da Walker and Company, Tristan Walker, fez em 2013 quando saiu de Wall Street para lançar a Bevel, um sistema tecnologicamente avançado de barbear para homens negros. Ele viu uma oportunidade no mercado bilionário de cuidados pessoais e decidiu começar um negócio em que ele já era especialista. Armado com seus estudos (uma formação na Stanford Business School) e de um conhecimento íntimo do problema - pessoas negras tendem a ter pelos enrolados e, quando se barbeiam com várias lâminas, têm uma maior probabilidade de se cortar com elas, ficar com a pele irritada e ter pelos encravados -, Tristan criou o sistema de barbear com lâmina única, Bevel. Ele usou seus contatos de sua experiência de trabalho anterior no Vale do Silício para levantar a quantia de 9,3 milhões de dólares em fundos para a *start-up* - atraindo até mesmo investimentos de celebridades, tais como o rapper Nas -, e criou seu produto do zero.[29]

Sua missão empresarial era "tornar a saúde e a beleza simples para pessoas de cor". Até hoje a Bevel tem sido bem-sucedida, ganhando presença em lojas de varejo, e, em 2017, ele lançou a FORM Beauty, uma linha tecnológica de cuidados com os cabelos para mulheres, projetada para atender às necessidades específicas das mulheres negras.

Talvez seja o caso de, como Alexis, você encontrar uma forma de transformar sua paixão em lucro, ou, como Tristan, estar compelida a resolver um problema com o qual se depara diretamente, ou apenas estar motivada por ganhos financeiros ou crescimento criativo, como empresária. Você terá a oportunidade única e gratificante de criar alguma coisa impactante. Mas essa oportunidade virá somente se, como eles, estiver preparada para empenhar-se em bastante trabalho árduo e esforço. Como eles dizem, o sono é livre, mas a ambição é vendida separadamente. O fato de que é tão fácil fazer perfis nas redes sociais e criar um website pode às vezes passar a ilusão de produtividade quando você pode não ter produzido nada que realmente valha a pena. Melanie Eusebe aconselha:

> Em termos de trabalhar duro, eu honestamente não acho que é ensinado às pessoas como fazer esse trabalho: simplesmente trabalhe, como em um esforço intensivo com o tempo para produzir alguma coisa. Há muita coisa acontecendo... Mas é meio que assim: "Qual é o produto?

> No final de uma hora, o que foi que você fez?". Eu não acho que as pessoas sabem como trabalhar, e isso é em toda parte - as pessoas negras sofrem com isso, as pessoas brancas sofrem com isso, isso realmente não vem ao caso, homens, mulheres, eu honestamente não acho que nós sejamos treinados para simplesmente sermos meio que voltados para o produto. Quando eu digo produto, não estou me referindo a um produto do tipo um microfone, estou falando de produtividade de verdade.

Por causa das barreiras relacionadas à criação de um website, criar uma conta no Twitter e registrar um negócio em Companies House são coisas fáceis para as pessoas se darem o título glamoroso de "empresário" sem, na verdade, ter a substância ou a dedicação que são exigidas para a criação de algo digno de nota, que pode ser bem-sucedido a longo prazo. Quando se trata de fazer com que sua ideia se torne realidade, pode ser fácil se distrair e perder tempo na coisa errada. Sendo assim, você deve planejar seu tempo efetivamente, focar-se em uma tarefa e aprender a ser produtiva em vez de simplesmente parecer ocupada.

"Nós deveríamos ser CEOs de
nossa própria diretoria."
– Vanessa Kingori

Todas nós já ouvimos o ditado de que "sua rede é sua riqueza", e isso é até mesmo mais relevante quando se é empresária. Isso não se limita a dinheiro, mas inclui habilidades, conhecimento e acesso a oportunidades. Você precisará entrar em contato com sua rede de pessoas para ajudá-la em pontos diferentes em sua jornada e usar essa ajuda. Este livro não teria sido possível sem uma rede de pessoas com quem eu e Yomi pudemos falar e para quem pedir ajuda nos estágios iniciais. O fato é que você tem de relacionar-se com sua rede e potencialmente colaborar com as pessoas de modo a criar um negócio de sucesso. Em grande parte do tempo, nos negócios, as pessoas compram a ideia primeiro, e é essencial construir relações fortes e positivas. No entanto, isso realmente leva tempo, precisa de comprometimento e autenticidade. Uma ótima maneira de fazer com que as coisas fluam para você em termos de empreendimentos é expondo-se e conectando-se com uma rede de pessoas que têm a mesma mentalidade que a sua, o que exigirá que você saia de sua zona de conforto, engaje-se em novas atividades, frequente eventos e conheça novas pessoas; isso, porém, lhe trará muitas oportunidades e recompensas em potencial.

Todavia, apenas estar presente em eventos é somente metade da batalha. Há uma arte na conexão com uma rede e sua abordagem em relação a isso determinará o quão bem-sucedida você será em criar novos contatos e clientes. Não são muitas de nós que sabem naturalmente como trabalhar com redes de forma eficaz. Vanessa Kingori explica como se sair melhor nisso.

> Quando as pessoas ouvem falar em "trabalhar com sua rede de conexões", muitas delas pensam que isso se trata de ir a eventos e entregar um cartão de visitas. Isso não é trabalhar com a rede e estabelecer conexões. Para fazer isso, você *tem de* se colocar em uma posição em que terá mais probabilidades de conhecer as pessoas certas. E, quando você conhecer pessoas, criar uma conexão. Não se trata simplesmente de entregar um cartão de visitas, nem necessariamente dizer: "Eu quero fazer isso, você pode me ajudar!?". Todo mundo é ocupado. Isso tem a ver com dizer: "Eu realmente admiro você por causa de X", "Eu li que você fez...", "Eu vi aquilo que você fez", "Eu adorei isso...", e elogiar aquela pessoa. Pode ser o gerente que você teve e que foi um pouco mais prestativo. Até mesmo se você quiser continuar com aquela carreira ou com o que você tem, trata-se apenas de estar em contato com eles e, de vez em quando, dizer: "Sabe que aquilo que você disse um tempo atrás realmente me ajudou?" Tem a ver com dar um *feedback* àquelas pessoas, além de pegar algo com elas. E o que eu acho agora que me encontro na

posição em que estou, é que muitas das pessoas que eu conheço dizem: "Eu quero fazer isso, você pode me ajudar? Você tem uma responsabilidade de me ajudar! Eu sou negra, você tem de me ajudar também!". Não é assim que as coisas funcionam. Porque, por qual motivo eu ajudaria você e, acima de tudo - não é que eu não queira ajudá-la, mas eu preciso escolher a quem vou ajudar dentro dos parâmetros de tempo que eu tenho disponível.

"Falando em um nível individual, eu quero me sentir realizada por parte da pessoa que estiver ajudando, e, se eu puder ajudar apenas três pessoas, quem são as pessoas que mais provavelmente levarão adiante os meus coelhos e realizarão alguma coisa? E aquelas serão as pessoas que agradecem. São as pessoas que reconhecem que meu tempo é curto. Foi isso que eu fiz para com as pessoas que me ajudaram. Aquelas são as pessoas que são prestativas e que dizem: "Posso fazer alguma coisa que ajude você? Estou fazendo x, y, z, eu tenho algumas horas livres aqui que eu poderia usar para vir ajudar nesse evento", ou seja lá o que for. Na maior parte do tempo, as pessoas com quem você está tentando estabelecer uma conexão não vão embarcar na sua, mas fica na cabeça delas que você é diferente. E é assim que eu estabelecia conexões; a todo mundo que eu considerava, que eu sentia que tinha sido útil para mim, eu vivia agradecendo, eu vivia dando *feedback* a elas, dizendo: "Isso é o que eu estou fazendo agora e estou fazendo isso porque você me deu esse conselho, eu não sei se você se lembra disso etc.". Então isso queria dizer que, quando chegava ao ponto em que alguém dizia: "Estou procurando por alguém para fazer x, y, z", eu ainda passava pela cabeça dessas pessoas e elas diziam: "Eu conheço uma garota, você deveria falar com ela". É assim que funciona o estabelecimento de conexões, não se trata de entregar o cartão, nem dizer "me siga no Twitter ou no Instagram", nem algo do gênero. Tem a ver com estabelecer conexões.

Alguém me disse uma vez, o que foi o melhor conselho em termos do estabelecimento de uma rede de conexões, que nós deveríamos ser CEOs de nossa própria diretoria. Vocês são suas próprias diretoras. Você [Elizabeth] teve uma ótima ideia, você contou à sua melhor amiga [Yomi] sobre ela, que disse "vamos fazer isso", e vocês vão atrair um grupo de pessoas diferentes, a quem podem recorrer caso surjam diferentes problemas, ou coisas diferentes com as quais vocês estejam animadas, vocês ficarão falando disso. Isso é uma diretoria, certo? Aquelas são as pessoas a quem vocês dizem: "Ah, meu Deus, eu tive essa ideia, estou falando animada sobre ela etc. O que vocês acham disso? O que eu deveria fazer? Etc.". Então, formar sua própria diretoria tem a ver com formar uma rede de pessoas com quem você fique feliz em confiar. Elas não têm de ser como você, têm apenas de sentir empatia para com a sua posição e seu ponto de vista.

Dessa forma, sim, vá a eventos com um cartão de visitas e esteja preparada com seu discurso de elevador que apresenta quem você é e de que trata sua ideia, mas também se certifique de ter uma opinião a respeito das tendências que afetam seu ramo na indústria. E o ideal é que tenha também um pouco de conhecimento do histórico das pessoas que você poderia vir a encontrar. Isso pode atiçar a centelha do interesse e desenvolver uma conversa mais rica, criando assim uma conexão.

No entanto, embora seja importante sair e conhecer pessoas, jovens empresários estão cada vez mais fazendo uso de formas não tradicionais de comunicação e estabelecendo relações de negócios on-line. As mídias sociais se tornaram uma ferramenta importante para facilitar essas interações. Com apenas uns poucos cliques, você pode mandar um tuíte para as pessoas em sua rede de conexões, solicitando serviços necessários que vão desde o "design gráfico" até "videógrafos", ou até mesmo se conectando off-line para colaborar com pessoas que pensam como você, o que pode possibilitar melhores orientações e recursos mais ricos. Irene Agbontaen explica:

As mídias sociais são uma boa plataforma de nível de entrada, mas então você precisa de fato sair e conhecer pessoas, e dizer: "Podemos tomar um café? Nós temos ideias semelhantes, vamos nos conectar". Eu não consigo nem mesmo explicar o quão incrível é simplesmente conhecer pessoas e vibrar com elas, e elas ficarem falando coisas como: "Ok, pode contar comigo, legal, deveríamos fazer isso", ou "Você curte esse tipo de galeria de arte? Vamos ver algumas galerias juntas". As pessoas ficam abertas com a gente.

No entanto, autenticidade aqui é fundamental. Irene diz:

> Eu me sinto como se agora, com a nova geração, às vezes as coisas acabassem se perdendo na tradução - as pessoas sempre presumem o seguinte: "Ah, você pode fazer isso por mim?"; "Oh, eu preciso de um contato para isso."; "Ah, eu preciso de um esquema para aquilo", sabe? Não há mais autenticidade alguma nisso. Não é como pessoas que genuinamente compartilham interesses similares e estão interessadas nas mesmas coisas. Esse lance tem de ser autêntico, as coisas não funcionam se isso não for autêntico. Quando se tem motivos ocultos, tipo: "Ah, eu só vou ficar amiga dessa pessoa porque ela vai me fazer entrar nesse lugar aqui", ou: "Eles são vistos dessa forma", isso não é autêntico, isso não dá certo. Sendo assim, continue trabalhando na construção de relações autênticas.

A formação de conexões de rede é importante, porém, segundo Adam Grant, professor na Wharton School:

> É verdade que essa formação de conexões de rede pode ajudar você a realizar coisas incríveis. No entanto, isso obscurece a verdade oposta: realizar coisas incríveis ajuda você a desenvolver uma rede de conexões. Meus alunos frequentemente acreditam que, se eles simplesmente conhecerem mais pessoas importantes, seu trabalho melhorará. No entanto, é notavelmente difícil engajar-se com essas pessoas, a menos que você já tenha colocado algo de valor no mundo. É isso que atiça a curiosidade de conselheiros e patrocinadores. As realizações mostram que você tem algo a oferecer, não apenas algo a receber.

Eu não poderia concordar mais com isso. Os melhores eventos de formação de rede de conexões aos quais eu fui são aqueles em que as pessoas estavam lá porque o evento tinha como base nossos interesses específicos. Sendo assim, não se trata de estabelecer conexões apenas *per se*, mas, sim, de ter algo significativo a dizer e aprender uns com os outros, ou ajudar uns aos outros. Como argumenta Grant:

> Na vida, certamente ajuda conhecer as pessoas certas. No entanto, dependerá do que você tiver a oferecer para receber o quão arduamente eles lutarão por você, o quanto eles colocarão a cara a tapa por você. Construir uma rede de conexões poderosa não exige que você seja uma especialista na arte de criar conexões. Só é preciso que você seja especialista em alguma coisa.[30]

Sendo assim, lembre-se de que a rede de conexões somente não levará a nada mais frutífero do que apenas transações vazias: o que você tem de criar são relações ricas que possam, assim se espera, ser transformadas em oportunidades.

"Estou tentando me estabelecer para criar um grande negócio. Não porque eu queira ficar cheia da grana, mas, sim, porque o ramo da indústria em que estou precisa de uma transformação em grande escala."
— Florence Adepoju

Depois que Yomi e eu desenvolvemos a ideia inicial para estas páginas - construindo com base na nossa pesquisa em grupos de foco -, nós começamos a fazer o rascunho de uma proposta de livro. Nenhuma de nós duas tinha escrito um livro antes, nem conhecia alguém que o tivesse feito. Nós só tínhamos uma ideia em que acreditávamos e que tinha sido validada por meio de pesquisa. Então, nos primeiros cinco minutos, nós ficamos meio que, *ah, o que vem depois?* Graças a Deus, obrigada pela internet, em que, dentro de poucos minutos, nós encontramos um guia para escrever uma proposta de livro. Foi então que as coisas começaram a acontecer e nós tivemos de ter respostas detalhadas para perguntas relacionadas à nossa ideia. Nós passamos um bom tempo preparando-as, mas, olhando para isso em retrospecto, acreditamos que esse foi o motivo por trás da guerra de ofertas por parte de nove editoras que surgiu quando a proposta foi enviada. Até mesmo meses depois disso, nós encontrávamos pessoas na indústria que ainda estavam falando sobre nossa proposta de venda da ideia do livro. Ficou claro que ela havia sido memorável e abrangente - particularmente, a revista *Elle* UK se referiu a nós como "as rainhas das vendas de ideias".

De forma similar, no mundo dos negócios, uma vez que tenha estabelecido sua proposta de venda única e sua visão da marca, você precisa criar um abrangente plano de negócios: um documento escrito que descreva seus objetivos e suas estratégias, que ajude você a entender o tipo de negócios que quer construir, o plano de ação que precisará seguir, e que inclui previsão de vendas, marketing e financeiras. Esse plano é essencial se você quiser ser bem-sucedida; é um valioso mapa para lançar e fazer crescer seus negócios - afinal de contas, o fracasso no planejamento é o planejamento do fracasso. Seu plano de negócios deve ser estratégico. No entanto, nem todo mundo entende isso, como Melanie descobriu:

> Eu diria que cerca de 5% das pessoas jovens que me abordam regularmente em relação a seus negócios - em média eu recebo de 5 a 10 por mês -, 5% delas na história da minha realização desses prêmios têm um plano de negócios.

Ideias são abundantes; se você for realmente séria sobre tornar sua ideia uma realidade, certifique-se de vir preparado quando for abordar as pessoas em relação a seus negócios, especialmente quando estiver pedindo investimentos. Isso não é um bicho de sete cabeças; na verdade, um plano de negócios ajudará você a identificar fraquezas e oportunidades em potencial que a ajudarão a tomar decisões informadas antes que você - e seus investidores - se comprometam financeira e legalmente.

É preciso dinheiro para ganhar dinheiro, como diz o ditado, e capital financeiro é essencial em se tratando de fazer com que um negócio cresça. Levantar somas em dinheiro é algo que sempre é desafiador, mas existem evidências que sugerem que, quando se trata de conseguir investimento externo, os desafios para mulheres negras empresárias são particularmente difíceis. Negócios lançados por mulheres negras tendem a ter um crescimento mais devagar do que aqueles iniciados por homens brancos, e isso em parte se deve ao fato de que eles têm uma probabilidade maior de conseguir investimento externo.[31] Empresárias que não têm já economias em uma quantia significativa tipicamente pedem ajuda a suas famílias e redes de amigos nos estágios mais iniciais de seus negócios, quando uma injeção de investimento pode ajudar a lançar e acelerar os negócios. No entanto, isso ainda permanece fora do alcance de algumas mulheres negras, que podem enfrentar dificuldades para conseguirem um igual acesso ao capital.

A membro do Parlamento, Dawn Butler, reconhece que existe uma lacuna em fundos e acredita que o governo deveria desempenhar um papel maior na tarefa de fechar essa lacuna.

> Pessoas negras em particular acham difícil conseguir empréstimos dos bancos, porque esses parecem considerá-las um alto risco, o que nem sempre é razoável, correto ou justo. Sendo assim, o que o governo poderia fazer seria analisar como os bancos operam, pois no fim das contas, bancos vêm operando de forma irresponsável por muitos anos. É por isso que o país tinha de tirar os bancos dessa. Oras, em todo o tempo em que eles estiveram agindo de forma irresponsável, nunca foram a favor de pessoas negras. Elas sempre foram tratadas mais arduamente e tinham de dar mais pulos e apresentar mais provas de que seriam capazes de pagar o empréstimo ou conseguir lucros em seus negócios. E então os bancos tinham aversão ao risco em relação a emprestar dinheiro para negócios de pessoas negras, o que sufoca muitos negócios de pessoas negras. Sendo assim, o governo tem um papel a ser desempenhado nisso, e os serviços públicos, também.

Nick Clegg, ex-Primeiro-Ministro Substituto, uma vez abordou a questão:

> Nós sabemos que 35% dos indivíduos negros de origem africana dizem que querem começar um negócio, mas apenas 6% deles de fato fazem isso. Será que eles estão tendo problemas para acessar os empréstimos de que precisam?.

Evidências passadas mostram que firmas de propriedade de indivíduos negros de origem africana têm quatro vezes maior probabilidades de ter empréstimos negados de imediato. E que os negócios de propriedade de indivíduos de Bangladesh, paquistaneses, negros caribenhos e negros africanos estão sujeitos a taxas de juros maiores do que empresas de propriedade de indianos.

Ao passo que, em escritórios, Clegg lançou uma pesquisa. Contudo, o relatório subsequente, "Ethnic Minority Businesses and Access to Finance" [Negócios de minorias étnicas e acesso a finanças], indicou que não havia evidência alguma direta de discriminação racial, mas de fato reconheceu que negócios de minorias étnicas realmente se deparam com desafios desproporcionais que dificultam o acesso às finanças. Mais uma vez, ideias preconceituosas prevalecem, visto que os bancos se sentem inclinados a focarem mais atenção nos prospectos com uma renda e economias maiores, considerando que eles podem provar que são mais rentáveis. Como já foi mencionado no capítulo "Mulheres independentes", o Departamento de Trabalho de Aposentadoria do Reino Unido descobriu que 60% das casas de famílias negras não têm uma economia que seja, em comparação a 33% das casas de famílias brancas. A riqueza negra sofreu ainda mais em seguida às recessões, e os empréstimos pós-recessão são mais apertados e os *scores* de crédito desempenham um papel ainda maior. Portanto, alguns bancos que estão realizando esta abordagem estão, sem querer, levando a um preconceito institucional contra minorias étnicas que poderiam não tipicamente se encaixar nos critérios que eles ativamente buscam como sendo de possíveis "investimentos a serem feitos.[32]

Florence começou com sua linha de maquiagem inspirada no hip-hop, em 2013, diretamente depois de se formar na London College of Fashion. Ela teve de formar um plano de negócios como parte de sua dissertação; no entanto, esse plano provisório tornou-se realidade quando ela se candidatou a uma concessão de fundos para negócios no valor de £10.000 de sua universidade, o que então usou para comprar equipamentos e montar um laboratório no abrigo na garagem da casa de seus pais.

> Eu acho que, sendo mulher, e sendo uma mulher negra, quando decidimos entrar nos negócios, pegamos esse caminho completamente desconhecido, e realmente nos incumbimos a tarefa de criar alguma coisa completamente desconhecida, do zero, e fazer o impossível, sem nem mesmo de fato sabermos se vamos receber gratificações pelo que quer que seja ou qualquer que seja a solução que estivermos provendo. E, ao mesmo tempo, não temos muito capital, não vamos dizer "disponível", porque existe dinheiro nesse mundo, mas não existe muito capital que é concedido a mulheres negras nos negócios. Então, sim, eu acho que é difícil. Quando acaba sendo bem-sucedido, há quase um campo de jogo mais plano uma vez que estamos lá dentro, mas para começar... é incrivelmente difícil.

Florence sabe que ela foi sortuda em conseguir essa concessão de fundos de sua universidade porque não há muito capital disponível para mulheres de negócios negras:

> Se houvesse mais apoio, e se houvesse mais capital, e se houvesse mais incubadores para *start-ups* por parte de mulheres negras e mulheres não brancas de fato proverem soluções, isso realmente aceleraria nosso crescimento. No entanto, ao mesmo tempo, você é uma empresária porque vai fazer isso mesmo assim, mesmo que o capital não esteja disponível. Porque eu não conseguiria todas aquelas centenas de libras de que eu precisava a princípio, para criar o meu produto, eu fiz isso no abrigo na

casa dos meus pais. Então eu acho que mulheres negras, e pessoas que são empreendedoras, sempre encontrarão formas de fazer as coisas que veem como necessárias no mundo.

Embora ainda haja algum caminho a ser seguido, nos últimos anos, várias oportunidades de se conseguir fundos *de fato se tornaram* disponíveis, o que torna o acesso aos fundos mais fácil. Existem mais esquemas de bancos e do governo oferecendo empréstimos do que nunca antes (recursos no fim do capítulo apontarão a você a direção certa a ser seguida). No entanto, 25% dos negócios de propriedade de minorias étnicas relatam que vivenciam uma falta de autoconfiança no entendimento da parte financeira de seus negócios, o que é acima do nível médio.[33] Quando você assiste a *Dragons' Den*, vê que aquilo que sempre leva as pessoas a tropeçarem é não conhecer seus números: você pode ter a melhor ideia do mundo, mas, se não conhecer os números, ninguém acreditará em você, ninguém a levará a sério nem assumirá um risco com você.

"Eu sinto que, nessa época, as plataformas estão abertas - tudo em termos de sociedade, mídias sociais, cultura, música, artes, moda, tudo está meio que simplesmente alinhado agora."

— Irene Agbontaen

Procrastinação é uma droga. É fácil demais teorizar sobre uma ideia e refiná-la em sua cabeça um milhão de vezes em vez de realmente dar aquele passo inicial. Começar é sempre a parte mais difícil: isso pode ser intimidante, e com frequência nós ficamos paralisadas, pensando demais. Porém, não permita que o medo do fracasso a detenha. Você tem de se perguntar se o seu desejo de fazer alguma coisa é maior do que seu medo de tentar fazer isso. Margaret Busby foi a mais jovem e primeira mulher negra da Grã-Bretanha a ser editora de livros na década de 1960, quando ela foi cofundadora de uma editora chamada Allison and Busby. Ela precisou usar todas as suas reservas de autoconfiança para dar o imenso passo de dar a cara a tapa sozinha. Ela aconselha o seguinte:

> Quando se é jovem, não sabemos o que estamos assumindo. Não sabemos que é uma grande tarefa, não sabemos o que pode dar errado. Temos todos os tipos de ideais, e eu acho que essa é provavelmente a melhor época para fazer coisas, quando se é jovem e cheio de ideais, quando não tem hipotecas nem dependentes nem nada dessas coisas que poderiam detê-la.
> Você simplesmente começa de onde está, e tem muita energia, e coloca isso no trabalho e faz o que quer que seja naquilo em que você acredita. Se eu estivesse fazendo isso agora, eu teria começado a pensar: *Oh, caramba, isso poderia dar errado, eu sei que isso pode acontecer, aquilo pode acontecer, seria melhor que eu não fizesse isso.* Mas, naquele estágio, foi preciso apenas acreditar naquilo que estávamos fazendo e dizer: "Bem, nós queremos publicar livros, nós queremos publicar livros baratos de modo que pessoas jovens possam comprá-los. Ok, vamos fazer isso".

Vannessa Amadi, fundadora da VA PR e agente de relações públicas de celebridades bem famosas, tem alguns conselhos essenciais para qualquer um que estiver começando um negócio:

> Você sabe que só vive uma vez, sério, e você pode fracassar, mas então você tenta de novo. Não é fácil, é preciso muita dedicação, mas não existe nada mais gratificante do que saber que você tem seu próprio lance, qualquer que seja ele - seja uma coisa grande que funcione realmente bem, ou seja apenas uma coisa minúscula, não importa, contanto que seja seu, porque é muito gratificante.

Assim que você tenha conseguido dar aqueles primeiros passos em direção a transformar sua ideia em um negócio, manter a força e a motivação do esforço inicial pode ser difícil, especialmente se já estiver trabalhando em tempo integral ou tiver outras responsabilidades. No entanto, acredite ou não, ter um emprego regular pode ajudar, além de que ele também lhe oferece segurança nos primeiros estágios de seu novo negócio. Ser empresária não tem de significar deixar seu emprego atual imediatamente, e existem maneiras de contar com suas habilidades empresariais enquanto você ainda estiver no mundo do trabalho. Por exemplo, poderia haver um projeto ou uma campanha em particular que possa não necessariamente se encaixar em seu típico trabalho durante o dia, mas, se falar com a pessoa encarregada disso, se você se expuser e abraçar a oportunidade, isso poderia ajudá-la a longo prazo quando começar seu caminho nos negócios.

Se sua ideia de negócios for no mesmo ramo da indústria do seu emprego, isso é até mesmo ainda melhor - você poderá estar construindo seu conjunto de habilidades, estabelecendo conexões e ganhando experiências relevantes. Eu trabalho em marketing e consegui usar essa experiência em todos os estágios em *Brilhe na sua praia*, desde o trabalho na ideia para a venda do livro, mídia sociais, até os eventos. Eu também me beneficiei do acesso a recursos e tantos indivíduos talentosos. Às vezes, a experiência que poderia não estar relacionada à sua ideia de negócios também pode se provar útil quando você menos esperar: aquele curso aleatório de Excel que você foi forçada a fazer todos aqueles anos atrás pode fazer uma diferença brutal quando for lidar com o lado financeiro de seus negócios.

Acima de tudo, fazer a transição de seu trabalho diário para entrar em seu próprio negócio *de forma gradual* lhe proporcionará um sólido plano B, assim como uma renda estável. A youtuber Patricia Bright trabalhou na City durante anos enquanto estava também criando conteúdo para o YouTube. O que começou como um hobby cresceu rapidamente até que ela estava com mais de um milhão de assinantes em seu canal do YouTube e havia atraído grandes marcas como anunciantes. Em certo ponto, ela sentiu que era capaz de tomar uma decisão calculada:

> Eu sou o tipo de pessoa que usa o Excel bastante; eu fiz os cálculos e supus o quanto eu poderia ganhar, potencialmente, em um certo período de tempo *versus* o quanto eu potencialmente poderia ganhar se continuasse trabalhando em meu emprego. Levei em conta a inflação e porcentagem de salário. Eu analisei essa situação de uma forma muito preto no branco, e calculei que eu poderia ganhar mais, me divertir mais e ter mais flexibilidade para criar alguma coisa fazendo meu canal no YouTube do que se eu permanecesse na minha carreira no meu emprego. Então esse foi o meu processo de decisão.
>
> Obviamente, eu passei de quatro a cinco anos fazendo vídeos, assim como trabalhando, e em momento algum eu simplesmente larguei o meu trabalho. Eu achava que aquela experiência de trabalho era extremamente útil e eu acredito que seja por isso que eu, de fato, sou tão boa assim. Eu sinto que seja importante que as pessoas desenvolvam algum tipo de conhecimento e experiência além de simplesmente as mídias sociais. Porque, em termos realistas, se você administrar um negócio, você realmente precisa saber como falar com um contador ou com um gerente ou um advogado ou ler os contratos e todas essas coisas que são extremamente importantes. Sendo assim, é importante ter um pouquinho a mais.

"Coisas boas vêm àqueles que lutam."
— Anaïs Nin

Sua história em particular e sua perspectiva individual em relação à vida é um bem de valor inestimável: bem este que muitos acabam não conseguindo reconhecer. As oportunidades para mulheres negras ganharem dinheiro com aquilo que sabemos nunca foram mais abundantes: cada vez mais de nós estão aproveitando a tecnologia para criar *podcasts*, plataformas on-line e sites de e-commerce. Agora poderia ser uma época excelente para criar alguma coisa. Irene concorda comigo nisso:

> Eu acho que, nessa época, mulheres negras estão em um ponto em que se encontram superempoderadas, nós temos esse impulso, e eu acho que isso remonta ao fato de que muitas de nós somos a primeira geração, então vimos a luta de nossos pais, vimos nossos pais virem para cá e lutarem para darem uma vida melhor para nós. Eu sinto que essa ética de trabalho foi instilada em nós também. Nós vimos a luta deles, e agora estamos prontas para colocar isso em prática. Nós sabemos que as coisas não virão facilmente para nós.
>
> Sendo assim, eu sinto que, nessa época, as plataformas estão abertas - tudo em termos de sociedade, mídias sociais, cultura, música, artes, moda, tudo está meio que simplesmente alinhado agora. Então, essa é a época para que nós simplesmente aproveitemos as oportunidades e sigamos em frente.

Empreendedorismo tem tudo a ver com abraçar desafios, ter a coragem de comprometer-se e perseverar, e sempre estar ciente do quadro maior e da diferença que seu produto pode fazer, grande ou pequena. Isso requer pensamento criativo, determinação, a capacidade de assumir riscos, liderança e, é claro, paixão. Os riscos tendem a ser altos, e os obstáculos na estrada, frequentes. Permanecer focadas, a despeito dos obstáculos, é o mais importante. No entanto, as recompensas poderiam ser a chance de estar em pleno controle de sua vida.

Se você decidir que este é o caminho que quer tomar, então, todos os desafios associados a lutar para se virar sozinha poderiam ser um pequeno preço a pagar. Isso exigirá que você saia de sua zona de conforto, tanto em termos pessoais quanto profissionais, porém, como diz o ditado, "uma zona de conforto é um belo lugar, mas nada jamais cresce por lá". Fora dessa zona de conforto, as oportunidades de crescer e aprender são ilimitadas.

Lista de recursos para ajudá-la a começar:

www.virginstartup.org
www.startups.co.uk
www.princes-trust.org.uk
www.fastcompany.com
www.bteg.co.uk
www.squarespace.com
www.wordpress.com
www.typeform.com
www.surveymonkey.co.uk
www.startupbritain.org
www.generalassemb.ly
www.campus.co/london/en
www.startuploans.co.uk
www.enterprisenation.com
www.greatbusiness.gov.uk/
www.bl.uk/business-and-ip-centre*

---

* No Brasil, você pode consultar:

1. https://imulherempreendedora.com.br/
2. http://feminaria.com.br/blog/
3. https://revistapegn.globo.com/
4. http://viradaempreendedora.com.br/o-que-e/ [N.E.]

REPRESENTATIVIDADE

"A questão não é que atores e atrizes negros britânicos estejam roubando papéis de afro-americanos, mas, sim, uma indústria cinematográfica que tem atrizes e atores negros lutando por papéis em ambos os países."

YOMI

SENDO SUSAN STORM

YOMI

"Não é pioneiro escrever o mundo como ele de fato é...
acredite em mim, pessoas negras nunca são *sidekicks*
de ninguém, nunca, na vida real."
– Shonda Rhimes

Quando eu estava no sexto ano, minha escola primária fez uma produção de *Grease – Nos tempos da brilhantina*. Para muitas crianças, e eu entre elas, a possibilidade de deixar de assistir a aulas para usar um casaco de cetim cor-de-rosa e fazer movimentos de dança era tão excitante, como se os cigarros de mentira que estávamos fingindo fumar fossem reais. Eu saltei para cima da oportunidade e fui tentar conseguir o papel maior da peça – a arquetípica vizinha branca da casa ao lado, Sandy.

Quando chegou a época das audições, eu estava confiante. Eu sabia que era improvável que houvesse ali olheiros da Disney que me levariam com suas aterrorizantemente precoces estrelas infantis, mas eu sabia dançar, cantar um pouco e me sair muito bem nas apresentações – o que, com dez anos de idade, é essencialmente indistinguível de atuar. Aprendi minhas falas, treinei algumas melodias e saí andando, toda pomposa, convencida de que meu desempenho havia sido o suficiente para que eu fosse coroada com a peruca loira da Senhorita Olsson.

Mas isso não aconteceu. Eu não fiquei com o papel de Sandy – o que foi um golpe supostamente atenuado pelo lado bom de ter ficado com o papel da "mina" má louca, Rizzo. Embora qualquer pessoa com sanidade saiba que Rizzo é a verdadeira estrela de *Grease – Nos tempos da brilhantina* (Sandy era apenas uma espécie de Ariel da terra, que abria mão de suas pernas por um cara, mas no caso dela as pernas eram um cardigã e boas notas na escola), ela não era o papel principal e o papel principal deveria ir para a pessoa que tivesse tido a melhor audição. E eu sabia que essa pessoa tinha sido eu. Você poderia pensar que essa foi apenas a minha interpretação amargurada, agindo com base no autoengrandecimento, mas não. Veja, com frequência os talentos brancos são subjetivos, a decisão da professora de escolher uma colega de classe minha que era loira de olhos azuis e depois reescrever o roteiro de modo que *eu* tivesse de cantar as canções de Sandy, pois a menina não sabia cantar nada, muito cimentou a minha suspeita de que a decisão tinha sido estética. A garota que foi escolhida não tinha nenhum número solo no musical da escola, mas, caramba, de fato ela tinha um par matador de olhos azuis!

Essa rotina reversa de Milli Vanilli foi a primeira vez em que me dei conta de uma coisa que agora mal faz com que eu erga as sobrancelhas: as vozes das mulheres negras são desejadas, mas não se vierem de nossas próprias bocas. Se você der uma olhada nas paradas musicais, artistas do soul de olhos azuis dominam simplesmente porque eles soam como seus colegas negros, que, em si, não parecem conseguir chegar nem a um intervalo comercial no Reino Unido. Artistas brancos recebem prêmios por sons que não apenas vieram de mulheres negras, como também muitas vezes relegam essas mulheres a ficarem de fora do Top 40. De forma similar, atores e atrizes brancos conseguem prosperar em seus próprios países primeiro, enquanto atores e atrizes negros devem, na maioria das vezes, conseguir ser bem-sucedidos no exterior antes que sejam promovidos em casa. Ainda bem que meus sonhos de canto e dança praticamente começaram e terminaram quando eu tinha dez anos de idade, mas, para aquelas que seguem em frente e correm atrás desses sonhos, os problemas persistem até mesmo quando esses sonhos de tornam realidade.

"A sigla do prêmio BAFTA, em inglês, quer dizer 'black actors fuck off to America' [atores e atrizes negros, vão se ferrar e corram para os Estados Unidos]."

— Gina Yashere, Black is the New Black

Com o passar dos anos, a mesma incapacidade de pensar fora da caixa tem visto nossos atores e atrizes favoritos indo para os Estados Unidos em massa, na esperança de um acolhimento mais receptivo em Hollywood. E, embora os Estados Unidos brancos dificilmente sejam conhecidos por sua coesão racial, em termos de diversidade de atores e atrizes, eles estão bem melhores do que nós. Lenora Crichlow, Nathalie Emmanuel, Freema Agyeman, Carmen Ejogo, Gugu Mbatha-Raw e Ashley Madekwe são algumas das atrizes que seguiram a trilha deixada por Idris Elba, David Oyelowo, Naomie Harris, Marianne Jean-Baptiste e tantos outros, que pularam para dentro do barco muito tempo antes e descobriram o sucesso no exterior. Os Estados Unidos ainda têm um longo caminho a seguir em termos de diversidade, mas a Grã-Bretanha tem um caminho ainda mais longe. A população negra norte-americana é cerca de quatro vezes maior do que a população negra do Reino Unido – 3% *versus* 13% –, o que explica o aumento na visibilidade para atores e atrizes negros nos Estados Unidos.

No entanto, em ambos os países, a representação continua abaixo da média nacional.

Uma das maiores exportações do Reino Unido para os Estados Unidos são, possivelmente, nossos atores e atrizes, mas o que é interessante é o quão diferente é a jornada para os diversos atores e atrizes que decidem cruzar o oceano. Os homens britânicos de vozes maravilhosas e pálidos, antes de tentarem sucesso nos Estados Unidos, primeiramente são promovidos aqui como tesouros nacionais - eles já conquistaram os corações de sua própria nação, e agora simplesmente têm esperança de repetir todo esse sucesso novamente nos Estados Unidos. Atores, atrizes e músicos negros, no entanto, com frequência deixam o país por pura necessidade. Idris Elba há muito vem sendo um dos maiores astros nos Estados Unidos, enquanto aqui no Reino Unido nós continuamos discutindo se nosso ícone britânico, Elba, pode assumir o papel e retratar um outro de nossos ícones britânicos, James Bond. Esses artistas deixam o país relativamente sem terem sido notados e sub-apreciados, apenas para voltarem como heróis assim que os norte-americanos lhes derem o sinal de aprovação. A situação é tão terrivelmente ruim que até mesmo os políticos comentaram sobre isso: o político do trabalho Chuka Umunna referiu-se a isso como sendo "inaceitável" que atrizes e atores negros britânicos não alcancem o sucesso *mainstream* no Reino Unido sem terem de se sair bem nos Estados Unidos primeiro.

A atriz e cantora Cynthia Erivo é uma espécie de garota-propaganda para o sonho americano dos artistas britânicos negros. Depois de ter sido vista por um produtor norte-americano enquanto se apresentava em um espetáculo, ela mudou-se do sul de Londres para os Estados Unidos e, desde então, ganhou o Tony Award em 2016 por melhor atriz em um musical por seu papel como Celie no revival da Broadway de *A cor púrpura*, assim como ganhou também o Grammy em 2017 por melhor álbum de teatro musical. Agora ela conseguiu um papel de estrela na série *Widows*, de Steve

McQueen, e foi escalada no papel principal da cinebiografia vindoura de Harriet Tubman.

> Eu sinto como se demorasse um tempo aqui [no Reino Unido], realmente demora, e eu posso entender por que atrizes negras foram [para os Estados Unidos] e encontraram mais coisas lá, porque eu acho que as pessoas são capazes de aceitar mais riscos por lá. E eu não estou dizendo que isso seja perfeito, não estou dizendo que eles estejam completamente bem organizados, mas, definitivamente, eu acho que eles estão mais abertos a tentarem coisas novas e a colocarem novos rostos em cena, a trabalhar com diferentes escritores, com diferentes histórias, de modo que você pode ver isso acontecendo e pode ver mais rostos como o meu na TV, no teatro.
>
> Ao passo que aqui nós ainda estamos levemente para trás nisso, de fato. Eu acho que eu tive sorte por ter conseguido fazer um espetáculo que realmente foi trazido para cá por um produtor americano que me viu e que pensou: *Ela é realmente incrível, vou levá-la para a Broadway*. Essencialmente, eu sinto que os Estados Unidos foram trazidos para cá por mim e eu voltei com ele.

Sarah-Jane Crawford, que tem uma carreira de sucesso no Reino Unido como apresentadora de TV, concorda que a atitude dos Estados Unidos na direção da diversidade na mídia está quilômetros à frente da atitude da Grã-Bretanha em relação a isso. Não somente ela garantiu com rapidez um lugar como apresentadora no *E! news*, como também viu o país sendo incrivelmente receptivo em relação a ela como atriz.

> No decorrer dos últimos anos, eu assumi alguns papéis imensos - sendo uma atriz nova, eu nunca teria sido colocada nesses papéis se não fosse pelo fato de que eles estão tão entusiasmados em relação a isso de ver novos talentos negros. E diretores de elenco estão procurando por pessoas negras mais do que nunca, por causa do sucesso de séries de TV com negros como *Empire, Como defender um assassino, Scandal* etc. Eu tive cerca de oito ou nove audições nos últimos seis meses para grandes séries de TV, ao passo que aqui [no Reino Unido] eu não necessariamente seria considerada para dramas britânicos.

> Uma outra coisa importante a ser lembrada é que, quando se é negro e se está por aqui, existem muitos outros subgêneros que são bem-sucedidos. Tyler Perry é um diretor de imenso sucesso. Pense nos Spike Lees deste mundo. O cinema negro é algo gigantesco nos Estados Unidos - muito maior do que o daqui, no Reino Unido. Não me entenda errado, eu trabalhei em filmes urbanos com pessoas como Femi Oyeniran - ele me colocou no primeiro filme propriamente dito que eu já fiz na vida, *It's a Lot*. Então existe muito talento negro e urbano no Reino Unido se saindo grandemente bem, mas por lá o cinema negro é algo gigantesco e todos nós crescemos vendo filmes como *Os donos da rua* e todas aquelas comédias românticas, e *Love & Basketball* e pessoas como Gabrielle Union, que escalaram seu caminho até o topo e agora são gigantes, pois agora ela está fazendo coisas como *Being Mary Jane*, assim como Kerry Washington. Sendo assim, todos aqueles atores e atrizes negros, belos e realmente talentosos, provavelmente já fizeram sua boa cota de "cinema branco". Mas isso é incrível, pois até mesmo se eu fosse para lá e tivesse uma carreira no cinema negro, isso ainda seria legal porque o sucesso é maior por lá.

Atores, atrizes e artistas negros britânicos continuam criando imensas ondas, uma após a outra. Seu sucesso tem sido tão grande, na verdade, que isso atraiu sua própria controvérsia. Em uma entrevista com a estação de rádio Hot 97, o ator veterano de Hollywood Samuel L. Jackson sugeriu que o filme de terror satírico *Corra!*, em que estrelou o ator britânico Daniel Kaluuya, teria se servido melhor de um afro-americano no papel principal:

> Existem muitos atores negros britânicos nesses filmes. Fico tendendo a imaginar como teria sido aquele filme [*Corra!*] com um irmão norte-americano que realmente sinta aquilo na pele. Daniel cresceu em um país onde eles têm namoros inter-raciais há um século. O que um irmão americano teria feito daquele papel? Algumas coisas são universais, mas [nem tudo].

Ele também apontou o drama histórico de Ava DuVernay, *Selma*, que escolheu David Oyelowo para assumir o papel de Martin Luther King, como outro exemplo. "Há alguns irmãos nos Estados Unidos que poderiam ter estado naquele filme e que teriam tido uma ideia diferente em relação à forma como King pensava", disse ele.

Uma lógica similar não impediu atores afro-americanos de fazerem papéis de negros britânicos (o sotaque de Don Cheadle em *Onze homens e um segredo, Doze homens e um segredo, Treze homens e um novo segredo* é infame, de tão ruim), mas o que realmente irrita é que pessoas como Michael Fassbender, Emily Blunt, Ewan McGregor, Kate Winslet, James McAvoy, Emma Watson, Rachel Weisz - atrizes e atores britânicos brancos que dominaram o cinema norte-americano durante anos - não se encontram sob o mesmo escrutínio por parte de seus colegas brancos. A questão não é que atores e atrizes negros britânicos estejam roubando papéis de afro-americanos, mas, sim, uma indústria cinematográfica que tem atrizes e atores negros lutando por papéis em ambos os países.

Talvez a falta de opções para atrizes e atores negros no Reino Unido tenha algo a ver com as histórias que estamos dispostos a contar. Um programa britânico como *EastEnder*s deveria fervilhar com papéis para mulheres negras: embora Walford seja fictícia, fica ainda mais difícil de se tornar crível por sua falta de cabeleireiros jamaicanos e tias africanas vendendo roupas. Mas essa não é a Grã-Bretanha que estamos tentando exportar. Como escreve Riz Ahmed em seu ensaio "Aeroportos e Audições", em *The Good Immigrant*:

> A realidade da Grã-Bretanha é um vibrante multiculturalismo, mas o mito que nós exportamos é o de um mundo todo cheio de brancos lordes e madames. Por outro lado, a sociedade norte-americana é bem segregada, mas o mito que ela exporta é de um cadinho cultural, com todo mundo resolvendo crimes e lutando contra alienígenas lado a lado.

"Negro" e "Britânico" são, com frequência, apresentados como identidades contraditórias. O conceito de negritude trabalhadora, dura e legal é percebido como sendo diametralmente oposto à amplamente exportada noção de ser britânico polido, mimado, espalhafatoso, orgulhoso e agitado. Para muitos públicos pelo mundo, até mesmo agora, a ideia de que alguém pode ser negro e britânico - do país mais branco dos brancos, assolado pelo mau tempo, de bebedores crônicos de chá, que andam em ônibus vermelhos - é realmente de dar nó na cabeça. A identidade britânica é incerta para minorias. Nossa reivindicação do que é ser britânico muitas vezes depende do quão bem estamos nos comportando. Frequentemente se diz que, se você estiver competindo pelo país nas Olimpíadas, os jornais vão se referir a você como sendo britânico, mas, se você tiver sido pego por um pequeno roubo que seja, de repente é descrito como tendo vindo do lugar onde seus pais nasceram.

Denise Lewis OBE é uma das atletas mais bem-sucedidas nas Olimpíadas, tendo ganhado a medalha olímpica no heptatlo nos Jogos Olímpicos de 2000 em Sydney. Embora isso não tenha acontecido com ela pessoalmente, ela viu o "ser britânico" sendo concedido a indivíduos com base no tipo de história que estava sendo contada sobre eles:

> Eu me lembro de alguns exemplos em que esportistas foram descritos como "nascidos na Jamaica" ou "nascidos na Somália" na imprensa dos tabloides quando, para mim, seria apropriado apenas se referir a eles como britânicos, pois eles têm passaportes britânicos e representaram o país nos mais altos níveis possíveis no esporte. Parece que o "ser britânico" é algo que fica sob escrutínio quando a história na mídia não é positiva.

Sendo assim, negros britânicos são considerados britânicos quando é conveniente. Durante as Olimpíadas de 2012, a Grã-Bretanha foi celebrada como multicultural e multifacetada, mas o recente aumento na popularidade de dramas de época na TV britânica vem mostrando o país em sua forma mais branca. Eu costumava brincar que, se entrássemos em uma máquina do tempo e voltássemos para a Inglaterra georgiana, todas as mulheres com quem nos depararíamos seriam como Keira Knightley usando um gorro. E, durante anos, essa tem sido a Grã-Bretanha que exportamos - a

Grã-Bretanha de *Downton Abbey* e *The Crown*, de realeza e bailes de debutantes, onde pessoas negras aparentemente deixam de existir por um século e pouco. Quando lhe perguntaram sobre a falta de papéis para negros britânicos em uma entrevista, a atriz negra britânica Sophie Okonedo respondeu:

> Eu acho que muito disso é [devido aos] costumes e dramas de época, que deve ser, o quê? Pelo menos 40% do que fazemos aqui? O que significa que 40% das oportunidades já ficam fechadas para mim.

Eu aumentaria esses 40 para 60%: nós realmente amamos um bom drama de época no Reino Unido e especialmente adoramos toda a escravidão, o colonialismo e o racismo dentro das telas, até mesmo em nossas descrições mais precisas historicamente falando. Ninguém quer reconhecer o roubo do continente africano enquanto estão quase desmaiando por verem o Lorde gostosão com as mãos dentro das roupas de baixo de uma camareira virginal. Isso não é sexy. Corta o clima. Mas isso de deixar atrizes como Okonedo de fora em dramas de época deve ser entendido como aquilo que realmente é: uma decisão ativa. Dramas de época negros que abordam as realidades do passado podem ter sucesso comercial - o drama aclamado pela crítica de Amma Asante, *Belle*, é um exemplo recente e relevante. Nos Estados Unidos houve os filmes de 2013, *12 anos de escravidão* e *The Retrieval*, ambos imensamente bem-sucedidos em âmbito internacional. Este país pode fazer dramas de época apresentando atrizes e atores negros também, mas isso igualmente significaria fazer as pazes com um passado que é bem menos bonito do que aquele cheio de vestidos elegantes.

O peso dos estereótipos

Embora as coisas sejam sombrias para atores negros, ponto final, para atrizes negras isso tem sido particularmente difícil. A falta de papéis dignos para mulheres, multiplicada pela falta de papéis dignos para atores e atrizes negros, significa que há muito poucos papéis dignos para atrizes negras. O ator negro David Harewood recebeu aclamação por sua representação de Nelson Mandela no drama da BBC *Mrs Mandela,* e por Martin Luther King na peça londrina *The Mountaintop*. "Nelson Mandela e Martin Luther King são grandes papéis, mas há muito poucos e espaçados papéis entre eles para nós", ele lamentou.

Poucos e espaçados podem ser os papéis, mas certamente eles são recorrentes: Idris Elba fez o papel de Mandela em *Mandela: O caminho para a liberdade,* em 2013, e David Oyelowo fez o papel de King em *Selma,* de Ava DuVernay, um ano depois. Havia somente um Nelson Mandela e apenas um Martin Luther King, todavia, de modo que, apesar das aparentemente infinitas adaptações, o número de reencarnações é finito. Porém, pelo menos as histórias de grandes homens negros são contadas, ainda que raramente.

Hollywood está apenas começando a contar histórias de grandes mulheres negras. *Estrelas além do tempo,* a história real de três mulheres afro-americanas na NASA, que ajudaram a lançar o astronauta John Glenn em órbita, foi um sucesso de bilheteria, mas ainda continua sendo uma exceção à regra. E, embora possa haver alguns papéis para atrizes negras britânicas nos Estados Unidos, ainda há bem menos desses papéis do que para colegas brancas – colegas brancas que também lamentam a falta de bons papéis para mulheres. Se este é o caso nos Estados Unidos, a "terra das oportunidades", você pode imaginar o quão piores são as coisas por aqui. Um estudo realizado pelo British Film Institute [Instituto de Cinema Britânico] (BFI) analisou a representação de atores e atrizes negros em mais de mil filmes no Reino Unido na última década e descobriu que, apesar de a população negra britânica estar crescendo, o número de filmes do Reino Unido com papéis para atores e atrizes negros chegou a um platô. É válido reiterar que a população negra britânica é de apenas 3%, em comparação a 13% da população afro-americana dos Estados Unidos, porém, até mesmo em dramas de TV e filmes em Londres, onde algumas vizinhanças podem ter até 50% de população não branca, ainda há uma grande falta em termos de representatividade.

O mesmo estudo também descobriu que 59% dos filmes britânicos não apresentavam atriz ou ator negro em papéis principais ou com personagens com nomes. Apenas 13% dos filmes do Reino unido têm uma atriz ou um ator negro no papel principal. Segundo o BFI, um pequeno número de filmes apresentará um alto número de atrizes e atores negros em papéis principais no que eles chamam de "aglomeração". Mais da metade de todos os papéis principais para atrizes e atores negros estiveram em apenas 47 dos mil filmes analisados, o que significa que menos de 5% dos mil filmes haviam escolhido para o elenco uma atriz ou um ator negro em um papel em que o personagem tinha nome. Sendo assim, enquanto a sociedade britânica se torna mais diversa e integrada, nossos filmes estão mostrando uma era que já se foi faz tempo.

Os papéis para atrizes negras na Grã-Bretanha são poucos – e até mesmo menores se elas se recusarem a assumir os papéis que costumeiramente são unidimensionais e estereótipos nocivos. Os rostos da feminilidade negra são frequentemente apresentados como sendo um dos seguintes: a rainha do bem-estar (sendo o equivalente moderno a interesseira, que só se envolve em relacionamentos por causa de dinheiro), a Safira (agora representada como a mulher negra raivosa), a Jezebel (a "mamãe gostosa" ou "supergata"), ou a melhor amiga da multifacetada e mais complexa colega branca (existe uma piada frequente de que, se você fosse visitar o apartamento da melhor amiga negra de uma personagem, o lugar não teria móveis, visto que suas vidas não têm valor algum além da personagem principal branca). No entanto, além dos estereótipos e do limitado desenvolvimento de personagem, parece ser a regra que pessoas negras devam ser apenas apresentadas como sofrendo, com dor ou sobrevivendo, em contraste com florescendo. E, embora as dificuldades façam parte da experiência negra, certamente não é isso em sua totalidade, embora muitos seriam perdoados por acharem que este é o caso devido à forma como a experiência negra é apresentada nas telas.

> As mídias TV e cinema têm uma tendência a estereotipar pessoas negras", Chuka Umunna disse certa vez, em um discurso em 2013: "para apresentar uma imagem de pessoas negras britânicas que sugere que nós podemos ter sucesso nos esportes, no entretenimento e na música, mas não necessariamente em outros campos.

Quando se analisa os filmes que estão presentes no estudo de mil filmes do BFI, a ideia de narrativas negras singulares definitivamente está presente. *Selma* é um filme sobre direitos civis, e *Mandela: O caminho para a liberdade, apartheid; 12 anos de escravidão* cumpre o que promete e *Half of a Yellow Sun* documenta a guerra civil nigeriana. *Honeytrap, Brotherhood* e *Adulthood* são todos filmes centrados no crime, e *Fast Girls – Garotas velozes,* no atletismo. Esses filmes proporcionam uma visibilidade muito necessária, mas eles também mostram que não existe uma fome por parte da indústria cinematográfica britânica de apoiar financeiramente filmes que mostram facetas da experiência negra com a qual eles não estão familiarizados. Existe uma relutância para prover fundos a "filmes negros" para começo de conversa, mas, se esses filmes são feitos, eles quase sempre têm como foco temas amplamente considerados as únicas histórias que as pessoas negras têm a contar – guerra, escravidão, crime e esportes.

A primeira peça de Bola Agbaje, *Gone Too Far!*, ganhou o Prêmio Laurence Olivier por Melhor Realização em um Teatro Afiliado em 2008 e foi adaptada para um filme que foi lançado em 2014. A prioridade dela quando estava escrevendo a história era a de ilustrar um mundo que ela reconhecia, e que era diferente daquele que via retratado em filmes e no teatro:

> Logo que eu comecei a escrever, o lance que era realmente importante para mim era um retrato verídico do que era nossa experiência. As pessoas perguntam com frequência: "Oh, mas como é que [*Gone Too Far!*] é tão divertido, você é simplesmente uma escritora de comédia?". E eu respondo: "Não!". Eu acho que simplesmente pessoas negras, de modo geral - nós vemos isso on-line também -, nós achamos graça em tudo. E eu acho que foi isso que eu senti que estava faltando em um ponto em particular em Londres, na Inglaterra, em particular, em termos da representação de personagens negros. Eu sentia que nós éramos retratados de umas formas tão estereotipadas, de modo que nunca havia áreas cinzas para nós. Eu sentia que a única coisa que eu poderia fazer para mudar isso seria justamente escrever personagens com quem eu poderia me identificar, personagens esses que eu sentisse que eram verdadeiros. E nem sempre se pode agradar a todo mundo - há pessoas por aí que vão dizer: "Eu não acredito naquele personagem", ou "Eu não acho que aquele personagem existiria". Mas eu sei que esses personagens existem, e eu vivenciei algumas das coisas sobre as quais escrevo e eu sei que as pessoas vivenciaram algumas das coisas sobre as quais eu escrevo. E eu acho que às vezes, quando outras pessoas estão escrevendo sobre as nossas culturas e sobre personagens que elas não conhecem, às vezes elas perdem as nuances. Não é como se eles não pudessem fazer isso, pois não é como se eu não pudesse escrever personagens brancos. É simplesmente o caso de que, às vezes, as nuances de tais personagens ou de suas vidas ficam perdidas. As coisas com o que deveríamos ser sensíveis, essas são as coisas que ficam faltando. E, até mesmo agora, quando escrevo personagens negros, estou sempre tentando encontrar a área cinza, o meio-termo com que as pessoas possam se identificar. Estou sempre tentando procurar pela verdade naqueles personagens. Porque é isso com o que as pessoas mais se identificam.

> Minha meta final é que eu estou tentando mudar essa percepção mostrando ao mundo que existem muitos tons diferentes de nossa negritude e que existem muitas experiências diferentes pelas quais nós passamos. O mesmo acontece com nossos colegas brancos - existem pessoas que gostam de *EastEnders*, e existem pessoas que gostam de *Downton Abbey*. E às vezes eles são os mesmos grupos de pessoas e, às vezes, não são. Em relação à experiência negra, existe uma coisa que nos representa a todos e estou tentando mudar isso. Sendo assim, eis onde eu não cedo, quando vou a uma reunião e estou vindo com uma ideia para uma história e alguém diz: "Essa história é um pouco de nicho, pois você está falando sobre a experiência nigeriana", ou "Essa história é um pouco de nicho, porque a personagem principal é uma mulher ou um homem negro". Eu não cedo em relação a isso, pois não quero adicionar mais estereótipos aos que já existem.

Bola começou como atriz e só se voltou para a escrita porque ela ficou frustrada com a falta de papéis disponíveis para mulheres negras. "Eu decidi que eu ia escrever minha própria peça e me colocar nela", lembra ela. Isso é um indicador de um outro elemento importante do estudo do BFI, que lista os atores e as atrizes com a maioria dos papéis principais nos filmes no Reino Unido desde 2006. O astro de *Kidulthood,* Noel Clarke, está no topo da lista com oito papéis, mas apenas quinze atrizes e atores negros fizeram dois ou mais papéis principais em filmes no Reino Unido desde 2006. Cinco desses quinze são mulheres negras. Nós falamos sobre construir novas portas se as portas existentes permanecerem fechadas, e um segundo olhar de relance na lista mostra o quão crucial é isso - os papéis de Noel Clarke em filmes como *Adulthood, The Anomaly* e *Brotherhood,* todos os quais ele dirigiu, são o que o coloca no topo da lista. Isso de que a pessoa com mais papéis principais na última década só conseguiu esse feito porque escolheu a si mesma para esses papéis é muito revelador.

Michaela Coel também é a estrela em sua altamente bem-sucedida série de TV, *Chewing Gum,* um papel que muitos poderiam dizer que poderia ter sido difícil de ser garantido caso ela fosse apenas talentosa, mas não estivesse encarregada pela sitcom. Séries como *Chewing Gum* mostram mulheres negras de formas como não estamos acostumados a vê-las: bobas, tímidas, carentes, inexperientes em termos sexuais. Para alguns membros da população britânica, Tracey, a personagem principal na comédia da E4, está dentre as poucas representações na tela de mulheres negras que eles estão vendo. A importância de acabar com estereótipos é totalmente abrangente - desde a obliteração da ideia de que mulheres negras de sucesso são exceção em vez da regra, até a libertação das mulheres negras de rígidos enquadramentos que, com tanta frequência, são como uma peste para nós em nossas realidades. Estereótipos não permanecem na tela - a frequência com que as mulheres negras são apresentadas como agressivas, raivosas e irracionais, além de preguiçosas, ignorantes e incompetentes, não pode ser desassociada do fato de que as pessoas costumam pensar que mulheres negras são mesmo tudo isso que foi dito acima.

Eu cresci na geração de *Kerching!, Comin' Atcha!,* quando a televisão para crianças era de alguma forma mais diversa do que é agora, quase vinte anos depois. Analisando esses dois programas em retrospecto, é difícil acreditar que eles até mesmo existiram. O protagonista de *Kerching!,* Taj, me fez lembrar dos meninos negros que eu conheci na vida real - espertos, empresários em desenvolvimento focados em se tornarem ricos, vendendo doces no playground. Ele morava com a irmã e a mãe, que era enfermeira, e ele havia criado a empresa on-line Rudeboy, com a meta de ganhar um milhão para ela. *Cleópatra* falava até mesmo mais com a minha pessoa; logo que vi seu primeiro videoclipe, sendo a segunda de três irmãs que passavam as melhores partes de seus fins de semana "dublando" Brandy na frente da televisão, ver garotas que se pareciam exatamente conosco - mesmo tom de pele, mesmos cabelos, que também dividiam um quarto entre elas três, cuja mãe dava broncas por fazerem barulho demais - era algo mágico. Isso ficou até mesmo mais mágico quando eu me dei conta de que elas eram britânicas e que tinham um programa na TV. Às vezes eu mal podia acreditar que a CITV algum dia se arriscou com três irmãs negras, nativas de Manchester, que moravam com sua mãe solteira, e então eu me lembro de que as meninas já estavam em uma banda de sucesso cujo primeiro *single* entrou nas paradas musicais no terceiro lugar. Esse nível de ser incrível - a retratação de crianças negras como crianças negras - nunca tinha ocorrido nas televisões britânicas até então.

Conforme os números de britânicos negros continua crescendo, inversamente cresce a demanda por programas de televisão e filmes que mostrem um país em que não vivemos faz um tempo. Talvez, quanto mais continuemos a crescer, mais forte esteja ficando o desejo de reclamar uma Grã-Bretanha cada vez mais distante - não apenas por parte daqueles que consomem nossa nação como produto de exportação, como também daqueles que moram aqui. O voto de Brexit pode ser um atestado disso.

Vozes negras, rostos brancos

Assim como ocorre com atrizes negras, mulheres negras musicistas no Reino Unido, com frequência, buscam sucesso em algum outro lugar, especialmente nos Estados Unidos. A cantora Estelle encontrou o sucesso comercial nos Estados Unidos, ganhando um Grammy. O que não é surpreendente é que, assim que ela estourou nos Estados Unidos, seu *status* no Reino Unido começou a crescer. Floetry, uma dupla de soul que foi indicada ao Grammy, e que muitos não percebem que eram britânicas, dominaram as paradas musicais em meados dos anos 2000. O grupo gravou dois alguns de estúdio e vendeu mais de 1.500.000 de discos no mundo todo, e seu sucesso, sem sombra de dúvida, deveu-se muito ao fato de terem sido aceitas no exterior. A estrela do pop da década de 1980 Sade Adu, é citada como uma imensa inspiração por muitos musicistas, tanto negros quanto brancos, mas ela também é uma estrela cujo brilho ficou maior depois que adquiriu um *status* icônico nos Estados Unidos.

Embora ainda esteja presente, a estereotipagem na indústria musical funciona de forma diferente em comparação à forma como isso acontece em filmes e na TV. Uma grande parte do problema para cantoras negras britânicas no Reino Unido é o estereótipo de que mulheres negras são naturalmente dotadas cantoras de soul - um estereótipo que, uma vez na vida, as pessoas brancas ativamente buscam refutar -, o que as deixa sendo consideradas "padrão", e não notáveis. Quando uma mulher negra sabe cantar, isso muitas vezes é considerado desinteressante, em comparação a homens brancos e mulheres brancas cuja abordagem do *rhythm and blues*, não importando o quão tradicional seja, é vista como uma novidade que pode ser comercializada ou um rosto mais palatável para um som muito querido. Beverley Knight explica esse fenômeno em uma entrevista ao *Independent*:[1]

> Existem duas suposições gerais: que a maioria das cantoras negras seriamente sabe cantar, e isso é regra, e elas em algum momento acabarão cantando R&B/soul. Portanto, uma grande voz não a torna excepcional. O outro lado dessa situação é que uma mulher de qualquer outra etnia que tem uma grande voz de soul/R&B destaca-se de imediato. Todos nós já ouvimos a frase: "Ela canta como uma garota negra". Tal cantora já é um sonho de marketing, e tem mais chances de sucesso.

A Grã-Bretanha com frequência não sabe o que fazer com cantoras negras, optando por encaixá-las no estereótipo das "divas" de uma era que se foi em vez de posicioná-las na vanguarda. Isso resultou em apresentações de destaque em musicais no teatro e na

Broadway (Alexandra Burke em *Mudança de hábito*, Beverley Knight em *O guarda-costas* e Leona Lewis em *Cats*), mas esta é uma popularidade que não necessariamente se traduz para o *mainstream*. A rapper norte-americana que divide opiniões, Azealia Banks, assinou com o selo britânico Polydor Records em 2011, e explicou em uma entrevista à revista *XXL* os problemas com a forma como ela era vendida no mercado:

> É irônico porque o lado dos Estados Unidos queria todas as canções não contemporâneas. E então o lado do Reino Unido ficava: "Ah, não, nós precisamos de uma outra '212'. Você precisa falar de xoxota". O lado do Reino Unido estava tentando me transformar em uma coisa negra estereotipada.

Banks tem razão em uma coisa: o marketing de artistas negras no Reino Unido depende pesadamente dos estereótipos. Até mesmo se olharmos em retrospecto, 'Scary Spice' - com suas sempre presentes estampas de leopardo, insolência e tendência a ser fotografada fingindo que estava gritando em todos os ensaios fotográficos da imprensa - era uma retratação bem mais problemática de uma feminilidade negra do que eu estava ciente disso quando criança.

A musicista ganhadora do MOBO, Laura Mvula, também teve de lutar com isso de ser uma musicista negra na Grã-Bretanha que fica de fora do que são as expectativas da indústria, e ela foi tão recompensada quanto penalizada por isso. Mvula ganhou um prêmio Ivor Novello por melhor álbum em 2017, mas, logo antes disso, ela foi dispensada pela Sony por e-mail. O problema, diz ela, foi uma incapacidade de encontrar um "espaço adequado" para ela no cenário conservador:

> O que ficou mais aparente para mim logo que comecei foi que o mundo todo, ou certamente o mundo ocidental, estava bem mais preparado para me aceitar como Laura Mvula, a senhora do soul, a diva/cantora negra do futuro, a Adele negra ou o que quer que fosse. Foi assim que

comecei. Eu acho que foi ficando mais difícil para os ouvidos e olhos digerirem isso: Ah, eu sou essa compositora, sou produtora, alguém que nutre a música desde o momento em que ela é concebida. Sendo assim, estou no estúdio, estou lá com o lápis e o papel escrito à mão, e me deixou passada que até mesmo depois de um tempinho formando o meu perfil, as pessoas, em particular homens, me perguntavam se eu mesma tinha escrito as canções ou elas presumiam que havia uma presença masculina em algum lugar no processo. É raro aos olhos da sociedade moderna que uma mulher negra fosse basicamente administrar, escrever e interpretar suas próprias coisas. E mais ainda aqui no Reino Unido do que nos Estados Unidos. Eu acho que estamos um pouco atrás em relação a isso.

Na maior parte das salas em que eu encontro ou me deparo com homens, homens brancos, e seja um estúdio de gravação, uma diretoria, outros projetos, sabe?, pessoas com os recursos - os guardiões dos portões, os mercadores, pessoas com o dinheiro. Eu acho que isso foi um chamado para que eu acordasse, pois eu sempre estive fazendo música, na minha família e com minhas irmãs - nós apenas víamos nossa comunidade imediata, que era diversa e negra em grande parte do tempo.

É frustrante que eu nunca tenha me deparado com aquele homem branco de meia-idade que decidiu que Laura Mvula não tinha mais lugar na RCA. Eu não sei quem é o cara [risos], mas eu sei que ele e o cara acima dele tomam as decisões. Assim como ocorre na maioria das grandes gravadoras e dos grandes selos. É assim que funciona a indústria comercial.

A música britânica é renomada mundialmente. Segundo as estatísticas, um a cada seis álbuns vendidos no mundo todo é de um(a) cantor(a) do Reino Unido e a indústria musical do Reino Unido respondeu por 17,1% do mercado musical global em 2016 - sua mais alta partilha nesse mercado até hoje. Em 2015, Adele estava com o primeiro lugar de álbum no mundo, Ed Sheeran estava em segundo lugar e Sam Smith, em quinto. Porém, e quanto aos músicos britânicos negros que fazem a mesma música? No decorrer dos últimos anos, cantores brancos influenciados pelo soul conseguiram abocanhar todos os Brit Awards e então fizeram isso novamente vários meses depois nos MOBOs. Se acreditarmos nas paradas musicais, a maioria dos grandes produtos de exportação do soul da Grã-Bretanha na última década são todos brancos - Jessie J., Adele, Amy Winehouse, Jess Glynne, para citar apenas algumas, que conseguiram ser consistentemente bem-sucedidas nas paradas do Reino Unido. Jamelia diz:

> Eu acho Adele o máximo, eu acho que Sam Smith é incrível, mas eu conheço um milhão de Sam Smiths negros, e eu conheço um milhão de Adeles negras fazendo *backing vocals*. E eu sinto muito, mas quando você olhar para pessoas como Adele e Sam Smith, olhe em volta deles, veja onde eles cresceram, veja quem os influenciou - fomos nós.

Muitos cantores e cantoras brancos de sucesso admitem que devem e muito a pessoas como Aretha Franklin, Etta James, James Brown e Whitney Houston - aos pioneiros negros do soul, do blues e do R&B. Porém, considerando que eles estão fazendo música de origem negra e subsequentemente subindo nas paradas musicais ao fazer isso, muitos mostram um inacreditável desprezo pelos problemas com que se deparam aqueles que eles emulam.

Em 2016, quando um bom número de artistas negros foi esnobado nas indicações para o Brit Award, a musicista Lily Allen levantou a questão e seus comentários foram imediatamente detonados pelo cantor romântico de blues e indicado James Bay, que não entendeu por que ela "teve de seguir aquela linha de pensamento" e nos garantiu que tudo tinha "a ver com a música".

De forma similar, em 2014, as controvérsias cercando vários indicados brancos ao MOBO foram imediatamente dispensadas como sendo "irritantes" pela cantora Jess Glynne. "Isso não tem a ver com a cor da sua pele, isso tem a ver com a música", ela repetiu, ecoando as palavras dele, não se dando conta de que esse é exatamente o ponto que as pessoas que estão criticando as listas de indicações quase totalmente compostas de pessoas brancas estão tentando expressar. "Eu acho que as pessoas interpretam as coisas além da conta e pulam para cima desse lance todo de 'não é a mesma coisa'."

Por volta da mesma época, Ed Sheeran foi indicado como "a pessoa mais importante na música negra" pela lista poderosa da BBC 1Xtra e ele rapidamente implorou que os céticos "ouvissem com os ouvidos, e não com os olhos". Talvez ele não note que existe o problema de que algumas pessoas realmente "ouvem com os olhos", e que isso o colocou no topo da lista para começo de conversa. Infelizmente, nem todos veem o mundo como ele vê - pelo menos não na indústria da música, em que um menino branco com olhos de corça certamente pinta um quadro mais belo do que um negro.

Isso não quer dizer que os artistas indicados não sejam talentosos. É simplesmente o caso de que artistas negros, sejam eles mais, menos, ou igualmente excepcionais em comparação aos brancos, não sejam igualmente recompensados - até mesmo dentro de um gênero predominantemente negro. Artistas brancos não prosperam dentro de um gênero predominantemente negro apesar de serem brancos, eles prosperam por causa disso. Os artistas são continuamente indicados para fazerem músicas que foram pioneiras por parte de artistas negros - geralmente à custa de artistas negros. E quando eu reconheço isso, eu me deparo com gente bufando com proporções épicas. O resultado do Brits de 2016 levou a prêmios em 2017 focados pesadamente em tentar reparar a crise de diversidade com várias indicações de talentos negros. Porém, a única vencedora não branca do Reino Unido foi Emeli Sandé. E, embora a representatividade negra nos MOBOs tenha melhorado bastante, a diversidade de gênero ainda permanece sendo um grande problema. No ano passado, apenas uma mulher ganhou um prêmio nos MOBOs, dentro de quinze categorias - Stefflon Don -, por melhor artista do sexo feminino (um prêmio que tinha de ser concedido a uma mulher, de qualquer forma). Nenhuma mulher também conseguiu chegar à lista de indicados por melhor álbum também.

No entanto, nem tudo é sombrio assim. Com a ascensão de gêneros musicais dominados por homens como *grime*, também conhecido como *Ekibeat*, e o rap no Reino Unido, a maré virou para jovens músicos negros - pelo menos os que não estão cantando. E a popularidade de jovens mulheres rappers e artistas do *grime* como Little Simz, Lady Leshurr e Nadia Rose, que estão ficando famosas tanto no Reino Unido como no exterior, sugere que o problema poderia ser levemente pior em se tratando de cantoras de R&B. Sendo gêneros relativamente novos, deveria pelo menos demorar alguns anos antes que artistas brancos comecem a dominá-los. Estelle pondera o seguinte:

> Se eu fosse dar um exemplo de pessoas que estavam fazendo o que eu fiz e que fizeram isso, e que estão de fato fazendo isso, vivenciando isso, seriam Little Simz e Leshurr - conhecidos no exterior.
>
> Elas disseram: "Legal, legal, legal, eu ainda serei eu, vou fazer isso de qualquer forma". Esse é o tipo de coisa que temos de celebrar.
>
> Se sentarmos e nos preocuparmos com todo artista negro que não consegue uma chance para deitar e rolar no sucesso e que diz: "Bem, eu não posso fazer nada", nós não vamos ter uma indústria, nós não vamos ter carreiras, não vamos ter música. Vocês têm de celebrar e apoiar aqueles que dizem: "Tudo bem, legal, eu só vou dar um jeito e fazer o que tenho de fazer". Eles estão fazendo as coisas e estão fazendo isso nos termos deles. Estão trabalhando e vivendo e provando seu valor. Tudo isso é maravilhoso, viver essa realidade, é isso que vocês deveriam apoiar e pelo qual torcer para que fique grande.
>
> Tem sido assim desde os anos de 1950 - um artista branco aparece, faz nossa música e vira um estouro de sucesso. O que nós fazemos, paramos? Deixamos de ser artistas? Paramos de criar? Paramos de ser quem nascemos para ser? Não, fazemos o que deveríamos fazer - se você for cantor ou cantora, cante, se você é rapper, faça rap, se você é artista ou produtor(a), é isso que você faz. Você faz música, faz coisas criativas,

cria... Isso aconteceu antes de mim, aconteceu gerações antes de mim, aconteceu enquanto eu estava fazendo a minha música, e vai acontecer pelas próximas gerações também. Nós não podemos nos focar nisso, nós [só temos de] fazer o que temos de fazer.

"Em todas as culturas, as pessoas de pele mais escura sofrem mais. Por quê?"
— André 3000

Um outro problema que afeta artistas negros - embora não sejam todos - é a discriminação baseada na cor da pele, o colorismo, um legado da escravidão, quando donos brancos de escravos tinham domínio sobre aqueles de raça mista e escravos de pele mais clara, mas, ao permitir que eles trabalhassem na casa, colocavam-nos acima dos escravos de pele escura, que eram forçados a trabalhar lá fora, nos campos de algodão. Isso ainda assombra a comunidade negra nos dias de hoje: no namoro, em nossas vidas no dia a dia e, mais visivelmente, na mídia.

Deve ser notado que, das atrizes negras britânicas que listei anteriormente que foram bem-sucedidas nos Estados Unidos, a vasta maioria ou tem a pele clara ou é birracial. A revista *Essence* fez um artigo no ano passado chamado "O Bando Britânico", apresentando atores negros que estão criando ondas nos Estados Unidos, e apresentando os atores de pele escura Ashley Thomas, Daniel Kaluuya, John Boyega, Damson Idris e David Ajala. Uma listinha similar da mesma publicação listou atrizes negras britânicas também, mas a lista era bem diferente - 13 das 19 mulheres cujo perfil foi publicado ali eram mestiças e de pele clara, não por escolha da publicação, mas devido ao fato de que essa é simplesmente a realidade. Existem limitados papéis fortes para mulheres brancas, menos para mulheres de pele clara, e para mulheres de pele escura, com narizes largos e cabelos bem crespos há até mesmo menos papéis assim ainda.

Quando a lista de chamada para elenco do filme *Straight Outta Compton: A história do N.W.A.* chegou à internet, ela provou que esse era um problema que permeava não somente os papéis principais, como também os papéis para os extras. A postagem foi dividida em quatro categorias: garotas tipo A, garotas tipo B, garotas tipo C e garotas tipo D. "Garotas tipo A" eram descritas como "Modelos - DEVEM ter cabelo de verdade - nada de apliques, com aparência muito classuda, belos corpos. Pode ser negra, branca, asiática, hispânica, do leste europeu ou multirracial também". As "garotas tipo D", cuja classificação em si na escala era claramente uma indicação de seu valor e desejabilidade, eram descritas da seguinte forma: "Essas são garotas afro-americanas. Pobres, não estando em boa forma física. Tom de pele de médio a escuro". Uma solicitação similar foi feita por Kanye West, cuja lista de chamada de elenco para o show de moda Yeezy Season 4 solicitava "modelos multirraciais apenas". Até mesmo quando se desvia disso, as atitudes permanecem as mesmas. A jornalista norte-americana Alessandra Stanley descreveu, de forma infame, a atriz de pele escura Viola Davis como "menos bela de um jeito clássico do que [Kerry Washington], ou, a propósito, Halle Berry", ambas com pele mais clara.

O colorismo em Hollywood anda de mãos dadas com o racismo, e, embora o racismo afete todos os atores negros e as atrizes negras, o colorismo afeta apenas aquele com peles escuras - e beneficia atores e atrizes com pele mais clara. As carreiras de muitos atores, atrizes, cantores e cantoras negros lendários, como, por exemplo, Dorothy Dandridge, Josephine Baker, Eartha Kitt e Lena Horne, deram saltos devido à sua percebida proximidade da brancura. Seus colegas de pele escura permanecem ainda mais abaixo na ordem de escolha. Até mesmo em filmes biográficos que retratam indivíduos que tinham pele escura na vida real, atrizes com pele mais clara acabam ganhando os papéis. Veja o filme biográfico de Nina Simone, que escolheu Zoe Saldana como a apaixonadamente pró-negros Simone, e *Half of a Yellow Sun*, em que a mestiça Thandie Newton fez o papel de Olanna, uma personagem igbo. Na música, três das artistas de maior sucesso e visibilidade nos Estados Unidos são negras: Rihanna, Beyoncé e Nicki Minaj. Mas se faz necessário dizer que o tom de pele delas desempenha um grande papel no sucesso de seu *mainstream*.

A mídia busca, na melhor das hipóteses, que mulheres negras devam estar em conformidade com um padrão de beleza que a massa considera como sendo "ideal": uma mulher branca. Na pior das hipóteses, ela promove que se apague a mulher negra. A menos que um estereótipo em particular esteja sendo reforçado, mulheres negras são geralmente mantidas fora do quadro, especialmente se riqueza, aspiração ou beleza estiverem sendo promovidas. E, apesar disso, ainda existe uma ciência de que nós somos consumidoras/espectadoras que precisamos nos ver refletidas, o que significa que nossa completa exclusão da mídia não é bem possível. Sendo assim, com frequência mulheres negras são apresentadas de uma forma mais palatável para as massas. Se houver uma personagem de alta desejabilidade que é negra, ela terá, na maioria dos casos, pele clara, com feições ocidentais, não importando se estiver em mídia negra ou tradicional, porque a discriminação com base na cor da pele (colorismo) também prevalece na comunidade negra.

No passado, em "programas negros de TV", personagens de pele escura foram reformulados como personagens de pele clara. Quando a atriz de pele escura Janet Hubert Whitten deixou a *sitcom Um maluco no pedaço*, ela foi substituída pela atriz Daphne Maxwell Reid. Em *Eu, a patroa e as crianças*, Jennifer Freeman ocupou o lugar de Jazz Raycole. Mas as coisas não param nisso de papéis individuais. Quando os personagens têm atores e atrizes escolhidos e que têm a pele escura em filmes "negros" e na TV, eles tendem a estar em papéis que exacerbam estereótipos problemáticos que envolvem mulheres negras de pele mais escura.

Mulheres negras de pele mais escura raramente são personagens principais ou interesse amoroso em filmes ou séries de TV negros. O papel da "melhor amiga negra" existe em filmes negros também, mas dessa vez o personagem principal tem a pele mais clara e o *sidekick* tem a pele mais escura. Como notado pelo blogueiro Justin 'King of Reads' J., a protagonista de pele clara é, geralmente, "mais bonita, mais legal, 'mais classuda', mais reservada e/ou de modo geral mais amável e desejável", enquanto a personagem de pele escura é "venenosa, malvada, fala alto, é desesperada, abrasiva, agressiva e/ou, de modo geral, menos atraente (muitos diriam que é de "gueto"), como é exemplificado em filmes e séries de TV, como em *Um príncipe em Nova York* (Lisa McDowell, tímida, doce e de pele clara *versus* sua irmã abrasiva que vai atrás do príncipe Hakeem, Simi, e até mesmo do ex-noivo de sua irmã. Três chances para acertar quem é a rainha por direito de Zamunda...) e até mesmo em desenhos animados para crianças, *The Proud Family* (Pretty Penny, que é a estrela do programa e o objeto dos desejos de Sticky, *versus* Dijonay, que vive revirando o pescoço, e que não é o objeto dos desejos de Sticky, apesar de seus contínuos esforços). Muitos desses filmes e dessas séries de TV foram lançados há um tempinho, mas até mesmo no filme de 2014, *Cara Gente Branca* - uma comédia satírica que acompanha um grupo diverso de estudantes em uma universidade predominantemente branca da Ivy League - a personagem birracial, Samantha White, recebeu uma complexidade e tanto que foi negada à personagem feminina coadjuvante de pele escura, Coco Conners. Em vez disso, Conners foi retratada como sendo vaidosa, pretensiosa e ciumenta, e nenhuma menção foi feita a como levar a vida no *campus* sendo uma mulher negra de pele escura teria lhe dado menos espaço para ser tão radical quanto a não conformista Samantha e mais suscetível à respeitabilidade. Esses malditos retratos têm ramificações na vida real; segundo uma pesquisa nos Estados Unidos, garotas negras com tons de pele mais escuros têm três vezes mais possibilidades de serem suspensas da escola do que garotas negras com peles mais claras.[2] Em *sitcoms* familiares, o pai de pele escura nunca pareceu ser um problema, mas o requisito de que as mulheres sejam atraentes significa que mães e filhas quase sempre são mais claras *(vide One on One, Elas e eu* e vários outros dos seus programas prediletos da infância).

Embora muitos sintam que a comunidade negra sirva como um amortecedor para deixar mulheres negras fora das mídias conservadoras, um estudo conduzido por Maya A. Poran indica que as mulheres negras não estão imunes a preferências culturais prevalecentes, assim como estão sendo sujeitadas a preferências intrarraciais (ou seja, preferências dentro da própria comunidade negra: pele mais clara, cabelos com cachos mais soltos, olhos de cor clara e um grande par de coxas acompanhadas de um traseiro maior ainda), e que elas acreditam que esses sejam padrões que se espera que elas incorporem. As voluntárias do estudo explicaram o estranho fenômeno de não se verem refletidas em imagens que pretendem representar "todas as mulheres negras"; em vez disso, veem aquilo a que elas deveriam estar "tentando se equiparar".

Como coloca a escritora feminista norte-americana Bell Hooks, pessoas negras "podem, por um lado, se opor ao racismo, e, por outro lado, absorver de forma passiva modos de pensar sobre a beleza que estão enraizados no pensamento supremacista branco". Até mesmo blogs de cabelos naturais gerados por usuários são alvo de críticas, entrando na linha de fogo, por seu excesso de representação de cabelos com cachos mais soltos e mais comuns em mulheres birraciais. Aqui no Reino Unido, duas revistas negras cometeram a gafe de usar modelos que não eram negras para uma matéria de página dupla e uma capa. Em um dos casos, a modelo posteriormente foi pega fazendo comentários racistas no Twitter, alguns especificamente difamando cabelos de negras. Embora ambas as mulheres pudessem facilmente ter se passado por birraciais, o excesso de representação de mulheres etnicamente ambíguas nas mídias negras poderia ter levado as pessoas a acreditarem que as mulheres de pele escura e cabelos mais crespos eram a minoria. O número de mestiços com origens brancas e negras é menor do que o número daqueles que se identificam como negros, mas as preferências nas escolhas dos elencos tornam muito fácil presumir que eles sejam o grupo menor.

Na relutância da mídia de retratar mulheres negras com feições abertamente africanas, eles, com ressentimentos, "se satisfazem" com mulheres birraciais e de pele clara. A diversidade é apresentada, mas os padrões de beleza ocidentais ainda são mantidos até certo ponto no que a professora de sociologia Margaret Hunter se refere como sendo "a ilusão de inclusão". Além do mais, mulheres negras que já aderiram de certa forma aos padrões de beleza ocidentais são, com frequência, colocadas ainda mais próximas desses padrões, por meio de técnicas de maquiagem ou clareamento virtual de pele, e são quase vendidas como mulheres brancas por meio de revistas, pôsteres de filmes e capas de álbuns.

O retoque de fotografias é uma maneira imediata de "corrigir" o tom de pele de uma celebridade com pele mais escura também. Seja uma atriz com pele escura como Gabourey Sidibe, cuja capa da revista *Elle* de 2010 atiçou as centelhas da controvérsia quando ela apareceu notavelmente com a pele mais clara, ou Beyoncé, que, apesar de já ter pele clara e cabelos loiros, estava com a pele significativamente ainda mais clara em um comercial da L'Oréal em 2008, o embranquecimento de mulheres de cor é abundante. Para algumas mulheres (especialmente na moda, em que o "não convencional" é bem-vindo, dentro de limites), sua pele escura é abraçada, mas é subsequentemente transformada em outra coisa – transformada em algo comercial como estranho e exótico. A pele escura é transformada em novidade, não na norma: quanto mais escura a baga, mais estranhamente charmosa é a fruta. Susan Wokoma resume isso com perfeição:

> Basicamente para as mulheres – para todas as mulheres –, nós somos julgadas por nossa aparência. Não importa se você é médica, não vem ao caso se você trabalha na Sainsbury's, não importa se você é atriz. Seu valor é medido em comparação ao quanto você é atraente. E um dos motivos pelos quais a cor da pele entra em jogo é porque a versão socialmente aceita de ser atraente é ter pele clara, ter feições europeias ou, se você não for assim, parecer uma modelo. Você é Lupita Nyong'o, você se parece com a Grace Jones. Você parece uma modelo. Você tem a pele escura, mas é interessante e exótica, e isso também vem com suas baboseiras. "Ah-meu-Deus, você de fato tem essas feições estranhas, nossa, você é tão estranha, eu tenho de colocar você em um museu."

June Sarpong, indiscutivelmente uma das mulheres negras mais visíveis do país, continuou sendo um reflexo confortante para muitas garotas negras por vários anos, no entanto, ela reconhece que existe uma falta de nuance na representação de mulheres negras na mídia também:

> Dificilmente nós vemos modelos exemplares positivos. Nós somos mais ou menos invisíveis nas revistas, se você comprar revistas tradicionais. Sendo assim, eu acho que existe um nível extra de força e confiança que as mulheres negras têm de ter. No entanto, quando temos essa força e confiança extras, isso é inegável. Então, quando você vê uma Michelle Obama ou uma Oprah, isso é tão extremo, porque isso é a essência da verdadeira autoaceitação. Porque isso não vem de fora, então tem de vir de dentro. Não seja uma garota negra tentando procurar por validação de fora, você ficará realmente chateada por lá. Seria melhor que você discernisse como gostar de si mesma. Todos os dias, olhe no espelho e diga: "Sim, eu amo você", pois você não receberá essa validação de fora da mesma maneira, simplesmente isso não vai acontecer.

O problema persiste atrás das câmeras também

Segundo os números produzidos pela Creative Skillset, apenas 24% daqueles que estão em papéis seniores em firmas de TV a cabo ou satélite e apenas 4% dos funcionários na TV aberta em posições seniores são BAME.[3] Não existe aparentemente uma pessoa BAME que esteja trabalhando no lado da produção sênior em empresas de filmes independentes. De modo similar, um relatório da Creative Industries Federation e da MOBO Organisation revela que pessoas BAME ocupam apenas 11% dos empregos no setor criativo do Reino Unido, [4] embora esse número devesse estar por volta de 17,8%, pois quase um terço dos empregos criativos ficam em Londres, onde 40% das pessoas são não brancas - número este que continua crescendo.

Existem movimentos para se abordar essas questões, com a BBC nomeando Tunde Ogungbesan como seu novo chefe de "diversidade, inclusão e sucessão", e, em abril de 2016, eles anunciaram novos alvos: paridade de gêneros por todas as partes da corporação; 8% do quadro de funcionários contratados seriam deficientes; 8%, LGBT; 15%, vindo de históricos BAME. Esses números serão replicados nas telas, nos papéis principais incluídos e são mais ou menos equivalentes às médias para a população geral da Grã-Bretanha. No momento, entretanto, a mudança ainda está lenta, com o regulador de transmissão Ofcom criticando emissoras britânicas por uma "horrível" falta de diversidade em meio a seu quadro de funcionários e acusando a BBC em particular de fracassar na abertura desse caminho. O tesouro nacional, Sir Lenny Henry, por outro lado, veio atrás do pescoço da Ofcom, dizendo que eles promovem uma "diversidade de mentirinha", recusando-se a estabelecer alvos para aqueles que trabalham nos bastidores. Falando em parlamento, Henry disse:

> É tudo muito bom dizer: Veja, essa pessoa tem um antagonista asiático ou um coprotagonista gay. Isso é ótimo, mas quem foi o produtor, quem

> foi o representante oficial, quem foi o diretor de roteiro, o chefe da escolha de elenco, o fotógrafo, o diretor, o primeiro diretor assistente? Se os tomadores de decisões permanecerem os mesmos, então nada de fato mudou.

Melhorias não podem vir com rapidez suficiente. Até agora, apenas quatro mulheres negras dirigiram um filme de longa metragem que teve seu lançamento nos cinemas no Reino Unido - até hoje! Ngozi Onwurah tornou-se a primeira em 1995, com seu filme *Welcome II the Terrordome*. Debbie Tucker Green lançou *Second Coming* em 2014. Um ano antes aconteceu o lançamento de *Gone too far*, de Destiny Ekaragha, adaptado do roteiro da peça de Bola Agbaje.

Amma Asante é uma dessas quatro diretoras, com sua estreia vencedora do BAFTA em 2004, *A Way of Life*. Nove anos depois de seu primeiro filme, ela dirigiu o filme aclamado pelos críticos, *Belle*, e seu terceiro longa-metragem veio logo depois, *A United Kingdom*, com o qual ela se tornou a primeira mulher negra diretora a abrir o Festival Londrino do BFI deste ano. No entanto, apesar de seu imenso sucesso e de sua posição como sênior, Asante diz que até mesmo agora a situação ainda está difícil para diretoras negras, devido a pressões tanto da comunidade negra quanto dos guardiões dos portões brancos para fazer "o filme perfeito".

> A única coisa que nenhum escritor pode fazer é agradar a todas as pessoas o tempo todo. Não é como se você pudesse ir ao cinema em uma noite de sábado - digamos que haja quinze filmes em cartaz, não teremos nem mesmo três desses filmes com mulheres negras como protagonistas, certo? Então, quando você tem aquele filme, *Belle* ou qualquer que possa ser ele, espera-se que este filme seja todas as coisas para todas as pessoas negras - e estou mesmo falando de pessoas - o tempo todo, e não pode ser assim.
>
> Ao passo que, se você fosse ao cinema em uma noite de sábado e houvesse de três a cinco filmes com mulheres negras como protagonistas,

você diria: "Bem, aquele não é para mim, e eu realmente não gosto tanto daquela cineasta porque eu realmente não gosto da perspectiva dela. Eu não quero mesmo ver aquele filme porque ele se passa no século XVIII e eu não estou a fim de ver isso agora. Eu sei que quero ver um filme contemporâneo essa noite e sei que quero ver um filme com uma mulher negra nele", e seria esse que eu poderia escolher. Quando temos apenas uma única opção, somos mais críticos em relação a ela.

Nós, como as primeiras, ou algumas das primeiras, a conseguirmos um assento à mesa, estamos lutando o dia todo, todos os dias. Nós dormimos com essa luta, acordamos e nos deparamos com ela, comemos essa luta, nós a bebemos, ela está lá o tempo todo. E nunca há um filme em que eu trabalhe em que eu não esteja constantemente tentando ensinar às pessoas que me cercam por que a direção que elas querem que eu siga não vai funcionar para o público que eu quero nutrir. E, mesmo que eu não consiga um público para aquele filme, o único legado verdadeiro que eu deixo para trás é o conjunto do meu trabalho. Sendo assim, quer isso agrade a todas as pessoas o tempo todo ou não, eu quero deixar para trás um conjunto de trabalho que eu ache honestamente que representa o que eu tenho a dizer.

Oras, existem vezes, por exemplo, em que eu assumo um projeto porque, se eu não tiver de pensar em quem seria a alternativa, isso vai contar a história. Quando penso em quem seria a alternativa, o que eu sei é que eu, como mulher negra, não terei uma voz. Eu assumi projetos que eu não escrevi para colocá-los em um lugar onde nós podemos de fato nos sentir mais do que apenas de boa com o que estou vendo na tela. E o que nunca é questionado é o seguinte: "Minha nossa, como aqueles projetos eram antes?". As pessoas estão sempre, é claro, julgando o produto final – elas não necessariamente estão julgando a luta pela qual você passou para chegar àquele produto final e o que estava lá no começo. Eu tenho certeza de que haveria mais do que alguns ofegos se elas olhassem para o que me foi apresentado no começo.

O trabalho produzido por mulheres negras na mídia não é criado dentro de um vácuo e as mesmas críticas e estruturas que estão presentes em qualquer outro setor também permanecem por lá. As mesmas pessoas tendem a ter o dinheiro – homens brancos –, muitas das quais ainda permanecem céticas em relação ao valor de retratar mulheres negras como elas são, ou retratar mulheres negras que seja.

A romancista Malorie Blackman também passou por isso de vivenciar suas ideias sendo afetadas pela comercialidade:

> Meu segundo livro foi transformado em filme. Então eu vendi os direitos do filme, e peguei o dinheiro e basicamente saí correndo! Meu livro era sobre duas garotas negras e uma garota branca, e, quando o filme saiu, era sobre três meninos brancos. E eu pensei: *Oi?* Eu estava assistindo ao filme e pensando: *Este é o meu livro?* E eu pensei: *Meu Deus, é sim! Eles as transformaram em três meninos brancos! E nenhum deles é uma garota, pelo amor de Deus, quem dirá negra!* Então determinei: *Isso não vai acontecer de novo.* Foi quando eu me candidatei a uma vaga na National Film and Television School e eu fiz o meu mestrado em escrita de roteiro lá, porque, depois disso, quando as pessoas falavam que queriam adaptar meus livros, eu diria: "E eu gostaria de escrever o roteiro!". E elas diriam: "Você tem alguma abordagem em particular em relação aos personagens?". E eu responderia: "Sim, eles são negros".

Sua série aclamada pela crítica e pelo público, *Noughts and Crosses*, usa o cenário de uma distopia fictícia para explorar o racismo, e, ainda assim, quase foi adaptada e transformada em algo muito diferente:

> Fui levada para almoçar logo que *Noughts and Crosses* saiu e alguém estava interessado em comprar os direitos dramáticos de adaptação. Um dos caras de uma empresa de produção disse no almoço: "Nós estávamos pensando em fazer com que as meninas da turma de um lado fossem asiáticas, em vez de negras". E eu disse: "Por quê?". E ele disse: "Nós só sentimos que alcançaríamos um público maior desse jeito". E eu fiquei lá sentada, pensando *hummm, interessante.* "Obrigada pelo almoço!"

E foi bem engraçado que nos perguntaram se consideraríamos fazer com que este livro fosse sobre mulheres não brancas no geral em vez de mulheres negras, durante uma reunião com uma editora. Ainda bem que nós tínhamos interesse suficiente de outras partes para garantir que pudéssemos escrever o livro que queríamos escrever, mas é fácil esquecer que esse nem sempre é o caso. Às vezes, esses livros, filmes e séries de TV correm o risco de nem serem feitos.

> "Você consegue tirar a garota do bairro, mas não consegue tirar aquilo que torna uma garota uma cadela."
> — Nadia Rose, "Mufasa"

Muitas vezes, as artes são exclusivas em termos culturais, mas literalmente falando também. A segurança financeira e os avanços econômicos são frequentemente prioridades dentro da comunidade negra com os pais; é o que dá para entender, colocando uma grande ênfase na mobilidade social quando vão aconselhar pessoas jovens em suas escolhas de carreiras, de modo a garantir uma vida mais confortável do que a da geração anterior.

Embora menos de uma a cada doze pessoas britânicas vivam em uma "vizinhança não privilegiada", as estatísticas para as pessoas negras é de uma em cinco. Pessoas negras no Reino Unido também têm piores taxas de salários e emprego independentemente do fato de viverem em vizinhanças mais favorecidas ou não, e, em se tratando da transição do ensino para o emprego, meninos brancos se saem bem melhor do que meninos de outros grupos étnicos; apesar de não se saírem tão bem assim na escola, a probabilidade é menor de que eles fiquem desempregados e de que se deparem com imobilidade social.[5] Essas estatísticas podem parecer irrelevantes, mas elas são importantes quando se considera que uma carreira nas artes dificilmente é conhecida como sendo uma escolha financeiramente viável. Apenas 16% dos atores e atrizes vêm de um histórico de proletariado, ao passo que quase metade de todos os ganhadores do BAFTA frequentaram escolas secundárias particulares. O mesmo vale para quase metade dos jornalistas mais proeminentes do país, dos quais 94% são brancos.[6] Apenas 7% do país frequenta essas escolas, mas eles permanecem massivamente ultrarrepresentados nas artes. Eddie Redmayne, Damian Lewis, Tom Hiddleston, Benedict Cumberbatch e Dominic West são alguns dos mais bem-sucedidos atores do país no momento e todos eles estudaram em escolas particulares. Tanto Hiddleston quanto Redmayne foram estudar na Universidade de Cambridge. Menos de 1% de todos os formandos britânicos estudam nas Universidades de Oxford ou Cambridge e apenas 1% desse número é composto por negros.

Isso significa que existe uma falta de pessoas negras em indústrias criativas tanto atrás quanto nas frentes das câmeras. Considerando-se que a probabilidade de que as pessoas negras venham do proletariado, os papéis ferozmente competitivos, mal pagos, não pagos ou bem mal pagos são com frequência apenas um luxo dos privilegiados. Instituições de caridade como a Creative Access, que proporciona estágios pagos a jovens BAME, vêm sendo alvo de cortes do governo, o que significa que muitos de nós teremos até mesmo menos acesso a uma indústria que já é inacessível. Desde o início, acreditar que alguma coisa não é para você, pois não há sinais de que seja, é o suficiente para impedir muitos de até mesmo tentarem encontrar um lugar dentro de uma indústria. Agorinha mesmo, todos os sinais sugerem que a indústria criativa britânica não seja para pessoas negras - especialmente não para mulheres negras. Veja o que Sarah-Jane Crawford diz:

> Lá [nos Estados Unidos], eu acho que tem menos a ver com classe. E racismo e classismo com frequência andam de mãos dadas - é como se fossem primos -, de modo que você pode encontrar lá pessoas que estão mais dispostas a darem uma chance a você não importando de onde você venha. Lá eu sou vista como rica, embora aqui eu seja como uma

garota do sudeste londrino que se deu bem na vida. Meu pai era motorista de ônibus, minha mãe nunca teve uma grandessíssima carreira, eu sou uma garota do proletariado de Lambeth que conseguiu trabalhar com Simon Cowell e fazer o programa Radio 1Xtra por sete anos. Porém, quando eu vou para lá, de repente eu sou essa garota negra realmente bem falada. A ironia é que, quando estou lá, sou realmente essa garota britânica de classe média, mas aqui não sou vista dessa forma. Sou quase mais vista como britânica por lá do que quando estou aqui em casa, pois aqui eu sou negra.

O show deve continuar

Não pode ser negado que, em Hollywood, pelo menos, as mudanças estão vindo e são constantes. Um estudo de 2017 realizado pela Creative Artists Agency descobriu que filmes com elencos mais diversos têm desempenho melhor nas bilheterias do que os filmes menos diversos, confirmando o que vem sendo argumentado pelas minorias durante anos. Para esse estudo, 413 filmes lançados entre janeiro de 2014 e dezembro de 2016 foram incluídos – aqueles com pelo menos 30% de elenco não branco acabaram se saindo melhores em termos financeiros do que os filmes que não alcançaram essa porcentagem de diversidade no elenco. Também se descobriu que as minorias compunham cerca de metade dos compradores e ingressos que frequentaram sessões dos filmes durante os fins de semana de estreia de muitos dos filmes de mais sucesso lançados – 45% em 2015 e 49% em 2016: um aumento que talvez tenha ocorrido por causa dos elencos mais diversos nos últimos anos.

Um excelente exemplo disso foi o azarão do ano passado, *Girls Trip*, que se tornou o primeiro filme com protagonista negra a faturar mais de 100 milhões de dólares nas bilheterias. Séries de TVB e filmes não apenas estão sendo financeiramente recompensados como em termos de críticas também - *Cara Gente Branca, Atlanta* e *Insecure,* todos eles têm 100% de aprovação no Rotten Tomatoes. Na cola desses sucessos, 2018 parece que estabelecerá um incrível ano para filmes negros, com *Proud Mary,* estrelando Taraji P. Henson, e *Uma dobra no tempo,* dirigido por Ava DuVernay, que reuniu um dos elencos mais diversos que já apareceram em um filme da Disney, com Storm Reid como protagonista junto de Gugu Mbatha-Raw e Oprah Winfrey. Então, é claro, temos *Pantera Negra,* apresentando um elenco estelar todo negro com praticamente todo mundo que é negro em Hollywood. A Netflix também comprou os direitos mundiais de *Been So Long,* um filme musical estrelado por Michaela Coel e Arinzé Kene, que se passa em Camden. O valor da diversidade das histórias está lentamente sendo visto.

Inversamente, o embranquecimento na mídia está sendo constante e arduamente criticado. *A vigilante do amanhã - Ghost in the Shell,* uma adaptação cinematográfica de um popular mangá japonês, faturou apenas 19 milhões de dólares nas bilheterias, em comparação ao orçamento de 110 milhões de dólares do filme. Um executivo da Paramount concordou que isso provavelmente foi causado pela escolha de colocar no elenco a atriz branca Scarlett Johansson, em vez de uma atriz japonesa, o que deu origem a uma reação adversa francamente justificada. *Guerrilla,* a minissérie de 2017 da Showtime sobre o Movimento Black Power Britânico da década de 1970, parecia que ia oferecer uma oportunidade para atrizes negras britânicas ficarem no centro do palco, mas, ainda assim, de alguma forma as mulheres negras permaneceram sendo apenas uma pequena parte do que foi retratado. A minissérie apresentou atuações da atriz mestiça Zawe Ashton e da atriz negra Wunmi Mosaku, mas a atriz asiática Freida Pinto, foi a única mulher com papel principal. Apenas 182 mil espectadores sintonizaram no primeiro dos seis episódios. Em comparação a isso, a série

Insecure, de Issa Rae, com protagonistas negros, atraiu mais de 410 mil espectadores ao vivo por episódio e, na rede concorrente, Starz, *Power* atraiu quase dois milhões de espectadores por episódio.

Embora tudo isso seja encorajador, existe é claro o medo insinuante de que a diversidade esteja simplesmente nos dias atuais "na moda", em oposição à ocorrência de uma verdadeira mudança estrutural. Isso vem com seus próprios problemas: todas as coisas que entram na moda são destinadas a sair de moda em algum momento. Se o apoio da inclusão for meramente econômico, é apenas uma questão de tempo antes que caia das graças dos favores. Pegue os quadrinhos da Marvel, por exemplo, que se comprometeram intensivamente com uma Thor do sexo feminino, uma super-heroína paquistanesa-americana chamada Kamala Khan, um Homem-Aranha birracial e muitos mais super-heróis totalmente americanos e multiculturais. No entanto, quando as vendas da empresa começaram a cair, um executivo ligou esses dois fenômenos e concluiu que os leitores estavam rejeitando o empurrãozinho da empresa em direção à diversidade.

Malorie Blackman tinha visto a diversidade em voga antes - e viu quando essa voltou para baixo na pauta do dia:

> Agora eu escrevo há 26 anos, e eu meio que sinto que nós estávamos aqui há 10-12 anos, e então voltamos para trás. Eu sinto que, quando comecei, eu ia até os eventos de agentes literários e tal, e eu era o único rosto negro ali, ou talvez um de dois, e, na primeira versão de *Roots*, eu me lembro de que havia um pouco disso em que eles estavam em algum evento - havia duas pessoas negras, afro-americanas em um evento - e um virou para o outro e perguntou: "Você é o segundo negro obrigatório aqui ou o simbólico?". E, toda vez em que eu ia a esses lugares, eu pensava: *Eu sou simbólica ou a segunda negra obrigatória aqui?* Então, depois de cerca de dez anos, as coisas ficaram melhores, e de repente pensamos: *Ok, existem mais rostos de pessoas negras aqui – isso é incrível!* E então, cerca de quatro/cinco anos atrás, eu voltei a ser a simbólica ou

segunda negra obrigatória e pensei: *Caramba! O que está acontecendo? Nós retrocedemos!*

Espera-se que o imenso sucesso do filme vencedor do Oscar, *Moonlight: Sob a luz do luar*, e do filme aclamado pelos críticos nos Estados Unidos (e no mundo todo), *Corra!*, vá reverberar no cinema do Reino Unido, da mesma forma como o sucesso de séries como *Black-ish* e *Insecure* fará o mesmo em relação à TV britânica. No entanto, até mesmo as mudanças que estão acontecendo nos Estados Unidos ainda estão lentas para se manifestarem completamente - um relatório recente descobriu que a representação de mulheres, minorias, pessoas LGBT e personagens deficientes em filmes de Hollywood permaneceu grandemente inalterada de 2016 a 2017.[7]

Séries de TV como *Chewing Gum* e *Undercover*, da BBC, foram bem recebidas no Reino Unido por suas retratações multifacetadas de personagens negros, mas ambas permaneceram sendo os poucos exemplos de tais tipos de programas de TV aqui - e apenas uma delas foi renovada para uma outra temporada. Embora as coisas continuem mudando lá embaixo, no meio e no topo, o topo dos topos da mídia permanece cada vez mais branco e mais masculino do que nunca, e eis onde reside o poder e, portanto, o dinheiro, como é ressaltado por Amma Asante:

> Eu estou me saindo bem, estou batalhando muito, mas não estou totalmente lá ainda. Isso é uma jornada. Eu vejo fim do jogo ao longe, não é, tipo... "Eu fiz *Belle* e é isso, já chega", "Eu fiz *A United Kingdom* e é isso, já chega". Não, eu estou trabalhando dentro de um lugar confinado - os confinamentos de um mundo que ainda é dono das finanças, que ainda é dono da distribuição, que ainda é dono das estações de TV e das comissões, que controla quem é o controlador de cada canal e de cada rede. Eu ainda estou trabalhando dentro dos confinamentos e, como diz Scorsese: "Você tem de aprender a traficar suas ideias". E, para mim, é isso que estou fazendo agorinha mesmo.
>
> As pessoas não têm conceito algum de que, com cada filme que eu fiz, o financiamento foi ficando cada vez mais difícil, e não mais fácil. O

> financiamento ficou mais difícil depois que eu ganhei um BAFTA, e não mais fácil. Sendo assim, o conceito de que as coisas ficam mais fáceis é uma loucura. Há um racismo que também existe em termos do fato de que nosso trabalho também é julgado mais duramente fora de nossa comunidade, totalmente em separado. Existe uma coisa separada que se chama racismo. Isso ainda não vai embora só porque você poderia fazer um filme de sucesso. Dentro do contexto disso, eu sei que os assuntos dos meus filmes são julgados mais duramente do que até mesmo quando uma mulher branca quer contar aquela história.

É fácil para alguém de fora presumir que existe mais meios de ação assim que se atinge um certo nível dentro das mídias. No entanto, as restrições permanecem até mesmo bem no topo. Shonda Rhimes, que agora é uma das pessoas mais poderosas da televisão, me vem à mente quando Amma menciona isso de "traficar ideias". Ela estreou com sua série imensamente popular, *Grey's Anatomy,* em 2005, estrelando a atriz loira e de olhos verdes Ellen Pompeo como Meredith Grey. Seu próximo hit foi *Scandal,* em 2012, com a negra, porém "dotada de uma beleza clássica", Kerry Washington como Olivia Pope, a personagem principal. Quando ela criou *Como defender um assassino,* dois anos depois, Rhimes havia criado algumas das séries mais populares na TV, e a escolha para o elenco de Viola Davis, uma negra de pele escura, com 48 anos de idade, como a personagem principal, Annalise Keating, não somente mudou o jogo como foi um passo que ela provavelmente não poderia ter dado no início de sua carreira. Sua nova série, *Still Star-Crossed,* tem dois personagens negros [uma mulher e um homem] pisando em um dos mundos mais preciosos para a sociedade branca: o mundo shakespeariano.

As mudanças estão chegando ao *mainstream,* sim, mas apenas porque isso permanece financeiramente viável. Sendo assim, como é que nós garantimos isso a longo prazo? Para que as mudanças durem de fato, a inclusão precisa ir mais longe do que ser algo que está na moda e que está em voga. Embora seja o máximo que as mídias estejam respondendo ao que é desejado pelas massas, isso poderia vir a mudar a qualquer momento. Nós precisamos ver mudanças que criem acesso a todos os níveis do processo, pois isso é algo que sempre será digno.

É improvável que um papel como o de Annalise Keating tivesse sido criado e recebido tanta proeminência se não fosse por haver uma mulher negra por trás das câmeras. Também é improvável que aqueles que mudam o jogo como o ensaio de fotos do ano passado, "Brit-Hop", na revista *Vogue* britânica - mostrando uma diversidade de músicos negros como Nadia Rose, Stefflon Don, Section Boyz e J Hus –, teria sido feito sem que o primeiro editor negro da revista, Edward Enninful, estivesse no comando. Essa diversidade de pensamento daqueles que estão no comando é o que deve continuar a ser impulsionado em todos os lugares, visto que uma falta de diferença afeta todas as esferas - de revistas a livros e apresentadores de TV. A apresentadora de TV AJ Odudu explica isso:

> Eu não sinto como se eles estivessem sendo nem um pouco mais diversos do que em anos anteriores. Praticamente a mesma quantidade de pessoas negras está na TV hoje como estavam quando eu era jovem. Não é como se houvesse uma nova geração. Eles ainda estão trazendo [pessoas] de volta. "Ah, nós precisamos de uma pessoa negra na TV, vamos chamar Andi Peters!", que apresentava programas infantis na BBC *vinte anos atrás*. Eles são totalmente ótimos, mas nós temos sangue novo, talentos incríveis por aí que deveriam ser celebrados não somente por serem negros, mas exatamente porque eles são bons e merecem oportunidades da mesma forma como todo mundo. Eu não gosto do tipo de declaração de que eles estão mudando as coisas, não mesmo, porque as coisas estão como sempre estiveram, pelo menos é o que eu acho.

A história é similar em se tratando de música, como Gemma Cairney, ex-BBC Radio e apresentadora de TV, diz:

> As pessoas sentem como se as coisas estivessem sendo representadas em suas próprias esferas. Sendo assim, sabe?, um de nossos principais canais de TV não vai necessariamente comissionar um lugar para a música urbana da mesma forma como poderia ter feito na década de 1990. Eles poderiam ter tomado a SBTV, tido uma reunião com Jamal, e dito: "Eu realmente gosto do que vocês estão fazendo; tomem aqui um pouco de dinheiro, vão desenvolver isso, porque isso se faz necessário na cultura *mainstream*". O chefe do canal está apenas procurando escolher aquilo em que pode marcar como *mainstream* se atender a alguns requisitos, e parece que todos os setores de nossa sociedade estão sendo representados on-line, no YouTube.

As mudanças necessárias no topo são aquelas que poucos de nós estão em uma posição para implementá-las. O que nós podemos e de fato continuamos a usar, contudo, é a nossa voz. Se não fosse pelas mídias sociais, eu tenho certeza de que a diversidade teria sido largada por vários veículos e marcas anos atrás. No entanto, plataformas como o Twitter podem fazer com que um filme seja um sucesso ou um fracasso. Um outro filme que sofreu com o embranquecimento, *Deuses do Egito,* não ressuscitou depois que o Twitter o arrastou até sua morte por suas escolhas de elenco. Ao mesmo tempo, o Twitter criou um filme de camaradas estrelando a ganhadora do Grammy, Rihanna, com a ganhadora do Oscar, Lupita Nyong'o, que será produzido pela Netflix, dirigido por Ava DuVernay e escrito por Issa Rae. O projeto começou como um meme da internet quando uma foto que foi tirada em 2014 das duas mulheres na fileira da frente de um desfile de moda da Miu Miu viralizou, dando origem a pedidos para que isso fosse transformado em um filme. Desde sua concepção, foi confirmado que "os usuários originais do Twitter que imaginaram o conceito para esse filme serão creditados e incluídos de alguma forma". Oras, *isso* é poder!

Poder também é fazer parte do grupo demográfico que supostamente é encarregado pela internet e por tudo que está "espocando" (*vide* #RepresentatividadeÉImportante). Não há dúvida alguma quanto a isso, mulheres negras estão anos-luz à frente, criadoras de gostos por natureza, e pioneiras de tanta coisa – é só perguntar às Kardashians. Nosso verdadeiro potencial está sendo constantemente materializado via internet, tanto assim que muitas mulheres negras de fato não querem virar *mainstream*, devido às restrições mencionadas anteriormente. A internet democratizou as mídias de uma forma como nunca foi vista antes. Nós temos a oportunidade de fazer os filmes que desejamos fazer e fazer as escolhas para o elenco como desejamos fazer. Existem plataformas para exibi-los para as massas, e um número ilimitado de investidores na forma de financiamento coletivo. Em 2012, o diretor norte-americano Justin Simien colocou *Cara gente branca* para financiamento coletivo e recebeu quase o dobro do que havia pedido em doações. O filme foi agora adaptado como uma série de TV na Netflix. A série de Issa Rae na HBO, *Insecure*, nasceu de sua websérie imensamente popular no YouTube, *Awkward Black Girl*, e seu sucesso levou a HBO a comprar e desenvolver uma outra websérie negra, *Brown Girls*. Por lá, o hit de sucesso da Cecile Emeke no YouTube, a série *Ackee & Saltfish*, foi posteriormente comissionada pela BBC Three, assim como *Hood Documentary*, de Kayode Ewumi. *Brothers With No Game*, uma comédia urbana, foi exibida em London Live, em 2014; *Venus vs. Mars*, um drama negro britânico, foi comprado pela Sky no ano seguinte, e *All About the Mckenzies*, uma *sitcom* familiar, foi lançada na ITV2, em 2016. No ano passado, o Channel 4 deu a Elijah Quashie, também conhecido como "Conhecedor de Frango", seu próprio programa, como resultado das análises de seu canal no YouTube falando de restaurantes britânicos que vendem frango. O desejo inegável por uma programação diversa reverberou diretamente nos espaços off-line, levando a um programa de comédia negro na BBC Two, *Famalam*, e *Timewasters*, uma série focada em um grupo de negros viajantes do tempo do sul de Londres, exibida na ITV2.

Por meio da popularidade de seu trabalho on-line, esses roteiristas evitaram as pessoas que teriam dito não a seu trabalho e, visto que números não mentem, o *mainstream* posteriormente os apoiou, depois que eles provaram claramente que argumentos dizendo que a "diversidade aliena" estavam errados. E embora no Reino Unido algumas dessas séries tenham ido ao ar apenas por um curto período de tempo, a internet garante que, apesar disso, elas ainda são capazes de conseguir apoio e visualizações.

A música vem sendo democratizada de forma similar pela internet. A rapper Cardi B. entrou em nossa consciência como uma adorável estrela do Vine e comediante com várias falas dignas de serem citadas do Instagram - em 2017, ela era a novata indicada ao Grammy que se tornou a primeira mulher rapper com um hit número um na Billboard em dezenove anos. O comediante de Croydon, Michael Dapaah, deparou-se com uma fama internacional depois que apareceu no show de Charlie Sloth na BBC Radio 1Xtra, *Fire In The Booth*. Seu rap de comédia nada sério, "Man's Not Hot", tornou-se um meme e ficou em sexto lugar nas paradas musicais no Reino Unido. Aos 23 anos de idade, Chance, the Rapper, ganhou um Grammy em 2017 por Melhor Artista Novo com seu álbum *Coloring Book*, e por melhor performance em rap. Naquele ano, os Grammys consideraram entre os indicados álbuns que podiam ser apenas ouvidos em *streaming* pela primeira vez, e Chance entrou para a história como o primeiro artista a ganhar um Grammy por um álbum disponível apenas em *streaming*. Ele não tinha e está ainda não tem um contrato com gravadora, assim como vários artistas do *grime* no Reino Unido. Laura Mvula foi esnobada nas indicações no Brit em 2015, e, analisando isso em retrospecto, ela acredita que as indicações da indústria significam cada vez menos em um mundo em que a música é validada cada vez mais pelos fãs.

> Estou tendo cada vez mais certeza de que a maneira como as coisas vão mudar é com as pessoas estando comprometidas com seus próprios lances, sem dependerem de algo grande como os Brits, ou o que quer que seja. Eu quase me arrependo de ter dado muita importância por não ter sido indicada ao prêmio, porque, no fim das contas, os Brits não representam nada que tenha a ver com quem eu sou. Isso não tira nada de mim. Eu não me torno menos bem-sucedida nem fico com menos valor porque eles não me valorizam.
>
> Alguém disse para mim outro dia: "Muito disso tem a ver com longevidade". Eu acho que muitos daqueles que chegam às posições nas paradas musicais agora, que arrebatam os prêmios repetidamente nos Brits ou em qualquer outra premiação que seja, é difícil ver como no futuro aquelas coisas vão durar, porque eu acho que músicas formulaicas - com apresentações pops que são simplesmente padronizadas –, elas têm uma data de expiração. Sendo assim, quase não faz sentido para artista algum que tenha real profundidade dar muita atenção ao que está acontecendo na indústria comercial.
>
> E, além disso, hoje em dia as coisas estão bagunçadas. Ninguém mais está vendendo discos, então as pessoas estão fazendo coisas doidas para ficar no topo das paradas musicais. Eu só estou me dando conta cada vez mais em termos culturais de como isso não tem nada a ver comigo! Isso tem a ver com dinheiro e tem a ver com as mesmas coisas velhas com que se vinha lidando na década passada. Então eu vejo a minha responsabilidade como me focar no que estou fazendo e nas minhas habilidades na arte. Estou 120% confiante de que estarei fazendo música nos próximos cinco a dez anos, só porque essa é quem eu sou. Eu acho que isso é que é importante. Eu não sei quando se tornou tão importante para mim isso de ser indicada para o Brit Awards. Não é.

Nos Grammys do ano passado, Beyoncé ficou para trás em Canção do Ano, Disco do Ano e Álbum do Ano a favor de Adele. A própria Adele depois louvou Beyoncé em seu discurso de ganhadora de Melhor Álbum do Ano. Logo depois disso, Solange Knowles foi para o Twitter e implorou que os leitores "criassem seus próprios comitês, que premiassem os amigos, que se premiassem e que eles mesmos agissem como valessem ouro". A validação externa pode ou não vir, mas, como Solange tuitou, "Garotas/mulheres negras SÃO dignas de Grammys, caraaaambaaaa", a despeito do que diz o mundo *mainstream.*

Especificamente, nós devemos continuar encorajando e apoiando as mulheres negras que estão fazendo isso por nós, seja no exterior ou por aqui. Atores e atrizes negros não somente vão para os Estados Unidos, como os públicos negros britânicos se engajam com frequência mais com conteúdo estrangeiro, devido à constante e consistente marginalização dentro do Reino Unido. Embora ainda haja um deficit de modelos exemplares negros femininos, indivíduos como Beyoncé, Rihanna, Nicki Minaj, Shonda Rhimes – e até mesmo Michelle Obama – permanecem sendo tão parte integrante da cultura popular que não é surpresa alguma que as mulheres negras aqui decorem quadros que mostram o humor delas no dia com fotos delas. Porém, existem muitas mulheres negras britânicas na mídia, várias das quais foram entrevistadas para este livro e que aparecem neste livro, que são igualmente tão importantes e pioneiras e que deveriam ser encorajadas da mesma maneira.

Nem todo mundo tem uma crença autogerada de que eles podem fazer qualquer coisa que colocarem na cabeça, nem uma rede de apoio de outros que geram essa crença para eles. Pessoas brancas (especialmente pessoas brancas ricas) estão bem mais acostumadas a verem pessoas que se parecem com elas em todos os tipos de papéis. Sejam atores, atrizes, banqueiros ou professores, o sucesso no olho branco de quem vê pode vir de muitas formas diferentes. Todavia, para muitas de nós, mulheres negras, em um mundo em que tudo parece apontar para o fato de que você não é capaz de fazer alguma coisa, às vezes nós queremos meio que ver para crer, como disse Karen Blackett bem no início deste livro.

Ver alguma outra pessoa fazendo o que você quer fazer é, com frequência, o mais próximo que se pode chegar de se visualizar fazendo isso. Jamelia nos disse que este é o motivo principal pelo qual ela não quer sair do Reino Unido. Sendo uma musicista negra britânica e veterana da TV, ela sabe que sua presença não só é apreciada, como é necessária.

> Eu não quero que minhas filhas - e não apenas as minhas filhas, mas as filhas de qualquer um - se sintam inferiores. Minha filha me disse no passado: "Minha mãe é a única pessoa que eu vejo na TV e me vejo também", e isso, para mim, é de partir o coração.

Nós não podemos subestimar o quão importante é a visibilidade, por vários motivos. Vinda de uma família de pessoas que gostam de se gabar, eu, na verdade, havia sido estimulada a fazer uma audição para *Grease - Nos tempos da brilhantina* quando criança, por causa da estreia da peça da escola da minha própria irmã. Ela havia sido escalada como o bem masculino e bem europeu personagem Joseph em uma adaptação escolar de *Joseph and the Amazing Technicolor Dreamcoat.* Eu não me lembro de nunca pensar que ela poderia ter sido considerada "um erro na escalação do elenco" nem inadequada para o papel devido a seu gênero ou cor de pele, mas realmente me lembro do orgulho e da animação de nossa família com Yem, por ela ter sido escolhida dentre todas as outras crianças. Embora eu tenha certeza de que a escolha dela não era para fazer uma declaração, foi isso para mim.

Deveria ser algo do senso comum que a real capacidade seja priorizada sobre as concepções prévias de outras pessoas, mas, assim como nos locais de trabalho, as ideias preconceituosas inconscientes com frequência anuviam julgamentos quando se trata de escolha de elencos. Alguns prefeririam garantir que um personagem tenha uma aparência em particular, em vez de ser retratado da melhor maneira. Ou que certas vozes deveriam vir de cantores e cantoras em particular. Embora a escola de Yem fosse capaz de pensar fora da caixa seis anos antes da minha audição para *Grease – Nos tempos da brilhantina*, a minha não poderia conceber a ideia de ter a mim fazendo o papel de uma queridinha americana. A imaginação já tinha sido forçada com a minha escolha para o elenco em si - se estivéssemos nos Estados Unidos na década de 1950, eu não teria sido uma Pink Lady, eu não teria sido nem mesmo capaz de beber da mesma torneira que eles. Porém, eu suponho que pegar o papel de Sandy teria sido forçar demais a barra. Yem sendo escolhida para o que supostamente deveria ser o papel de um menino branco assinalou para mim que eu poderia fazer qualquer papel que eu quisesse, ao passo que minha escolha para o papel de Rizzo me mostrou que eu seria anunciada como a "garota má" não importando o que eu fizesse. Ambas as escolhas de elenco me afetaram mais do que eu tenho certeza de que nenhuma de nossas professoras de teatro na sexta série poderia ter imaginado.

— CINQUENTA TONS DE BEGE —

YOMI

"Mulheres negras não são feias - elas são invisíveis."

— Mary Jane Paul, Being Mary Jane

Quando eu era criança, costumava comprar uma revista chamada *Sabrina's Secrets* - uma revista para pré-adolescentes baseada na série *Sabrina, aprendiz de feiticeira.* Na minha casa de família pentecostal nigeriana, isso era contrabando, e apresentava o trio proibido: meninos, bruxaria e maquiagem.

Eu adorava aquela revista boba, com suas canetas baratas de *nail art* e *lipgloss,* que eram basicamente gelatina de petróleo misturada com cola com glitter. A cada quinze dias uma edição nova da revista saía, com algum presente grátis para os cabelos ou item de beleza que entrava para uma caixa púrpura supercafona e decorada com glitter que acompanhava a edição inaugural. Aquela era a perfeita e cafona bíblia da pré-adolescência; os quizzes no fim da revista, "Será que seu *crush* gosta de você também?", eram os meus salmos aos dez anos de idade.

Aquela revista idiota foi provavelmente minha primeira experiência na vida com o amor não correspondido.

Porque, embora eu adorasse aquela revista idiota, certamente ela não retribuía esse amor. Para ser honesta, ela nem mesmo sabia que garotas com a minha aparência existiam. Uma semana após a outra eu colocava solenemente de lado os brindes - grampos de borboleta que quebravam quando eu os punha na cabeça, cera para cabelos que nas minhas tranças parecia espirro - com a esperança de que na semana seguinte algo neutro viesse pelos correios: "Sim! Rímel transparente! Separadores para os dedos dos pés!". No entanto, embora as lixas de unhas e os esmaltes clarinhos não ligassem para a cor da minha pele, eu quase rasgava todo o tutorial para cabelos no meio da leitura semanalmente.

Veja bem, Becky, com seus cabelos bons, era minha nêmese muito tempo antes de ser a nêmese que Beyoncé cita em uma canção. A cada semana, sem falta, uma modelo loira sorridente, quase definitivamente chamada Becky [que, segundo Beyoncé, é a representação das garotas brancas que estão por toda parte], usava presilhas de cabelos elásticas cobertas com pano e prendedores e outros do gênero para recriar o penteado que nossa Deusa Sabrina mandava fazer. Mas eu, a mais leal das súditas de Sabrina, não podia me juntar à turma: meus cabelos não cresciam para baixo, eles cresciam para os lados; não eram longos, eram cheios. Em mim, as tranças francesas que elas faziam com tanta facilidade não ficavam nada parecidas com as delas.

Essa foi a primeira vez em que eu me dei conta de que mulheres negras eram algo que passava por pouco tempo pelas cabeças das pessoas em se tratando de beleza - se é que até mesmo pensavam em nós. Eu não sei por que me surpreendia a linha de produtos de divulgação de Sabrina, considerando que sua única ajudante negra, Dreama, só durou uma temporada. Eu aprendi a viver com isso.

E eu aprendi a viver com isso quando passei de ler a revista *Sabrina's Secrets* para a revista *Bliss,* e desta para a *Sugar*. Junto das dicas para "pegar" alguém e da definição da síndrome do choque tóxico, eu aprendi que existe uma coisa que as garotas negras absorveram rapidamente das revistas para adolescentes: os brindes de maquiagem não eram para nós - não a menos que "cadáver cor de cinza e sujo de poeira" fosse o *look* que estivéssemos buscando ao aplicar a base. Depois da primeira pincelada com um blush cor-de-rosa demais e o uso inaugural de um spray antifrizz que só funcionava em alguns tipos de "frizz", nós logo aprendemos a ficar com as amostras de perfumes que vinham nas páginas do meio. Adiante a fita alguns anos e, francamente, caramba, tudo mudou.

As cores "nude" estão na moda - só não as cores "nude" que servem para você

Existem vários eventos importantes que marcam a vida de uma garota jovem como se fossem ritos de passagem: começar a menstruar, comprar seu primeiro sutiã e, para as maioria das garotas negras no Reino Unido, seu primeiro beijo... da morte, nas mãos de uma funcionária em um balcão de maquiagem em uma loja de departamento que está claramente tentando fazê-la desmaiar de tanto estresse.

Trata-se de uma memória em massa compartilhada; os nomes das lojas e das atendentes podem ser diferentes, mas o cenário é sempre o mesmo. Pense na bem-intencionada morena com os cabelos em um coque bagunçado conduzindo-a a uma cadeira de maquiagem. Seu sorriso diminui levemente quando ela olha para o seu rosto e depois olha para os tons de base que ela tem ali, e então volta a olhar para o seu rosto. A seleção que ela tem varia de Lily Cole a Katie Price em termos de tom, e você não vai ficar mais clara. Mas ela não desiste, mesmo assim. Elas nunca desistem. Ela começa a aplicar a base mais escura que ela tem em você - um tom leve de amêndoa, se você tiver sorte - e vocês duas fazem caretas enquanto trocam conversa fiada, ignorando o fato de que agora parece que você está usando uma camisa polo marrom feita com a sua própria carne. Você a agradece e, assim que está em um lugar onde ela não pode vê-la, tira uma selfie - não porque você gosta do resultado, oras, mas, sim, porque, se algo de bom pode vir dessa monstruosidade em forma de maquiagem, é virar arenga nos grupos de conversas.

Embora as prateleiras de lojas de rua estejam repletas de opções de maquiagem se você for branca, mulheres negras geralmente têm de se virar com a oferta de um único tom "que serve para todas", que de alguma forma deveria funcionar para tons de pele variando dos tons intensos de chocolate de Lupita Nyong'o até a cor de café com leite da pele de Rihanna. Pessoalmente, aquela que muitas vezes é a única opção "negra" nas lojas ou faz com que pareça que meu rosto acabou de voltar de uma longa semana tomando sol em Barbados (em que meu corpo, muito mais claro, foi deixado para trás) ou dá a impressão de eu ter usado cândida no rosto, muita cândida. Sim, todos os tons de preto são belos, mas seria realmente bacana, legal mesmo, se a maquiagem que estou comprando remotamente lembrasse a cor da minha pele.

Encontrar bons produtos de beleza sendo uma mulher negra é como procurar uma agulha em um palheiro particularmente pálido. Mulheres negras gastam muito dinheiro em produtos de beleza apesar de uma chocante falta de opções disponíveis para nós, provavelmente porque a mídia passa muito de seu maldito tempo nos dizendo que somos feias. Nós gastamos mais de 4,8 milhões de libras em produtos de cuidados com a pele e serviços de beleza por ano, no mundo todo - o dobro do que gastam as consumidoras de outras raças. Mulheres negras britânicas especificamente gastam uma quantia imensa em produtos para os cabelos seis vezes mais do que as mulheres brancas, o que muito bem justifica nosso desdém em massa em relação a isso de as pessoas colocarem as mãos nos nossos cabelos. Custou caro!

Não obstante, nós ainda somos bem mal servidas, geralmente tendo de recorrer a marcas de produtos de luxo só para comprar o básico. As lojas de rua são como um avental do qual não conseguimos nos livrar - nós sabemos que elas não se importam conosco e passam seu tempo servindo a todas essas outras mulheres, mas, de alguma forma, acabamos procurando dinheiro em nossas carteiras toda vez em que elas prometem "fazer coisa melhor". E, como TLC sabiamente avisou, elas não fazem isso nunca.

Sejamos realistas, quando as manchetes das revistas gritam "Nude está na moda!", elas estão se referindo a uma pele que nós não temos. Em termos de humor, isso é cômico, a ideia de sermos seriamente encorajadas por editores e editoras de revistas a entrarmos em uma meia-calça "segunda pele" que nem mesmo foi criada pensando em nossa primeira pele. Foi ainda mais cômico, sob o prisma do humor, quando, em 2010, a Associated Press estava tão cega pela ubiquidade da brancura que eles acharam adequado descrever um vestido cor de champanhe usado por uma mulher que não tem nem um pouco a pele cor de champanhe, sendo ela Michelle Obama, como "cor da pele". Um editor de moda cético representou todas nós quando ele respondeu: "Cor da pele de quem? Não a dela!".

Eu me lembro do meu choque na escola primária quando alguém me explicou que os curativos deveriam se mesclar perfeitamente com a cor da "nossa" pele.[8] Quando eu ressaltei que isso não acontecia, caiu a ficha para mim que o mundo tinha uma "nossa" [pele] muito específica em mente. Na época em que eu tinha 14 anos de idade, eu estava totalmente condicionada - eu nem mesmo questionei roupas de baixo apenas cor de pêssego sendo descritas como "cor da pele". Nem com o fato de que os sutiãs que tinham o meu tom de pele eram vendidos em meio aos vermelhos, azuis e de bolinhas, como se o conceito de pele marrom nunca tivesse passado pela cabeça dos marqueteiros.

Alguns passos (de bebê) à frente

Apesar de todo esse terror, houve algumas coisas sutilmente boas. Sleek MakeUP é a marca com a qual muitas de nós fizemos nossa transição crucial de vaselina para batom. Por mais de 25 anos ela vem servindo fielmente às mulheres negras, apesar de inicialmente prover produtos apenas para peles asiáticas e afro-caribenhas. Embora isso signifique que os produtos eram relegados a princípio a lojas independentes de produtos de beleza e afro, acabou em dado momento recebendo a permissão de estar ali em meio à maquiagem para pessoas brancas em perfumarias populares, pondo fim a um *apartheid* corrente em termos de cosméticos. Com o alcance mais amplo da Sleek MakeUP veio o inevitável aumento de sua coleção, que agora atende a todas as etnias.

Isso leva uma pessoa a pensar no motivo pelo qual outras marcas ainda não foram tão rápidas nisso de servir a diferentes tons de pele. A Sleek ilustrou o quão fácil é para as marcas expandirem suas gamas de produtos. A gama de produtos deles não é metade tão grande quanto as de algumas das empresas que teimosamente se recusaram a servir às mulheres negras; ainda assim, eles estão mais do que dispostos a serem inclusivos, então por que tem sido tão difícil que o mesmo aconteça com marcas maiores? De alguma forma, apesar da inflexível brancura, as lojas de rua ainda continuam olhando ao redor dos corredores de maquiagem e dizendo: "Precisa de mais maquiagem para pessoas brancas".

Assim como esses passos incertos e de bebê para o lado, um estridente passo *para trás* em relação às lojas de rua britânicas foi o fracasso de "K by Beverley Knight", uma linha de maquiagem para pele negra que saiu em setembro de 2009 e que foi descontinuada apenas dois anos depois. Apesar de uma fundadora bem conhecida e uma cobertura de alguém iminente, a marca não decolou. Alguns colocaram a culpa pela morte da marca nos problemas mais comuns com que marcas específicas para pessoas negras se deparam: disponibilidade limitada e propaganda insuficiente. Com aumento nas opções de produtos deve vir uma cobertura também maior, embora isso raramente ocorra. Pense nisso: quando foi a última vez em que você viu um anúncio para um produto de cabelos afro na televisão, se é que já viu algum? O puro choque de ver um pôster da Dark 'n' Lovely no metrô foi o bastante para que eu quase causasse um acidente nas escadas rolantes, sabe-se lá Deus, então, o que a população britânica faria ao ver um kit texturizador na TV. Florence Adepoju esboça o problema que cerca a visibilidade de produtos para negros na Grã-Bretanha, explicando que o marketing medíocre frequentemente vê os produtos que funcionam com pele escura sendo tirados das prateleiras:

> Este é um problema com o qual é preciso lidar em muitos níveis diferentes. Quando as pessoas de fato proveem soluções, quando as marcas dizem: "Na verdade, é, um bocado de nossas clientes gemeram e nós vamos colocar algo no mercado para elas, para mulheres com tons de pele mais escuros", porque isso não é celebrado em todos os níveis e em todos os estágios, o produto não sai. Sendo assim, uma marca produzirá uma linha ou acrescentará mais cores à sua linha já existente e as colocará nas lojas. As vendas não vão aumentar, pois as pessoas literalmente não sabem que isso existe ou que está disponível, porque o departamento de marketing não alocou um orçamento grande o bastante para isso, ou porque os compradores só os levaram para suas lojas em determinadas áreas. Então é assim: "Ah, caramba, nós vamos acabar com esse projeto", ou "Isso era apenas uma edição limitada". Eu comecei a usar Armani Face Fabric, e ficava, tipo: "Essa base está mudando a minha vida". E então eu entrei na Selfridges para tentar comprar a mesma

base e eles... "Ah, não, era uma edição limitada, nós não a vendemos mais." Eu ficava... "Eu não sou nem mesmo tipo a mulher negra mais escura que existe, minha pele é clara, o que você quer dizer com isso? Se eu sou edição limitada, então, e quanto à minha mãe, que é cinco tons mais escura do que eu?" Isso é loucura! A vendedora disse, de um jeito desdenhoso, algo na linha de "hoje tem, amanhã não tem mais", porém, se você não for a pessoa que está vivenciando esse problema, você nunca realmente entenderá como é quando lhe dizem de um jeito tão desdenhoso que um produto para o seu tom de pele não é necessariamente algo que precisa ser disponibilizado. E existe o agravante de ser empurrada para outros lugares - "bem, tem nos Estados Unidos, ou on-line" -, até isso é bem estressante, mas, tudo bem, eu realmente quero isso, então vou encomendar o produto. Mas apenas nos dizerem que o produto não existe mais é algo insano, é algo completamente insano.

Contudo, o marketing recente rapidamente mudou em termos de representatividade. Pressão aplicada nas marcas, em especial das mídias sociais (*vide* #RepresentatividadeÉImportante), certamente tem visto a diversidade ir às alturas nos últimos anos e levou a campanhas como a da autora premiada e conferencista feminista celebrada Chimamanda Ngozi Adichie, que se tornou o novo rosto da loja Boots. No entanto, os problemas permanecem em termos de inclusão devidamente falando, visto que o impacto da tendência da diversidade nas lojas de rua ainda é questionável. Quando nós *somos* aparentemente incluídas, em geral estamos incluídas em campanhas que começam com muita fanfarra e são concluídas com muito pouca coisa tendo mudado. A garota-propaganda do lema "a pele escura está vencendo", Lupita Nyong'o, foi anunciada como o rosto da Lancôme em 2014, e muitos viram isso como um ponto de virada no marketing de maquiagem. Depois que ela foi apontada como embaixadora, muitas mulheres negras disseram que não tinham se dado conta de que a Lancôme oferecia opções de bases para peles muito mais escuras. Era um erro fácil de ser cometido: uma visita a uma loja de departamentos regular revela que os tons mais escuros da Lancôme geralmente são deixados de fora do balcão de exibição e ficam disponibilizados apenas mediante solicitação. Sendo assim, embora Lupita estivesse na frente e no centro, o mesmo tom da base que ela estava usando ainda recebia o mesmo tratamento de Harry Potter: a magia da garota negra embrulhada debaixo das escadas de alguma loja de departamentos.

De modo similar, em 2016 a Maybelline lançou sua base Dream Velvet Foundation com Jourdan Dunn como o rosto da campanha, mas apenas seis dos doze tons no total estavam disponíveis em lojas do Reino Unido – e todas as seis eram cores para pele clara. Ironicamente, Jourdan não poderia ter entrado em uma loja nas ruas britânicas e comprado um tom que fosse adequado para sua pele. Felizmente, um ano depois, a Maybelline estendeu sua linha de bases para mulheres com peles mais escuras em suas gamas que se saíram melhor nas vendas. Rápida no gatilho, a Topshop Beauty recentemente estendeu sua gama de bases para servir a tons de pele mais escuros, adicionando a ela dois tons mais escuros.

No entanto, muitas campanhas simplesmente fazem um discurso inclusivo de modo a ganhar com a onda, o que quer dizer que seu comprometimento com a inclusão é fraco e transitório. A Campanha "Todos têm valor" da L'Oréal, de 2017, para sua recém-criada gama de bases estendidas, pretendia celebrar a diversidade, mas eles tiraram da campanha sua primeira modelo transgênero, que era de origem caribenha, por criticar o racismo sistêmico em um post no Facebook. Munroe Bergdorf foi retirada depois de escrever uma resposta aos eventos em Charlottesville, em 2017, no qual protestantes carregando bandeiras nazistas bateram de frente com demonstradores antirracismo e uma mulher foi morta no processo. Ela postou:

> "Eu não tenho mais energia para falar sobre a violência racial de pessoas brancas. Sim, de todas as pessoas brancas. Porque a maioria de vocês nem mesmo se dá conta ou se recusa a reconhecer que sua existência,

seu privilégio e seu sucesso como raça são construídos nas costas, com o sangue e com a morte de pessoas negras. Sua existência inteira está mergulhada no racismo".

A empresa de cosméticos emitiu uma declaração de que os comentários da modelo não batiam com os valores da empresa e puseram fim à parceria com ela. Clara Amfo criticou a decisão logo depois disso, dizendo:

> Uma mulher trans negras que a L'Oréal contratou para vender maquiagem por causa de quem ela é. Quem ela é, uma mulher que escreveu um post cheio de nuances sobre o racismo institucional e a supremacia branca em relação a Charlottesville e como as fundações desses ideais hediondos escorre por todas as torneiras de nossa sociedade... Agora ela foi retirada da campanha porque a L'Oréal sente que ela está "em desacordo com os valores deles". Se ela não "tem mais valor", eu creio que eu também não tenho.[9]

Questões de durabilidade à parte, embora várias marcas *tenham* implementado diversas campanhas nos últimos anos – L'Oréal, Estée Lauder –, o problema de distribuição ainda persiste. Linhas podem estar sendo estendidas, mas isso não significa que elas estejam sendo estocadas, e muitas lojas não sentem a necessidade de fazer isso sem pedidos feitos pelos membros do público.

Eu me lembro de quando eu e Elizabeth morávamos juntas: com frequência ela ficava sem base e não conseguia achar uma base com o tom que ela usava em Croydon – uma área onde menos de 50% da população é branca e que tem a mais alta população de negros caribenhos do país. Sendo assim, embora os teimosamente obtusos possam aliar a falta de opções de compra ao fato de que há um pouco mais de pessoas brancas do que negras no Reino Unido, a distribuição é um problema que persiste até mesmo nos bairros mais negros de Londres. Elizabeth explica isso:

> A maior parte dos papéis de marketing inclui o elemento da distribuição. Isso quer dizer que você faz a parte divertida, cria os trabalhos de

arte, mas também tem de fazer o lado da distribuição - sendo assim, de fato discernir a logística de colocar o produto nas lojas, e a quantidade requerida. No meu papel, eu trabalho com os designers em termos de me certificar de que tenha uma boa apresentação em termos de aparência, mas então eu também administro o lado da distribuição, então, desde trabalhar a forma que terá o produto na tela do computador até a impressão disso em uma fábrica e entrar em uma loja de rua e vê-lo pessoalmente. O problema com a diversidade ser uma tendência ocorre quando isso passa apenas pelo design, em que são envolvidos como uma tendência, apenas se focando em fazer com que o produto tenha uma boa aparência na tela do computador. Então eles fazem parecer como se a mudança estivesse acontecendo. Não estou dizendo que não esteja havendo mudanças, mas essa abordagem não funciona a longo prazo, não está enraizada no tecido da empresa e tem tudo a ver com os números. Algumas lojas podem dizer assim: "Bem, eu não quero, na verdade, estocar tantas bases escuras assim". Parece uma loucura, mas, por se tratar de estoque, eles podem pensar em sua clientela, e não a ver como uma prioridade. O marketing é apenas uma parte da campanha. Se você não tiver um negócio que busque servir a uma gama diversa de mulheres como prioridade, você sempre fracassará se não tiver uma estratégia para servir a longo prazo.

Marketing e distribuição funcionam bem de mãos dadas. O marketing faz com que se tenha ciência do produto, mas a distribuição de fato coloca o produto nas lojas.

Muitas marcas focaram no marketing, porém esqueceram a distribuição. Tons mais escuros estão sendo criados, mas, quando os estoques ficam baixos, os produtos são pedidos de novo para as consumidoras de pele escura? A diversidade não pode ser simplesmente uma tendência ou uma manobra para mudar os produtos. Ela tem de estar embrenhada nos "negócios, como de costume"- não há muito propósito em disponibilizar tons mais escuros on-line se as mulheres negras não puderem entrar nas lojas para experimentá-las pessoalmente. Quando se considera as vastas quantias que de fato gastamos com maquiagem, essa falta de distribuição não faz nem mesmo sentido *econômico.*

E, falando em economia, uma pesquisa independente conduzida pela Superdrug descobriu que 70% das mulheres negras e asiáticas sentiam que as lojas de rua não serviam às suas necessidades em termos de produtos de beleza e elas eram forçadas a gastar mais de £137,52 em seus produtos de beleza por ano do que qualquer outra pessoa. O custo de uma base bem adequada a peles mais escuras estava pelo menos em uma proporção de £25,00/£15,00 mais do que uma base para uma pele mais clara das marcas estabelecidas encontradas em lojas de rua. A campanha "Tons de Beleza", da Superdrug, que tinha como meta tornar as compras mais financeiramente viáveis para mulheres negras e asiáticas, ajudou a dar passos mais largos ao criar uma diversa gama de produtos mais prontamente disponíveis. A loja também está trabalhando diretamente com marcas para abrir um espaço em prateleiras para colocar sua linha completa de bases, mas, em relação às outras lojas de rua, ainda há um longo caminho a ser seguido.

Marcas de luxo, como Bobbi Brown, também se comprometeram com a diversidade nos últimos anos, ampliando suas gamas de tons de modo a oferecerem mais de trinta tons diferentes. No entanto, embora seja encorajador que as empresas de cosméticos mais custosas estejam se tornando mais bem representadas em termos de inclusividade dentro das lojas, isso ainda significa que a diversidade continua sendo uma proposta amplamente de luxo. Arrasar tem um preço, que certamente não é barato. E, até mesmo se você tiver a capacidade de dispor dessa quantia, isso não significa necessariamente que será bem servida. Fora do mercado da beleza, Christian Louboutin introduziu uma gama de sapatos com o objetivo primário de ter as cores da maioria dos tons de pele. Até agora, eles são a única marca grande de luxo a levar a questão da diversidade a sério, ao estender suas ofertas em resposta ao fato de que as mulheres vêm em todas as cores, e que muitas delas têm os meios de pagar por roupas e sapatos de estilistas.

O local de trabalho presume saber o que nós queremos, o que compraremos, quanto pagaremos, mas parece obter essas informações por meio de um telefone sem fio sem uma jogadora negra na brincadeira. Colocando as coisas de um jeito simples, nós não temos acesso a conversas sobre nós mesmas: nossos desejos podem estar sendo discutidos, mas é nas nossas costas e por indivíduos que simplesmente não nos conhecem.

"Aut viam inveniam aut faciam" (Ou eu encontro um jeito, ou crio um)

Foi estabelecido: mulheres negras estão atualmente se virando com muito pouco. Apesar do fato de que, enquanto indivíduos, nós gastamos consideravelmente mais dinheiro com produtos de beleza do que nossas colegas brancas, como um todo, o mercado de produtos de beleza para mulheres negras ou asiáticas no Reino Unido é um mercado de nicho, com um valor de 70 milhões de libras – apenas 2% do mercado total de produtos de cuidados com os cabelos, com a pele e maquiagem para mulheres, e bem abaixo da porcentagem da população BAME do país. Não é surpreendente que a resultante falta de opções possa até mesmo tornar uma ida para comprar sapatos ou maquiagem algo frustrante e dispendioso?

Porém, da frustração podem vir coisas ótimas. Se existe uma coisa pela qual as mulheres negras têm uma quedinha (*vide* "Quando a vida lhe der limões [...]") é por fazer limonada com muitos limões, à la King Bey. Veja o exemplo da marca de lingerie e meias-calças Nubian Skin, que foi criada depois que sua fundadora não conseguiu encontrar sequer um item essencial e básico para seu guarda-roupa no tom de sua pele e lançou sua agora próspera linha devido à pura exasperação.

"EU não gosto de me acomodar e estava irritada porque não conseguia encontrar coisas que funcionavam para mim", explica Ade Hassan. Apesar de ter um emprego em finanças e nenhuma experiência direta na indústria da moda, Ade decidiu parar de esperar que a corrente dominante criasse produtos de que ela precisava e ela mesma os fez. Ela tirou um ano sabático, longe de seu emprego, para estudar design de moda em Paris, antes de voltar para Londres e lançar a Nubian Skin.

A Nubian Skin foi um hit instantâneo junto à mídia, recebendo uma cobertura massiva e virando a queridinha das musas mágicas negras Beyoncé e Kerry Washington. No entanto, o mais importante é que isso foi um presente divino para milhares de mulheres negras que antes disso eram invisíveis e que de repente sentiram que poderiam ser vistas - em oposição a nossos infelizes sutiãs brancos que ficavam aparecendo sob nossas blusas.

Além da lacuna no mercado do tamanho de um continente, foi a atenção aos detalhes que viu o interesse público nos produtos da Nubian Skin alçarem voo. Hassan levou sua marca de lingerie um passo à frente ao fazer o que muitos outros se recusavam dentro dos negócios de beleza: reconhecer a diversidade da comunidade negra.

> Levei mais de um ano com as cores. Não havia precedentes. Eu não tinha como entrar em uma loja e dizer: "Essa é a cor que eu quero". Comecei visitando balcões de maquiagem e andando com uma amostra Pantone, tentando equipará-las com as cores populares de base, enviando-as para a fábrica, pegando-as de volta e me dando conta de que não dava certo, acrescentando um pouco de vermelho, adicionando um pouco de amarelo, até que consegui acertar nas cores dos sutiãs.
> Com as meias-calças foi mais complicado, porque elas são brilhantes, então eu não podia simplesmente dizer: "Essas são as cores que eu escolhi para os sutiãs, agora façam o mesmo com as meias-calças".

> Novamente foram muitas e muitas idas e vindas. Por fim, eu fiquei incrivelmente frustrada porque as cores não estavam lá muito boas e eu acabei na minha cozinha, com um monte de potes que continham chá preto em um, chá de rooibos em outro, e café no outro, tudo para que eu conseguisse chegar à tintura. Eu me pus a ferver as meias-calças nos chás, deixando-as secar e fazendo com que as pessoas as vestissem para ver o que funcionava nelas e então, finalmente, mandando aquilo para a fábrica. Foi um processo e tanto.

No fim das contas, Ade aperfeiçoou quatro tons para sua gama de meias-calças - canela, café com leite, café e caramelo -, todas com diretrizes da base que combinavam com elas, dando às compradoras uma ideia melhor de que tom combinava com a cor de sua pele.

Isso é uma prova tangível para Ade de que a Nubian Skin deu mais atenção às necessidades das consumidoras negras do que toda a indústria de lingerie. O que é verdadeiro em relação a produtos de beleza é ainda mais verdadeiro em relação à lingerie. Apesar de ser abundantemente claro que existe um mercado para produtos inclusivos, os estoquistas das correntes predominantes ainda parecem hesitantes em acomodar marcas que eles consideram "de nicho", mantendo a noção nociva de que branco é o padrão:

> Quando você fala com alguém sobre isso, eles dizem "isso faz total sentido", mas, quando está tentando falar com uma loja de departamentos sobre ela colocar a marca lá, eles dizem "talvez isso não seja para nós". As pessoas ainda veem esses produtos como produtos de alto risco, não se dando conta de que talvez, se eles dessem aos produtos uma oportunidade e atendessem a suas clientes, suas clientes ficariam gratas por isso. Ainda é uma batalha difícil.

Nós ansiamos por um futuro em que as lojas de rua não mais considerem as necessidades de nossas colegas brancas uma prioridade e as nossas como secundárias, e no qual a diversidade não seja mais uma tendência, mas, sim, a norma não dita.

"Uma diva é a versão feminina de um lutador."
– Beyoncé, "Diva"

É crucial que empresas já estabelecidas compreendam que a beleza não vem simplesmente em um único tom, mas, sim, em vários. Até que elas façam isso, contudo, como Ade, nós devemos preencher as imensas lacunas no mercado sempre que pudermos. Nós precisamos continuar a assumir espaço que não pretendia ser ocupado por nós - existe um limite de vezes em que você pode pedir por um lugar à mesa antes que simplesmente puxe você mesma a cadeira.

Foi isso que Florence Adepoju fez quando começou a criar seus produtos no abrigo da casa de seus pais em Rainham, Essex. Três anos depois, as maquiagens MDMflow de Florence estão em estoque na Topshop. Como a ideia de Ade, a ideia de Florence nasceu de uma falta de opções em lojas de rua. Tendo trabalhado no balcão de maquiagem da Benefit durante a faculdade, Florence tinha a experiência de ver mulheres entrando na loja e lutando para encontrar produtos que funcionassem bem nos tons de suas peles em meio aos tons altamente coloridos e brilhantes que havia nas prateleiras. Ela decidiu criar um produto pensando especificamente nas peles de mulheres negras:

> Muitas mulheres negras tiveram a sensação de entrar na loja, ver uma cor incrível - fosse de sombra ou de um batom - e pensar: *Ok, quando eu passo isso, por que parece que passei cinzas no rosto? Por que fica cor de cinza? Por que a cor não se destaca na minha pele como acontece com uma outra pessoa com a pele mais clara que a minha?* E eu acho que muitos desses problemas que as mulheres têm, porque elas não entendem como as coisas são feitas, são internalizados. E é meio que assim, a quantidade de pessoas que dizem: "Vermelho não me cai bem, não posso usar batom. Púrpura não

me cai bem, posso usar somente marrom". Você responde: "Mas pense nisso, por que você só pode usar marrom?", é porque isso é algo que vem sendo formulado para ter uma determinada aparência. E por que você nunca pode usar vermelho, mas alguma outra pessoa pode? Não é você, é a fórmula. Sendo formuladora e cientista de cosméticos, tendo essa experiência prática com as mulheres entrando na loja e dizendo: "Não posso usar vermelho" e então eu mostrando a elas os cinquenta batons vermelhos que temos em estoque e dois deles que são formulados bem o bastante para servir a elas e elas dizendo: "Ah, ok, eu gosto desse vermelho", aquela mudança total. Eu encontro muitas mulheres negras que dizem: "Eu não uso maquiagem, não fica bem em mim, não uso". E elas simplesmente ficam por completo removidas dessa experiência só porque não têm aquela seleção. Para mim, isso realmente tinha a ver com olhar para aquela resposta emocional que as pessoas têm em relação às cores, e também cores que não necessariamente se encontram dentro dos padrões de beleza. Sendo assim, as pessoas que querem usar batons azuis, que querem usar batons pretos, que querem se expressar de uma forma que se distancia daquela que está sendo ditada como a norma. Porque muitos dos padrões ocidentais de beleza vêm de influências de beleza que não são diversas e que não vêm de mulheres de cor. Muitas marcas tentam ganhar os favores de mulheres com ideias de Marilyn Monroe e Greta Garbo. E é assim: "Como eu algum dia poderia me identificar com a Marilyn Monroe?". Isso simplesmente não vai acontecer. Então, para mim, a princípio, eu coloquei muita ênfase na criação de uma marca que não apenas fosse formulada corretamente como que olhasse para a diversidade, não apenas do ponto de vista de peles mais escuras, ou de diferentes tons de pele, mas que também apontassem para outras influências de beleza. Alicia Keys me influenciou como Marilyn Monroe jamais teria conseguido me influenciar.

No entanto, junto de esforços individuais como os da Nubian Skin e MDMflow, VV Brown, que deixou um contrato lucrativo com uma gravadora para criar seu próprio selo, acredita que a colaboração dentro da comunidade negra é a chave para destrancar a diversidade em qualquer ramo da indústria.

> Nós precisamos começar a colaborar. Precisamos começar a participar dos planos de negócios, da música e dos projetos de arte umas das outras - precisamos criar coletivos. Alguém quer começar com uma marca de maquiagem? Comece a criar uma marca de maquiagem e entre em contato com uma modelo negra para essa marca.
> Aquela modelo negra deveria ficar animada com a ideia de apoiar um negócio vindouro. E então, aquela modelo negra vai até uma estilista também negra e usa as roupas dela. E essa estilista vai até uma musicista negra para conseguir músicas para sua apresentação. É mais do que simplesmente começar um negócio. Tem a ver com isso de nós nos reunirmos *dentro dos* negócios.

Ela está certa. A colaboração é crucial e foi o que levou várias dessas marcas a ganharem cada vez mais força. Isso é o antídoto para as indústrias que colocam em segundo plano produtos e ideias voltados para mulheres negras. Seja por meio de patrocínio ou um simples empurrãozinho no Twitter, a sororidade encontra-se atualmente em um ritmo acelerado de apoio para compensar pelos anos e anos em que ficaram de fora do mercado. Mulheres negras abraçam os projetos umas das outras não somente porque com frequência eles são ótimos, como também por serem criados por e para mulheres negras - e quem melhor do que nós para saber o quanto esse tipo de coisa é necessário?

Meninas, vamos entrar em formação

Mas e quanto àquelas de nós que não têm os meios, a habilidade ou até mesmo o interesse em criar nossas próprias marcas? E quanto àquelas de nós que gostariam de ter uma opção a um preço acessível em lojas de rua de um excelente corretivo, sem ter de fazer uma peregrinação para lançar a ideia no *Dragons' Den*? No fim das contas, uma incapacidade de criar alguma coisa para si não significa que você não queira mais tons de base, ou que não possa fazer a diferença no mundo.

Além de nós mesmas diversificarmos o mercado através da criação, a colaboração, solicitar que as empresas nos reconheçam como consumidoras, é algo que qualquer um pode fazer. Ade é clara em relação a isso:

> Se você tiver um quê de empresária, vá atrás disso. Escreva para as marcas, diga: "Eu quero maquiagem da minha cor", ou "Eu quero bandagens da minha cor", porque elas deveriam saber que existe demanda no mundo. As empresas são impulsionadas por seus resultados finais – se elas souberem que existe demanda por um produto, elas criarão tal produto.

Anos atrás, enquanto eu chorava lágrimas quentes por não conseguir colocar continhas de meninas brancas em volta de uma trança delicada, uma amiga minha, Rochelle, escreveu uma carta cheia de paixão para os editoras de uma revista para adolescentes que agora não existe mais, questionando-os sobre os motivos pelos quais eles nunca tinham uma garota negra em suas capas. Na edição seguinte da revista, uma radiante pré-adolescente birracial adornava a capa, e, embora eles tivessem voltado ao padrão de colocar uma criança branca na próxima edição, e ainda estivessem longe de se comprometer a colocar uma garota de pele escura na capa, minha amiga se lembra de que as edições futuras estavam mais diversas. Ela certamente deixou mais marcas ao fazer isso do que minhas lágrimas.

Pressão pode ser aplicada indiretamente através do sucesso visível de empresas concorrentes que servem a grupos diferentes também. Pegue a linha de maquiagem da Rihanna, Fenty Beauty, que foi lançada de forma impactante no ano passado e que já mudou o jogo no processo. Sendo uma empresa nova, a diversidade e a distribuição foram consideradas desde o salto inicial, e tornou-se não apenas parte da marca como também sua prioridade. Ao contrário de outras linhas que consideraram esses pontos posteriormente, a Fenty Beauty foi lançada com quarenta tons altamente variados. A diversidade não tinha sido um elemento central para as marcas das concorrentes da Fenty (em alguns casos, era quase uma adição decorativa), mas, quando começou a ser reportado que os tons mais escuros da Fenty Beauty estavam se esgotando nas lojas, as empresas de produtos de beleza começaram a ir até as mídias sociais para mostrar sua própria gama de tons para peles mais escuras.

É tão importante para nós chegar perto da corrente dominante quanto é importante que criemos uma corrente completamente nova –, uma corrente sem a política de entrada que tende à exclusão. Tanto aplicando pressão em empresas já existentes quanto criando nossas próprias empresas, nós podemos realizar muitas coisas.

"Estou torcendo por todo mundo que é negro."
– Issa Rae

Porém, além de nos certificarmos de que nossas vozes sejam ouvidas pelas correntes dominantes, é crucial que apoiemos aquelas que são capazes de criar o que o mercado conservador não vai criar e que estão ativamente fazendo isso. Como Ade Hassan coloca de forma sucinta: "Se existe algo de que você gosta ou que aprecie, apoie essa marca. Se você não fizer isso, eles não estarão lá e você não poderá reclamar que as pessoas não estão lhe servindo".

O mesmo diz Sandra Brown-Pinnock, uma mulher de negócios que lançou sua própria loja de produtos de beleza de rua, XSandy's, em 2015, depois de se dar conta de que todas as lojas de produtos para cabelos afros em sua área eram administradas por pessoas que nem eram mulheres negras. A loja dela é a única loja de produtos para cabelos afros que tem uma negra como dona em todo o sudoeste de Londres, uma estatística que deveria ser chocante. Como Sandra, a maioria de nós já se encontrou na situação surreal de pedir conselhos a homens paquistaneses sobre apliques e com frequência se perguntaram por que mulheres negras não estão aconselhando mulheres negras em relação a algo sobre o que sabemos e muito: nossos próprios cabelos.

Embora a XSandy's tenha em estoque muitos dos mesmos produtos encontrados em qualquer loja similar, Brown-Pinnock e sua equipe orgulham-se de oferecer conselhos claros e conhecimento sensato em relação aos produtos que elas vendem. Ela também apoia fervorosamente outros produtos e outras marcas que são de propriedade de pessoas negras, além de acreditar que seja crucial que a população negra do Reino Unido faça o mesmo. Ela disse em uma entrevista ao jornal *Voice*:

> Nós crescemos neste país com a ideia de que comprar algo de uma pessoa negra é mais caro ou que as pessoas negras não têm as coisas de que você necessita e que talvez uma cadeia maior de lojas poderia ter.
>
> Quando as consumidoras me dizem que uma loja de propriedade de uma pessoa negra é mais cara, eu respondo: "Você tem ido lá recentemente?".
>
> Na maioria das vezes a resposta é não. E, quando elas vão verificar isso, frequentemente não é esse o caso. Se muitas de nós não estiverem comprando produtos de lojas cujos donos e donas são pessoas negras, para começo de conversa, eles não vão sobreviver, então nós seremos forçadas a ir a algum outro lugar.

A qualidade das informações e dos produtos que nos são oferecidos, quando são distribuídos em pequenas quantidades por aqueles que não têm a experiência direta com eles ou que não têm interesse pessoal algum neles, quase sempre fica comprometida. E o resultado disso pode ser bem mais grave do que apenas conselhos ruins em relação ao *megahair*. Segundo um estudo recente de cinco anos, as aparentemente inócuas gosmas, os líquidos e as colas que colocamos em nossos cabelos podem ter sérias consequências para a saúde. Descobriu-se que produtos para cabelos de pessoas negras são alguns dos produtos de beleza mais tóxicos no mercado, como veremos em "TLC".

Os cabelos lisos e brilhantes das garotas negras cujas fotos ficavam na frente do meu condicionador quando eu era criança e nos frascos de cremes para pentear vendiam uma imagem benéfica e saudável de cuidados com os cabelos da qual eu sentia inveja - naquela época, ninguém sabia que aqueles produtos poderiam resultar em uma puberdade antecipada para suas usuárias.[10] Raramente se fazem pesquisas sobre os produtos que são tanto vendidos no mercado como usados por mulheres negras em relação às consequências tóxicas de seu uso para a saúde. E, embora a teorista da conspiração em mim não ficaria surpresa se isso fizesse parte de um plano muito maior para apagar a população negra feminina do mundo ao nos envenenarem maliciosamente por meio de cremes para controlar nossos cabelos, a maioria associa a falta de regulamentação e cuidados com os produtos ao fato de que mulheres negras raramente estão envolvidas no processo.

Rachael Corson, CEO e diretora cofundadora da marca de produtos para cuidados com os cabelos com ingredientes vindos de fontes éticas, a Afrocenchix, diz:

> Infelizmente, aqueles que obtêm ganhos financeiros enchendo prateleiras com produtos químicos baratos que prometem cabelos lindos e brilhantes não estão preocupados com os riscos para a saúde. Esses produtos não são feitos pelas mulheres negras que elas mesmas os usam.
>
> Nós começamos com a Afrocenchix em parte por causa das minhas reações alérgicas a produtos para 'cuidados' com cabelos negros. Agora fico muito feliz por ter sofrido queimaduras, erupções cutâneas e outros

problemas, visto que a necessidade de criar nossos próprios produtos naturais e orgânicos em colaboração com cientistas provavelmente nos ajudou a evitar uma imensidade de outros problemas com a saúde. Nós recebemos e-mails de duas mulheres afro-americanas diferentes que trabalham com cadáveres e descobriram que mulheres negras tinham, com frequência, danos químicos no crânio, e, em alguns casos, cicatrizes no cérebro, o que se acreditava estar ligado ao uso de produtos para fazer relaxamento nos cabelos. O fato de que nossas famílias usam nossos produtos nos dá um incentivo extra para garantir que esses produtos sejam apenas cheios de coisas boas.

Produtos para relaxamento agora respondem por apenas 21% das vendas de produtos para cuidados com cabelos de pessoas negras, e as compras desse tipo de produto caíram em 26% desde 2008. Isso se deve primeiramente a um movimento em prol do cabelo afro natural, conduzido totalmente por mulheres negras, e a subsequente criação de gamas de produtos para cabelos afro naturais, como o Afrocenchix, por exemplo, que oferece alternativas que as correntes predominantes não forneciam até bem recentemente. Apesar disso, se você de fato conseguir achar produtos de cuidados para cabelos de pessoas negras em uma loja não negra, com mais frequência do que o contrário, serão os tipos de produtos que vêm saindo de moda há anos.

Marcas de produtos de beleza de propriedade de pessoas brancas nos disseram que somos feias nossa vida toda, e depois encheram seus bolsos ao oferecerem soluções para os problemas que eles nos disseram que nós tínhamos. Não é de se admirar que, com frequência, enfrentamos dificuldade em achar bases para peles mais escuras, quando outros produtos estão sugerindo, de forma não tão sutil assim, que devemos clarear nossa pele. O preço que pagamos a essas marcas é nossa autoestima, nossa saúde e o nosso dinheiro, que são motivos pelos quais a entrada no mercado de marcas de produtos de beleza cujos donos são pessoas negras, como, por exemplo, MDMflow, é importante. O fato de que mulheres negras estão tentando desfazer esses regimes de beleza supremacistas brancos ao oferecerem produtos que celebram e não erradicam nossa negritude é crucial; o fato é que a comunidade negra que obtém lucros com esses produtos em termos econômicos também é importante.

Não faz tanto tempo assim que a ideia de mulheres negras intencionalmente ficando cada vez mais escuras teria sido demais para nossa mente coletiva. Ainda assim, em 2012 houve o lançamento da Karamel & Brown, uma solução de bronzeamento artificial formulada para peles morenas e mais escuras. Pergunte-se: em um mundo que está mais do que feliz em nos ver permanecendo dentro de nosso modo binário de beleza clara *versus* beleza escura, esse é um produto que poderia ter sido ideia de mais alguém que não fosse uma mulher negra? Quando eu era adolescente, a maior parte dos tratamentos de beleza tinha o propósito de remover todos os traços de negritude e envolvia nosso mergulho em uma banheira de químicos pesados. Agora, conforme cada vez mais mulheres negras entram no mercado, os tratamentos têm a ver com o destaque das feições que antes fomos ensinadas a apagar.

Essas empresas de propriedade de pessoas negras são importantes por um outro motivo também: longevidade. Negócios negros têm um interesse permanente em servir a consumidoras negras e é improvável que esse interesse diminua quando há a tendência de a diversidade inevitavelmente deixar de interessar a empresas maiores e predominantes.

Não é nada de outro mundo: mulheres negras precisam estar envolvidas em se tratando de criar coisas para mulheres negras. Seja maquiagem, roupas de baixo ou produtos para os cabelos, sem nosso envolvimento, ou esses produtos acabam saindo malfeitos ou não serão nem mesmo feitos. De modo a garantir que isso não aconteça, nós devemos ser proativas de quaisquer formas quanto nos for possível. Isso significa que devemos criar nossos próprios produtos e espaços, mas também devemos forçar as empresas a reconhecerem a nós como consumidoras e apoiar aqueles que estão fazendo o que podem para mudar as coisas. A resposta para as nossas reclamações à indústria de produtos de beleza negros no Reino Unido definitivamente não reside junto aos velhos homens brancos nas diretorias que nunca viram um afro que não fosse em uma apresentação do PowerPoint. A resposta reside em nós.

Uma porcaria de peruca não é o fim do mundo. Base cor de cinza não vai matar você. No entanto, agorinha mesmo, nós estamos essencialmente colocando nosso dinheiro ganho a duras penas na reta para que nos perguntem se a segunda opção serve, enquanto todo o resto das pessoas está recebendo aquilo que pediu. E, no caso de cuidados com os cabelos, os produtos errados podem ser uma questão de vida ou morte. Sendo assim, não importa o quão pequenas ou grandes forem nossas ações, nós precisamos agir.

Nós devemos isso umas às outras, e, em última instância, a nós mesmas.

— #REPRESENTATIVIDADEÉIMPORTANTE —

YOMI

"Mulheres negras dominam a internet
e isso é tããããão fascinante!"
– Kimberly N. Foster, editora do portal For Harriet

Eu suspeito que o motivo por trás do clichê dos *millennials* olhando para os próprios umbigos e nossa fervente necessidade de estar constantemente se autoidentificando é que a internet nos roubou nosso senso único de "eu". Nossa geração é talvez a primeira a ter tido sua bolha bem e verdadeiramente estourada em relação ao quão individuais nós de fato somos, porque a internet nos mostrou inegavelmente que existem bem mais de nós do que nos dávamos conta. Você acha que é a melhor artista do mundo? Cheque on-line. Acha que é a única pessoa que coloca leite na tigela antes do cereal? Existe um fórum dedicado a isso. No entanto, para mulheres negras, em vez de a internet questionar a nossa individualidade, ela permitiu que *sejamos* indivíduos. Em um país predominantemente branco como o Reino Unido, ela permitiu que nossas histórias e nós mesmas ficássemos visíveis umas para as outras pela primeira vez.

Antes da internet, eu havia internalizado a singularidade da história negra de uma forma tão agressiva que fiquei realmente chocada quando conheci outras garotas negras que falavam como eu, que gostavam das mesmas coisas que eu, e que também tinham sido chamadas de garotas de gueto e coisas do gênero por grupos completamente diferentes de pessoas por motivos totalmente diferentes. Eu costumava achar que meu amor por revistas de histórias em quadrinhos e desenhos animados sendo uma mulher negra era de alguma forma único, mas o website Black Girl Nerds me conectou com milhares de mulheres negras que também amavam todas essas coisas do mundo nerd/geek – desde videogames a cosplay e tudo entre eles; tudo que haviam me ensinado a acreditar que era exclusividade de homens brancos. Eu vi o meu humor desajeitado sendo feito por Issa Rae na série do YouTube *Awkward Black Girl*.

Os fóruns me colocaram em seus colos virtuais, assim como muitas tias fizeram isso no decorrer dos anos, e fizeram os meus cabelos. Eles proporcionavam a visibilidade e os conselhos que eu não conseguia encontrar em revistas. Eu via a beleza negra em blogs de moda como Black Girls Killing It e no Tumblr, nos quais a negritude era representada de formas como eu nunca tinha visto antes. Eu li, ri e chorei com as experiências negras, ainda que norte-americanas, em sites como os da revista *Clutch* e *For Harriet*. O Reino Unido acabou em algum momento acompanhando essa tendência norte-americana, com plataformas e sites delineando as experiências de mulheres negras britânicas aparecendo com tudo. Eu me juntei a isso em 2012, criando uma revista impressa e um website voltados para jovens garotas negras na Grã-Bretanha, algo para o qual eu nunca teria tido meios de fazer sem a internet. Antes da internet, eu achava que eu era especial, e depois de sua chegada, me dei conta de que não era – e não havia nada mais especial do que isso.

No entanto, a internet também foi onde me dei conta do quão longe ainda tínhamos de ir em termos de racismo. Eu sabia que o racismo existia, mas, no bairro pesadamente misto de Croydon onde eu cresci, isso não tinha sido algo em que eu era forçada a pensar diariamente. Contudo, no início da minha adolescência, quando eu voltava para casa da escola e ligava o computador, um mundo fervilhando com sexismo racista e racismo sexista floresceia no mesmo espaço que me levou a perceber que eu não estava sozinha. Eu ainda posso sentir a sensação ardente que vivenciei quando digitei "Por que garotas negras...?" e o Google preencheu as respostas para mim: "feias, raivosas, burras". Eu ainda me lembro da primeira vez em que me deparei com os fóruns dedicados a diminuir nossa existência. Eles reforçavam ativamente os estereótipos que as webséries estavam tentando estilhaçar; eles passavam páginas e mais páginas detonando os cabelos que blogueiras haviam nos ensinado a amar. Naquela época, a internet era ao mesmo tempo o maior amor das mulheres negras e nosso maior inimigo – e muito pouco disso mudou.

(Des)Aprendendo on-line

Quando eu era adolescente, eu era (muito para meu horror) a única das minhas amigas que não tinha permissão para fazer relaxamento nos cabelos. Não poder ter meus cabelos lisos era um problema muito diferente daquele de uma garota branca cuja mãe não deixava que ela fizesse luzes. Ter um cabelo afro não estava simplesmente "fora de moda", era feio. Era desmazelado. Durante várias gerações, traços físicos prevalecentes entre mulheres negras tinham sido justapostos de uma forma negativa em contraste com as feições europeias (*vide* "Cinquenta tons de bege" e "Será que ele gosta de garotas negras?"), e, durante várias gerações, nós fomos encorajadas a nos afastarmos do fim "indesejável" do espectro, o máximo quanto conseguíssemos. Visto que o padrão de beleza prevalecente é aquele do qual até mesmo a maioria das mulheres brancas ficam de fora, as extensões a que mulheres negras podem ir de modo a ficarem em conformidade com esse padrão são com frequência extremas e, às vezes, danosas. Houve uma época em que o furor era fazer relaxamento, e agora eu não consigo pensar em uma única amiga que ainda faça isso. Graças aos *blogs*, *youtubers* e contas do Instagram, as mulheres negras agora estão se esbaldando na negritude da qual fomos encorajadas a fugir desde que nascemos.

No entanto, isso tem a ver com muito mais coisas do que simplesmente a construção de autoestima. A afirmação de que imagens on-line de mulheres negras com cabelos naturais salvam vidas: não da forma intangível como dizem que fazem as campanhas da Dove e de outros produtos de beleza, mas, sim, literalmente. Animadoras imagens geradas por usuárias ajudaram a restringir tendências que custaram a saúde das mulheres negras durante anos. Tendo reclamado uma palavra que antes era ofensiva - cabelos *crespos* – levou mulheres negras a amarem os cabelos que nós fomos ensinadas a odiar. O movimento dos cabelos naturais na internet estimulou as mulheres a abrirem mão de práticas dolorosas na vida real, trocando produtos tóxicos por óleos orgânicos.

Houve vários casos repetidos de movimentos de cabelos naturais - sendo os mais famosos nas décadas de 1960 e 1970 como parte dos direitos civis e dos movimentos dos Panteras Negras nos Estados Unidos –, porém, ainda mais atrás, a famosa citação: "Não tire os cachos de seus cabelos, mas, sim, os emaranhados de seu cérebro" foi dita por Marcus Garvey, que morreu em 1940. Esses movimentos haviam se espalhado várias vezes antes, mas, em 2007, antropólogos culturais notaram o início do movimento de cabelos naturais na forma como o conhecemos hoje - talvez o maior que já tenha havido. A nova onda não tinha pauta política externa e não se tratava de um esforço organizado, mas as mulheres, predominantemente nos Estados Unidos em primeiro lugar, e depois, graças à internet, no mundo, começaram a fazer a transição por seus próprios motivos pessoais. Para algumas delas, esses motivos tinham a ver com autoaceitação, para outras, tinha a ver com a saúde, mas a maioria delas foi instigada pelas jornadas e pelas histórias de outras mulheres que agora estavam visíveis para elas on-line, e pela riqueza de informações sobre cabelos afros que haviam se tornado prontamente acessíveis. Como muitas outras, a artista de rua Lakwena foi inspirada pela comunidade de cabelos naturais on-line:

> Eu cresci em uma área e em uma escola predominantemente brancas, de modo que os cabelos, obviamente, surgem como um verdadeiro ponto de diferença. Sendo assim, eu costumava olhar muitos blogs de cabelos de pessoas negras antigamente, logo quando estavam no início. Sim, a internet existia naquela época! Eu me lembro de uma amiga criando um e-mail para mim no Hotmail há um tempo - eu estava tão isolada culturalmente falando, e era assim: "Para onde eu olho?". Havia pessoas [fazendo a transição] nos Estados Unidos - com frequência eles fazem coisas por lá - e eu adquiri muito poder com isso, simplesmente muito encorajamento.

Como Lakwena, Susan Wokoma encontrou força e encorajamento on-line, especificamente por meio de visuais pelos quais havíamos estado sedentas havia muito tempo. Ela fala sobre a permissão implícita que a internet deu às mulheres negras para que elas fossem elas mesmas, e para ocuparmos espaço por completo:

> Eu comecei a seguir muitas contas diferentes, fossem de revistas ou de tutoriais de maquiagem ou, sabe?, instituições de caridade. Eu literalmente fiz a festa. E foi fantástico, porque o que vemos são mulheres negras sendo especialmente visíveis pra caramba! E isso quer dizer que você não tem de esperar por ninguém, significa que ninguém lhe dá o sinal vermelho, ninguém tem de dizer: "Ok, tudo bem, certo, nós vamos permitir que você faça isso".

A internet possibilitou que o movimento se espalhasse em termos globais em um ritmo agressivo e de uma forma também tão agressiva que até mesmo as correntes dominantes tiveram de reconhecer a mudança e a diversificação de suas ofertas para servir a isso. Em uma tentativa de concorrer com as marcas orgânicas menores e geralmente de propriedade de pessoas negras que estão em constante crescimento, as empresas que antes eram principalmente conhecidas por venderem produtos para relaxamento acrescentaram a suas gamas de linhas para cabelos naturais ou estão tentando destacar os elementos naturais e "orgânicos" de produtos feitos à base de ativos químicos, em vez de focarem em sua força, como elas tinham feito no passado. A ORS, por exemplo, lançou uma nova gama de produtos da HAIRepair em 2014, focando mais na saúde dos cabelos do que no fato de eles serem lisos, e marcas como Dark and Lovely também mudaram sua gama de produtos para refletirem os desejos de uma grande parte das consumidoras que deixam seus cabelos naturais.

Embora não haja dados disponíveis para o Reino Unido, segundo um relatório nos Estados Unidos, produtos para relaxamento de cabelos foram a única categoria de produtos de cuidados com cabelos de negros que não cresceu desde 2008, sugerindo que cabelos naturais são "novo normal". O relatório também declara que a "tendência de cabelos naturais" fez aumentar as vendas de produtos para estilizar os cabelos para produtos para cabelos naturais e que, em 2013, 70% das mulheres negras nos Estados Unidos usavam ou tinham usado seus cabelos ao natural. Ferramentas educacionais on-line ajudaram a nós, mulheres negras, a aprendermos não somente a nos amar como nós somos, como também sobre as consequências de colocar certos produtos nos nossos cabelos. O mais importante de tudo é que nós aprendemos a realmente *cuidar* dos cabelos que foram historicamente descritos como um "problema", em vez de "consertá-los". Antigamente, se não fossem as tranças ou o *megahair*, o único jeito como os cabelos de uma mulher negra teriam sido considerados "arrumados" seria se tivessem sido alisados ou relaxados; o movimento dos cabelos naturais ajudou a revelar que cabelo bom não é simplesmente sinônimo de cabelo caucasiano.

Na escola primária, eu me lembro distintamente de um dia tentar, com desespero, faltar às aulas porque eu havia tirado as tranças dos meus cabelos e minha cabeleireira tinha cancelado minha hora marcada em cima da hora. A ideia de ir à escola com meus cabelos no estilo afro era totalmente estranha para mim - e embaraçosa. Até mesmo a minha mãe, que nasceu e foi criada na Nigéria, onde há uma maioria negra, sentia que a única "solução" seria pegar um pente superquente e usar nos meus cabelos, como se fosse uma varinha de fogo, bem literalmente queimando-os para que se submetessem ao "padrão" e ficassem lisos. Em inúmeras outras vezes eu estava fazendo tranças nos meus cabelos em um salão e um homem entrava - negro, branco, jovem, velho, sexy, não sexy; não vinha ao caso. Imediatamente eu me sentia como se estivesse no meu pior momento, como se tivesse sido pega sem roupa de alguma forma, e jogava os braços em volta da cabeça para tentar escondê-la. Nos meus anos de adolescência, eu ficava surpresa quando colegas minhas diziam que não conseguiam sair de casa sem maquiagem, não me dando conta de que se tratava da mesma ansiedade que me deixava aterrorizada, com medo que alguém visse os meus cabelos em seu estado natural. Em momento algum eu achei que usar os meus cabelos ao natural seria uma opção, e até mesmo agora, às vezes, ainda me encontro surpresa com o quão normal algo assim tão "normal" é agora para mim.

A presença de mulheres negras na internet desfez 22 anos de condicionamento com um punhado de tutoriais de condicionamento profundo. Dentro de um ano desde que comecei a ver vários *vlogs*, eu entendi a textura dos meus cabelos, sua porosidade, de que produtos ele precisava, e, acima de tudo, que não havia absolutamente nada de errado com a aparência dele. Como eu, Bola Agbaje também sente o quanto isso tem sido importante para nós como comunidade, nós, que inicialmente tínhamos tão limitadas opções de produtos para cuidados com os cabelos:

> A internet permitiu que nós, como pessoas negras de modo geral, falássemos sobre nossas experiências e encontrássemos soluções para os problemas. Especialmente com as pessoas e o cabelo natural, e como manter nossos cabelos naturais. Por várias gerações antes das nossas, se você não soubesse como fazer tranças em seus cabelos ou não fizesse permanente neles, quais seriam as outras soluções que se teria para eles? Ao passo que agora a internet provê soluções - todos os nossos cabelos são diferentes, de modo que todas nós temos diferentes texturas de cabelos, todas nós temos diferentes maneiras de lidar com nossos cabelos, então você vai na internet e digita no Google "meu cabelo tem essa textura e esses são os melhores produtos a usar para ajudá-lo a crescer e para me ajudar a mantê-lo bom no dia a dia". Antes nós não tínhamos isso, isso não existia. É isso que eu acho incrível em relação à internet para pessoas negras, ter isso, de nossas experiências serem compartilhadas, e então nossas experiências se tornam válidas.

Assim como com o relaxamento, os perigos de clarear a pele também são documentados (*vide* "TLC"). No entanto, mudanças sísmicas também podem ser sentidas nisso, e, embora o clareamento de pele ainda seja prevalecente, está rapidamente deixando de cair nas graças das mulheres negras. A internet tem visto estoques de melanina alçarem as alturas enquanto imagens incríveis de mulheres de pele escura vêm sendo normalizadas de uma forma nunca vista antes. As mulheres agora compartilham com orgulho *stories* de férias tomando sol com as cada vez mais populares *hashtags* #BronzeadoImpecável e #MelaninaBeijadaPeloSol.

Autoestima, amor próprio e autoaceitação são resultados importantes dos movimentos de beleza negra. No entanto, a rejeição dos padrões brancos de beleza por parte de mulheres negras vem sendo crucial tanto para nossa saúde física quanto mental - e isso se deve quase que totalmente à internet.

Porém, as lições aprendidas não param simplesmente nisso da beleza. Para muitos, a história negra pela qual ansiávamos tão frequentemente na escola vem nos sendo ensinada via páginas no Tumblr e conversas no Twitter. Considerando que escolas norte-americanas com frequência fizeram um embranquecimento da história negra, a história negra que nos foi ensinada nas escolas britânicas era geralmente a história norte-americana embranquecida dos negros. Tópicos como colonialismo raramente são abrangidos, mas essas histórias agora estão sendo contadas em todos os sites das redes sociais imagináveis. Projetos como "Crimes da Grã-Bretanha" me ensinaram sobre a história colonial de nossa nação e blogs como Gradient Lair me ensinaram termos que eu agora uso diariamente, como *misoginoir* [misoginia voltada às mulheres negras], *interseccionalidade* e *microagressão*. A palavra "acordado(a)" pode ter tido seus dias (depois de ter sido totalmente neutralizada pela mídia conservadora, que, em sua costumeira ânsia de "pegar emprestado" termos negros do Twitter, mudou completamente o significado desse termo no processo: centrando-se em si mesmas e em seus leitores brancos), porém, depois de tantos anos estando "dormindo" para tantas de nossas próprias histórias, isso realmente parece um despertar.

Com a internet, aprendi que aquilo que eu tinha pensado que eram fatos históricos eram fatos que foram tornados mais aceitáveis ou amenizados. Por exemplo, em 2 de março de 1955, uma garota de quinze anos de idade entrou em um ônibus em Montgomery e sentou-se ali. Quando lhe foi dito para ceder seu lugar para um passageiro branco, ela se recusou a fazer isso - nove meses antes de Rosa Parks agir da mesma maneira. Apesar de nos ter sido ensinado durante anos que Rosa Parks tinha sido a única pioneira, Claudette Colvin foi, na verdade, uma das primeiras mulheres presas por se recusarem a entrar em conformidade com as leis de segregação e códigos sociais de deferência racial. Eu fiquei sabendo disso a partir de uma conversa no Twitter *thread* que também delineava como a ativista Parks, com sua pele clara, casada e comprometida com os direitos civis, era vista como o tipo "certo" de agitadora para atiçar a centelha do movimento tão necessário. Colvin, cuja pele era escura, que vinha de uma família negra pobre e era mãe adolescente de uma criança filha de um homem muito mais velho e casado, não era.

A internet também me ensinou coisas com as quais eu simplesmente nunca tinha me deparado antes. Enquanto procurava por algo inspirador para fazer com os cabelos no Tumblr, conheci com a história do Rei Leopoldo II, da Bélgica, que massacrou dez milhões de pessoas no Congo. Leopoldo ordenou que os congoleses tivessem seus pés e suas mãos decepados como punição, e ele fez isso sem nem mesmo colocar os pés no país. A mesma plataforma me mostrou Sarah Baartman - a "Venus Hotentote" -, que foi trazida para a Inglaterra da África do Sul em 1810 e passou quatro anos sendo exibida nos palcos britânicos como se fosse uma atração humana de zoológico por causa de seu traseiro grande. Posteriormente ela foi vendida a um treinador de animais em Paris, onde morreu na pobreza, aos 26 anos de idade. Depois da morte dela, seu corpo foi dissecado e seus restos mortais foram exibidos durante mais de um século e meio. Visitantes do Museu do Homem em Paris podiam ver seu cérebro, seu esqueleto e suas genitálias, além de uma forma em gesso do corpo dela. Seus restos mortais só foram levados de volta à África do Sul em 2002.

A apenas uma viagem de ônibus de distância de onde estou fica Brixton, uma das bases cruciais do Movimento Black Power no Reino Unido. Porém, foi apenas on-line que eu fiquei sabendo que a Grã-Bretanha tinha tido suas próprias e vastamente diferentes interações com os Panteras Negras. Embora adotassem o mesmo nome, os dois grupos tinham metas e abordagens distintas e não tinham ligação oficial. E, até hoje, o que me fascina é que aprendi sobre o grupo americano na escola, mas descobri sobre os Panteras Negras britânicos por meio da minha própria pesquisa on-line. Embora em um mundo ideal os currículos escolares seriam bem mais amplos e haveria mais espaços na vida real para que as mulheres negras compartilhassem ideias, a internet pelo menos garante que nós tenhamos o acesso e a capacidade de nos autoinstruirmos em uma escala sem precedentes, como diz Bola:

> A internet revela coisas como: a forma como a África aparece nos mapas é bem menor do que ela é na vida real. A internet fez com que as pessoas acordassem para o fato de que há tantas mais pessoas como nós no mundo. E então ela fez com que uma comunidade global se sentisse mais próxima de casa do que em gerações anteriores, porque, antes, você [teria] uma experiência e passaria por uma situação, e de novo, não existem muitas pessoas com quem você poderia falar sobre isso, nem refletir sobre uma situação. Ao passo que agora a internet lhe dá uma oportunidade de falar: "Espere um minuto, sendo uma mulher negra, eu acho que...".

Poder para as pessoas

Mulheres negras pelo mundo todo são as CEOs da cultura on-line. Quem comanda o mundo? Homens brancos, claro. Mas quem domina a internet... essa é uma história muito diferente de fato. Um relatório no ano passado mostrou que mulheres negras nos Estados Unidos são lançadoras de tendências que desempenham um papel-chave influenciando a cultura da corrente dominante em termos de moda, beleza, televisão, música e engajamento civil para mulheres de todas as raças. O uso das redes sociais por parte das mulheres negras em particular desempenhou um papel crucial em sua influência, e o estudo até mesmo recomendou que as empresas, marcas e comerciantes estivessem particularmente cientes da influência das mulheres negras quando forem criar produtos e conteúdo.

Uma das mudanças mais pioneiras que a internet trouxe é a capacidade de ter as experiências, vozes e diversas identidades das mulheres negras centradas e enfatizadas na maior plataforma do mundo. Isso permitiu que as mulheres negras controlassem nossas narrativas pela primeira vez e verdadeiramente assumissem alguma forma de controle sobre não somente a forma como as outras pessoas nos veem, como também a forma como nós mesmas nos vemos. Isso também significou que as vozes daqueles que costumavam dominar sem que alguém discordasse de forma audível estão finalmente ouvindo as muito necessárias respostas a seus comentários.

O poder do Twitter é bem conhecido. Embora para alguns ativistas do Twitter possam parecer um pouco mais do que guerreiros ultra-apaixonados do teclado, destruindo os dedos em batalhas virtuais desprovidas de sentido, os últimos anos mostraram que são mais do que capazes de criar mudanças de verdade. Observe o caso do Oscar, por exemplo. Como foi mencionado em "Sendo Susan Storm", embora a indústria cinematográfica esteja se diversificando, isso está acontecendo em um ritmo lento. No entanto, os negros no Twitter foram e continuam sendo o osso preso na garganta de que Hollywood precisa. A ativista e escritora afro-americana April Reign criou a *hashtag* #OscarsSoWhite [#OscarTãoBranco] em janeiro de 2015, depois que as indicações para o 87º Academy Awards não apresentaram ator algum de cor, pelo segundo ano consecutivo. Em 2017, depois que vários mil tuítes foram enviados com a *hashtag*, condenando a falta de diversidade, o presidente da Academia, Cheryl Boone Isaacs, prometeu criar um quadro de membros mais inclusivo. Naquele ano, sete dos vinte atores indicados vinham de minorias étnicas, ultrapassando o recorde anterior de cinco. Dos nove filmes indicados para melhor filme, três contavam histórias de pessoas negras e apresentavam elencos formados na maior parte por pessoas negras. Barry Jenkins tornou-se o quarto indicado negro na história do Oscar a melhor diretor, e seu filme *Moonlight: Sob a luz do luar* ganhou o prêmio de Melhor Filme.

Atiçada pelas mudanças nos Estados Unidos, a *hashtag* #BAFTAsSoWhite nasceu em 2016, depois que apenas um astro negro - Idris Elba - foi incluído nos indicados para as quatro categorias principais de atuação. Logo depois, protestantes reuniram-se do lado de fora da cerimônia de entrega dos prêmios do BAFTA e, tal como aconteceu com o Oscar, a CEO do BAFTA, Amanda Berry, reconheceu que a Academia precisava abordar essa questão. Agora, a partir de 2019, os cineastas "precisarão demonstrar que trabalharam para aumentar a representação de grupos sub-representados" para que sejam indicados para os prêmios de Melhor Filme Britânico e Melhor Diretor Estreante Britânico. O BAFTA também anunciou que adicionaria 375 novos membros, um grupo que incluirá 43% de mulheres e 18% de membros de grupos de "minorias étnicas".

Além de afetar as mudanças nos filmes, o ativismo on-line também trouxe mudanças em outras formas de mídias. Capas de revistas, por exemplo, estão bem mais diversas do que costumavam ser antes - e isso é inegavelmente devido à crescente pressão daqueles que anteriormente não tinham a proximidade para criticar essas publicações (tenho certeza de que a versão adulta de Rochelle está fazendo um "toca aqui" ao ver essas mudanças acontecendo). Durante anos, mulheres negras lamentaram por causa das capas de revistas totalmente brancas, mas nós só tínhamos acesso umas às outras para despejarmos nossos desgostos. A revista *Vanity Fair* sempre teve um hábito ruim de relegar atores e atrizes de minorias étnicas a caderno interno de sua capa estendida de março - uma mostra anual das melhores e mais brilhantes de Hollywood. No entanto, por volta de 2013, os efeitos adversos de suas capas totalmente brancas foram tão severos que a internet bem literalmente forçou a revista a ser mais diversa. Na edição de 2014, em meio aos artistas estavam seis atores de cor: Chiwetel Ejiofor e Idris Elba, apresentados na capa, junto a Julia Roberts e George Clooney, assim como Michael B. Jordan, Lupita Nyong'o, Naomie Harris e Chadwick Boseman.

As conversas que costumávamos ter umas com as outras atrás de portas fechadas passaram para a esfera pública e estão cada vez mais difíceis de serem abafadas. No ano de 2015 o *grime* realmente encontrou seu lugar no *mainstream*, e, ainda assim, como vimos em "Sendo Susan Storm", quando os indicados para o 36º Brit Awards anual foram anunciados em 2016, em categorias para as quais apenas britânicos eram elegíveis, apenas cinco dos 53 lugares disponíveis estavam ocupados por artistas negros (com esses cinco contando com Little Mix - duas vezes). Enquanto isso, Adele, James Bay e Years & Years conseguiram garantir quatro indicações cada. A *hashtag* resultante disso, #BritsSoWhite, além de uma petição com mais de duas mil assinaturas, levou os organizadores do prêmio a fazer uma mudança grande nas mil pessoas que votavam na academia e eles estabeleceram um painel para ajudar a trazer 700 novos membros para a academia, os quais refletissem melhor a indústria da música, incluindo 48% de mulheres e 17% de pessoas BAME. No ano passado, as indicações do Brit incluíram Skepta, Kano, Craig David, Michael Kiwanuka, Stormzy, Lianne La Havas, Emeli Sandé e Nao - uma mudança drástica em relação a zero indicados negros no ano anterior.

As *hashtag* do Twitter, primeiramente criadas por mulheres negras, mudaram por completo a face do mudo virtual e do mundo real. O movimento agora onipresente #BlackLivesMatter [#VidasNegras SãoImportantes] foi criado por três mulheres negras: Alicia Garza,

Opal Tometi e Patrisse Cullors, depois que Mike Brown foi morto a tiros em Ferguson, Missouri, por um policial branco. A ativista Brittany Packnett deu início ao uso da *hashtag* #BlackWomenAtWork [#MulheresNegrasNoTrabalho] (*vide* "Microagressões que são um balde de água fria"), que possibilitou que mulheres negras se reunissem on-line e discutissem os estereótipos e as microagressões tão prevalecentes em locais de trabalho nos Estados Unidos, no Reino Unido e no mundo todo. CaShawn Thompson deu início à campanha #BlackGirlMagic [#MagiaDaGarotaNegra] em fins de 2013 para celebrar mulheres negras e, no mesmo ano, Zeba Blay criou a *hashtag* #CarefreeBlackGirl [#GarotaNegraDeBoa] para neutralizar o impulso dominante da narrativa da mulher negra forte lançado para cima da população negra feminina. *Hashtags* divisoras como #TeamDarkSkin [#TimePeleEscura] e #TeamLightSkin [#TimePeleClara] foram o maior furor alguns anos atrás, mas recentemente elas foram sobrepujadas por *hashtags* unificadoras, tais como #BlackOutDay [#DiaDeNegroSair], #UnfairandLovely [#NãoClaraEAdorável], #FlexinMyComplexion [#LidandoComACorDaMinhaPele] e #MelaninOnFleek [#Desfi landoAMelanina] – todas as quais criam um catálogo on-line de sublimes *selfies*, apresentando belas peles de todos os tons.

Fora do campo da representatividade, movimentos foram realizados em outros espaços graças a campanhas e petições que se tornaram virais. No ano passado, como veremos em "Será que ele gosta de garotas negras?", o prefeito de Londres, Sadiq Khan, disse que analisaria as acusações de racismo na casa noturna no centro de Londres, a DSTRKT, depois que a *hashtag* #DoILookDSTRKT [#EuTenhoCaraDeDSTRKT] e subsequente protesto conseguiram atenção nacional. Embora a casa noturna estivesse sob escrutínio durante vários anos antes disso, nada nunca tinha sido feito em relação a isso. A campanha da Universidade de Oxford #RhodesMustFall [#RhodesDeveCair] para derrubar a estátua do imperialista britânico foi inspirada pela *hashtag* homônima de 2015, originalmente dirigida contra uma estátua na Universidade de Cape Town que o celebrava. Nenhuma das duas campanhas foi bem-sucedida, apesar de reunirem milhares de assinaturas na petição, cada, mas, em Oxford, o furor levou à remoção de uma placa dedicada a Rhodes. No encalço da campanha, seguiram-se chamados de estudantes e de muitas pessoas on-line e a Universidade de Cambridge concordou em repatriar um galo jovem de bronze que tinha sido tirado de Benin no século XIX. Isso foi espelhado nos Estados Unidos, onde a ascensão de Trump e da extrema direita deparou-se com um correspondente aumento nos protestos exigindo a remoção de estátuas dos Confederados em diversos estados - e com algumas das quais houve concordância em relação a sua derrubada.

On-line, muitas pessoas negras expressam sua fúria em uníssono, visto que as desigualdades estruturais se expressam pelo mundo todo, lembrando-nos de que a cor da pele não é a única coisa que nos conecta. As *hashtags* continuam a se somar após a morte de mais uma pessoa negra que não estava armada, nos Estados Unidos, pela polícia - #TamirRice, #EricGarner, #SandraBland, #Alton-Sterling -, mas a mesma fúria é sentida no Reino Unido, enquanto usamos as *hashtags in memoriam* e para ressaltar as muitas pessoas negras que continuam morrendo sob a custódia da polícia. Esses casos - as mudanças bem-sucedidas, assim como as batalhas em andamento - estão mais visíveis do que nunca. Eles se tornam globais e viralizam, fazendo com que muitos de nós fiquem mais engajados do que jamais estivemos antes em nossas vidas.

Conforme a identidade diaspórica negra vai sendo continuamente fortalecida on-line, para negros e negras britânicos que, durante muitos anos, tiveram de se voltar para os Estados Unidos para se verem refletidos, a internet agora está reforçando nosso próprio senso de "eu". *Podcasts* e plataformas norte-americanos estão sendo tomados em termos de popularidade no Reino Unido por nossas próprias interações, esboçando nossas experiências específicas. Séries que documentam a experiência negra britânica também passaram do espaço on-line para as telas da TV (*vide* "Sendo Susan Storm"). Seus grandes números de fãs e telespectadores estabeleceram a pauta em termos de diversidade na TV, revelando exatamente para onde foram os milhares de espectadores de TV perdidos e, em parte, o porquê disso.

Até mesmo em *reality shows*, em que mulheres negras com frequência têm os piores contratos e são escaladas apenas para exacerbar estereótipos existentes, isso se até mesmo forem escaladas, um antídoto foi encontrado na web. Os programas de *reality show* da TV norte-americana têm um subconjunto de shows com elencos predominantemente negros, assim como eles fazem com dramas, comédias e filmes na TV. Muitos desses shows podem ser controversos – eles também são conhecidos por tentarem empurrar a venda de mitos perigosos em relação às mulheres negras –, mas o grande número deles significa que sempre há diversas narrativas diferentes dentre as quais se pode escolher. No Reino Unido, existe claramente um apetite por *reality shows* na TV em que membros negros são escalados também, assim como um similarmente divisor programa de debates no YouTube, o *BKChat London*, criou inegáveis ondas pela Grã-Bretanha negra. As séries populares e controversas dominam o Twitter semanalmente e a equipe por trás delas assinou um contrato de desenvolvimento de programa com a VICELAND em 2016.

A internet continua conectando pessoas negras umas com as outras e a um público e a recursos aos quais nós nunca tivemos acesso antes, sem termos que pedir permissão prévia. Como resultado disso, os guardiões dos portões dentro da corrente dominante estão se deparando com poucas escolhas senão soltar os ferrolhos desses portões. Porém, com ou sem a aprovação deles, conteúdos e criadores negros continuam a prosperar, conectando-se em uma rede em seus próprios termos e forjando suas próprias conexões, como explica Susan Wokoma:

> Isso significa que você não tem de esperar que outras pessoas gritem sobre o seu trabalho; é isso que vem sendo difícil em relação à atuação, você faz o trabalho, mas, em termos de publicações que desejariam cobrir o seu trabalho ou o que seja, elas nunca viriam atrás de você. Porém, com essas plataformas, você pode gritar sobre o trabalho que você está fazendo. Você pode colaborar. É grande a quantidade de pessoas que me enviam e-mails, dizendo: "Ei, você gostaria de vir fazer uma entrevista, você gostaria de fazer isso, poderia vir a esse evento, pode falar sobre isso e aquilo, pode apenas mandar um tuíte falando sobre essa pesquisa que estamos fazendo para a faculdade?". E tipo, eu quero que as pessoas falem sobre esse estudo que estou fazendo?" Isso quer dizer que as pessoas podem colaborar. E você pode se sentir menos solitária, no fim das contas. Existem lados ruins nisso de o mundo ficar menor, eu acho, mas creio que, para minorias, para as mulheres negras, eu realmente creio, acredito mesmo, que isso vem sendo excelente para nós.

No caso da música, o *grime* e o rap do Reino Unido, ambos que tinham sido relegados a estações de rádio piratas, celulares e o icônico, ainda que *underground*, Channel U na TV, encontraram públicos maiores em plataformas on-line como SBTV, Link Up TV e GRM Daily, que tiveram um impacto inegável na ascensão desses gêneros dentro do mercado predominante nos últimos anos. Florence Adepoju explica como a internet ajudou a cultura negra do Reino Unido a criar sua marca não apenas pelo mundo, como em casa também, onde isso é mais importante:

> Eu estava dizendo isso a alguém recentemente – nós estávamos ouvindo rádio, eu acho que era a Capital Xtra – e um artista atrás do outro era britânico. E eu fiquei pensando, isso nem mesmo deveria ser um lance em si, mas, pela primeira vez na minha vida, eu sinto como se a cultura britânica e a diversidade da cultura britânica e diferentes elementos da cultura britânica – *grime*, rap britânico, artistas britânicos do soul – estivesseem sendo realmente celebrados em uma plataforma *mainstream*. E

eu acho que, por um bom tempo, isso não aconteceu. Sempre existiram mulheres negras britânicas incríveis. Você vai falar com mulheres que vêm fazendo o que estão fazendo durante anos a fio. Mas eu sinto como se a internet tivesse democratizado tudo. E a acessibilidade a informações on-line significou que alguém que estiver procurando por modelos exemplares poderá encontrá-los, enquanto que antes disso havia somente o que quer que a mídia nos servisse. E eu acho que agora, porque a mídia vê certos bolsos crescendo e se desenvolvendo, eles estão pensando: "*Nós precisamos permanecer informados e precisamos celebrar as mulheres negras britânicas*". Marsha Ambrosius, da Floetry, por exemplo, eu costumava ser inspirada por elas, mas eu pensava nelas como sendo norte-americanas, e pensava em Marsha como norte-americana. Eu não sabia, logo que ouvi Jamelia falar, que ela era britânica, porque muito da mídia que eu acompanhava quando era mais nova era norte-americana.

Garotas on-line

Um dos aspectos mais revolucionários da internet para jovens mulheres negras no Reino Unido, e que continua sendo, são os *vloggers*. Embora os fóruns e os blogs tenham sido fundamentais para nos ensinar técnicas de beleza e regimes para cuidados com nossos cabelos, ler sobre como cuidar dos cabelos e fazer a maquiagem é muito diferente de *ver* como fazer isso. Centenas de mulheres negras estão se mostrando ao mundo para ensinarem, aconselharem e, por tabela, acabarem fazendo amizade com garotas negras que se veem refletidas nelas. Para muitas mulheres negras, o YouTube se tornou o clubinho secreto mais público do mundo, com centenas e milhares de membros compartilhando dicas sobre como navegar e prosperar neste mundo em que as lojas de rua têm estoques de produtos que não foram criados conosco em mente. *Vloggers* procuram, analisam e criticam uma gama de produtos para suas colegas, com frequência semanal. Elas encontram condicionadores profundos e com bom preço e os tons mais escuros de corretivos para que nós não tenhamos de fazer isso. No entanto, as coisas não param nos tutoriais de delineado de gatinho nos olhos e cores de bases: elas estão nos ensinando muito mais do que como fazer um penteado ou aperfeiçoar um truque de maquiagem.

Vídeos que têm como foco como se vestir, relacionamentos, experiências de vida - qualquer coisa e todas as coisas - chegaram para ficar nesses canais. Sua chegada marcou a primeira vez em que muitas garotas negras britânicas não somente viram mulheres negras que se parecem com elas, como também viram suas próprias experiências sendo expressas em alguma forma de mídia. Fazer um vlog é algo que começou como um movimento das mulheres negras nos Estados Unidos, mas não demorou muito para que nós encontrássemos nossas próprias influenciadoras para com elas obtermos dicas de visual e, às vezes, dicas e inspiração sobre a vida.

Algumas das gurus mais populares e reverenciadas de beleza e estilo de vida britânicas estão nessa há anos, entre elas Jennie Jenkins, Shirley B. Eniang e a mais bem-sucedida *vlogger* negra até hoje, Patricia Bright. Patricia está no YouTube há oito anos, criando vídeos sobre estilo de vida e beleza. Porém, por meio de seu canal, suas fãs também a viram se apaixonar, largar o emprego, casar-se e até mesmo ter um filho, levando muitas delas a verem-na como uma espécie de irmã mais velha, do tipo com a qual você só poderia interagir no Skype. Sua normalidade, seu humor e sua abertura fizeram com que ela conseguisse uma quantidade de assinantes similar à população de San Diego – a oitava maior cidade dos Estados Unidos. Embora Patricia não tenha sido a primeira *vlogger* negra, ela está ciente de que sua mera presença on-line deu a muitas garotas negras uma permissão não dita para tentarem fazer algo que vinha sido visto como apenas reservado às pessoas brancas:

> Quando eu faço vídeos, eu sou a mulher negra que está fazendo vídeos, e outras garotas vão me ver e também vão querer fazer isso. Eu acho

que eu sei que definitivamente faço com que as garotas percebam que existe uma opção para elas fazerem isso e eu meio que abri essa porta. Porém, eu não sinto que fui a primeira – já havia muitas pessoas fazendo isso quando eu fui fazer isso.

Youtubers, *vloggers*, influenciadoras: elas não somente oferecem dicas de maquiagem, beleza, cabelos e moda que ficaram seguindo um tom só por tanto tempo, como também refletem as mulheres negras que muitas de nós conhecemos ou que nós mesmas somos. As mulheres negras que existem fora das imaginações corrompidas pelo preconceito não são mulheres negras – nem conhecem alguma –, mas que ainda assim se sentem mais do que confortáveis contando nossas histórias. Veja o que diz Bola:

> O que a internet fez foi, mais uma vez [nos mostrar] que o poder está nos números. E isso é um lembrete de que existem pessoas que são como nós que existem no mundo. Especialmente quando você é uma mulher negra britânica que vive na Inglaterra. Você é constantemente lembrada de que faz parte de um nicho e de que é minoria. E eu acho que, em algum lugar ao longo da linha, isso nos afeta de forma consciente. Porque as pessoas então dizem: "Sua experiência é limitada, e então seu ponto de vista também é limitado e não há tantas pessoas assim como você". Ao passo que a internet nos mostra: "Não, espera um minuto, existem milhões de pessoas que são como eu". Como a maior coisa que eu falo é: "Simplesmente não se esqueça disso nunca: como pessoas negras, nós somos uma maioria global".

A Dark Web

Na internet, mulheres negras criaram um espaço para si mesmas em que elas podem ser vistas e ouvidas fora de um mundo real que amplamente as ignora. Quando a atriz negra Leslie Jones tuitou que nenhum estilista estava disposto a vesti-la para a estreia de *Caça-fantasmas*, foi um furor na internet. Dentro de uma hora, o estilista Christian Siriano havia entrado em cena. No entanto, depois do fim de semana de abertura do filme, Jones também se viu sendo tratada de forma diferente por causa de seu gênero e de sua raça, em uma campanha de ódio de xingamentos carregados de racismo em que ela recebeu centenas de tuítes com ameaças e comentários racistas em um ataque coordenado.

Infelizmente, nosso santuário também funciona como um porto seguro para os fanáticos preconceituosos e covardes. Um estudo de 2014 focado em um período de nove dias em novembro de 2012 descobriu que há "aproximadamente 10 mil usos por dia de termos ofensivos racistas e imbuídos de preconceitos contra minorias étnicas" em inglês no Twitter. Mulheres membros do Parlamento de Minorias Étnicas têm uma possibilidade maior do que seus colegas homens e mulheres brancos de estar sujeitas a abuso e ataques por parte do público, segundo as autoridades parlamentares responsáveis pela segurança. Além das barreiras sociais e econômicas que obstruem a entrada de mulheres negras na política, a facilidade de se fazer ameaças e abusos on-line é uma outra barreira para nós.

Em 2016, Seyi Akiwowo, uma conselheira trabalhista em Newham, recebeu muitíssimas mensagens violentas, abusivas e racistas depois que um vídeo dela sugerindo que os antigos impérios pagassem reparações aos países que eles colonizaram viralizou.

No ano passado, Diane Abbott, a primeira mulher negra a ser membro do Parlamento no país e atual Secretária da Shadow Home, finalmente se pronunciou a respeito das mensagens violentas que ela recebeu e que continua recebendo de membros do público, especialmente on-line (*vide* "Microagressões que são um balde de água fria"). As mensagens são tão sérias que os funcionários de Abbott temem pela segurança dela. Em uma carta que vazou, eles criticaram a polícia por não tomar uma atitude em relação às ameaças de morte feitas a Abbott, ao passo que mensagens similares enviadas à membro do Parlamento branca, Anna Soubry, resultaram em uma prisão.

Durante a última eleição, uma análise realizada pelo BuzzFeed News mostrou que 10% das novas histórias da direita que mais viralizaram eram ataques direcionados a Abbott. Uma pesquisa também descobriu que ela havia sido vítima de dez vezes mais abuso do que qualquer outro membro do Parlamento, com 45% de todos os tuítes abusivos a ela direcionados. Como foi mencionado antes, ela acabou ficando afastada temporariamente durante a eleição de 2017 por motivos de saúde. Metade da internet respondeu a isso com piadas cruéis, e a outra, composta predominantemente de mulheres negras, respondeu com uma *hashtag* de apoio - #AbbottAppreciation [#ApreciaçãoDeAbbott] -, com a qual elas tuitaram mensagens de apoio e vídeos dos melhores discursos dela. A mulher que deu origem à *hashtag*, Stephanie Ouzo, organizou um evento em honra a Abbott, com a ajuda de outras na internet que desejavam apoiá-la. Em um discurso na noite, Abbott admitiu que o dilúvio de abuso tinha cobrado um preço de Abbott. Ela disse à multidão:

> Até mesmo fortes mulheres negras choram, até mesmo fortes mulheres negras se sentem sozinhas, até mesmo fortes mulheres negras se perguntam: *será que tudo isso vale a pena?* Até mesmo fortes mulheres negras pensam: *será que eu deveria simplesmente cair fora disso?*.

Essas tentativas de nos silenciar não afetam somente as mulheres negras na política, mas afetam também qualquer mulher negra que seja visível e que fale sobre nossos problemas. Em 2014, embora Malorie Blackman fosse Children's Laureate, ela se viu recebendo comentários sarcásticos racistas depois que uma matéria na Sky News recebeu uma manchete imprecisa, declarando que Blackman havia dito que os livros infantis "têm muitos rostos brancos", quando ela havia apenas feito um apelo por mais diversidade.

> Eu tenho todos os tipos de ameaças de morte e ameaças contra a minha família. E essa foi uma daquelas situações em que eu apenas pensei: redes sociais. Talvez houvesse pessoas que *diriam* isso na minha cara, mas uma quantidade imensa de pessoas adora o anonimato de ser capaz de

ameaçar a gente; e eles têm o anonimato das redes sociais para fazerem isso. De certa forma, é meio que uma constante isso das pessoas nos cercando e tentando tirar nossas vozes, e nós não podemos permitir que façam isso. Quando eles mudaram a manchete, já tinha sido dito em um jornal indiano que a Children's Laureate do Reino Unido disse: "há pessoas brancas demais nos livros"- e isso não foi o que eu falei! Novamente, é esse lance de mentiras se espalhando pelo mundo na hora em que a verdade ainda está tentando vir à tona! Se você é uma mulher e levantar a mão alto demais, eles tentarão calá-la. Eu estava assistindo a um programa recentemente em que havia uma mulher membro do Parlamento que dizia que várias amigas dela que estavam pensando em entrar na política pensaram em não fazer isso - por causa de todo o abuso que elas veem outras mulheres sofrendo. Isso é triste e é uma infelicidade, e é uma forma de quase tentar manter as mulheres "em seus devidos lugares", de manter pessoas negras "em seus devidos lugares". Porque, assim que você abrir a boca, essas outras pessoas vão tentar fazer com que você se cale, e você não pode permitir que façam isso.

Uma vez que algo esteja on-line, geralmente não há como retirar isso do ar. E a falta de verificação de fatos que agora é uma cultura comum no jornalismo na internet deixa mulheres negras sentindo-se vulneráveis a ataques por coisas que elas nem mesmo disseram. Mas elas também sofrem ataques por coisas que fazem ou que se acha que elas deixam de fazer. Nos últimos anos, Charlene White recebeu uma torrente de abusos racistas nas redes sociais relacionados a sua decisão de não usar uma papoula no ar, apesar de ser apoiadora da Papoula da Lembrança. Ela explicou publicamente e várias vezes os motivos por trás de sua opção. Ela usa uma papoula fora das telas no Dia do Armistício, e seu pai e seu tio serviram na RAF [Força Aérea Real] e no Exército, respectivamente. Porém, todos os anos o mesmo "debate" é agitado:

O lance da papoula é interessante porque agora faz cinco anos desde que isso se tornou um problema. Porém, eu não a usei por vários anos antes, por causa da imparcialidade - eu apoio muitas instituições de caridade e quero parecer igual perante todas elas. E é sempre importante que as pessoas saibam que não é só porque eu decidi não a usar por algum motivo ofensivo; existem razões de verdade por trás dessa decisão. Foi difícil naquele primeiro ano, e eu era membro da EDL, que dizia a seus seguidores para abusarem de mim de qualquer maneira como eles pudessem fazer isso, e foi exatamente o que eles fizeram. Jon Snow, no noticiário do Channel 4, não a usa pelos mesmos motivos que eu tenho para não a usar, e ele não recebe nem de perto o mesmo abuso que é direcionado a mim, e isso se deve ao fato de eu ser mulher, e porque também sou negra, e também porque eu não deveria ter uma posição em relação a essas coisas. Eu deveria ficar sentada humildemente na minha, calada e fazendo o que me mandassem fazer. Nos dias e na era de hoje, geralmente, se as mulheres erguerem as cabeças e as mãos muito alto para se expressarem, você sofrerá abusos on-line. Muitas das minhas amigas se afastaram, como resultado disso, e não fazem nem metade das coisas na TV como deveriam fazer por causa do abuso que elas receberam no passado e por causa de seus cabelos ou devido a algo que elas disseram e com o que alguém pode não ter concordado. Mas não foi assim que eu fui criada em termos de visibilidade no trabalho. Eu nunca nem mesmo fui alguém que propositalmente não se fazia ser vista no local de trabalho. Pois isso não é o que eu sei fazer nem a forma como eu algum dia agi.

Esses ataques para cima de mulheres negras geralmente não têm a ver com o que foi dito ou feito – e nem mesmo têm a ver com o que *não* foi dito ou feito, no caso de Charlene. Se fosse esse o caso, então Jon Snow, um apresentador branco, teria recebido quantidades similares de abuso. Esses abusos ocorrem porque seus alvos são mulheres negras, e eles são tentativas deliberadas de silenciar, fazer *gaslighting* e, o mais importante de tudo, manter a nós, mulheres negras, "em nossos devidos lugares". A internet amplificou nossas vozes de uma maneira tal que não tem precedentes, e agora os mesmíssimos tipos que durante muito tempo sem querer mantinham nossas vozes fora das mídias convencionais estão tentando fazer o mesmo nesse novo espaço, em que todo mundo pode ser ouvido.

Plataformas como o YouTube têm particularmente seções de comentários odiosos, e Patricia Bright passou pelo pior durante o tempo em que era *vlogger*:

> Os prós são a criação e fazer parte daquilo que eu amo e pelo que sou apaixonada, e do que eu gosto. Os contras são o fato de que você fica aberta ao escrutínio do público. Eu acho que uma das coisas que eu realmente noto é que, se você for vista na mídia convencional, as pessoas farão comentários raciais. Então, se eu acabar indo parar em uma página de assuntos do momento no YouTube, haverá um comentário do tipo: "Quem é essa p****?", e isso é apenas uma parte e parcela do fato de que se trata de um perfil de público que está aberto a tantas pessoas do mundo todo e que não são tão civilizadas quanto nós. Isso é o lance assustador: isso de presumirmos que todo mundo tem o mesmo nível de civilidade, que eles saibam como respeitar as outras pessoas. Mas não, isso é uma suposição.

Na internet, homens fanáticos e preconceituosos jogam seus brinquedos para fora de seus carrinhos de bebê por causa de muitas coisas. Seus uniformes geralmente são avatares de qualquer outra coisa que não seja seus rostos de verdade. A linha de ataque deles? Jogar xingamentos e fazer comentários racistas até que sejam reportados aos moderadores, que, na maioria das vezes, não fazem praticamente nada. Suas vítimas? Desproporcionalmente, mulheres negras. Eu escrevo na internet desde 2011 e a vasta maioria dos insultos que recebi era ou sobre a minha raça ou o meu gênero, ou ambos - até mesmo quando estou escrevendo sobre nenhum dos dois. Porém, quando *estou* escrevendo a respeito dos dois juntos, os comentários intensificam-se tanto em seu volume quanto em sua crueldade. Está claro que os assuntos sobre os quais eu escrevo e opto por intensificar deixam com raiva muitos que sentem que não se deveria escrever acerca de nada disso. Mulheres negras não estão sendo atacadas somente porque nós somos negras ou por sermos mulheres: é pelo fato de que nós ocupamos ambas as identidades que corremos mais o risco de sofrer com esse ódio todo. É por isso que o feminismo interseccional - conceito este popularizado on-line que reconhece como diferentes identidades se interconectam - é tão importante.

Desintoxicação digital

Quando mulheres negras lamentam sobre o quão inseguros podem ser espaços on-line para nós, é com frequência que nos aconselham a "permanecermos off-line". Porém, isso é entender errado o outro lado da internet para nós. A web pode ser ao mesmo tempo empoderador e alienante. Ela é tanto nosso carrasco quanto é nossa salvadora, pois, onde nos deparamos com escárnio, nós também encontramos consolo. O Twitter, o mesmo site de rede social que vê as mulheres negras escrutinadas e criticadas, também vê apoio reunido para nós em grandes massas. Para cada seção de comentários do YouTube cheia de racismo que dá vontade de chorar e sexismo que faz os olhos sangrarem, existe uma *hashtag* empoderadora criada por mulheres negras que afeta mudanças de verdade.

Lenta, mas certeiramente, as leis estão se modernizando para refletirem as diferentes formas que os crimes de ódio podem assumir agora. Em 2017, o Crown Prosecution Service comprometeu-se a tratar crimes de ódio on-line com a mesma seriedade como eles lidam com esses crimes off-line, levando em conta o impacto de ações realizadas na comunidade mais ampla, assim como a vítima. Eles fizeram declarações públicas explicando como lidarão com crimes de ódio e apoiarão as vítimas, e confirmaram que aqueles que sofrerem abuso on-line com base em suas etnias, religiões, deficiências, gênero ou sexualidade serão tratados da mesma forma como as vítimas dos mesmos crimes na vida real. Essas mudanças, disse o CPS, foram efetuadas "em reconhecimento do crescimento dos crimes de ódio perpetrados usando-se as redes sociais". Em uma proposta para lidar com a *trolagem* on-line, Seyi Akiwowo criou a Glitch, uma plataforma on-line comprometida a pôr um fim ao discurso de ódio e violência on-line contra jovens mulheres e garotas. Ela espera "dar início a uma conversa sobre a importância de que nossa geração seja uma geração de cidadãos responsáveis on-line" e proporcionar workshops, treinamentos e assembleias. Essas mudanças são importantes, mas também são novas e ainda estão em seus estágios iniciais. Com as coisas como ainda estão, as redes sociais continuam sendo um ambiente frequentemente tóxico e, para o bem de nossa sanidade, uma desintoxicação digital regular não somente é aconselhável como é necessária. "Eu acho que o Twitter está cheio de fanáticos e todo mundo fica radical ali", diz Susan Wokoma.

> Lá se foram os dias em que eu costumava tuitar coisas assim: "Ah, eu tomei um café bem gostoso". Agora é só: "Eu odeio todo mundo". E é por isso que eu meio que restrinjo o uso do Twitter ao trabalho, e falando sobre o meu trabalho, que é tão difícil porque não há muita coisa acontecendo em termos políticos com o que eu esteja totalmente engajada, mas existe o cuidado com nós mesmas e nossa saúde mental.

Patrícia usa sua plataforma para o trabalho também, e seu papel como influenciadora requer que ela fique on-line por bem mais tempo do que a média das pessoas fica. Ainda assim, ela se certifica de focar naquilo que é importante off-line, de modo a colocar as coisas em perspectiva.

> Eu tenho uma vida pessoal muito boa. Entendo que isso é a internet, mas eu sou casada e tenho um bebê. Eu sou muito feliz, então eu tento manter meu foco naquelas coisas que são importantes para mim, que são minha família, meu bebê. Isso é que é importante para mim. Quero

dizer, isso pode doer por um instante e então eu volto a entrar nessa perspectiva do que é importante para mim.

Nossa capacidade de continuar a ocupar espaço em uma mídia da qual tantos estão altamente comprometidos a nos afastarem é uma prova ilustrada de nossa resiliência. Isso é um elemento indicativo de nossa capacidade de pegar uma ferramenta que com tanta frequência nos provoca e transformá-la em alguma coisa que funcione para nós. Nos rastros das entradas de Trump e Brexit, as efusões da solidariedade nas redes sociais em contraste com um fundo de ódio fervente e sem base para existir nos lembram a todos que, para mulheres negras, a internet é realmente uma história de duas cidades. Trolls querem que as mulheres negras que têm opiniões - que diabos!, apenas mulheres negras sendo mulheres negras - sejam removidas da internet para sempre, e muito pouco está sendo feito para nos dar um incentivo para permanecer por lá. Eis aqui a esperança de que a internet que tanto amamos finalmente faça alguma coisa por nós em troca e que se torne mais segura e, no fim das contas, que nos deixe mais seguras também.

NAMORO

"Nós poderíamos fazer listas dos atributos mais desejáveis para nossos futuros maridos em potencial – apenas com 1,80 m de altura ou mais, conta bancária ainda mais alta que eles, barba tão consistente quanto suas mensagens de texto –, porém, será que priorizamos o fato de que eles devam entender a posição das mulheres negras na sociedade?"

YOMI

"Junto de seu certificado de graduação, e uma vez que você coloque os pés na porta da sua carreira, o casamento é visto como a próxima grande realização, um marco social. É o elemento significativo final que diz: 'Oi, mundo, eu consegui, tenho valor'." O Santo Graal.

ELIZABETH

SERÁ QUE ELE GOSTA DE GAROTAS NEGRAS?

YOMI

"Mas você fique bem, garota. E quando você estiver na dele, ele a deixará por uma garota branca."
Kanye West, "Goldiger"

Assistir ao programa *Take Me Out* é, com frequência, uma experiência que faz com que as mulheres negras se encolham. Para uma boa parte da população, o programa oferece uma diversão leve de sábado à noite para não se pensar nas penúrias semanais, no entanto, a contínua rejeição das mulheres negras no programa pode causar a sensação de que isso é um reflexo das realidades do namoro nas mulheres de pele mais escura. Mulheres negras de dentes branquíssimos e peles reluzentes respondem a perguntas carregadas de insinuações com um piscãozinho e um movimento de cabeça e um trocadilho muito bem pensado. Elas ficam lá em pé, com os ombros endireitados, mãos nas campainhas, parte do desfile à espera de que o homem de seus sonhos desça por aquele elevador do amor. Elas jogam o jogo, abrem seus largos sorrisos na fila de muitos homens - de muitas raças - e, semana após semana, suas luzes são apagadas por Jack, de Bath, Gary, de Plumstead, Keith, de Shropshire, Maj, de Bethnal Green, Ade, de Tottenham.

Quando uma mulher negra é escolhida no programa *Take Me Out,* isso acende uma centelha de algo como um feriado nacional para os negros no Twitter, especialmente se ela foi escolhida não simplesmente por ser a única que manteve sua luz acesa. É agridoce: o programa de namoro é uma das ofertas mais diversas na TV, mas isso também significa que nós acabamos vendo mulheres negras serem dispensadas repetidamente. Um problema similar persistia com o programa de namoro norte-americano, *The Bachelor,* no qual víamos as mulheres negras sendo geralmente excluídas nos primeiros episódios. Isso era um problema tão severo que os produtores decidiram escolher uma *Bachelorette* negra em 2017 e inverter a narrativa, de modo que, qualquer que fosse o resultado, a mulher negra ficaria por cima. O programa de sucesso britânico, *Love Island,* ainda não incluiu muitos homens negros como competidores, mas *nunca* teve uma competidora negra, e apresentou apenas três mulheres mestiças. Com os *reality shows* na TV, as preferências da vida real bagunçam os roteiros.

Porém, até mesmo na ficção, mulheres negras muitas vezes ouvem que não somos merecedoras de amor. Nas comédias românticas, mulheres negras são sempre as damas de honra saidinhas, e nunca a noiva. Um momento seminal para mim sendo uma jovem garota negra britânica veio quando a personagem de Lavender Brown nos filmes de *Harry Potter* foi escolhida novamente para *Harry Potter e o enigma do príncipe.* Inicialmente uma personagem menor tanto nos livros como nos filmes, Lavender foi originalmente interpretada por duas atrizes diferentes – Kathleen Cauley, em *Harry Potter e a câmara secreta,* e Jennifer Smith, em *Harry Potter e o prisioneiro de Azkaban* –, ambas as quais eram negras. Quando a história avançou para *Harry Potter e o enigma do príncipe,* a personagem de Lavender havia evoluído e se tornado interesse amoroso de Ron Weasley, um dos protagonistas principais. Foi nesse filme que a decisão foi tomada de escolher outra atriz para o papel, dessa vez Jessie Cave, uma atriz branca. Não tenho realmente certeza do que poderia ter passado uma mensagem mais forte do que isso para jovens mulheres negras de que o amor está reservado apenas para garotas brancas.

Pessoalmente, eu sempre tive uma abordagem simples em relação ao namoro. Eu gosto do que gosto: homens de boa aparência com grandes corações e cérebros. Em que cor eles vêm é algo que nunca realmente me incomodou: quando alguém me pergunta qual é o meu tipo de homem, eu geralmente respondo com "atraente e bacana". A ideia de as pessoas excluírem grupos raciais por completo de suas opções de namoro é algo que sempre considerei esquisito, mas não é algo que eu algum dia considerei relevante para mim, sendo uma pessoa de vinte e poucos anos meio que apaixonada por mim mesma. Pelo menos, não até uma noite em que saí, quando estava na universidade, e um rapaz ultraconfiante e mal-vestido se aproximou de mim para puxar conversa, como de costume. Ele me perguntou o que eu estava estudando, se eu ia lá com frequência, de onde eu era. Depois que respondi às perguntas dele, ele respondeu, entusiasmado: "Sabia que você é a garota negra mais atraente deste clube?". *Que estranho*, pensei, *que nessa balada repleta de brancos eu tenha ouvido que eu sou "a garota mais bonita" (porém com um asterisco), que eu tenha sido elogiada (o que veio com um prefixo), como se "a garota mais bonita" fosse ser um elogio muito além da conta, um pouco demais, até mesmo para alguém que tão claramente está tentando ficar comigo.* Para ele, em um ambiente em que também havia garotas brancas, me chamar de "garota mais bonita" não era possível. Ele não entendeu minha resposta menos do que positiva; eu não entendi a necessidade dele de categorizar. Eu entendia menos ainda isso porque ele também era negro.

Namorar já é complexo o bastante, mas namorar sendo uma mulher negra pode ser um tipo de complexo totalmente diferente, que exige que naveguemos em meio a baboseiras de homens de todas as cores e de todos os credos e por todos os motivos diferentes.

O belo machuca

É impossível falar sobre namoro sem falar sobre um dos mitos invasivos que são como uma praga para as mulheres negras: o mito de que mulheres negras são feias. O patriarcado ligou o valor de uma mulher quase totalmente à sua aparência externa, de modo que possíveis pretendentes dependam imediatamente da percebida desejabilidade. Isso é algo que é um saco para todas as mulheres, até mesmo as que são atraentes de uma forma convencional. Contudo, isso é ainda mais um saco quando o conceito do que é belo e desejável foi criado em total justaposição com o que você é. Para ser exclusiva, a brancura requer que algo seja oposto a ela, e, assim sendo, a negritude deve se tornar o que é feio. Então, se narizes pequenos são belos, narizes largos não podem ser belos. Se cabelos lisos são considerados bonitos, então, quanto mais crespo for o cabelo, mais feio ele é. Quanto mais claros forem seus olhos, mais atraente você é e, é claro, quanto mais clara for sua pele, melhor é sua aparência. Como Patricia Hill Collins expressa em *Black Feminist Thought*:

> Mulheres brancas, loiras, de olhos azuis e magras não poderiam ser consideradas classicamente belas sem a outra – mulheres negras com feições clássicas africanas de pele escura, narizes largos, lábios carnudos e cabelos crespos.

Para que as feições ocidentais sejam colocadas em um pedestal, as feições negras devem ser difamadas.

Em *Psychology Today*, o psiquiatra evolucionário Satoshi Kanazawa publicou um artigo confiantemente intitulado "Um olhar nas duras verdades sobre a natureza humana", que declarava como uma inegável "verdade da natureza humana" que mulheres negras são menos atraentes do que outras mulheres. Kanazawa, "Leitor no Comando" na London School of Economics, declarou que nós somos mais pesadas, menos inteligentes e temos níveis mais altos de testosterona - o que nos torna mais masculinas e, assim sendo, não atraentes. Embora possa soar como algo extraído de um ensaio promovendo a eugenia escrito em 1922, na verdade, isso foi publicado em 2011.

É verdade que um desvio desse padrão ocorreu recentemente. Lábios mais carnudos, por exemplo, agora estão na moda, junto de traseiros bem-formados que antes eram considerados grandes demais para revistas de moda. No entanto, quando tais traços que são mais comuns em meio a mulheres negras são celebrados, isso tende a acontecer somente se esses traços estão presentes em mulheres brancas. A "mulher ideal", segundo a cultura popular, é atualmente Kim Kardashian: alguém cuja família se deu bem usando as partes da cultura negra de que eles gostam. Certas características físicas são apenas engolidas e até mesmo aplaudidas porque são percebidas como sendo "partes negras" de mulheres não negras. Se narizes grandes algum dia forem considerados bonitos, sem dúvida eles terão de ser popularizados nas faces de mulheres brancas primeiro.

Como vimos em "Sendo Susan Storm", quando mulheres negras *são* representadas ou celebradas, isso ocorre porque elas são consideradas mais alinhadas com os padrões de beleza brancos. Um estudo conduzido por Kevin L. Keenan revelou que mulheres negras em anúncios em revistas tinham aparências mais caucasianas do que a mulher negra regular, com "feições mais claras, olhos mais claros e proporções menores de nariz e lábios".[1] O mesmo estudo descobriu que essas mulheres também tinham provavelmente mais "atributos caucasianos" do que seus colegas do sexo masculino, um outro exemplo de como o padrão de beleza ocidental é dividido por gênero e como isso afeta em um grau mais significativo as mulheres negras.

Com as mulheres negras no degrau mais baixo da escada idealizada da beleza, a proximidade à brancura pode se tornar a melhor alternativa à brancura, até mesmo em nossa comunidade. Susan Wokoma explica como, para ela, a ideia de que pele escura não é atraente estava embrenhada em seu mundo desde quando ela estava na escola primária:

> Eu nasci com a pele clara. E eu sei disso porque minha mãe vivia me dizendo isso, caramba! "Ah, você era um bebê tão claro, ah, meu Deus, você era tão bonita, você era a bebê mais bonita, bonita, bonita, bonita, bonita!" E então, é claro, você fica mais velha e ganha sua cor. Eu saía para brincar com [meu irmão], e mamãe ficava com tanta raiva quando eu saía para brincar no sol, porque eu ficaria mais escura. Nada disso me incomodava. Eu não ligava a mínima para isso. Mas havia um menino na minha escola primária pelo qual eu era totalmente apaixonada, um menino negro. Fiquei caidinha por ele. Ele era inteligente, ele era atlético, tudo isso. E então chegou aquele estágio estranho na escola primária em que todo mundo ficava, tipo, nós deveríamos simplesmente arrumar um namorado ou uma namorada. Eu devia ter seis ou sete anos, e esse menino se virou para mim e disse: "Eu não posso pedir para você ser minha namorada". E eu fiquei... ai, ui! Ok. Ele disse: "Porque as pessoas vão rir se você for minha namorada". E então ele acabou namorando a minha melhor amiga, que era branca, loira, muito, mas muito bonita. E eu fiquei... *aaaah. Eu acho que sei o que isso significa.* Foi com seis, sete anos de idade que eu aprendi essa lição. E eu falo muito sobre isso com minhas amigas, sobre aquele momento, e eu não me dei conta, até poucos anos atrás, de que aquilo foi seminal para mim.

Casas noturnas também mostram essa teoria em ação. Elas são nosso campo de caça de pares para os *millennials:* completas com música sensual, iluminação fraca e coragem líquida, tudo isso projetado para estabelecer o cenário para se passar algum tempo *sexy* lá. Geralmente mulheres não pagam para entrar em casas noturnas e bares, segundo o famoso ditado: "Se você não está pagando, é porque você é o produto". Homens pagam entrada na esperança de conhecer mulheres para as quais eles compram bebidas e para em algum momento conseguirem um número de telefone delas, ou algo mais. Racismo contra homens e mulheres negros é abundante em determinados clubes exclusivos, mas está bem documentado que, em muitos estabelecimentos, mulheres negras especificamente não podem entrar, pagando ou não, por causa da ideia de que elas são um "produto" que não pode ser comercializado. Em estabelecimentos de elite, apenas a nata entra, e, segundo a lógica de muitos gerentes, isso deixa de lado imediatamente as mulheres negras.

Em 2015, uma comoção nacional foi causada quando quatro mulheres chegaram na casa noturna DSTRKT no West End londrino depois de receberem um convite dos promotores. Apesar de lhes terem sido garantidos lugares na lista de convidados, foi pedido que duas das mulheres saíssem da fila e ficassem do outro lado da rua. Supostamente foi dito a elas que elas eram "escuras demais" e que "estavam acima do peso" para que permitissem sua entrada lá, algo que o clube negou ter sido falado. Depois de protestos nas redes sociais (*vide* "#RepresentatividadeÉImportante"), London Mayor Sadiq Khan prometeu desde então investigar as acusações contínuas de uma política discriminatória na porta da DSTRKT.

A ideia de as mulheres negras não serem merecedoras de amor começa com a noção de que a beleza é o que torna as mulheres merecedoras de amor e que mulheres negras não podem ser belas. No entanto, na minha opinião, que admito ser tendenciosa, muitas das mulheres mais belas que eu já vi na minha vida são negras. Mulheres negras não são bonitas *apesar de* sua negritude, mas, sim, *por causa* dela. Até mesmo mais importante do que isso, porém, é o fato de que a beleza não é algo que nós, como mulheres negras, devemos ao mundo, e não é algo que nos torna mais ou menos merecedoras de amor. A beleza é subjetiva, e não uma verdade absoluta - e, objetivamente, o mundo é bem racista de qualquer forma. Portanto, não é de se admirar que as mulheres negras estejam continuamente internalizando a ideia de que não somos atraentes, apesar de termos olhos e bom senso. Ainda bem que, como discutimos em "#RepresentatividadeÉImportante", a internet proporciona um antídoto para essa declaração, oferecendo visibilidade para todos os tipos de beleza. "Nós estamos fazendo coisas de negros e negro é bonito, e nós estamos promovendo imagens positivas", diz Jamelia.

> Fico feliz porque a minha filha começou a usar o Instagram e outras redes sociais, e vejo as páginas que ela segue, cabelo natural isso e melanina aquilo, e eu fico pensando, *sim! Eu amo isso de que ela tenha esses lugares aonde ir e veja essas imagens positivas retratadas para ela.* Eu não quero que minha filha entre em nenhum relacionamento, mas a gente vê uns menininhos negros bonitos na escola e eles simplesmente acham que ela é a garota mais bonita do mundo, e eu fico, *siiiim, querida!* Porque, quando eu estava na escola, ninguém olhava para mim. Na escola havia as meninas de pele clara e as meninas de cabelos longos.

O quê? As garotas brancas estão evoluindo!

> Eu pularia por cima de dez negrinhas para chegar a uma mulher branca. E não existe isso de mulher branca feia... Há uma maciez em relação à mulher branca, algo de delicado e macio dentro dela. Mas uma negrinha parece ser cheia de aço, é dura que nem granito e resistente... não sou capaz de analisar isso, mas eu sei que o homem branco tornou a mulher negra símbolo de escravidão e a mulher branca, símbolo de liberdade. Toda vez em que estou abraçando uma mulher negra, estou abraçando a escravidão, e quando coloco meus braços em volta de uma mulher branca, bem, estou abraçando a liberdade.

Essas são as palavras de Eldridge Cleaver, um líder dos primórdios do Partido dos Panteras Negras (e estuprador assumido), em seu livro *Soul On Ice*. Visto que o valor de uma mulher está ligado à sua aparência, e a aparência das mulheres negras é continuamente difamadas, isso nos deixa valendo "menos" aos olhos da sociedade branca, mas também, com frequência, dentro de nossas próprias comunidades. Uma mulher digna de valor deve ser atraente, e as mulheres mais atraentes, pelos padrões da sociedade, são mulheres brancas, então, para alguns homens, o objetivo final e elemento mais forte e significativo de sucesso, junto de um belo carro, um emprego bem pago e uma casa grande, é uma esposa branca. Pense nas esposas e nas namoradas de muitos negros jogadores de futebol americano, por exemplo - se alguém significa o supremo troféu para o homem que já tem uma prateleira cheia deles, este alguém é a esposa ou namorada branca. Para que uma esposa-troféu seja um troféu, ela deve ser desejada, e mulheres brancas são amplamente consideradas as mais desejáveis. Pode parecer que existe uma crença não falada de que as mulheres negras não têm lugar algum no mundo dos homens de sucesso.

Quando modelos negras que apareciam em videoclipes de hip-hop começaram a ser substituídas por modelos brancas, essa foi uma experiência agridoce para muitas mulheres negras. Por um lado, era legal não ver mulheres negras como objetos sexuais mudos, mas, por outro lado, nós agora mal éramos vistas. Nós não estávamos sendo trocadas devido a um aumento de respeito por nós, mas, sim, porque não éramos mais aquelas que os músicos dos grupos queriam objetificar. Mulheres brancas eram a meta suprema para o homem que tinha tudo.

Uma sociedade em que as mulheres negras se sentem diminuídas porque estão no fundo da fila das mulheres objetificadas pelos homens de sua própria raça é uma sociedade que está decepcionando as mulheres negras. Mulheres brancas não ligam se não aparecem em videoclipes de rap, pois elas vivem em um mundo que lhes garante que elas não são feias por serem brancas. VV Brown explica:

> Eu não estou dizendo que seja errado que um homem negro se apaixone por uma mulher branca, ou que uma mulher negra se apaixone por

> um homem branco. Eu estou com um parceiro branco. Mas eu meio que só estou dizendo que, em algum grau, existe esse senso em alguns casais de [que] o homem negro vai atrás da mulher branca porque ele sente que a mulher branca é melhor. Então isso realmente afeta as mulheres negras e o namoro. E então existem as ideias do que significa ser bela com as propagandas e com todas essas coisas - "ser bela é ser loira de olhos azuis". Isso é jogado para cima de nós diariamente. Sendo assim, é claro que, se você for entrar em um aplicativo de namoro, subconscientemente você vai gravitar em direção àquilo que lhe disseram que era belo, e isso é horrível e muito errado.

Segundo um estudo de 2014 realizado pela AYI (agora FirstMet), homens negros têm 16% mais de probabilidade de entrar em contato com uma mulher não negra do que com uma mulher negra on-line no Reino Unido.[2] Dados do OKCupid dizem que as mulheres negras recebem menos mensagens de todos os usuários, e os homens apresentam uma menor probabilidade de responder a "curtidas" de mulheres negras.[3] Christian Rudder, fundador do OKCupid, disse: "Essencialmente todas as raças - inclusive outros negros - ignoram [as mulheres negras]". Em se tratando de aplicativos de namoro, o maior problema é que os aplicativos são inerentemente falhos, colocando a atração com base em coisas superficiais. A ênfase em "tipos" e no visual em oposição a outras características, valores e personalidade deixa os usuários mais propensos a fazerem uma filtragem racial do que no mundo real, e aqueles buscando namoradas acabam se fixando mais no que conhecem e naquilo de que gostam.

Homens, de modo geral, estão cientes de que as mulheres negras ficam bem no fim das filas de escolhas, e muitos usam isso frequentemente como uma forma de colocar essas mulheres "em seus devidos lugares": no fundo/fim. Homens, inclusive homens negros, ficam felizes em lembrar às mulheres negras de que elas não são geralmente desejadas e que deveriam se sentir bajuladas - honradas até - de que eles ainda preferem mulheres negras.

Uma frase que surge bastante nos espaços virtuais, e que parece ter mais a ver com difamar mulheres negras do que exaltar mulheres brancas, é "garotas brancas estão evoluindo". Vídeos de garotas brancas dançando de forma sexualmente provocativa com o "corpo esguio" idealizado dentro da comunidade negra recebem comentários ou legendas que são um "aviso" às mulheres negras de que logo elas podem ficar obsoletas. A ameaça é clara: se vocês não tomarem cuidado, se não se encolherem e ficarem nas suas áreas, então nós iremos para toda parte; vocês não podem nos prender com as partes de vocês de que nós gostamos, porque as mulheres brancas têm isso também. Se não fosse por seus traseiros e pela dança e pela sexualidade, nós estaríamos com mulheres brancas, mas agora que elas têm isso também, vocês se tornam redundantes. Quem precisa de mulheres negras de qualquer forma?

O rapper Trick Daddy resumiu perfeitamente a ideia de que mulheres negras são substituíveis em um post no Instagram em 2016:

> Essas minas hispânicas, essas minas brancas, elas começaram a ficar boas pra cacete. Vocês todas, minas negras, é melhor se cuidarem. Estou dizendo a vocês, se cuidem. Vocês estão fazendo essas merdas extras aí por nada... Se cuidem, minas. Essas hispânicas e essas branquinhas aí estão ficando bem mais bacanas do que vocês todas. Elas trepam com todo mundo por aí e aprendem a fritar frango, e vocês, minas, são inúteis.

Embora eu possa falar apenas pela experiência negra, até onde eu sabia, ameaças de encontrar "outra em um minuto" não tendem a ser centradas em raças em muitas outras comunidades. Mas, de páginas no Facebook às letras de músicas de Kanye, as mulheres negras são colocadas em oposição a mulheres de outras raças, e nós quase invariavelmente levamos a pior nisso.

Quando esse assunto francamente desconfortável vem à tona, com frequência se depara com pessoas dizendo que é uma questão de preferência. Preferências são algo totalmente passíveis de se entender, e são quase que inteiramente inconscientes, mas elas não se formam dentro de um vácuo e deveriam ser criticadas e questionadas como todas as suposições. Seria uma insanidade forçar os homens a namorarem mulheres pelas quais eles não se sentem atraídos, mas é do interesse de todas nós encontrar maneiras de dar às gerações futuras uma chance de luta em um cenário de namoro menos enviesado e menos discriminado e/ou classificado de acordo com raças.

Quase uma a cada dez pessoas que moram na Grã-Bretanha está casada ou mora com alguém fora de seu grupo étnico; [4] ainda assim, apenas uma a cada 25 pessoas brancas se estabeleceu com alguém de fora de seu próprio meio racial. É claro que isso pode ser explicado pelo fato de que vivemos em um país com uma maioria branca, de modo que faz sentido que as pessoas brancas sejam super-representadas em qualquer tipo de casal. Porém, isso também se deve às preferências, além da população em si - um terço das pessoas brancas disse que nunca namoraria uma pessoa negra, em comparação a apenas 10% de pessoas negras que disseram que nunca namorariam uma pessoa branca.[5] De onze tons de pele variando das mais claras às mais escuras, 80% das pessoas ficam felizes em namorarem uma pessoa do tom de pele mais clara, enquanto menos de 40% das pessoas namorariam uma pessoa com três tons de pele mais claros do que a mais escura. E, embora nós geralmente presumamos que estamos nos tornando mais integrados e mais diversos como sociedade, apenas 5% das pessoas da faixa etária de 18 a 24 anos de idade no Reino Unido haviam tido um envolvimento amoroso com alguém fora de sua raça, em comparação a 11% das pessoas na faixa etária de 25 a 34 anos de idade.

O fato de que pessoas brancas, assim como minorias, parecem favorecer a brancura mais provavelmente deve ser por causa das centenas de anos de difamação das pessoas não brancas, enquanto apenas as pessoas brancas eram "o máximo". Então, a preferência em si não é um problema, mas os fatores por trás dessa preferência são - especialmente considerando que alguns homens negros continuam incapazes de professar sua preferência por mulheres brancas sem difamar mulheres negras no processo. Eu raramente escuto ou leio sobre mulheres brancas que namoram homens negros explicando suas escolhas fazendo uma lista de pontos negativos sobre homens brancos; ou homens asiáticos que namoram mulheres brancas denegrindo mulheres asiáticas. Mais frequentemente, eles focam naquilo que os atrai em alguém de outra raça. Mas on-line dá para encontrar um post atrás do outro detalhando o que torna mulheres negras não atraentes para homens negros para explicar a preferência deles pelo namoro inter-racial. Clara Amfo vivenciou na pele a guerra on-line em cima da autoestima das mulheres negras:

> Estar on-line tem sido ótimo para ver como mulheres e garotas negras se reuniram, mas é de partir o coração ver o lixo que é falado sobre elas. Eu vi "garotas negras tentando ser a Barbie. Eu disse a vocês, garotas negras, anos atrás, que não existe tal coisa como uma Barbie negra". "O programa *Take me Out* sempre tem as piores garotas negras. Esperando que chova todos os dias no Carnaval só para ferrar com o *megahair* das garotas negras HAHAHA." Todos os dias é fácil se deparar com comentários manchados com colorismo, quer você queira ou não!

Eu gostaria de não ter de incluir esse aviso, mas que fique registrado: eu amo homens negros, eu apoio homens negros, portanto isso tudo é assim tão frustrante. Imagine um homem branco dizendo que ele não namora mulheres brancas porque não gosta de cabelos ensebados. Imagine um cara que vai a uma casa noturna dizendo a alguém que ela é a "mais bonita das garotas brancas" por lá. Isso pode não se aplicar à maioria dos homens negros, mas tem de ser dito, acontece com frequência suficiente para ser citado neste livro. A maioria das mulheres de outras raças não tem de se perguntar, quando olham para um homem da mesma raça que elas, se aquele homem namora alguém da mesma raça ou não. Porém, o chocante é que essa é uma pergunta que nos pegamos fazendo frequentemente quando avistamos um belo cavalheiro cheio de melanina na pele. Até mesmo AJ Odudu, apresentadora de TV e dona de uma beleza estonteante, teve de ponderar:

> *Será que ele gosta de garotas negras?* Nós sempre temos de pensar isso. E até mesmo rapazes negros comigo já falaram: "Ah, vejo que você namora rapazes brancos", e eu respondo: "não, eu namoraria você, eu sou negra, você é negro, tudo bem". Mas eu acho isso tão interessante, para falar a verdade, porque eu obviamente acho alguém atraente, então fico, literalmente, não sei por quê... quem saberia?

No documentário do Channel 4, *Is Love Racist?*, foi realizado um experimento em que os voluntários multirraciais recebiam óculos que rastreavam os movimentos de seus olhos e então eram colocados em uma sala cheia de pessoas de modo similar diversas. Independentemente de sua própria raça ou de preferências preconcebidas, todos os voluntários olhavam, incrivelmente, mais para as pessoas brancas na sala. O exercício seguinte envolvia modelos seminuas desfilando na frente dos participantes, que posteriormente tinham de dar notas a elas. Como era de se esperar, os voluntários demonstravam uma preferência pela brancura e uma aversão a outros tons de pele. No entanto, o interessante, quando a visão era removida da equação, e as pessoas tinham de escolher por cheiro e pela voz, todo mundo, inclusive voluntários não brancos previamente ignorados, conseguia encontrar um par.

Além do favoritismo branco de modo geral, a antinegritude é algo em que se pensar especificamente. Considerando que a maioria dos grupos raciais prefere namorar entre seus semelhantes, é digno de nota que pessoas negras cada vez menos namorem umas às outras do que a maioria de outros grupos étnicos. A comunidade negra namora inter-racialmente mais do que outros grupos étnicos – depois de britânicos brancos em 4%, o próximo grupo menos provável de namorar inter-racialmente são os bangladeshianos (7%),[6] paquistaneses (9%) e indianos (12%) em comparação a 43% de negros caribenhos e 62% daqueles que se identificam como "Outros negros". Africanos resistem à tendência com, 22%.

Porém, ao olhar com atenção para essas estatísticas, são primariamente os homens negros no Reino Unido que têm namoros inter-raciais, e as mulheres negras ficavam levemente para trás nisso; 7 25% dos homens africanos estão em um relacionamento inter-racial *versus* 19% das mulheres; 48% dos negros caribenhos são comparados a 37% das mulheres e 64% de "Outros negros", em comparação a 59% das mulheres. Nesse ponto é válido comparar nossos dados com os dados dos Estados Unidos, onde relacionamentos inter-raciais são menos comuns e só estão dentro das leis há cinquenta anos (eu me lembro vividamente do vídeo lançado no ano 2000 por Craig David, *Fill Me In*, que estrelava um interesse amoroso de cor branca no vídeo original, só para que ela fosse substituída por alguém de raça mista na versão norte-americana). Nos Estados Unidos, afro-americanos têm tido o maior aumento nos relacionamentos inter-raciais, subindo de 5 para 18% desde 1980.[8]

Apesar desse aumento, eles são o segundo grupo menos provável a se casar com alguém que não seja de sua raça, depois dos brancos norte-americanos. Os negros britânicos são mais abertos a namoros inter-raciais do que seus colegas norte-americanos, mas, novamente, as pessoas brancas continuam sendo as que têm probabilidades maiores de namorarem/casarem-se umas com as outras. No entanto, a similaridade mais interessante é que, ao passo que norte-americanos brancos têm taxas similares de casamentos inter-raciais entre homens e mulheres, homens negros nos Estados Unidos têm o dobro de probabilidades de se casarem com alguém de outra raça em comparação às mulheres negras - 24% e 12%.

Muitas mulheres negras na Grã-Bretanha estão começando a se igualar a seus colegas homens negros e se abriram para a ideia de namoro inter-racial, mas algumas delas ainda parecem não estar dispostas a namorarem alguém que não seja de sua raça, o que não as deixa disponíveis para um bom número de parceiros em potencial, como explica Charlene White:

> Houve algumas mulheres negras que pensavam firmemente que nunca, jamais-jamais-jamais-jamais-jamais, namorariam alguém que não fosse de sua raça, nunca, jamais! O que eu sempre acho que é realmente interessante, porque, sabe?, nós somos a minoria aqui, então você só está tornando sua vida muito mais difícil! E uma amiga minha estava realmente, de fato, muito firme nisso de que ela nunca, jamais-jamais-jamais-jamais-jamais namoraria alguém que não fosse de sua raça, e acabou conhecendo seu 'felizes para sempre' em um estacionamento da Ikea anos e anos e anos atrás, e ele era um cara branco, e ela lutou contra isso, e lutou contra isso, sabe?, em termos emocionais, em tudo – ela estava lutando contra isso... Eles estão juntos há mais de dez anos agora, e eles têm belos gêmeos que têm cinco, cinco ou seis anos agora, mas ela dizia: "Eu nunca, jamais namorarei alguém que não for da minha raça!" e blá-blá-blá. Ninguém nunca poderia ter ficado mais chocado do que ela quando ela se deu conta de que a pessoa por quem ela se apaixonou e com quem ia acabar construindo uma vida junto era alguém que não era de sua raça. E eu acho que nós apenas, de modo geral, como seres humanos, deveríamos estar abertos a quem quer que acabe tomando nossos corações. E isso vale seja você negra, asiática ou branca, seja cristã, muçulmana ou judia, o que seja! Eu acho que isso é uma boa prova para a humanidade de que você é capaz de abrir o seu coração para quem quer que seja, pois, na verdade, você se apaixona pela pessoa, não por sua cor nem por sua religião, nem mesmo por seu gênero, as coisas simplesmente se resumem a quem quer que realmente tome o seu coração.

Forte mulher negra que não precisa de homem algum

Quer estejamos namorando alguém de nossa raça ou não, uma pilha de estereótipos vem como uma praga para cima das mulheres negras no cenário dos namoros, dentro e fora de suas comunidades, o que coloca diretamente a culpa em cima delas. "Tudo tem a ver com percepção e estereótipos, e eu acho que, com mulheres negras, ou nós somos hipersexualizadas ou temos problemas de comportamento", disse Clara Amfo.

> Ou nós somos mamãezinhas, só estamos aqui para cuidar deles, realmente modestas meninas de igreja, superesquisitas, tudo nos extremos, a lista é grande. Eu cresci com rapazes negros, e ainda conheço alguns que abertamente me falaram: "Ah, eu não poderia namorar uma garota negra, seria como namorar a minha irmã". A conclusão é que mulheres negras não são um monólito. É claro que podemos ser modestas, carinhosas, sexualmente livres, podemos falar alto, podemos ser caladas e o que quisermos.

Mulheres negras são fortes por necessidade, não por natureza. Essa força nos permite prosperar apesar de todos os pesares, encontrar a beleza em nós mesmas em um mundo que diz que não somos nada bonitas, e ocuparmos espaços que nunca foram criados conosco em mente. A mesma força, contudo, é com frequência transformada em arma por aqueles que a deveriam estar nutrindo: nossos parceiros. Por causa do que enfrentamos e contra o que lutamos, nós não somos percebidas como sendo "suaves" como mulheres de outras raças. Dizem a nós que nos faltam "energia feminina" e doçura. Os homens proclamam que as mulheres brancas são "despreocupadas" e "calmas", e esses homens, ao fazerem isso, difamam tanto as mulheres negras quanto as mulheres brancas, presumindo que as mulheres brancas são mais facilmente domadas. Sendo assim, a força que leva as mulheres negras a cruzarem um mundo do homem branco acaba, com frequência, ficando diluída por medo de alienar e emascular parceiros em potencial. Os homens esperam que mulheres negras que são cultas, talentosas e que conhecem seu valor pessoal se contenham para conseguir se prender a qualquer que seja o homem que elas tiveram a "sorte" de conseguir.

Mulheres negras também são consideradas altamente responsáveis pela aparente desintegração da família negra, apesar de serem o grupo até hoje que tem mais probabilidade de namorar alguém da mesma raça; 59% das crianças negras caribenhas e 44% das crianças negras africanas crescem em famílias de mães ou pais solteiros no Reino Unido, enquanto a proporção geral de crianças brancas que vivem com uma mãe ou pai solteiro no Reino Unido é de 22%.[9] Nove entre dez famílias são chefiadas por uma mãe solteira.

Outra acusação constantemente feita a mulheres negras é o fato de que nós somos mais materialistas do que outras raças e que nossas probabilidades de ficarmos juntas com nossos parceiros quando as coisas apertam é menor. Em vez de ficarmos por perto nos momentos difíceis, parece que ficamos esperando por um outro cara com braços maiores e um cheque maior para nos salvar do carinha sem grana lá atrás. Com frequência mulheres negras são estereotipadas como sendo menos apoiadoras, menos pacientes e como criadoras de ondas e mais ondas de estresse. Mulheres negras são algumas das mais ferozmente leais pessoas que eu conheço, mas existe uma percepção de que nós trazemos "drama de menina negra" para a mesa antes de qualquer outra coisa.

Se nós tivermos qualquer padrão que seja, somos consideradas difíceis de contentar, "seletivas demais" e, é claro, "vadias metidas a besta". Nós somos policiadas de todos os lados: por não termos cabelos lisos, depois por não termos cabelos naturais. Por sermos ambíguas, depois por não sermos apoiadoras. Os Obamas, os Carters e diversos outros casais são frequentemente usados nas redes sociais como as encarnações ambulantes de quando a excelência negra se mescla com o amor negro. No entanto, eles também são frequentemente usados para provocar mulheres negras em relação ao que nós, aparentemente, não somos – "se você fosse um pouquinho mais como a Michelle, talvez você conseguisse apanhar um

Obama!" é um chavão. No entanto, muitos se esquecem de que, depois de seu primeiro ano como parceira na Sidley Austin, Michelle Obama, então com 25 anos, foi designada como mentora do parceiro de verão, Barack Obama, então com 27 anos de idade, por sua firma de direito corporativo. Ela não se diluiu - ela era chefe dele. Os homens não podem continuar gritando sobre #ExcelênciaNegra e se acovardarem quando se deparam com ela. A força das mulheres negras pode ser intimidante, mas o problema reside nos intimidados, e não em nós, como VV explica:

> Nós somos fortes, nós somos fortes - até onde eu saiba, nós somos as pessoas mais fortes do planeta, com tudo pelo que nós temos de passar. Eu acho que a força é intimidante, com o que temos de aguentar e com a forma como temos de lidar com isso, de maneira elegante, mas a força pode ser intimidante para os homens. Eu vivo dizendo o seguinte ao meu parceiro, todos os dias: "Você só precisa lidar com a força, é só isso. Eu sou uma mulher negra". E ele ri, e ele adora isso, graças a Deus. No entanto, para muitos homens, isso é intimidante. Eles se sentem emasculados.

Em resposta ao ensinamento de que ela não deveria fazer nada para emascular um homem, Chimamanda Ngozi Adichie escreveu uma citação que ficou famosa em seu livro *Sejamos todos feministas:* "É claro que não estou preocupada com isso de intimidar os homens. O tipo de homem que ficará intimidado por mim é exatamente o tipo de homem em que eu não tenho interesse algum". Um homem que tenha medo de ambição ou determinação ou emoção não é um homem que você deseja. Nossa força é o que faz de nós quem nós somos. Aqueles que imploram para que você maneire no que diz quando está indo atrás de um homem não querem que você seja amada pelo todo que você é. E qual é o ponto nisso? Ninguém nos pede que diminuamos nosso valor quando estamos fazendo negociações no trabalho - por que deveríamos fazer isso em relacionamentos? Em se tratando de namoro e de amar os homens - brancos, negros, asiáticos, qualquer que seja a raça a que eles possam pertencer –, a prioridade deveria ser que eles a amem e que entendam todas as partes suas.

Nós poderíamos fazer listas dos atributos mais desejáveis para nossos futuros maridos em potencial - apenas com 1,80 m de altura ou mais, conta bancária ainda mais alta que eles, barba tão consistente quanto suas mensagens de texto –, porém, será que priorizamos o fato de que eles deveriam entender a posição das mulheres negras na sociedade? Que eles deveriam estar "acordados"? Passar horas tentando explicar a alguém por que tocar nos seus cabelos sem sua permissão faz com que você se sinta uma atração de zoológico, ou por que dizer que você é "gostosa" faz com que você revire os olhos, não somente drena energia como também tem um preço que acaba sendo cobrado em um relacionamento de qualquer tipo que seja. Todo mundo só quer ser entendido por sua outra metade. E não se pode presumir que isso seja algo que os homens negros entendam em virtude do fato de serem negros também. Da mesma forma como homens brancos podem estar cegos para o racismo sistêmico, existem alguns homens negros que acreditam que a *misoginoir* seja uma fantasia, e que colocam as questões sociais acima das questões sexistas, ignorando as formas em que as duas se combinam.

Eu não quero ter filhos com alguém que dirá para eles/elas que nós vivemos em uma sociedade "pós-racial", nem com alguém que acha certo mandar que relaxem os cabelos porque seus cabelos naturais são "zoados". Eu quero uma pessoa investida em sentir empatia com as complexidades da minha identidade e da minha experiência, e isso é algo que ninguém, negro ou branco, nasce entendendo. Alguns homens estarão, como você, "acordados", e você nunca terá de se preocupar em explicar a eles por que o racismo reverso não existe. Porém, muitos homens não chegaram lá ainda. Não é impossível construir um relacionamento nesse caso, mas isso requer dar espaço para que seu parceiro aprenda, se estiver disposto a tal coisa.

É válido dar uma chance à pessoa certa - nenhum de nós acorda com o termo "interseccionalidade" em nosso vocabulário. O quão "acordada" você estava quando estava colocando #TimePeleClara em legendas em fotos em posts no Instagram ou se referindo a alguém de pele escura como se isso fosse um insulto?

Todos nós temos de começar em algum lugar. Porém, isso tem a ver com encontrar alguém que esteja disposto a ouvir, aprender e desaprender - e, de preferência, em seu próprio tempo e usando seus próprios recursos, porque ninguém quer um estágio não remunerado como "a mulher que usa suas sutis artes de persuasão para trazer à tona o melhor em um homem". Aponte para aqueles com quem você se importa na direção daquilo que lhe ensinaram e tenha esperanças de que vocês ficarão cada vez mais cientes das coisas juntos.

Então, onde se encontra essa pessoa, especialmente em face de dados tão terríveis? Bem, embora possa ser fácil se atolar nos números, também é digno de nota que, embora existam aplicativos e sites em que as chances estão contra você, também existem aqueles em que estas estão a seu favor. "Isso pode depender do tipo de site que você está visitando", diz Charlene.

> Existem tantos - eu me lembro de ver aquele comercial para as pessoas que gostam de namorar pessoas em serviços de emergência. Eu fico pensando: *As pessoas realmente... isso é um lance real? Uau!* Minha amiga Emma é judia e ela está em um site de namoro para judeus e tal, então existem muitos [sites] diferentes de acordo com o que você está procurando. Eu só não sugeriria que você olhasse para os dados de modo algum, para ser honesta. Eu nunca vi os namoros como algo de raça. Eu via isso em termos de por quem eu me sinto sexualmente atraída, e com quem eu me dou bem, é assim que eu sempre vi isso. E eu acho que eu tenho mesmo muita sorte de que isso venha de tantas formas diferentes, pois eu aprendi tantas coisas sobre diferentes culturas, eu acho que eu tenho realmente muita sorte nesse caso. Meu parceiro - eu sou a primeira garota negra que meu parceiro já namorou na vida. Eu não sei se

no campo dele ele algum dia achou que se acomodaria com uma garota negra, provavelmente não, mas é isso que acontece às vezes.

Existem sites de namoro e espaços que servem àquilo de que as pessoas particularmente gostam, e existe muita gente por aí que gosta de mulheres negras. O aplicativo BYP (Black Young Professionals [Jovens Profissionais Negros]) Network, lançado por Kike Oniwinde, é um dos primeiros do gênero no Reino Unido, um espaço para negros britânicos no cenário do namoro. Trata-se de um aplicativo de estabelecimento de conexões de rede e socialização, que também tem um serviço de namoro e, visto que muitos na comunidade negra podem ficar com um tanto de pé atrás em relação a sites e aplicativos de namoro, sua abordagem com múltiplos propósitos chama a atenção de muitos negros solteiros. Kike diz:

> Se usarmos apenas o Tinder como exemplo, ele pode ser visto como um aplicativo para ficar com alguém, e pode ser considerado embaraçoso juntar-se a ele. Além do mais, é preciso avançar bastante, inúmeras vezes, no aplicativo, para finalmente ver uma pessoa negra, e isso não significa que ela fará seu tipo. O aplicativo da BYP Network permite que os usuários se conectem para oportunidades de trabalho, oportunidades no empreendedorismo, amizades e relacionamentos com a comunidade negra. Esta plataforma pode ajudar com a conversa sobre diversidade no local de trabalho e, ao mesmo tempo, atender às necessidades de solteiros e solteiras.
>
> As redes sociais impulsionaram o conceito de que o amor negro está morrendo por causa da forma como os homens negros e as mulheres negras tratam uns aos outros on-line. Homens negros são rotulados como sendo lixo ou 'demônios', ao passo que garotas negras são colocadas umas contra as outras com base nos tons de pele. Eu não acho que o amor negro esteja morrendo, eu só acho que existem problemas que precisam ser resolvidos. As pessoas tiveram experiências ruins com um cara negro/uma garota negra e generalizam isso, aplicando a todo mundo. Esse é o problema. Também existe uma desconexão em que o mundo está nos dizendo que as mulheres negras são bem-sucedidas demais e que os homens negros que são bem-sucedidos não as querem.

Todas essas opiniões jogadas nas mídias proveram a noção de que o 'amor negro' está morrendo, mas é nossa escolha permitir que essa visão exista ou lutar contra ela. O amor negro é desejado, e nós deveríamos nos lembrar disso.

"Vá aonde você é celebrada", diz Bola ainda.

Por que você perderia seu tempo? Se um homem diz coisas do tipo: "Ah, eu não gosto de mulheres negras", primeiramente, por que você vai perder o seu tempo tentando convencê-lo a gostar de você como mulher negra? E então você vai ter um relacionamento e isso não vai dar certo e você só vai se sentir mal em relação a si mesma. Você vê isso na internet o tempo todo, há debates sobre: "Ah, tem esse cara que diz que ele não namora mulheres negras e, ah, é uma pena", e então eu falo: "Por que você está tão focada nele!?". Porque, para todo cara que não gosta de uma mulher negra, existem milhões que gostam. O mundo é muito maior do que apenas aquela única pessoa ou aqueles poucos punhados que simplesmente não gostam de você... Procure por aquilo que é para você em vez de procurar aquilo que não é.

"Eu sempre quis experimentar chocolate"

Como eu disse antes, falar sobre preferências em termos de namoro cria uma conversa desconfortável. As pessoas gostam do que elas gostam. Mas existem algumas preferências que vêm de um lugar que não é saudável. Dá para entender que existam homens de outras raças que gostem exclusivamente de mulheres negras – nós somos fabulosas –, mas não devemos ficar cegas para o fato de que isso às vezes pode ser mais complicado do que pura atração. As pessoas que estão de fora da experiência da mulher negra podem revirar os olhos: "Então vocês gemem quando não gostam de vocês e então gemem também quando gostam? Que drama de garota negra é esse!?". Porém, as mulheres negras estão acostumadas demais com a fetichização para sabermos que isso não tem só a ver com 'gostarem' de nós. No Dicionário Médico do Merriam-Webster, fetichização é definida como "o deslocamento patológico de interesse e satisfação eróticos para um objeto ou uma parte do corpo, cuja presença, real ou fantasiada, é psicologicamente necessária para a gratificação sexual". Esse termo é usado para descrever a sexualização de coisas que não são inerentemente sexuais ou o fascínio sexual por elas. Por exemplo, algumas pessoas gostam de comida ligada a sexo. Algumas pessoas gostam de trepar com pés. Muitos fetiches são esquisitos, engraçados e geralmente inofensivos; porém, em se tratando da fetichização de coisas que não são objetos - isto é, pessoas -, raramente isso é engraçado ou inofensivo. Na verdade, isso é danoso, ofensivo: estranho na melhor das hipóteses e desumanizador, na pior.

A fetichização e a objetificação andam de mãos dadas; elas têm a ver com a remoção de qualquer senso de individualidade e características únicas pessoais daquele(a) que está sendo fetichizado(a). Um homem que goza lambendo chocolate no corpo de sua parceira é muito diferente de um homem que goza com sua parceira *porque* ela é o "chocolate". Chocolate não é uma pessoa; uma mulher negra, contudo, é uma pessoa, como conta Jamelia, rindo:

> Robert De Niro veio falar comigo depois de um show e ele disse: "Eu adoro garotas chocolate". E eu respondi assim: "Hummm, ok, tchau!". Eu fiquei, tipo, eu não sei o que fazer com isso porque eu era fã dele, antes daquele ponto, e depois eu fiquei, tipo, isso é esquisito. Sabe? Nós somos bonitas, nós somos as únicas raças que têm nossos atributos, então para mim isso é... eu entendo. Mas eu acho que ninguém deveria ser tratado dessa maneira.

Fetiches raciais são difíceis de serem explicados e geralmente têm de ser definidos em uma base de caso a caso. Em teoria, isso significa essencialmente que uma pessoa tem uma preocupação não natural ou excessiva com as diferenças físicas e culturais de uma outra raça. Na vida real, é algo definido mais por uma sensação sinistra que revira o estômago depois de alguns minutos no encontro, em que a beleza sensual do idioma de Gana é trazida à tona na conversa mais de três vezes - e você nem mesmo é ganense. É difícil resumir onde começam e terminam as preferências, é algo bem mais problemático, mas uma coisa é certa: só porque as mulheres negras não querem ser descartadas por serem negras, isso não significa que elas queiram ser namoradas por serem negras também. Não mais do que uma mulher branca ia querer que um parceiro em potencial lhe dissesse que está com ela somente por ela ser ruiva.

A fetichização continua sendo um dos mais complicados elementos do racismo. É difícil o bastante de se explicar para pessoas brancas que o "bom" e velho pensamento de que alguém não é atraente por causa de sua negritude é discriminador, quanto mais explicar que achar que alguém é atraente por causa disso também é discriminador. Muitas pessoas brancas com uma "quedinha" por mulheres negras acham que deveriam se sentir elogiadas pelo fato de estarem saindo das correntes dominantes e entrando no "nicho". Eles estão nos fazendo um favor via suas fantasias indesejadas. Alguns veem isso como uma forma de antídoto para um mundo em que a negritude é justaposta e colocada em oposição ao que é considerado atraente. Do outro lado da moeda, pode ser difícil para as mulheres negras engolirem essa ideia, porque, com a pletora de microagressões pelas quais elas podem ser ofendidas, uma pessoa dizendo que a mesmíssima coisa que a sociedade odeia em você é o que faz com que ela se sinta atraída por você, pode parecer uma batalha estranha em que alguém escolheria lutar. Quero dizer, é melhor do que ser chamada de macaca, eu acho, não? Mas a fetichização também pode ser tão insultante quanto bajuladora, deixando-nos confusas e embaraçadas com nosso próprio e involuntário rubor.

Como a simbolização, a fetichização pode ser tão racista quanto sexista, pois é algo complexo e que pode ser interpretado sob uma luz positiva. Essa forma de racismo positivo vê os homens dando tapinhas nas costas amigavelmente uns dos outros, por generalizações sobre mulheres negras, porque se trata de "boas" generalizações. "Todas as mulheres negras cozinham bem." "Vocês sabem dançar." "Mulheres negras são as melhores na cama." "Vocês têm as melhores bundas." Relacionar atributos positivos a um grupo inteiro e vê-los como parte integrante daquele grupo pode parecer uma coisa boa, mas até mesmo o "racismo positivo" ainda é, bem, racismo.

Outra abordagem que se faz na fetichização e no namoro interracial de modo mais geral é que você não pode ser racista se namora pessoas negras. Dessa forma, muitas pessoas genuinamente acreditam que preconceitos enraizados de séculos e mais séculos de existência são deletados do subconsciente a cada encontro realizado por meio do Tinder. Em 2017, a candidata da UKIP para Great Yarmouth tinha tanta certeza de que ela não era racista (apesar de estar concorrendo por um partido político de extrema direita e racista) que ela trouxe consigo uma grande fotografia em um porta-retratos de seu marido, que é negro, ao palanque em um comício para provar isso. "Existem milhões de pessoas que votaram para sairmos [da União Europeia] e que não são racistas, inclusive eu", ela disse, enfurecida. "Eu durmo com alguém que é negro, que é, vocês sabem, de origem jamaicana! Sendo assim, eu sou 100% não racista."[10]

Por essa mesma lógica frágil, você não pode ser sexista se tiver uma esposa, nem ser homofóbico se o filho que você ama, mas vive mandando para o acampamento de conversão, for gay. Muitos racistas gozam vendo filmes pornôs de traição ou ficariam felizes em "transar com uma gata negra". Aqueles que erguem bebês mestiços como Rafiki em *O Rei Leão* como sendo a graça salvadora de uma geração arruinada pela divisão ou pela união do príncipe Harry e Meghan Markle como sendo o caminho em direção a uma utopia pós-racial claramente não estão cientes de que, se casais de mestiços fossem a resposta para se cruzar a linha dessa divisão racial da sociedade, então nós teríamos feito isso centenas de anos atrás. Donos brancos de escravos estupravam suas escravas negras o tempo todo - alguns até mesmo reconheceram seus filhos birraciais como seus filhos - e, ainda assim... cá estamos nós.

Com a fetichização, da mesma forma como os homens que "adoram" mulheres podem transformar nosso sexo em armas e serem misóginos, a mesma coisa pode acontecer com as mulheres negras, no que diz respeito a sexo e a raça. Há muito tempo que as mulheres se acostumaram a ser chamadas de vadias por declinarem educadamente trocar uma foto de seus peitos por uma foto das partes íntimas de um estranho. Para as mulheres negras, todavia, azedam, esse "vadia" com frequência é seguido da palavra "negra". Namorar uma garota negra não significa que um cara não vai usar a mesmíssima coisa que o atrai para degradar a mulher depois.

O problema daqueles que acreditam que a pessoa com quem eles escolhem fazer sexo ilustra sua visão política é que frequentemente é até mesmo mais difícil explicar o racismo a eles, porque creem que você esteja ensinando o padre a rezar a missa. Alguns dos indivíduos mais problemáticos que eu já conheci na minha vida são aqueles que namoraram exclusivamente mulheres negras, e que vêm sendo até mesmo mais resistentes às críticas a comportamentos discriminatórios porque presumem que são os que menos precisam disso. Eles associam o querer fazer sexo com alguém com um antirracismo genuíno. No entanto, as mulheres negras foram e ainda são vistas como hipersexuais, e uma mentalidade similar alimenta o fetichismo de hoje em dia. Existem homens que parecem achar que existe um quadro com códigos de cores de pele para proeza sexual, e que quanto mais escura for a fruta, melhor ela é no boquete. Assim como nossos supostamente bem-dotados irmãos negros, as mulheres negras foram sexualizadas ao ponto em que só de ter a pele morena pode ser o suficiente para deixar os caras com tesão.

Da trágica *Vênus de Hotentote* até o livro *Jungle Fever,* de Jean-Paul Goude, de 1980, apresentando fotografias de jovens mulheres negras para pessoas brancas ficarem olhando embasbacadas, até vídeos de rap apresentando jovens mulheres negras para pessoas brancas ficarem olhando embasbacadas, a sexualidade insaciável das mulheres negras é um estereótipo que nos assola como uma praga, tanto quanto o estereótipo da "mulher negra raivosa". Um dos maiores problemas com o fetichismo racial é que isso alimenta a consideração de que as mulheres negras são "as outras". Isso é visto como um desvio do "padrão" e uma experiência no "exótico". Não é mais tanto isso de "não importa se você é negra ou branca", "importa que você seja negra, porque eu ouvi dizer que vocês fazem sexo durante por horas". Há muito que homens brancos héteros são considerados a norma, de modo que todo o resto é excêntrico, estranho e excitante. Homens brancos são como Fanta e mulheres BAME podem prover aquele toque de limão em uma Pepsi. Seja por nossas diferenças culturais ou por traços físicos, eles vão atrás das mulheres negras, às vezes, da mesma forma como alguém poderia visitar um médium vidente, ou fazer uma tatuagem temporária da tatuagem que eles têm medo demais de fazer de verdade: uma curiosidade, nós somos "uma noite totalmente aleatória", uma experiência, uma exploração, um item na lista de coisas a se fazer antes de morrer.

A fetichização remove de nós, mulheres negras, aquilo que realmente nos faz sermos nós: a individualidade. Nós nos tornamos um grupo marrom homogêneo, com grandes traseiros, que comem muito frango e dançam sensualmente em uníssono. Ninguém nunca gosta de se sentir como se fosse um de muitos - menos ainda em se tratando de cenários românticos -, mas um fetichista não conhece as mulheres negras, ele não conhece *você,* e é por isso que ele tenta estabelecer conexões por meio de coisas que ele acha que você gosta de fazer com base em estereótipos ("Ei, Beyoncé, já ouviu a nova do Kendrick?"). O fetichismo tem como base pesadamente coisas presumidas e reduz as mulheres negras a seu tom de pele e a vários clichês problemáticos que vêm com isso. Ele nos torna unidimensionais, e, em vez de nossas peles serem uma faceta de nós de que alguém gosta, ela se torna o ponto focal da atração dessas pessoas. Isso também confere poder ao fetichizador ao nos negar nossa humanidade - nossa sexualidade torna-se algo para o prazer deles, e não para o nosso próprio prazer.

"Ah, meu Deus. Seus peitos são tão incríveis!
Eles são tão negros."
— Ash, Chewing Gum

Em sites de namoro, a pele negra pode levar os caras a falarem de você como se você tivesse ido até ali pulando de cipó em cipó, vinda da selva, quando, na verdade, você vem de Surrey. "Eu nunca conheci uma garota negra antes", diz algum descerebrado no Tinder com um sorrisinho virtual. A maioria das garotas negras realmente não está nem aí se o cara esteve com uma mulher negra antes ou não. Porque ele esteve com "uma de nossa espécie" antes não é algo que fará com que ele seja nem mais nem menos compatível com ela. Na melhor das hipóteses, isso significa que ele conhecerá as regras sobre puxar cabelos no quarto se você usar uma peruca. Na pior das hipóteses, ele nunca vai calar a boca em relação a isso.

É importante que garotinhas espectadoras (como eu, todos aqueles anos atrás) possam ver Rapunzel tomando uma decisão consciente e não aceitando cegamente seu príncipe como as outras princesas da Disney fizeram antes dela. O casamento não deveria ser o último item em uma lista de coisas a se fazer antes de morrer. Rapunzel exerceu seu livre-arbítrio e nos lembrou a todas nós que o casamento é uma escolha e, sendo mulheres, nós de fato temos uma opinião em relação a quando - e se - nós queremos nos casar.

Todas nós sabemos o quão difícil pode ser oferecer conselhos a uma amiga em relação a um cara. Não importa o que você sugerir, provavelmente elas acabarão fazendo o oposto. Nós não vamos fingir que este capítulo tenha todas as respostas para os "enrolados" e as questões complicadas do amor e do compromisso, mas esperamos que ele vá ajudá-la a ficar empoderada em se tratando de fazer suas próprias escolhas a cerca deles.

June Sarpong fala com eloquência sobre casamento e escolha:

> Eu acho que muitas mulheres sentem essa pressão, mas creio que se trate de uma escolha individual. Eu não sou esse tipo de pessoa que diz: Não tenha filhos aos 25 anos nem nada do gênero. Faça o que achar certo. Se você é uma mulher que realmente só deseja se casar e ter filhos, isso é legal. Se você é uma mulher que deseja ter uma carreira, isso também é legal. Cabe a você decidir, é o que lhe parecer autêntico, e, para mim, as escolhas que eu fiz pareceram autênticas.

"Se alguém não faz com que você sinta que pode dominar o mundo, então essa não é a pessoa certa para você. Se a pessoa sente que você está focada demais em sua carreira, e que precisa se tornar menos do que você é, essa não é a pessoa certa para você."

— Charlene White

Quando eu estava na universidade, havia esse menino de quem eu achava que gostava. Estávamos no fim de nosso primeiro ano na universidade e todo mundo logo estaria a caminho de casa. Porque nós dois morávamos no sul de Londres, ele me garantiu que faria um esforço para me ver durante o verão. O verão chegou e acabou: ele não fez esforço algum para me ver. *Estranho*, pensei, e, perto do fim das férias, eu definitivamente tinha deixado de gostar dele. No entanto, quando nós voltamos à universidade, no outono, rapidamente ele tentou reacender o fogo das coisas entre nós. Ele me pediu desculpas profusamente e me apresentou inúmeras desculpas. Eu era ingênua, e pensei: *Deixe-me dar uma chance a ele.* Então, nas próximas semanas, ele vacilou, até que por fim eu estava de saco tão cheio disso que o confrontei em uma noite em que saímos. Questionei seus motivos e ele me respondeu: "Não venha com essa conversinha de garota negra pra cima de mim". Eu fiquei, tipo: "O quê?". Fiquei com tanta raiva; saí andando, bufando muito. *Que diabos ele quis dizer com isso de "Não venha com essa conversinha de garota negra para cima de mim"?* Ele havia reduzido os meus sentimentos e o meu comportamento ao estereótipo da garota negra raivosa. A ironia é que ele mesmo era um rapaz negro. Ao colocar aquele rótulo em mim, ele achava que isso faria com que eu seguisse a política de respeitabilidade de como deveria me comportar. Ele claramente acreditava que, se uma mulher quer ser considerada uma possível esposa, ela deve se transformar em quem o seu pretendente quiser.

Pode parecer uma noção ridícula, mas é interessante que, segundo um estudo realizado pelo National Bureau of Economic Research, mulheres jovens profissionais tendem a tirar a ênfase de suas metas de carreira e ambições quando estão perto dos homens apenas quando não estão em relacionamentos. Mulheres que já estão em relacionamentos sérios eram honestas em relação a suas metas de carreira; aquelas que estavam solteiras tendiam a modificar suas ambições.[12] É triste que jovens mulheres se sintam compelidas a minimizar suas realizações e ambições de modo a serem vistas como possíveis esposas. Chimamanda novamente: "Nós ensinamos às garotas a se encolherem, a ficarem menores. Nós dizemos às garotas que elas podem ter ambições, mas não muito."[13]

Eu estive em encontros durante os quais imediatamente tentei verificar se o cara era facilmente intimidado e então me adaptei de acordo com as situações, porque eu não queria parecer uma garota "ambiciosa" e arrogante. No entanto, com o passar dos anos, me dei conta de que o tipo de homem que vou atrair caso eu diminua a ênfase nas minhas ambições ou me minimize não é realmente aquele com quem eu quero estar, para começo de conversa. Isso é contraprodutivo, como explica Charlene White:

> Um dos motivos pelos quais eu me apaixonei completamente pela minha outra metade é porque ele me estimula a seguir em frente em todos os níveis, e ele não vê o fato de que eu sou focada e que quero ir mais longe e ser maior e melhor no que estou fazendo no trabalho como um problema, ele só acha que isso é uma das coisas mais incríveis em relação a mim. Nós voltamos para casa e eu faço exatamente o mesmo por ele e meio que digo: "Sabe?, talvez você devesse tentar fazer isso, e talvez você devesse tentar fazer aquilo, e talvez essa não tenha sido uma ideia tão boa assim", e ele me dirá onde estou errando, e eu direi a ele onde ele está errando.
>
> Eu nunca tive de ser menos do que eu sou por estar em um relacionamento, eu nunca, jamais, tive de fazer uma coisa dessas. Quando estou tocando Jay-Z fora de casa no meio da Richmond às três horas em uma tarde de sábado, nem sempre isso sai tão bem assim! Ele me força a avançar mais do que qualquer um antes fez comigo em um relacionamento. Minhas amigas faziam isso comigo o tempo todo, porém, em termos de estar em um relacionamento, ele me forçou a avançar mais do que qualquer um e simplesmente me faz acreditar que, se eu quiser dominar o mundo, eu posso dominar o mundo.

"Eu acho que eu talvez só tenha me dado conta disso depois que me casei, na verdade, do quão importante foi ter alguém que nos encorajasse, que me apoiasse [...] porque ele está interessado em me ver vencer. Eu ficaria com isso em vez de escolher estar com um cara com mais de 1,80 m de altura, claro, e ficaria com esse cara em vez do cara que dirige o Bentley."

— Vannessa Amadi

Eu e minhas amigas frequentemente lamentamos que o problema com o jogo do namoro não está muito em achar um cara, mas, sim, em achar o tipo certo de cara. Não é difícil soar rasa quando descrevemos o que gostaríamos de ter em um parceiro. Todas nós imaginamos nossa pessoa ideal, a pessoa com quem em determinado momento nos acomodaremos: alguém que se encaixe bem em nossas expectativas, que seja compreensivo, que nos coloque em primeiro lugar e que nos ame por quem nós somos. A maioria das minhas amigas, de todas as raças, busca parceiros com históricos de vida similares aos delas; nós estamos praticamente procurando alguém com renda e ensino igual ou superior aos nossos. Para nós, isso é o mínimo dos mínimos que esperaríamos do mundo do namoro. Afinal de contas, se em teoria eu tenho tanto a oferecer, então por que eu não posso namorar alguém que também atenda a esses requisitos "razoáveis"? Sendo assim, quando um relatório norte-americano revelou que mulheres negras com nível de ensino de universidade têm uma probabilidade menor do que as de outros grupos de se casarem com um homem com um nível similar ao delas de ensino,[14] minha curiosidade ficou atiçada. Embora não haja uma estatística similar a essa no Reino Unido, a Universidade de Cambridge revelou recentemente que, dos 3.449 alunos aceitos durante o ano acadêmico de

2015/2016, 38 definiram-se como negros, e apenas 15 desses 38 alunos eram homens. De modo similar, na Universidade de Warwick, eu sempre notei que havia mais garotas nos grupos de todos os anos nos eventos da Sociedade Afro-Caribenha. Existe uma tendência geral em muitos países de que mais mulheres do que homens vão para a universidade. O Higher Education Policy Institute (HEPI) publicou pesquisas que examinam essa divisão polarizada cada vez maior dos gêneros enquanto as mulheres, no Reino Unido, agora têm 35% mais de probabilidades do que os homens de irem para a universidade e a lacuna da diferença está aumentando a cada ano.[15] Existem muitas mulheres cultas e ambiciosas, mas seria esse o caso em que pode não haver homens cultos em número suficiente por aí?

É como se os homens fossem uma mercadoria preciosa, e todas nós estejamos lutando para tentarmos pegar os bons que sobraram, aqueles que atendem a nossos altos padrões. Porque pensar em pegar as migalhas não é uma opção. Afinal de contas, nós somos a geração que pode ter tudo, não somos? Somos também a geração de mulheres independentes que então precisam arrumar um marido antes que não sejam mais férteis e não possam mais ter filhos. Nenhuma de nós quer se colocar como vítimas e, sucumbindo à pressão para encontrar um marido, nós nos arriscamos a nos casar com a pessoa errada. Isso pode, contudo, causar uma boa dose de ansiedade em torno da questão de se *algum dia* nós vamos encontrar O CARA? Será que ele vai ser bonito? Será que ele vai ser esperto? O mais importante de tudo, será que ele vai ser bom o bastante? Certo, eu posso não querer ser a Cinderela esperando pacientemente por seu príncipe irrealista, mas em *Grease: Nos tempos da brilhantina,* Sandy ficou com seu Danny; Beyoncé, por sua vez, ficou com Jay-Z e Michelle ficou com Obama.

Durante todo este livro, nós analisamos os desafios de navegar pelo trabalho e pela vida de modo geral sendo uma garota negra, decompondo as maneiras como nossas experiências são singulares. E eu cheguei a me dar conta de que aquilo que se tornou mais importante para mim quando eu penso em me acomodar com alguém é se essa pessoa é alguém que entende as lutas únicas com que se deparam as mulheres negras. Empatia dentro de um relacionamento é vital. Nós precisamos ser capazes de ter conversas honestas com nossos parceiros, contar a eles sobre os nossos dias, falar a eles sobre as microagressões que nós vivenciamos: tudo de bom, de ruim, e as coisas feias também. E precisamos que eles sintam empatia por nós e que nos entendam, que nos ajudem com isso. Deveríamos poder perguntar: "Como eu lido com isso?", ou dizer: "Isso aconteceu". E eles poderiam dizer: "Quer saber de uma coisa, eu entendo, mas e quanto a isso?", Nossos sentimentos e aquilo que seja pelo que estamos passando precisam parecer importantes para nós dois. E nós temos de estar dispostas a fazer o mesmo por eles também.

O significado de "encontrar seu felizes-para-sempre" mudou para mim assim que eu entendi que é isso que realmente importa em um relacionamento. Vannessa Amadi teve uma percepção similar:

> Com quem quer que você acabe ficando, se você acabar ficando com um parceiro com quem você se case ou não, quem quer que seja essa pessoa que você escolher – é uma parceria. Essa vida que nós levamos, todos os dias temos de acordar, e quem quer que seja que esteja lá com você, essa é a pessoa com quem você conversa e ela tem de ser capaz de inspirá-la, se possível, e isso é muito a se pedir. Não é fácil encontrar esse tipo de pessoa. Às vezes você tem de mudar seu *mindset* para conseguir ter esse tipo de pessoa em sua vida. Isso é fundamental. Eu acho que, se todo mundo pudesse ter isso, nós então viveríamos em um mundo incrível, só de ter alguém que está em nosso time nos apoiando, nem mesmo em termos financeiros, apenas nos dando mentalmente aquela energia para dizer: "Sim, você é capaz de fazer isso". Porque não é fácil, sabe?, levantar-se todos os dias e fazer o que quer que você faça, e ter alguém assim é uma bênção imensa.
>
> Eu acho que eu talvez só tenha me dado conta disso depois que me casei, na verdade, do quão importante foi ter alguém que me encorajasse, que me apoiasse e – quero dizer, ele lê meus *press releases* e os reescreve às vezes, e esse tipo de coisa, porque ele está interessado em me ver

vencer. Eu ficaria com isso em vez de escolher estar com um cara com mais de 1,80 m de altura, claro, e ficaria com esse cara em vez do cara que dirige o Bentley.

Nós vivemos em uma sociedade que encoraja uma busca irrealista por perfeição. No entanto, quanto mais velha vou ficando, mais eu me dou conta de que as coisas que para mim não são negociáveis em termos de namoro não podem ter como base uma lista de ideais, e, se eu quiser namorar apenas homens que tenham o sinal certo dos astros e que tenham o emprego certo, que tenha estudado na universidade certa e que tenham mais de 1,80 m de altura, então tenho de admitir derrota agora. Sendo assim, em vez de priorizar uma formação em universidade: não pule pela janela por alguém que nem mesmo vai passar pela porta por você. Eu sou a última pessoa a encorajar que alguém "se acomode", mas cheguei a me dar conta de que se acomodar e comprometer-se não são a mesma coisa. Compatibilidade tem a ver com mais do que aquilo que está na superfície, ou com o que poderia estar em uma lista teórica de itens desejados. Uma relação duradoura requer mais do que boa aparência, encontros divertidos e muitas das outras coisas que eu antes achava que eram importantes e agora percebi que não são. No entanto, isso não quer dizer que estou optando por me acomodar. Eu acho que, em vez disso, isso quer dizer que estou crescendo, e estou finalmente entendendo que relacionamentos não têm de vir de uma lista, nem mesmo de uma história como a do filme *Simplesmente amor...*

Não estar casada em uma certa idade não é algo com o que deveríamos surtar ou nos apressar para fazer. É bem mais válido passar um tempo procurando um parceiro que nos complemente, e não que nos *complete.* Não se apresse para conseguir isso, é mais importante fazer as coisas direito. Se a pessoa certa aparecer, ela vai aparecer. Se não, isso não quer dizer que fracassamos como mulheres. Você não precisa encontrar uma outra pessoa para definir sua existência. Como diz Amma Asante:

Se ele não for necessariamente seu igual em termos financeiros, nem seu igual em termos de ensino, nem seu igual em termos de ambição, e todas essas coisas, se isso é o que importa para você, não sou eu que vou lhe dizer para se casar com alguém que esteja "em um nível inferior ao seu", mas eu tinha um processo de pensamento quando eu era criança em relação a com quem eu acabaria me casando. Nada daquilo que eu pensava bate à primeira vista com aquele que é meu marido hoje. À primeira vista, certo? Porém, quando se olha além da superfície, lá no fundo, ele tem essas coisas.

Um dia eu pensei: *Se esse mundo fosse meu, o que eu daria? O que eu faria pelo meu marido? Do que eu abriria mão pelo meu marido?* E não há nada que eu não faria ou daria ao meu marido se esse mundo fosse meu, porque ele tem tanto valor para mim quanto eu mesma. E ele me trata com esse nível de valor. Ele me trata com esse nível de importância em sua vida.

Sendo assim, no fim das contas, embora eu pudesse ter tido todas essas outras coisinhas - "Ele tem de ter uma graduação, e ele tem de ter isso, e ele deve ter aquilo" -, se eu for realmente honesta com vocês, eu não tenho bem certeza de qual é a graduação do meu marido, pois ele se formou na Dinamarca. O que eu quero dizer é que você pode colocar todas essas coisas de lado, mas, no fim das contas, o que eu quero é alguém que me trate da forma como eu sei que eu mereço. Essa é a conclusão final.

Eu penso no meu pai, em seus últimos dias, como nós sabíamos que ele ia falecer naquele mês, e ele estava ficando cada vez mais fraco. Da última vez em que ele viu o meu marido, meu pai estava sentado em uma cadeira de rodas porque eles o haviam colocado nela naquele dia só meio que para fazer com que ele saísse da cama - e meu pai tinha demência e Alzheimer quando faleceu. Porém, na verdade, quanto mais perto ele chegava da morte, mais ele sabia quem era todo mundo.

Meu pai era simplesmente aquele pai africano típico: "Quem é você? Você é digno da minha filha?", sabe?, todas aquelas coisas que nós meio que sabemos e reconhecemos, e ele teria adorado que eu me casasse não apenas com um homem africano, mas com um africano de Gana, não apenas de Gana, mas de seu vilarejo, era isso que ele teria adorado.

Mas eu me lembro do meu marido passando pela porta e do meu pai ficando meio que encurvado, e olhando para cima - lentamente sua linha de visão alcançou a do meu marido -, e eu me lembro do meu pai, com todo o esforço do mundo, erguendo a mão e esticando-a para apertar a mão do meu marido. O que ele estava dizendo naquele momento era: "Estou confiando em você em relação a isso. Você aceita essa responsabilidade que estou colocando em suas mãos?".

Eu sabia o quão importante e o quanto de esforço isso exigiu de meu pai fisicamente falando, mas eu também sei qual era a mensagem que ele estava passando para o meu marido naquele momento. Eu sabia disso porque ele sabia que meu marido me trata com a importância que eu mereço. Agora que meu pai se foi, o maior líder da minha torcida na minha vida é o meu marido, e isso é tudo pelo que desejei. Independentemente de sua formação universitária e se ele ganha tanto quanto eu. Em alguns anos eu ganho mais do que meu marido e em outros anos ele ganha mais do que eu!

Nós não sabíamos como seriam as coisas quando começamos a ficar juntos, nós não sabíamos quem ia ganhar mais. Eu não perguntei em que ele havia se formado, porque não foi isso que me fez me sentir atraída por ele. Foram seu coração e sua alma. Eu sempre digo que, até onde eu saiba, eu não sou lésbica, mas se meu marido tivesse aparecido na forma de uma mulher, eu sei que estaríamos no mesmo relacionamento porque é pelo que ele é que eu me apaixonei, no fim das contas, e é isso que deveríamos estar procurando.

As pessoas frequentemente dizem que o amor verdadeiro vem de conhecer todas as falhas de uma pessoa e ainda assim optar por amá-la. Esse tipo de aceitação requer que sejam feitas concessões mútuas, de forma que prender-se de forma inflexível a uma versão irrealista de um herói da Disney provavelmente não lhe trará felicidade. Acomodar-se, em vez de estar contente com algo, é um estado de espírito, e é você que tem de viver com essa escolha. Sendo assim, quando você sentir que o momento é certo, simplesmente se certifique de que não esteja se acomodando por causa das expectativas dos seus em relação a quando você deveria se casar, nem porque está preocupada que a sociedade a considerará indesejável assim que estiver na casa dos seus trinta e poucos anos. Quando você vai se casar? Quando – e se – você optar por fazer isso, caramba!

SAÚDE

"Se eu admitisse que eu poderia ter depressão, seria como se eu estivesse admitindo a derrota, sucumbindo a um fracasso em uma cultura que pregava fortemente sobre a importância do sucesso."

Yomi

"Como sociedade, nós também aplaudimos quando as pessoas se enterram no trabalho como sendo um sinal de força, admirável determinação e resiliência, mas uma resiliência inexorável pode ser muito prejudicial."

ELIZABETH

— GAROTAS NEGRAS NÃO CHORAM —

YOMI

"Cuidar de si mesma não é hedonismo, é autopreservação, e isso é um ato de guerra política."
— Audre Lorde, A Burst of Light

Certo dia, depois de ler sobre depressão e doenças mentais, pensei em algo que eu achava que fosse uma teoria completamente inovadora. A ideia era simples: todas as pessoas no mundo todo deveriam ser, tecnicamente, doentes mentais, e, se não o fossem, isso seria um milagre. Até mesmo aqueles que crescem protegidos por cercas brancas e pelo apoio inabalável da família, aqueles que têm dinheiro suficiente para levarem vidas confortáveis –, mas não o tipo de riqueza vasta que com frequência vem acompanhada por vários distúrbios de personalidade –, aqueles que tenham sido amados e cuidados incondicionalmente: ainda deveria perturbar nossas frágeis mentes que eles estejam bem.

Porque o simples existir *per se,* até mesmo nas melhores circunstâncias, é o bastante para fazer com que qualquer um fique mentalmente doente. Nós somos jogados em uma rocha em órbita e não temos escolha alguma em relação a isso, sem a mínima ideia de por quanto tempo ficaremos aqui, sem entendimento do por que temos de existir, sem propósito óbvio nem ponto óbvio que seja. Até mesmo para aqueles que são religiosos, muitas coisas continuam inexplicadas ou sem respostas, e isso deveria ser o bastante para lançar alguém em um colapso existencial. A existência em si conduz à doença mental.

Logo fui informada de que essa minha "teoria" era, na verdade, uma crença comum partilhada por diversos filósofos e pensadores. Não era tão inovadora nem algo de nicho como eu havia pensado que fosse. Porém, visto que essa não é, de modo algum, uma novidade em termos de pensamento, por que então continuamos assinando embaixo da crença de que deve haver um "motivo" por trás da necessidade que alguém tem de apoio em se tratando de sua saúde mental?

Eu não sou médica nem psiquiatra. Eu sou, todavia, alguém que já sofreu de depressão. Eu passei muito mais tempo na universidade do que provavelmente era bom para mim, pois não conseguia pensar em um "motivo" tangível que legitimaria a minha real busca por ajuda. Na superfície, não havia base alguma em particular para os sentimentos que eu estava vivenciando, mas isso não me impedia de senti-los. A ideia de que tinha de haver algo específico ocorrendo para que eu me sentisse triste ou mal fazia com que eu acreditasse que eu era ingrata, automisericordiosa e egoísta.

Até mesmo quando *existe* um motivo óbvio, é com frequência que nós não consideramos isso o "suficiente" para ter causado esses sentimentos. É claro que se reconhece a existência de muitos gatilhos que podem afetar nossa saúde mental, e o preço cobrado pelo estresse no trabalho, colapsos nervosos, luto e o estado em que se encontra o mundo (como é documentado por um infinito ciclo de notícias). No entanto, o impacto do racismo ou do sexismo, e dos dois combinados, sobre a saúde mental, raramente é examinado. Segundo as estatísticas, a probabilidade de que pessoas de grupos de minorias étnicas vivendo no Reino Unido sejam diagnosticadas com problemas de saúde mental é maior do que a de seus colegas brancos. Porém, elas também têm uma probabilidade maior de vivenciar um fraco resultado em seu tratamento e de se desligar dos serviços de saúde da corrente dominante, levando à exclusão social e a uma maior deterioração em sua saúde mental.[1]

É chocante que a maioria de nós *não esteja* andando por aí em um constante estado de preocupação, confusão e angústia "sem motivo algum", porém mais de nós *estão* se sentindo assim do que poderíamos achar, e não há problema nisso. O problema é o quão difícil continuamos fazendo que seja falar sobre isso.

Eu não sou uma Supermulher

A "força" das mulheres negras é uma faca de dois gumes. Os lembretes contínuos de nossa resiliência ajudam-nos a prosperar em todos os tipos de situações em que as chances são bem grandes contra nós, e a abrirmos nossos caminhos em meio a dificuldades com uma facilidade perceptível. Mas "perceptível" é a palavra-chave. Nós somos encorajadas a sermos fortes e celebradas por isso, mas nem sempre somos as beneficiárias desse traço. Isso pode levar as pessoas a acreditarem que nós somos imunes a qualquer deslize ou obstáculo que encontremos pelo caminho, e, como consequência disso, qualquer reconhecimento de trauma emocional é interpretado como sendo uma "fraqueza": uma distração que nos faz perder tempo e que é hedonista. Nós internalizamos isso e ficamos hesitantes em revelar nossos problemas para os outros e para nós mesmas, e, o mais importante de tudo, na busca da muito necessária ajuda. A saúde mental é com frequência vista como "problemas de pessoas brancas". Pessoas negras não ficam deprimidas, elas têm demônios que precisam ser exorcizados, ou são simplesmente varridas com os caprichos do mundo ocidental. Pelo menos, é isso que nos diz a sociedade e o que frequentemente dizemos umas às outras. Na era da #ExcelênciaNegra, #AlegriaDaGarotaNegra #MagiaDaGarotaNegra, a #TristezaDaGarotaNegra é algo que deprime e desanima; o escopo dos #ProblemasDaGarotaNegra estende-se somente a um leve fracasso, ou a não encontrar o tom da sua base em alguma loja de rua. Muitas de nós sentimos que, em face de tanta força, não queremos ser o elo fraco.

Em 2010, descobriu-se que as garotas negras têm mais probabilidades de se automutilar do que qualquer outro grupo analisado nos prontos-socorros de três grandes cidades do Reino Unido.[2] Em Manchester, a taxa de autoflagelação entre mulheres negras era de 10,3 por 1.000, em comparação a 6,6 por 1.000 para pessoas brancas como um todo. Quase mais revelador do que isso foi o fato de que garotas negras britânicas tinham menos probabilidades de receberem avaliação ou cuidados por parte de especialistas. Segundo a autora líder do relatório, a Dra. Jayne Cooper, jovens mulheres negras "podem não comunicar seus problemas aos funcionários, e podem ficar menos propensas a admitirem depressão". Essa foi praticamente a minha experiência: se eu admitisse que eu poderia ter depressão, seria como se estivesse admitindo a derrota, sucumbindo a um fracasso em uma cultura que pregava fortemente sobre a importância do sucesso. Significaria revelar fraqueza em uma sociedade que me dizia que eu deveria ser infinitamente forte. Eu acreditava que, com bastante autocensura e punição, eu acabaria superando isso; eu me forçaria a ficar em pé e me arrastaria a seguir em frente, por mais cansada que me sentisse.

Com frequência, se nós estivermos dispostas a tomar nota de todos os nossos estados mentais, isso ocorre simplesmente por causa da cobrança física que tais estados têm sobre nossos corpos. No fim das contas, eu só parei um pouco quando não consegui mais me arrastar fisicamente por meio da depressão. Em um estudo de 2010 do National Institutes of Health,[3] foi descoberto que mulheres negras nos Estados Unidos com idades entre 49 e 55 anos são 7,5 vezes "mais velhas" biologicamente do que as mulheres brancas. O motivo? Estresse não cuidado. O estudo prosseguiu dizendo que o impacto da superexposição ao estresse cobra um preço do corpo e contribui para o desenvolvimento ou a progressão de males tais como "doenças cardiovasculares, obesidade, diabetes, susceptibilidade a infecções, formação de cânceres e envelhecimento acelerado". Apesar do infame e orgulhosamente usado adágio "negros não racham", os corpos das mulheres negras sofrem nas mãos do estresse e, considerando o quanto tendemos a acumular nossas ansiedades, é quase adequado que os danos não se mostrem por fora.

A rapper Lady Leshurr é bem conhecida por sua música animada, com frequência em tons de comédia, e vídeos nas redes sociais, e, sendo uma artista de *grime* do sexo feminino, a "força" é infundida em sua marca. No entanto, no ano passado, ela desviou-se de suas arengas costumeiras e postou um vídeo nas redes sociais falando sobre suas lutas contra a depressão e a ansiedade. Foi um imenso passo para a mudança e que teve continuidade quando ela decidiu fazer rap sobre ele em sua canção pungente e pessoal, *#Unleshed 2*:

Minha ansiedade está me matando, levando minha mente à loucura
Tenho medo de ir à loja, pois as pessoas sabem quem eu sou
E eu sei que algumas crianças querem fazer coisas bobas e gravá-las com a câmera
Então eu me tranco e me isolo do mundo
Mas eu ainda me sinto aprisionada
Sou um ser humano com um coração partido e uma alma rachada
Eu tentei tirar a minha própria vida no meu próprio apartamento
Alguns meses atrás eu fui atacada por ser negra
Então por que eu ia querer viver?
Por que eu ia querer permanecer aqui?

O estigma da saúde mental na comunidade negra significa que muitos sofrem em silêncio em relação a isso, até mesmo escondendo essa situação de seus amigos mais chegados e familiares. Leshurr tomou talvez a mais pública rota possível para se abrir, e ela explica por que fez isso:

> Eu quero que as pessoas saibam que ter música é algo legal, mas que nós passamos por coisa pelas quais todo mundo passa. Eu acho que muita gente só acha que nós somos robôs ou algo do gênero - que nós só subimos no palco e descarregamos no palco. Mas nós ainda somos seres humanos, sabe o que eu quero dizer? Eu só queria que as pessoas soubessem que elas não estão sozinhas e, se as pessoas realmente têm ansiedade, a depressão é algo com o que eu batalho por toda a minha carreira, batalhando contra demônios. Essa indústria é fria e muitas pessoas não sabem disso. Eu recebo tantas mensagens e respondi à maioria delas; isso fez com que eu me sentisse muito melhor e eu não queria só postar esse vídeo e receber os parabéns, não era nada do gênero. Eu queria que as pessoas soubessem pelo que eu estou passando e que esse é o motivo pelo qual não estou lançando músicas novas.

Em #*Unleshed2*, Leshurr tocou em um fator que contribui para a doença mental que também raramente é discutido: a discriminação. É quase como se as pessoas negras achassem que isso apenas faz parte da vida - frequentemente não vivenciamos outra forma de viver - e, portanto, nós raramente pensamos no que isso está fazendo conosco em termos mentais em uma base diária. Um estudo de 2015[4] mostrou que um pouco do sexismo com o qual as mulheres se deparam geralmente as deixam se sentindo mais temerosas e ansiosas. Pesquisadores descobriram uma substancial "ligação entre preocupações com a segurança física e os problemas psicológicos". Ligações claras também foram estabelecidas entre racismo e depressão.[5] Dois estudos com base no Reino Unido, lançados em 2001, revelaram que as minorias que vivem em áreas com maioria branca em Londres tinham duas vezes mais chances de sofrerem de psicose em comparação com seus colegas em comunidades diversas.[6] Outro estudo no Reino Unido descobriu que havia uma probabilidade maior de que as minorias tentassem se suicidar se vivessem em áreas em que falta diversidade étnica.[7]

Isso não deveria ser surpreendente: a assimilação é como um emprego em tempo integral (*vide* "Impecável") e pode nos deixar nos sentindo drenadas emocionalmente. Nós, mulheres negras, com frequência nos sentimos como se estivéssemos desempenhando um papel, e que poderíamos ser expostas por desempenharmos esses papéis a qualquer momento. Nós compartimentalizamos, encolhemos e diminuímos traços que são considerados inaceitáveis, ainda que estejam frequentemente no âmago de nossa identidade. As experiências combinadas de racismo, sexismo e alienação cultural resultam diretamente de nossas experiências como mulheres negras britânicas. O impacto disso sobre nossas confianças e nossos estados mentais não pode ser minimizado, como explica Gloria Boadi, conselheira especializada em questões que cercam o racismo e a identidade cultural:

> Muitas [mulheres negras] vêm buscar ajuda quando entram nos locais de trabalho. Muitas das mulheres com altos índices de realizações e que se saíram bem em termos acadêmicos - elas têm suas boas notas, têm seus As em seus *A-levels,* foram estudar nas universidades com seus tijolinhos vermelhos. Elas passaram por todas as lutas requeridas. Elas passaram por todos esses realmente árduos exames e por todos esses processos de recrutamento internos para chegarem às empresas que estão no topo, e então, quando lá chegam, elas são bloqueadas e então se dão conta do seguinte: "Ah, caramba, essa barreira de fato não existe". As coisas são não ditas - eu e você sabemos disso, dá para saber, mas não se pode dar nome a isso. São aquelas sutilezas que estão bloqueando você - quando não é convidada, quando recebe carga extra de trabalho, quando é julgada arduamente. Elas vêm buscar ajuda porque, às vezes, você chega a pensar: *Será que sou eu o problema? Estou sendo sensível demais?* E apenas precisa de confirmação e da afirmação de que, não, você está certa, você não está ficando louca, isso está acontecendo mesmo, e você merece coisa melhor do que isso.

O racismo na Grã-Bretanha é um mal de que pessoas brancas nunca vão sofrer, e o sexismo é um flagelo que os homens não têm de aguentar. Em um mundo dominado por homens brancos, não é nada surpreendente que haja uma severa falta de pesquisas sobre os efeitos de ambos em nossa saúde mental (apesar de inúmeros estudos anuais projetados para validarem o tamanho médio do pênis). Embora haja atualmente muito poucos estudos que focam em seu específico impacto sobre mulheres que ocupam uma minoria racial, pode-se presumir que o sexismo, o racismo e a combinação dos dois nos afetam de formas das quais nós podemos não estar ativamente cientes. Cal Strode, da Mental Health Foundation, reconheceu isso em um artigo sobre o porquê de as mulheres negras britânicas estarem comumente vivenciando mais problemas de saúde mental e, ainda assim, receberem menos cuidados com o emocional:

> Como um todo, nossas pesquisas nos dizem que as mulheres negras estão mais expostas a experiências danosas e elementos estressantes do que mulheres não BAME.[8]

Josefien Breedvelt, gerente de pesquisas na Mental Health Foundation, concorda com esse sentimento, falando sobre como a luta específica das mulheres negras é tornada invisível no discurso:

> Pouco se sabe sobre mulheres negras e a saúde mental, visto que esses indivíduos têm estado grandemente ausentes nas pesquisas. A maioria das pesquisas analisou minorias étnicas considerando-as como um todo, em vez de proporcionarem um foco nos desafios enfrentados por mulheres negras.[9]

As necessidades das mulheres negras britânicas não são consideradas uma prioridade, o que explica a falta de pesquisas prontamente disponíveis. No entanto, quando olhamos para a comunidade negra como um todo, o problema persiste, com poucas explicações oferecidas em relação aos motivos pelos quais nós tendemos a ser os piores. Em 2007, um artigo de coautoria de Chris Heginbotham e Kamlesh Patel resumiu a situação da seguinte forma:

> Ninguém ainda proporcionou uma explicação adequada para as muito altas taxas de admissão e detenção para alguns desses grupos - notavelmente para pessoas negras africanas, pessoas negras caribenhas e outras pessoas negras (pessoas negras britânicas)... Ou existe uma epidemia de doenças mentais em meio a determinados grupos de negros ou existem práticas seriamente preocupantes que estão levando a níveis desproporcionais de internação deles. Onde quer que esteja a resposta no espectro entre os dois extremos, é essencial que nós descubramos isso urgentemente.[10]

Existe um claro problema referente a pessoas negras e saúde mental que parece ser único deste país. Não há estudo algum mostrando que as pessoas negras são biologicamente mais propensas a terem doenças mentais, ainda assim, nós somos ultrarrepresentados de uma forma alarmante nos cuidados psiquiátricos a longo prazo no Reino Unido. Segundo o website da NHS, a saúde mental fica comprometida para pessoas negras que vão para países predominantemente brancos - e o risco é até mesmo ainda maior para seus filhos. Pessoas afro-caribenhas que moram no Reino Unido estão mais propensas a serem diagnosticadas com graves doenças mentais do que qualquer outra etnia no Reino Unido.[11] Doenças mentais não são mais comuns na África ou no Caribe do que no Reino Unido como um todo, mas são um problema maior para essas comunidades que moram no Reino Unido. O estigma pode muito bem causar desvios nas curvas dessas estatísticas, visto que africanos e caribenhos podem ter dificuldades de acesso a serviços em seus países natais, mas também pode ser o caso de que alguma coisa está causando esses problemas na Grã-Bretanha sobre os quais nós ainda temos de questionar devidamente.

Não é coincidência alguma que 93% das minorias negras e étnicas com doenças mentais tenham passado por discriminação, ainda que 80% se sintam incapazes de falar sobre essas experiências.[12] Um grande motivo para isso é a falta de grupos e de serviços no Reino Unido criados para abordar as necessidades de saúde mental específicas das minorias neste país. Como eu mencionei anteriormente, questões de saúde mental são difíceis de se diagnosticar, pois as mulheres negras tendem a minimizar a gravidade de seus problemas. Como resultado disso, elas frequentemente acabam buscando ajuda somente muito mais tarde na vida ou quando sua doença se torna bem severa. Uma falta de liberdade para falar aberta, honesta e confortavelmente sobre a saúde mental está nos impedindo de identificar suas causas específicas para as mulheres negras, mas também, o que é crucial, está nos impedindo de buscar a ajuda de que precisamos.

Perdido em tradução

Existe uma colisão cultural e de gerações que pode tornar a discussão sobre saúde mental algo difícil. Muitos de nossos pais, avós e bisavós vieram para este país com menos do que nós temos agora e passaram por dificuldades inimagináveis para estabelecerem a vida que muitos de nós temos o privilégio de levar. Muitos viveram em meio ao racismo e ao ódio abertos e sancionados pelo estado, sem recurso algum a ser encontrado nas leis, nem o conforto de ter outros a quem se voltar que estavam vivenciando a mesma coisa. Quando eles ouvem falar que estamos sofrendo de depressão e ansiedade, alguns imaginam por que diabos nós poderíamos estar deprimidos ou ansiosos. Isso pode levar à irritação e até mesmo à raiva. E tais reações podem causar vergonha naqueles que estão sofrendo. Gloria nota que este é um problema frequente que surge com várias de suas clientes negras:

> Existe a tendência a haver uma lacuna entre as gerações. Assim como problemas que vieram da atual [geração] de negros britânicos, de seus pais, dos pais de seus pais... Temos essa visão geral de "Eu passei por coisas piores. Eu tive que passar talvez pela guerra, por divórcio, fui

deslocado, nunca fiquei com a minha mãe, então, que problemas todos são esses? Recomponha-se!".

Muitas famílias agora estão divididas, e se não estão, em muitas famílias, eles estão juntos, porém separados. Eles estão vivendo como uma família, mas, por dentro, eles não têm realmente nada a ver uns com os outros. Então eles têm a visão de que "nós precisamos ficar juntos custe o que custar", mas estão levando vidas totalmente diferentes, às vezes nem mesmo falando uns com os outros. [Existem] muitos conflitos internos e que têm um impacto sobre os filhos.

Às vezes, familiares podem atestar que você não tem motivo algum para se sentir como se sente, porque eles passaram por muito mais do que você e nunca ficaram mentalmente doentes. Porém, eu às vezes me pergunto: exatamente quantos de nossos parentes mais velhos provavelmente tiveram suas vidas destruídas por males de saúde mental que passaram despercebidos?

Em uma pesquisa de 2013,[13] um terço de pessoas BAME reportaram que vivenciaram ou uma quantia moderada de discriminação ou muita discriminação dentro de suas próprias comunidades por causa de seus problemas mentais - caribenhos em 33% e africanos em 31%. Um terço das pessoas que responderam à pesquisa disseram que sentiam que eram tratadas de forma menos favorável por suas próprias comunidades. E, infelizmente, apenas um quinto das pessoas BAME sentiam-se capazes de falar a respeito de sua saúde mental, sugerindo que uma grande e importante parte de suas vidas passava completamente sem ser discutida, fosse com entes queridos ou com profissionais dos serviços sociais e de saúde.

A musicista Laura Mvula foi formalmente diagnosticada com depressão clínica e procurou tratamento no ano passado. Ela acredita que o primeiro passo para quebrar o estigma que cerca a saúde mental na comunidade negra é conversar - conversa essa que o tratamento a ajudou a iniciar, e espera continuar:

Eu fui criada por uma mãe, por tias e tios e um pai que não faziam ideia de que nossa saúde mental fosse algo que até mesmo existia. Isso nem mesmo fazia parte do nosso vocabulário em casa. Se fizesse, seria imerso em espiritualidade e igreja e coisas de que eu não diminuiria nem um pouco a importância e relevância - essas coisas fazem parte de quem eu sou -, mas eu realmente me lembro de minha mãe me dizendo, quando eu reclamava que estava tendo um ataque de pânico uma vez para "tomar um banho, comer uma refeição quente e ir para a cama". Isso é algo totalmente desconhecido para ela.
Eu estava tão sobrepujada com a sensação de estar encarregada de uma nova responsabilidade para apenas expor esse estigma. Isso é tão fora de moda, esse é o outro lance. É coisa do passado. Nós somos mente, corpo e alma, isso é tão básico. Talvez haja a necessidade de se mexer na balança, mas eu acho que, na maioria das vezes, eu não creio que se possa ser vulnerável demais com pessoas dignas de confiança. Se for um sacrifício necessário para mim isso de me expor para que alguma outra pessoa, "simplesmente fale com seu terapeuta local no NHS", então farei isso. Que assim seja, então serei essa pessoa.
O custo é algo demais agora para ficar sofrendo em silêncio, e o mito de que estamos sozinhos nessa luta em particular prevalece. Essa é uma das coisas que não cansam de me surpreender - que todos nós pensamos que, de alguma forma, estamos totalmente sozinhos nessa luta, e que não existe alguém que [entenderia] isso ou que poderia se identificar com isso. E existe um senso de vergonha junto disso. Tudo isso simplesmente são coisas que eu reconheci, mais no decorrer dos últimos cinco a seis meses. Esta daqui é uma oportunidade para que eu use o meu megafone para fazer um chamado às pessoas.
Eu fiquei simplesmente tão surpresa, mais com isso do que com a minha música tocando aqui, que essa história sobre a minha luta pareça estar causando ondas em meio a uma comunidade que se sente tão negligenciada, como se fôssemos forasteiros, desajustados. Isso é uma coisa inerente à condição humana, à qual todos nós estamos suscetíveis. [Nós] poderíamos ter diferentes experiências disso - que se manifesta de muitas formas diferentes -, mas todo mundo tem suas merdas, sabe?

Eu não estaria sendo uma verdadeira artista se não falasse abertamente sobre como a vida parece e como a vida é. Porque música é o máximo e metáforas são maravilhosas, mas, no fim das contas, às vezes as pessoas querem saber: "Qual o significado daquela canção?", ou, "Onde você estava quando escreveu aquilo, em termos de sua mente e seu coração?". Eu quero ser capaz de ser responsável perante o público.

Ora que passa

A religião pode ser mais do que apenas uma muleta em que se apoiar durante tempos difíceis. Quando eu estava deprimida, minhas próprias orações e as orações dos meus entes queridos me davam força e paz. Porém, é com frequência que a fé religiosa e a ajuda profissional são colocadas como soluções opostas e concorrentes, em vez de serem colocadas como duas ajudas valiosas que podem funcionar em conjunto. O estigma que cerca as doenças mentais deixa as pessoas paralisadas, elas não se abrem sobre a saúde mental, mas, quando fazemos isso, frequentemente o único remédio prescrito para nós é a Escritura. Se nossos "demônios" não saírem correndo, é porque não oramos devidamente ou não fizemos jejuns por tempo suficiente. Mas se conseguimos reconhecer que a maioria dos tratamentos médicos foi criada para ajudar o povo de Deus, por que não a terapia?

Uma grande proporção nossa e de nossas famílias é religiosa – 69% dos bretões negros se identificaram como cristãos durante o último censo, e negros muçulmanos compõem 10,1% da população muçulmana britânica.[14] Porque a saúde mental "não é vista", ela pode ser considerada como algo de outro mundo; a depressão é frequentemente explicada como algo demoníaco e muitos presumem que ataques espirituais podem ser curados por meio de orações fervorosas e uma crença inabalável. Porém, até mesmo se você acreditar que possa ser esse o caso, não existe nada na Bíblia que sugira que o aconselhamento seja de alguma forma uma contradição de voltar-se a Deus para conseguir ajuda. Essa é uma falácia que deve ser abandonada pelo bem de todos nós. Embora muitos de nós estejamos abraçando outras soluções junto com a fé, há um número imenso de pessoas que continuam sofrendo desnecessariamente. Seitas religiosas como Os Seguidores de Cristo, nos Estados Unidos, pregam a cura pela fé, a qual, apesar de uma alarmante taxa de mortalidade infantil, faz com que as pessoas se recusem a receber ajuda médica em nome da religião. Muitas das mesmas pessoas que se recusariam a fazer uma coisa dessas aconselham aqueles que sofrem com sua saúde mental a não buscarem ajuda médica, realmente não considerando que estejam "mal".

VV Brown vem de uma família cristã e, embora as orações lhe deem força, o fato de que isso foi louvado como a única solução para seus problemas com sua saúde mental também deixou sua depressão marginalizada por um tempo:

> Eu fui criada na igreja, onde todas as curas se resumiam em: "Vamos orar", certo? Você podia estar ouvindo todos os tipos de vozes ou estar passando por algumas psicoses sérias e a única coisa que era dita era: "Ore". Eu não estou dizendo que as orações não funcionam, porque eu fui criada na igreja e eu realmente acredito no poder da oração, essa é minha crença. Porém, eu também acredito que haja mais do que orações e que algumas coisas são psicológicas. E eu acho que, por muitas famílias negras serem enraizadas nas igrejas, nós ignoramos o aspecto psicológico e não falamos sobre isso. Existe quase um estigma de vergonha quando se fala sobre doença mental, e não há um entendimento real dela.
>
> Eu sou bem aberta em relação a isso porque eu creio que muitas pessoas estão passando por alguma coisa. Quando você se abrir em relação a isso, ficará surpresa com o quanto ajuda que alguma outra pessoa diga algo como: "Ah, meu Deus, eu passei por algo similar". Eu sou loquaz de qualquer forma, então não ligo. E meus pais – minha mãe trabalha no setor educacional, então eu acho que nossa família é bem aberta. Mas eu acho que, nas comunidades negras, nós precisamos ser um pouco

mais abertos uns com os outros. Eu sei que eu sempre volto a bater na mesma tecla e a falar daqueles dias, mas a linha a se seguir para "quebrar" um escravo era colocá-los uns contra os outros, e deixá-los suspeitando uns dos outros e não se comunicando uns com os outros, e ficando fragmentados. E eu acho que isso desempenha um imenso papel na forma como comunicamos nossas emoções em nossas vidas, e nossas crenças e nossos sonhos uns com os outros. A competitividade que foi colocada em nossa consciência desde a escravidão ainda está lá. Assim como também a falta de ensino em relação ao que significa [depressão]. Nós não podemos simplesmente dizer sempre: "Ore". Às vezes é preciso mais do que isso. Nós temos de fazer mais do que isso.

Problemas de confiança

Preconceito inconsciente não vem com um botão de pausa. Os preconceitos e a estereotipização que assolam como uma praga os locais de trabalho permeiam todos os lugares, inclusive onde menos deveriam: na área dos cuidados com a saúde. Quando pessoas negras decidem dar os primeiros passos em direção ao tratamento de sua saúde mental, ou se as coisas pioram até chegar ao ponto em que não se tem escolha senão procurar ajuda, muitos de nós ficam preocupados com a possibilidade de que um diagnóstico não seja feito ou que seja mal-interpretado como resultado de uma comunicação falha. Parece inacreditável, mas as estatísticas falam por si: no Reino Unido, funcionários que trabalham com a saúde mental, inclusive psiquiatras, tendem a perceber pacientes negros como sendo potencialmente perigosos, mesmo que não haja evidência alguma de que eles sejam mais agressivos do que outros pacientes de diferentes grupos raciais.[15] Pessoas negras tendem a ter três vezes mais possibilidades de serem internadas em um hospital e até 44% mais de probabilidades de serem detidas do que pessoas brancas,[16] segundo a Lei da Saúde Mental, e devido à crença de que pessoas negras são mais perigosas, elas também tendem a ter mais chances do que as pessoas brancas de receberem tratamentos físicos, tais como medicamentos e eletrochoque, assim como têm mais chances de receberem prescrições de doses mais altas de medicamentos. Minorias têm uma probabilidade maior de usar cuidados com a saúde mental em crises e, para muitos, cuidados a longo prazo são negados em favor de isolamento e medicação, com pouco ou nenhum apoio depois de serem liberadas. As estatísticas também mostram que pessoas negras têm uma probabilidade maior de serem fisicamente restringidas em uma ala psiquiátrica.[17]

Inversamente, a probabilidade de que lhes seja oferecidos psicoterapia, aconselhamento ou outras intervenções não médicas é menor,[18] o que deixa muitos desconfiando de medicações, ponto final.

Os dados mais extremamente preocupantes mostram que, em comparação a pacientes brancos, pacientes negros têm uma probabilidade menor de serem direcionados a serviços de saúde mental por parte de um clínico geral, e são mais comumente direcionados a esses serviços por parte de uma agência de justiça criminal.[19] Serviços como a polícia, departamentos de emergência, serviços sociais e o sistema de benefícios não são bem conhecidos por trabalharem em conjunto uns com os outros para ajudarem pessoas afetadas por doenças mentais, o que deixa muitos dos que sofrem dessas doenças presos em um ciclo, sem apoio de que necessitam para trabalharem em direção à recuperação.

Um dos exemplos mais famosos e trágicos disso foi o caso de Sarah Reed, que morreu aos 32 anos de idade na prisão de Holloway enquanto esperava o julgamento por um ataque. Funcionários da prisão disseram à família de Sarah que ela havia se estrangulado enquanto estava deitada em sua cama. A prisão dela ocorreu depois de uma altercação enquanto Sarah estava detida em um hospital no sul de Londres. Sua família alegou que ela estava agindo em autodefesa, e eles questionaram por que uma mulher com um histórico documentado de severos problemas mentais tinha sido removida dos cuidados médicos de uma equipe de saúde mental na comunidade e transferida para a prisão. Eles também dizem que o tratamento havia sido negado a Sarah por suas condições de saúde enquanto ela estava lá.

Reed sofria de doenças mentais desde a morte súbita de seu bebê recém-nascido em setembro de 2003. Depois que seu filho morreu no abrigo de Beckton para crianças, ela e o pai da criança foram forçados a carregar o corpo em seu próprio carro até uma funerária, uma provação da qual a família dela diz que ela nunca se recuperou. Durante doze anos, Reed sofreu com surtos de severa doença mental e parentes relatam que foi enquanto ela estava detida segundo a Seção 3 da Lei de Doenças Mentais que a altercação que levou a sua prisão ocorreu.

Reed tinha sido decepcionada pela polícia antes - em 2012, ela foi vítima de um incidente amplamente divulgado pela mídia de brutalidade, depois que ela foi jogada no chão, segurada pelos cabelos e socada três vezes pelo policial James Kiddie. Ela havia sido presa por suspeita de que estivesse roubando uma loja. O ataque foi tão brutal que colegas oficiais dele que tinham visto as imagens das câmeras internas da loja reportaram Kiddie para o diretor de padrões profissionais da polícia. Dois anos depois, ele foi considerado culpado pelo ataque durante o incidente, sentenciado a 150 horas de serviços comunitários e, depois, suspenso. O caso de Sarah reverbera-se como um exemplo de como o racismo pode ser uma barreira para que os indivíduos consigam a ajuda de que precisam desesperadamente. Como foi que as coisas ficaram assim tão erradas?

Quando se opta por conseguir ajuda, você provavelmente se sentirá vulnerável. E, para aqueles que geralmente tiveram experiências ruins dentro do sistema, a tendência é que se sintam desempoderados e temerosos. Um artigo de 2010 confirmou isso, declarando que grupos de negros e de minorias étnicas se sentem desiludidos com os serviços que recebem, e então ficam relutantes em voltar ao hospital caso se automutilem novamente.[20]

Além do racismo encoberto e aberto, muitos lutam por um tratamento de saúde mental, visto que as soluções com frequência exigem bastante conversa, abertura e uma comunicação efetiva. Nós podemos nos pegar nos perguntando o que um velho homem branco entenderá de nossos problemas de mulheres negras. Para mim, a ideia de ter de falar especificamente e em detalhes sobre complexidades culturais que tornavam nossas conversas sobre saúde mental em casa difíceis me fazia me encolher. Eu achava que seria como fazer uma apresentação não paga sobre a minha vida, para alguém cujo trabalho era fingir interesse. "Mulheres que vêm de grupos étnicos negros não recebem o apoio e as intervenções necessários, o que impacta o bem-estar de mulheres BME (negras e de minorias étnicas)", declara Cal Strode. Porém, junto a isso, Strode reconhece que o sistema de cuidados com a saúde poderia ser melhorado de modo a prover soluções sob medida para minorias. "Os serviços não são culturalmente cientes o bastante e comunidades de BME hesitam em acessar serviços devido ao estigma."

Lord Avebury, um ex-Membro Liberal do Parlamento, pronunciou-se em relação a diferenças culturais que afetam a qualidade dos cuidados com a saúde na Câmara dos Comuns lá em 1982, e muito pouco parece ter mudado desde então:

> A comunidade das Índias Ocidentais diz que os psiquiatras nas prisões e, de fato, no serviços em hospitais como um todo, não são adequadamente treinados para reconhecerem as diferentes culturas de minorias étnicas, e que, como resultado disso, as pessoas podem sofrer um diagnóstico errado, como se sofressem de doenças mentais, quando falam, por exemplo, sobre Deus, como fazem os rastafaris.[1]

Certas nuances culturais são facilmente perdidas na tradução. Os serviços de saúde mental da corrente dominante não estão frequentemente equipados com serviços que sejam aceitáveis e acessíveis para indivíduos BAME e que atendam a suas necessidades culturais específicas. Um relatório de 2013 da instituição de caridade de saúde mental, Mind, descobriu que a maioria daqueles que responderam à pesquisa disse que o quadro dos funcionários não era diverso o bastante dentro dos cuidados com a saúde mental[22] e que os efeitos disso são frequentemente sentidos em todo o sistema.

O racismo institucional age como uma praga no sistema de saúde mental, assim como em muitas instituições públicas. Isso foi definido pelo Relatório MacPherson[23] em 1999, depois da investigação do assassinato do adolescente negro Stephen Lawrence como sendo

> o fracasso coletivo de uma organização em fornecer serviços apropriados e profissionais às pessoas por causa de sua cor, cultura ou origem étnica. Isso pode ser visto ou detectado em processos, atitudes e comportamentos que levam à discriminação por meio de preconceito inconsciente, ignorância, indiferença e estereotipização racista que trazem desvantagens a pessoas de minorias étnica.

Apesar da admissão de que o racismo institucional continua a assolar a Grã-Bretanha, acusações de racismo com frequência incomodam as pessoas mais do que o racismo em si, dentro e fora dos campos de serviços de saúde mental. Como escreveu Kamlesh Patel em seu artigo sobre racismo institucional na psiquiatria,[24] trabalhadores de área de cuidados com a saúde mental que reclamam que a psiquiatria e os psiquiatras estão sendo acusados de racismo "entendem errado o conceito de racismo institucional e dispensam as preocupações legítimas da comunidade negra".

Ferrados demais da conta

A falta de diversidade racial nos serviços de cuidados com a saúde mental levou pessoas negras a criarem seus próprios espaços onde nós podemos ajudar uns aos outros e a nós mesmos. Durante vários anos na Grã-Bretanha, grupos com base na comunidade negra operaram em alas psiquiátricas, velhos centros comunitários, bibliotecas, parques e qualquer outro lugar que eles conseguiram encontrar. Canerows and Plaits, por exemplo, é um desses projetos - um serviço que proporciona visitas semanais a alas locais de cuidados com a saúde mental, oferecendo apoio aos pacientes internados, e consultando-os em relação às formas como suas experiências no hospital poderiam ser melhoradas. Foi fundado por usuários de serviços de cuidados com a saúde mental de uma instituição de caridade chamada Sound Minds, com a meta de melhorar os serviços de cuidados com a saúde mental, particularmente para pessoas BAME. Mama Low's Kitchen é outro desses serviços, também iniciado pela Sound Minds, que é aberto para todas as pessoas que estejam se recuperando de problemas de saúde mental. E a participação nele é gratuita.

Essas organizações lideradas por negros criaram uma alternativa bem-vinda aos serviços da corrente dominante. Elas vêm para ajudar aqueles que com frequência não têm os requisitos financeiros para conseguirem acesso a outras soluções, considerando-se que o aconselhamento da NHS pode levar meses para se conseguir e que a qualidade desses serviços varia muito. Como discutimos em outra seção deste livro, 40% das mulheres de minorias étnicas vivem na pobreza - duas vezes a proporção das mulheres brancas. A pobreza estende-se a mais de um terço das mulheres negras na Grã-Bretanha25 e 50% dos negros britânicos vivem em famílias de baixa renda.[26]

Além de outras barreiras para a saúde mental, uma das maiores delas são os fundos, visto que os serviços públicos estão sendo cada vez mais cortados pelo governo. Os centros diários já foram um sistema forte de apoio com os quais as minorias contavam em termos de serviços de saúde mental, e eles são cada vez mais importantes visto que outros serviços continuam cedendo à pressão de austeridade. Todavia, eles são com frequência bancados por fundos vindos de autoridades locais e dos Mental Health Trusts,[27] que também estão sofrendo com cortes e lutando para cobrir os custos crescentes. Vários serviços que antes eram centralizados em um único centro diário agora estão espalhados por diferentes organizações, significando, por exemplo, que se alguém precisasse de aconselhamento, uma refeição quente e algo recreativo, como aulas de arte, essa pessoa teria de visitar diversos locais em vez de um só. Paul Burstow, ex-membro do Parlamento pelo Partido Liberal Democrata, mencionou o problema em um debate parlamentar em 2013, dizendo:

> É preocupante que os serviços estejam sendo retirados quando eles envolvem o fornecimento de apoio a colegas ou o alcance estendido a comunidades mais difíceis de se alcançar, especialmente comunidades negras e de minorias étnicas, que com frequência são deixadas para trás e também frequentemente ficam propensas a ser as partes mais coercivas de nosso sistema de saúde mental.[28]

Cortes nos serviços locais e nos projetos providos por organizações voluntárias afetam aqueles que mais precisam deles, e que são frequentemente mulheres negras. Muitas minorias sentem-se mais confortáveis sendo ajudadas por esses tipos de organizações em vez de serem ajudadas pelo Estado, e sua contínua erosão só consolida a ideia de que nossa saúde mental não é uma prioridade.[29]

Em busca da #GarotaNegraDeBoa

Eu não sou médica, como disse antes, mas até mesmo médicos com frequência não têm certeza em relação a como lidar com a saúde mental dentro da comunidade negra de forma apropriada. Assim como ocorre com muitas coisas, uma mudança sistêmica é necessária primeiramente e acima de tudo porque as desigualdades que pessoas negras vivenciam nos serviços de cuidados com a saúde mental são pesadamente influenciadas pela forma como esses serviços operam e são organizados. O psicólogo ocupacional Delroy Constantine-Simms explica que os problemas estão em mais do que apenas um nível interpessoal - os problemas são históricos, embrenhados e enraizados na própria trama da bandeira da Inglaterra:

> Há pouca credibilidade no argumento de que o que acontece com pessoas negras dentro dos serviços de cuidados com a saúde mental seja simplesmente um produto de racismo individual ou uma consequência de ignorância cultural da parte dos médicos. As raízes do racismo dentro do setor de cuidados psiquiátricos podem ser rastreadas até a estrutura conceitual e teórica do que constitui a moderna psiquiatria.[30]

Apesar disso, existem diversas coisas diferentes que podem ser feitas para se lidar com os diferentes níveis de problemas de saúde mental, o que não significa que você não possa ser tratado de forma eficaz por meio desses serviços. Eu digo isso sendo alguém que deve muito a conselhos a mim providos, de graça. Nós, como país, ainda podemos ter muito a caminhar em termos de saúde mental na sociedade em âmbito global, quem dirá dentro da comunidade negra, mas, embora o sistema possa ser falho, ele ainda salva vidas.

O mais importante se você estiver em busca de ajuda é assumir o controle assim que lhe for possível, e descobrir o que funciona para você. Se você quiser tentar fazer uma terapia por meio de conversas, fale com seu médico, o clínico geral. Ele saberá o que está disponível localmente e poderá ajudá-la a decidir que tratamento é melhor para você. Muitos clínicos gerais proveem aconselhamento ou serviços de terapia no NHS e você pode ir sozinha em busca de aconselhamento ou terapia sem a indicação do médico. A que tipo de terapia você será indicada dependerá de que problema emocional ou de saúde mental você tiver e seu grau de severidade - nem tudo funciona para todo mundo, nem mesmo funciona de imediato. O apoio pode variar de autoajuda guiada, terapia comportamental cognitiva computadorizada, remédios antidepressivos, reuniões com grupos de apoio e outros mais. Algumas instituições de caridade também oferecem terapias conversacionais baratas ou gratuitas ou grupos de apoio, tal como a Cruse para luto,[31] Mind para problemas com a saúde mental[32] e Relate para aconselhamento em relacionamentos.[33] Existem alguns serviços de aconselhamento de jovens administrados localmente, mas também, com frequência, há serviços sobre os quais você pode perguntar na universidade, e até mesmo às vezes em seu emprego. Para alguns, ajuda profissional é a diferença entre a vida e a morte; para alguns, é simplesmente a diferença entre lutar e estar bem. Poucos de nós ou de nossos entes queridos sabem exatamente o que funciona - até mesmo profissionais podem ser falhos -, mas, com a orientação e o conhecimento certos das ofertas que existem, isso pode ser utilizado para fazer uma diferença de verdade.

Nem sempre é fácil para garotas e mulheres negras navegarem pelo sistema de cuidados com a saúde mental na Grã-Bretanha, e um pouco de pesquisa pode ser necessário, mas existem definitivamente serviços disponíveis que são mais bem adequados a suas necessidades particulares. Por exemplo, se você for uma pessoa de fé, grupos de apoio podem ser encontrados em locais de adoração. Além do mais, existem conselheiros e psicoterapeutas cristãos e muçulmanos, que fazem uso das Escrituras para consolidar o aconselhamento. Um conselheiro que tem conhecimento das nuances específicas das experiências de negros e mulheres britânicos é geralmente preferível, e pode ser solicitado, mas são difíceis de se encontrar. Organizações como The Black and Asian Therapist Network tentaram retificar isso introduzindo esquemas tais como a alocação de usuários negros do serviço a funcionários também negros. Existem também serviços específicos disponíveis em todo o Reino Unido e que oferecem aconselhamento gratuito estabelecidos para servirem à comunidade BAME, os quais podem ser facilmente localizados on-line, tais como o Maya Centre, um serviço de aconselhamento multiétnico só para mulheres em que todas as conselheiras são também do sexo feminino. Comumente se presume que "negro" é o mesmo que "africano" e que esse é o mesmo que "caribenho", mas atitudes culturais e uma boa parte das formas de encarar as coisas diferem dependendo do histórico de cada um, de como a pessoa foi criada e vários outros fatores. Um bom conselheiro, especialmente um conselheiro localizado em uma área etnicamente diversa, vai se certificar de estar ciente dessas diferenças.

Quando marquei minha primeira sessão de terapia, fiquei hesitante em explicar para o homem branco mais velho que estava na minha frente a natureza específica da minha experiência. Eu queria falar sobre como me sentia sem ter de explicar quem eu era e por quê. No entanto, quando ele reconheceu meu nome nigeriano e procedeu a discutir as especificidades culturais da África ocidental, eu me senti imediatamente à vontade. Nem todos os conselheiros são bem versados em diferenças culturais, mas, quando são, isso opera maravilhas.

Mulheres negras também realizaram ações em um nível de raiz para a criação de espaços para nós mesmas e para navegar na saúde mental. *Unmasked Women* é uma série de exibições que tem como meta documentar as experiências de mulheres negras britânicas por meio da lente da saúde mental e isso ajudou a lançar uma muito necessária conversa sobre a saúde mental das mulheres negras no Reino Unido. Black Blossoms é outra organização que, por meio de espaços seguros, permitiu que mulheres negras discutam cuidados consigo e saúde mental sem medo de vergonha ou estigma.

"Cuidados pessoais" acompanhados de ajuda profissional é também algo imensamente importante. Os cuidados pessoais envolvem mudanças gerais no estilo de vida que podem ajudar a administrar os sintomas de muitos problemas de saúde mental, melhorar a saúde física ou bem-estar. Também podem auxiliar a impedir que alguns problemas se desenvolvam ou piorem, e isso significa coisas diferentes para pessoas diferentes. Porém, em essência, isso tem a ver com cuidar de si mesma. Nós deveríamos ser tão dedicadas a agendar tempo para coisas que fazem nos sentirmos melhor e mais felizes assim como o fazemos com compromissos relacionados a trabalho. Para Laura Mvula, reservar um tempo apenas para cuidar de si, com a dedicação a atividades *fitness*, ajudou-a grandemente em seu caminho para a recuperação:

> Eu sempre fico pasma com pessoas que são disciplinadas, mesmo com coisas pequenas, em relação à forma como passam seu tempo - aquele tempo em que é só para si mesma, como indivíduo. Seja, sabe?, desenvolvendo uma rotina em que toda semana você vai dar uma caminhada no parque ou algo do gênero.
>
> As atividades *fitness* estão definitivamente mudando a minha vida, e eu admito que muito da minha motivação estava no passado - e ainda existem restinhos disso por lá - em relação a chegar a um tamanho de roupa ridículo e me sentir como Naomi Campbell ou algo do gênero. Agora isso tem mais a ver [com] a forma como eu posso me sentir, tem a ver com como meu corpo é mais forte, e então, mentalmente, eu me sinto cada vez melhor e mais bem equipada para lidar com os dias e com os eventos. Outro dia eu estava na esteira, quero dizer, antes eu nem conseguia correr na esteira por cinco minutos sem me preocupar que eu fosse ter um ataque de pânico ou pisar fora da esteira ou me sentir tonta nela. Uns dias atrás eu fiz quarenta minutos sem parar nela, o que pareceu um milagre, mas, na verdade, a psicologia disso é bem básica, é só ir construindo-a com o passar do tempo. Eu acho que até mesmo aquilo que pode parecer pequenos ajustes a uma rotina faz uma diferença gigantesca mais adiante.

Cynthia Erivo também discute a importância de "tempo para mim". Ela também se encontrou por meio das atividades *fitness*, mas encoraja todo mundo a encontrar o que quer que seja que as leve ao caminho de sua felicidade:

Eu tenho andado mais ocupada do que nunca na minha vida, mas o que fazemos é descobrir as coisas que vão cuidar de nosso interior, porque há muita coisa acontecendo lá fora, e nós temos de aprender a descobrir o que nos faz feliz por dentro, o que nos move por dentro para continuarmos seguindo em frente. Para mim, foi o mundo *fitness*. Encontrar o lance que cuida da sua mente e do seu cérebro – talvez seja ioga, talvez seja respiração, talvez sejam atividades *fitness*, talvez seja malhar, talvez seja ir ao cinema todo fim de semana, ler um livro. Eu acho que as pessoas jovens provavelmente não sabem muita coisa sobre cuidados internos, tipo, cuidar de seu interior, porque isso é difícil quando se é jovem. Os jovens estão tentando impressionar as pessoas por fora constantemente em busca de validação plena, mas você realmente tem de procurar validação dentro de si mesma antes de buscar a validação de qualquer outra pessoa. É um caso de se procurar por aquele lance que lhe servirá primeiramente ou que a deixará satisfeita. Sendo assim, talvez você olhe no espelho e pense que não gosta da forma como seu corpo está – você tem de descobrir se isso é ou não porque alguém disse que não gosta de seu corpo, ou se é porque você mesma precisa se sentir mais saudável, você mesma precisa ouvir mais música, precisa tirar uma hora todo fim de semana só para ouvir o tipo de música de que você gosta, ou se você quer escrever coisas. Se houver sentimentos e sensações sobre os quais você não fala, escreva sobre eles, se houver música que você acaba não ouvindo ou se existem coisas que a inspiram, anote-as. Lembre-se das coisas que a preenchem por dentro primeiro.

Ficar melhor geralmente tem a ver com viver cada dia como ele vier e fazer o melhor que você puder. Eu aprendi a fazer o que eu posso, quando eu posso, especialmente em se tratando de tarefas urgentes, em que eu começo com as coisas menores e mais fáceis de se lidar até que seja capaz de fazer devidamente as coisas levemente maiores. Melhorar também requer que nós simplesmente diminuamos nosso ritmo ou que paremos completamente, se for possível. Eu tive de ficar um tempo fora da universidade para me colocar de volta nos eixos, mas isso não seria necessário para todo mundo; às vezes alguns dias livres passados cuidando de nós mesmas, recarregando as energias e descansando podem fazer muito por nós, ou pelo menos ajudar a desanuviar e deixar claro em sua mente os passos que você deveria dar em seguida, como Mvula explica de forma muito útil:

> Eu sinto muita coisa no começo de uma nova era para mim. Eu sinto como se estivesse tendo progressos menores dia sim, dia não, e eu acho que isso está vindo como resultado de dar uma parada, em primeiro lugar. E eu não estou falando de desistir, estou falando em dar um tempo. Recentemente eu bloqueei o tempo: nesse mês, no restante da semana e nas semanas por vir eu tomei a decisão de simplesmente dar um tempo e me dar uma chance. Eu reconheço que nem todo mundo pode se dar ao luxo de fazer isso – nós temos de ganhar dinheiro –, mas eu realmente acho que a administração do tempo é quase realmente uma forma de arte.

Outro aspecto dos cuidados pessoais pode ser a partilha da carga, embora isso não seja fácil, devido ao estigma e ao medo com o que já nos olham. Sendo "fortes mulheres negras", nós frequentemente caímos na armadilha de acreditar que podemos nos virar sozinhas em qualquer situação, mas nós também precisamos dos cuidados, do apoio e da força que prontamente damos aos outros. De modo a sermos úteis para nossos entes queridos, nós temos de nos amar e garantir que estamos bem também. E, apesar da dificuldade em falar sobre essas coisas, às vezes o melhor apoio é provido por nossas próprias redes de conexões, como foi o caso para Alexis Oladipo. Dentro de umas poucas semanas, Alexis, que então trabalhava como faxineira, tinha saído de um relacionamento sério, passou por dois procedimentos médicos e tinha sido vitimizada na internet por causa de seu emprego por parte de pessoas que ela conhecia nas redes sociais. Ela estava com uma severa dor física e emocional e não conseguia ver uma saída, mas sua melhor amiga conseguiu ajudá-la:

> Eu comecei a entrar em uma depressão profunda. Eu simplesmente não saía da cama, eu só chorava o dia todo. Minha melhor amiga me ligava e eu nem mesmo a atendia, eu não atendia ligações telefônicas de ninguém que não fosse a minha mãe. Então ela me ligava, e eu podia ver

que ela estava tentando não chorar porque eu estava mal. Ela ficava me implorando: "Por favor, saia dessa, levante-se, vá tomar um banho, lavar os cabelos, fazer alguma coisa. Não fique simplesmente deitada na cama o dia todo chateada". Mas ninguém conseguia me fazer sair daquela situação só falando. Eu estava simplesmente tão desapontada com tudo. Eu agradeço a Deus pela minha melhor amiga, porque ela veio até a minha casa um dia com o filho dela, e ela estava batendo na minha porta e dizendo: "Eu sei que você está aí. Saia, sou eu aqui fora". Então eu abri a porta e ela simplesmente falou: "Eita". Ela olhou para mim de cima até embaixo e disse: "Nem, nada disso. Entre no banheiro, tome um banho, eu vou levar você para a minha casa. Até mesmo se for para você ir lá e ficar apenas sentada na minha sala de estar, eu não vou deixar você aqui sozinha mais". Então eu fui tomar banho, me vesti, meio que me arrastei, e ela nos levou de carro até a casa dela. Meus cabelos estavam todos embaçados e grudados na minha cabeça, por causa do tanto de lágrimas que havia neles. Eu fui até a casa dela e nós apenas meio que falamos sobre isso tudo, e eu chorei - de novo. Ela realmente não sabe disso, mas nosso relacionamento me ajudou mesmo a passar por muito daquilo pelo que eu estava passando. Porque, mesmo que ela estivesse passando por seus próprios problemas, ela sempre me apoiava, sempre estava ao meu lado, sempre estava lá quando eu precisava de um ombro em que chorar. Eu estou realmente tentando não ficar emotiva, mas essa foi uma daquelas vezes em que eu sentia tanta dor que eu até mesmo infligia dor nela também. Eu não era a melhor amiga para ela naquela época. É por isso que agora ela pode me chamar para qualquer coisa nessa vida. Eu morreria por aquela garota porque ela sempre estava ao meu lado, e muito. Ela simplesmente cuidava de mim, e era uma enviada dos céus. Eu realmente agradeço a Deus pela vida dela, porque ela me ajudou em muito pelo que passei. Eu realmente não quero chorar - ela me ajudou a passar por muita coisa.

Raramente as pessoas conseguem fazer com que saiamos de nossos lugares ruins emocionalmente por meio de conversas, mas conversar com elas pode ajudar, e muito. Se você for abençoada o bastante a ponto de ter alguém em sua vida que se importa com você, deixe que façam o que amigos deveriam fazer. Um terapeuta meu uma vez me ofereceu uma analogia simples, porém útil: vários canudos me sugavam, vindos de diferentes lugares - trabalho, relacionamentos, dinheiro, família -, extraindo minha energia física e mental, e porque eu nunca buscava apoio, nunca tinha essas energias restauradas; simplesmente continuava até que estivesse totalmente drenada, e ficava incapaz de ser útil para qualquer um ao meu redor ou para mim mesma. Isso soa como algo básico, mas nesse momento a ficha caiu para mim.

Todos nós precisamos recarregar nossas energias às vezes, mas nem tudo pode vir de nós mesmas, como explica Lady Leshurr:

> Seja, sabe?, para seus amigos mais chegados ou familiares ou esteja apenas escrevendo por escrever, você precisa colocar isso para fora, pois quando mantém as coisas para si, então fica tudo entalado e você pode chegar a um ponto em que isso estoura na sua cara. Foi isso que aconteceu comigo: eu guardava tanta coisa, eu tinha medo de dizer qualquer coisa e, por causa da pressão de ter um contrato... "Ah, eu não deveria postar aquele tuíte porque não vai causar uma boa impressão". Eu deixei tudo entalado dentro de mim e isso simplesmente me levou a explodir. Esse foi o motivo principal para eu ter um colapso - nós temos de nos expressar, temos de colocar as coisas para fora para que elas saiam de dentro de nós. Fale sobre isso, coloque para fora, ore ou conte sobre isso ao Senhor, você tem de definitivamente contar isso a alguém, nunca, jamais, deixe tudo entalado, porque isso torna as coisas dez vezes piores. Tente ser positiva, tente meditar, tente ler um livro, tente fazer alguma coisa que você na verdade não faz. Desligue toda música, TV, ouça o silêncio - faça coisas que você não faz de fato, faça coisas com o que você se sinta confortável -, tente encontrar coisas diferentes que tornam sua vida um pouco melhor. Você vai se sentir da mesma maneira o tempo todo, então é bom mudar. Foi isso que eu fiz.

Todo mundo chega à ajuda de maneiras diferentes. Minha rota para conseguir ajuda para a depressão foi caracteristicamente peculiar. Eu havia explicado ao meu pai que eu andava me sentindo para baixo, e, tal como um típico pai nigeriano, ele decidiu me contar uma história. Tratava-se de um adágio persa, sobre um rei que chamou seus homens sábios para proverem a ele uma citação que fosse aplicável a toda e qualquer situação, boa ou ruim, em que ele se encontrasse. Depois de racharem suas cucas, os homens voltaram com um anel em que havia a seguinte inscrição: "Isso também vai passar". Meu pai me disse que o ponto disso era que os altos e os baixos na vida eram efêmeros e em algum momento eu me encontraria no outro lado. Era simples, mas me ajudou.

Meses depois, na universidade, enrolada na cama de que eu não tinha saído fazia vários dias, eu havia me esquecido por completo daquela história. Minha mente estava muito cheia por causa do fato de que eu quase que certamente fracassaria nos meus exames que estavam por vir, e pelo fato de que eu não estava nem aí para isso - algo que teria me chocado, se eu tivesse energia para ficar chocada. Eu não estava comendo e ficava pensando em que série de TV eu poderia ver naquele momento, já que tinha visto todas as nove temporadas de *American Dad!* em uma semana. Eu estava particularmente mal. Eu vinha tentando assistir on-line ao filme *Ilha do medo* fazia três dias e nem mesmo o tempo que estava levando para carregar o vídeo era o bastante para me fazer sentir alguma coisa que fosse. Na milésima vez em que atualizei a página, apareceu o *captcha* e eu me sentei para digitar o código que finalmente me permitira concluir o que tinha se tornado já um suplício. Mas naquele dia, em vez de aparecer algo como "Dig1t3 4qu1"ou "temp0 - gAt0!", o que apareceu soava um tanto quanto familiar para mim: "Isso também vai passar".

Claro que foi uma coincidência, mas foi uma coincidência que me fez sentir que havia algo gritando comigo através da tela do meu computador para que eu fosse tomar café da manhã e abrisse uma fenda que fosse na janela, pelo amor de Deus! Uns poucos dias depois disso, eu marquei a minha primeira sessão de aconselhamento. Um mês depois disso, eu fiquei um ano fora da universidade - ainda uma das melhores decisões que já tomei na minha vida. Precisei de um tempo (e de uma conversa estranha com meu próprio *notebook*), mas em dado momento eu fui capaz de dar os passos em direção à melhora. E, embora aqueles passos tenham sido trêmulos e às vezes até mesmo tenham regredido, o mais importante foi que eles estavam sendo dados.

Talvez este capítulo seja para alguém o que aquele *captcha* foi para mim - uma mensagem estranhamente presciente que o deixa assustado o bastante a ponto de em algum momento ficar uns dias afastado do trabalho. Talvez seja uma conversa com um amigo ou com uma amiga, talvez seja simplesmente estar se sentindo de saco cheio de se sentir como você está se sentindo. Porém, sempre que você estiver preparada para dar esses primeiros passos, saiba que não tem de fazer isso sozinha, sem ajuda. Existem muitas coisas que podem ajudar você ao longo do caminho.

— TLC —

ELIZABETH

"Eu tinha encontrado um caroço no meu pescoço quando tinha cerca de 24 anos de idade e simplesmente achei que não fosse nada no começo, e foi de fato a vaidade que me levou a verificar isso adequadamente porque estava crescendo [...] graças a Deus que fiz isso, porque acabou sendo canceroso e eu tive de fazer tratamento."

— Vannessa Amadi

Quando entrei na casa dos vinte e poucos anos, eu ouvi repetidas vezes que deveria aproveitar essa época ao máximo e abraçar todas as oportunidades. Esses não foram anos de viver em conforto, mas, sim, a década para me desafiar; a época para derrubar barreiras e viver a minha vida de forma mais plena. No entanto, para viver o melhor de si, você precisa garantir que esteja perfeita em relação a sua saúde. Isso começa conhecendo seu corpo, estando ciente de quaisquer mudanças nele e cuidando de si mesma.

Todos nós temos abordagens diferentes em relação a nossa saúde; existem aqueles que ao menor sinal de dor marcam para ir ao médico. E então há as pessoas como eu, que postergam ir ao médico a menos que estejam com tanta dor física que não consigam mais realizar suas tarefas diárias, o que então lhes força a ir para o hospital. Nós dizemos que "saúde é riqueza", mas precisamos ser proativos na busca de ajuda e conselhos em relação a isso.

No entanto, nós vivemos em uma era em que pode ser difícil se manter no topo em relação a conselhos de saúde, e um estudo realizado pela E45 recentemente revelou que nós somos bombardeados com mensagens de saúde conflitantes. Mulheres britânicas vivem em um estado constante de confusão em se tratando de sua saúde e de seu bem-estar. Desde "quanto de água deveríamos beber por dia?" até "carne vermelha é saudável?", a maioria das mulheres no Reino Unido (79%) admite ficar preocupada e entende errado as coisas que dizem respeito a sua saúde e a seu bem-estar.[34] Não é surpreendente que 81% das mulheres sintam-se confusas com sobrecargas de informação e 49% das mulheres tenham dito que se voltam para a internet para buscar orientações, com 14% delas fazendo a rolagem pelas redes sociais em busca dos melhores conselhos. Porém, se você for como eu e algum dia tiver procurado seus sintomas no Google quando estava doente, então já quase teve um miniataque do coração por causa de seu subsequente autodiagnóstico, e sabe o quão não inútil pode ser.

Uma vida saudável não se resume a comer pão integral e ir malhar na academia. Nossa saúde é determinada por muitos fatores: coisas como biologia, genética, cultura e, é claro, estilo de vida. Não existe mal algum em um cansaço ocasional, mas quando isso se torna um padrão e você está à beira da exaustão, é um sinal de alerta. Grupos diferentes de pessoas têm diferentes considerações e riscos de saúde e, para mulheres negras, é importante que tenhamos conhecimento das doenças que podem nos afetar. Isso tem a ver com cuidar de si e de seu corpo, de todas as maneiras possíveis. Afinal de contas, o melhor defensor de sua saúde é você.

"Nós precisamos ter um melhor entendimento de nossos corpos e das mudanças que ocorrem neles."
— Charlene White

Quando eu era mais nova, costumava olhar para a enciclopédia médica de crianças e folheá-la, aprendendo assim sobre diversas doenças. No entanto, quando descrevia sintomas de diversas doenças e mostrava imagens daqueles sintomas, nem sempre eu conseguia me identificar com eles. Com frequência a descrição se referia a sintomas que eram visíveis apenas na pele branca, com uma faixa vermelha denotando dor, e - tendo a pele escura - eu não achava que isso se aplicava a mim, mesmo que eu fosse apenas uma criança na época, como elas.

Conhecimento é poder, e em se tratando de sua saúde, saber o que fazer, pelo que procurar e como dar passos positivos são coisas que podem salvar sua vida. O câncer afeta todas as comunidades, mas, segundo o Cancer Research UK, as probabilidades são quase dobradas de que mulheres negras na Inglaterra sejam diagnosticadas com câncer de mama em estágio avançado em comparação a mulheres brancas. É chocante que a doença em seus estágios finais seja descoberta em quase 25% de pacientes negras africanas e em 22% de negras caribenhas que são pacientes com câncer de mama. Nas pacientes brancas com câncer de mama, o número é de 13%. Especialistas dizem que existem vários motivos para isso, mas a baixa ciência dos sintomas e a baixa triagem (significando que células anormais ou tumores são encontrados em um estágio posterior, mais avançado) são alguns dos problemas-chave.

Mulheres negras têm menos probabilidades do que mulheres brancas de irem fazer uma mamografia pelo NHS. Avistar os primeiros sinais de câncer é muito importante, visto que, quanto mais cedo for detectado e tratado, melhores são os resultados. Heather Nelson, do BME Cancer Voice, diz:

> Mulheres, especialmente mulheres de cor, têm uma probabilidade menor de ir fazer uma triagem. Elas recebem panfletos na porta de suas casas que mostram, predominantemente, mulheres brancas de classe média. Não há representação alguma do sul da Ásia, de descendentes de africanos etc. Se você recebe informações assim, vai olhar para elas e pensar: *Isso não tem a ver comigo.*[35]

No entanto, infelizmente, isso *diz sim* respeito a mim e a você. Como podemos nos proteger de doenças se não realizarmos as necessárias ações preventivas para começo de conversa? Pergunte-se quando foi a última vez em que você foi fazer uma mamografia. Ou o que significa mamografia. Se suas respostas a perguntas como essas estiverem beirando o não, isso deveria realmente ser um chamado para que você acorde. A triagem regular é a melhor maneira de descobrir câncer de mama e cervical em estágios iniciais na maioria das mulheres. Converse com seu médico sobre quais testes de triagem são os certos para você.

Assim como ocorre com o câncer de mama, a ciência e a prevenção do câncer cervical são menores entre mulheres de um grupo de minoria étnica. Pesquisas mostram que essas mulheres podem se deparar com barreiras em relação à triagem mais do que as mulheres brancas. Um estudo realizado pelo Jo's Cervical Cancer Trust revelou que um terço a mais de mulheres negras, asiáticas e de minorias étnicas (BAME) em idade de triagem (12%), em comparação às mulheres brancas (8%), disseram que nunca foram a uma triagem cervical e apenas 28% de mulheres BAME revelaram que se sentiriam confortáveis falando com um médico do sexo masculino.[36]

Charlene White é a patrona da instituição de caridade Bowel Cancer UK, e dedica-se a aumentar a ciência em relação à doença. Sua mãe foi diagnosticada com câncer de intestino e ela enfatiza a importância da detecção dessa doença em estágios iniciais; uma falta de ciência de quais são os sintomas nos jovens causa atrasos no diagnóstico e no tratamento.

> Nós precisamos entender melhor nossos corpos e entender as mudanças em nossos corpos, e eu não acho que nós sejamos ótimas nisso. Sim, isso ocorre porque não damos o devido valor ao fato de termos um incrível serviço de saúde, então nós apenas meio que presumimos que, bem, se algo acontecer, então tudo bem: O NHS vai dar um jeito em mim e eu ficarei bem. Mas infelizmente as coisas não funcionam assim, nem sempre funcionam dessa maneira. Quando chegou o diagnóstico da minha mãe, os médicos não necessariamente diagnosticaram tão cedo quanto deveriam, e, do mesmo jeito, ela não necessariamente foi procurar um médico assim que se deu conta de que estava com sintomas. Eu acho que é realmente importante que as pessoas entendam, sim, os sintomas do câncer de intestino, mas elas precisam simplesmente entender quais são os sintomas de câncer, ponto final. Com as mulheres checando seus seios, com homens checando suas próstatas, todas essas coisas, e não encarar isso realmente como algo nojento sobre o que ninguém realmente quer falar, porque não falar sobre coisas nojentas pode nos matar.

Câncer de intestino é o terceiro tipo de câncer mais comum no Reino Unido, e, como comprovam as experiências de Charlene, verificar as mudanças em seu corpo e estar ciente do estado de sua saúde pode salvar sua vida.

A falta de informações básicas sobre saúde entre as mulheres negras nos leva a ter uma probabilidade menor de ser verificadas. Pergunte-se: quando você recebeu seu convite para fazer a triagem cervical, você foi? Sua primeira triagem para câncer cervical foi feita quando você tinha 25 anos? Deveria ter sido feita. Como disse Heather Nelson, não ajuda o fato de que os panfletos e as informações sobre cânceres que predominantemente afetam mulheres e principalmente mostram mulheres brancas, exacerbando ainda mais a noção nas comunidades BAME de que esses problemas afetam "a elas", e não "a nós". Porém, é vital que fiquemos cada vez mais cientes dessas doenças e do que elas podem fazer conosco, porque se recusar a reconhecê-las não fará com que elas desapareçam.

Pessoas negras são mais propensas a sofrerem de doenças relacionadas ao sangue, como, por exemplo, anemia falciforme, diabetes e hipertensão – doenças que com frequência requerem transfusões de sangue e, no caso da diabetes (que afeta um número mais alto de pessoas negras), também podem levar a transplantes de órgãos. De uma população de 4,4 milhões de pessoas negras (segundo o último censo),[37] cerca de 15 mil pessoas e até mais sofrem de anemia falciforme, uma doença que é causada por hemácias de forma irregular, que têm uma duração mais curta do que as hemácias com forma normal e que podem ficar presas nos vasos sanguíneos, provocando um risco mais alto de infecções, derrames, problemas pulmonares, anemia e dor severa quando as hemácias ficam presas.[38]

A anemia falciforme é uma doença que afeta predominantemente pessoas como nós mesmas, de origens africanas e caribenhas, de modo que precisamos saber mais sobre ela e sobre como tratá-la. Agorinha mesmo, poderia ser dito que, na comunidade negra, nós estamos falhando com nossos irmãos, com nossas irmãs, com nossos filhos, com nossas mães e com nossos pais que sofrem dessa doença, porque não estamos doando sangue o suficiente. Isso é crucial porque pessoas com anemia falciforme, assim como outras doenças relacionadas ao sangue, como diabetes, dependem de transfusões de sangue regulares (a cada 3-4 semanas para quem sofre de anemia falciforme) para sobreviverem e serem capazes de levar uma vida normal. Além disso, tratamentos de substituição de células-tronco e medula óssea também são usados para tratar doenças relacionadas ao sangue; ainda assim, sem doadores negros regulares, como os médicos podem fazer isso? No momento, dentre as pessoas negras no Reino Unido, apenas 1% é doador ativo (por volta de 10 mil), o que significa que há menos idivíduos doadores registrados do que aqueles que sofrem somente de anemia falciforme. Eis uma outra estatística séria: apenas 20 das 1.282 pessoas que faleceram em 2015 estavam registradas como negros doadores de órgãos, embora haja 600 pessoas na lista de espera.

Os efeitos dessas desvantagens podem custar vidas – a maior parte dos portadores de anemia falciforme tem uma expectativa de vida mais curta (40-60 anos), mas isso pode ficar significativamente comprometido por uma falta de sangue usado para transfusão; e pessoas negras estão mais propensas a precisarem de transplantes de órgãos do que as pessoas brancas devido a nosso risco aumentado de sofrermos com doenças que podem levar à insuficiência dos órgãos.[39]

É por isso que é tão importante que nos tornemos mais esclarecidos em relação à necessidade de doar sangue e órgãos. Essas desvantagens podem apenas ser eliminadas com um imenso aumento nas doações de dentro de nossa própria comunidade.

Nós não podemos confiar que outros resolvam esse problema para nós, porque tipos sanguíneos similares têm uma probabilidade maior de serem encontrados dentro das etnias, e porque alguns tipos sanguíneos raros em pessoas negras podem ser encontrados apenas dentro dos grupos daqueles que partilham a mesma origem étnica. A falta de órgãos e sangue disponíveis atualmente significa que pessoas negras têm uma chance de apenas 20% de encontrar um doador compatível que não seja de sua etnia.[40]

A falta de doações de sangue negro e de doações de órgãos está tão grave que oficiais de saúde do governo e do NHS Blood and Transplant lançaram várias campanhas tendo as comunidades africanas e caribenhas como alvo,[41] como a campanha Be There, em 2015, e mais recentemente #ImThere. A campanha Be There oferece alguns passos simples para tornar-se um doador mais proativo, passos esses que são tão fáceis quanto passar uma segunda camada de esmalte na unha. Ações realmente simples, tais como visitar o site nacional www.blood.co.uk, podem ajudar a fazer com que a doação regular de sangue se torne uma rotina em nossas vidas, e também para aprender mais sobre a doação de órgãos e como se cadastrar para se tornar doador.

O site do NHS também oferece informações altamente digeríveis, tais como qual é a frequência de doação de sangue, aonde ir e aplicativos que possibilitarão que você fique por dentro das sessões e dos centros de doação de sangue disponíveis, de modo que realmente vale a pena dar uma olhadinha lá. Com frequência a ideia de doar sangue parece uma tarefa desagradável, mas não precisa ser.

O fato de que campanhas como essa vêm sendo repetidamente realizadas com o passar dos anos, apesar do aumento na ciência dessa necessidade, mostra que ainda há um longo caminho a ser seguido antes que nossa comunidade se normalize e abrace totalmente as doações de sangue e de órgãos. Agindo com base no conhecimento que agora temos é a única coisa que fará com que essas doações que podem salvar vidas dentro da comunidade negra se tornem algo comum, da forma como deveria ser.

Cabelo arrumado, unhas feitas, tudo feito

Quando foi a primeira vez que você relaxou os cabelos? Comigo foi quando eu tinha seis anos de idade. Disseram-me que meus cabelos eram muito difíceis, com os quais era complicado demais lidar. Várias vezes queimei o couro cabeludo depois; relaxei os cabelos todos os anos até os meus dezesseis.

Avance a fita para anos depois, e pergunte a qualquer mulher negra: "Qual é o produto de beleza mais danoso que se poderia usar?". A resposta enfática seria "produtos para relaxamento de cabelos".

Questões de saúde que afetam mulheres negras não estão restritas apenas a doenças e infecções, mas também a produtos que andamos usando e que são comercializados para nós há séculos. Cosméticos voltados para mulheres negras são mais propensos a conterem ingredientes potencialmente prejudiciais do que aqueles voltados para o público em geral, segundo um estudo realizado pelo Environmental Working Group. Como discutimos no capítulo sobre "Representatividade", há menos produtos de beleza disponíveis para mulheres negras, e é chocante que esses produtos tenham uma probabilidade maior de conter produtos químicos perigosos. No entanto, os efeitos negativos de produtos como os de relaxamento para cabelos não se restringem à forma como eles deixam a aparência e a textura de seus cabelos, como também o que eles podem estar fazendo com nossos corpos a longo prazo. Dizer que "para ser bela é preciso sentir dor" seria amenizar a situação; que tal dizer que "para ser bela, pode-se morrer"? O coquetel de produtos químicos usados em produtos para relaxamento de cabelos e em tinturas parece uma lista de ingredientes para se fazer uma bomba química em casa. Produtos para relaxamento de cabelos são carregados de elementos químicos corrosivos como hidróxido de sódio - usado em produtos para desentupir canos - e sabe-se que as mulheres expostas a eles por períodos prolongados desenvolvem males como câncer, asma e fibroides.[42] De repente, um couro cabeludo um pouco seco e cabelos quebradiços parecem as menores de nossas preocupações causadas por nossas rotinas de "cuidados" com os cabelos.

Em meio às mais sérias preocupações com a saúde associadas à química usada nesses produtos estão os fibroides uterinos. Um outro estudo recente sobre o uso de relaxantes de cabelos descobriu que a estimativa é de que esse problema de saúde afete 80% das mulheres negras que fazem uso deles na vida. Quando se dá uma olhada nos ingredientes - que podem incluir formaldeído, amônia, agente descolorante, DMDM hidantoína, linalol, metilparabeno e propilparabeno - nós não deveríamos necessariamente ficar surpresas. Outros efeitos colaterais perigosos de produtos populares variam de dermatite a asma ocupacional.[43] Com frequência esses produtos também contêm produtos químicos que são disruptores endócrinos, e que foram associados a vários problemas reprodutores e defeitos de nascença,[44] além de câncer de mama e doença cardíaca.

Isso é genuinamente assustador porque esses são produtos comuns do dia a dia vendidos para (e usados por) mulheres negras, e que podem provocar doenças (e de fato o fazem) que ameaçam a vida. Infelizmente, as coisas não param com os produtos para relaxamento e tinturas de cabelo, dos quais muitas de nós já estamos cientes. Os perigos para nossa saúde, mascarados por nossa cultura cosmética, são muito mais insidiosos, e produtos que eram essenciais no regime de cuidados com os cabelos da garota negra, tais como Olive Oil Sheens e Pink Luster, contêm mais altos níveis de toxinas, esteroides e produtos químicos disruptores de hormônios do que os cosméticos feitos para mulheres não negras.

De mais de mil produtos e ingredientes diferentes pesquisados, não é surpreendente que aqueles para relaxamento tenham se saído como alguns dos mais perigosos, mas as tinturas de cabelo comercializadas e vendidas para mulheres negras também se mostraram muito perigosas.[45] Ingredientes usados nessas tinturas, como a amônia, por exemplo, também foram associados a asma e cânceres linfáticos raros, câncer de bexiga e mielomas múltiplos (câncer nos leucócitos).[46]

Durante séculos, as mulheres negras vêm sendo encorajadas a passarem pelos assim chamados "regimes de saúde e beleza" e a usarem produtos que comprometem nossa saúde. O uso de ducha e de produtos como talco são hábitos que foram passados adiante pelas gerações (negras). Eu me lembro de quando era mais nova e como minhas amigas brancas me perguntavam por que eu me hidratava todos os dias, e para mim isso parecia óbvio; eu me hidrato porque sempre fiz isso, e porque minha pele parece acinzentada sem minha manteiga de cacau de uso diário. Isso é similar ao relacionamento que muitas de nós, mulheres negras, têm com práticas como uso de ducha e de produtos desodorizantes vaginais. Isso é simplesmente algo que sempre fizemos.[47] Porém, as raízes de algumas das práticas mais prejudiciais dominadas pelas mulheres negras, como o uso da ducha e de talco para manter a higiene íntima, são, infelizmente, perpassadas por *misoginoir* histórica, o que deveria ser um sinal vermelho em si. A misoginia considera que vaginas são tabu e a narrativa do racismo é de que pessoas negras são sujas,[48] então some os dois e, *voilà*, nós temos uma mistura altamente tóxica. E esse escrutínio ampliado da higiene da mulher negra faz nascerem inseguranças e compulsões que, por sua vez, são capitalizadas por empresas de cosméticos multinacionais.

Um exemplo assustador do quão perigoso isso pode ser é o caso de Jacqueline Fox, dos Estados Unidos. Em 2013, antes de perder sua batalha para o câncer de ovário, Jacqueline processou a Johnson & Johnson por 72 milhões de dólares. Ela acreditava que o talco, que contém carcinogênicos como ftalatos, estava ligado à sua doença. Embora ela tenha ganhado o processo, a Johnson & Johnson foi bem-sucedida no apelo na primeira instância. Logo depois da morte dela, mais de mil mulheres também processaram a Johnson & Johnson.

Com frequência esses produtos perigosos, potencialmente mortais, são os mais vigorosamente comercializados para mulheres negras. Você está sentindo a necessidade de limpar seu armário espontaneamente agora? Eu também. A venda de produtos com alvo em determinada raça não é de modo algum único e, infelizmente, está muito de acordo com a manutenção do tema geral de descuido com a saúde das mulheres negras por parte da indústria da beleza. Mas isso não é assim tão simples, não se limitando ao fato de haver um número mais alto de produtos perigosos comercializados e voltados para mulheres negras. Os ingredientes questionáveis nos produtos de beleza é um fenômeno universal que afeta mulheres de todas as raças. No entanto, a diferença crucial reside no fato de que existem menos produtos disponíveis para mulheres negras cujo uso é considerado seguro e saudável. O relatório feito pelo Environmental Working Group no ano passado ilustra isso, mostrando que menos de 25% dos produtos comercializados e vendidos a mulheres negras tinham altas classificações de segurança, em comparação a 40% dos produtos voltados para o público em geral.[49]

O propósito de trazer tudo isso à tona é demonstrar como o racismo tóxico, que nem sempre é explícito, está genuinamente diminuindo nossas capacidades, como mulheres negras, de levarmos uma vida longa e saudável. Este é um comprimido realmente difícil de engolir, o fato de sermos exploradas e comprometidas em indústrias que dependem de nosso dinheiro arduamente ganho, em especial se considerarmos que nós colocamos muito mais dinheiro nas indústrias de produtos de beleza e para os cabelos do que nossas colegas mais bem servidas com produtos não voltados para negras (estima-se que seja por volta de seis vezes mais do que o que gastam mulheres de outras etnias).[50] A indústria cosmética continua a mostrar uma pronunciada falta de respeito por nossa raça, e estudos mostram que muitos fabricantes tendem a gastar menos dinheiro para fazer com que os produtos usados por mulheres negras passem pelos mesmos regimes de testes sólidos quanto estão dispostos a gastar para produtos para mulheres brancas.[51]

Então, qual é a solução? Essa situação é difícil de ser remediada, visto que o ônus de controlar o que vai nos produtos para cuidados com os cabelos que nós compramos não deveria cair sobre nós, nem mesmo é viável esperar uma coisa dessas. Além disso, não sei em relação a você, mas os ingredientes listados no verso das embalagens parecem grego para mim. No entanto, é útil procurar no Google o que contém seu creme ou xampu e certificar-se de que nenhum dos produtos contidos nele tenha entrado em uma lista de inimigos das saúde em algum lugar. E, como Yomi discutiu, o movimento dos cabelos naturais significa que muitas das blogueiras que falam de beleza e cabelos também conseguem oferecer conselhos em relação ao que é bom de se usar e o que não é.

"Eu tive de aprender a colocar um freio em tudo e a cuidar de mim mesma porque, em determinado momento, eu estava tremendo todos os dias e estava assim: 'Ah, se eu não estiver aqui amanhã, o mundo vai seguir em frente sem mim. Eu quero estar aqui; eu quero estar envolvida nisso tudo'."

— Estelle

Viver ocupada e construindo um império com sua idade definidora de vida dos vinte e poucos anos é algo com frequência visto como ganhar na vida. Porém, nossa busca pelo sucesso pode comprometer nossa saúde. Conforme discutimos nos capítulos anteriores, muitas de nós vivemos segundo o mantra de que temos de trabalhar em dobro para talvez receber metade do reconhecimento, seja na forma de visar a uma promoção, provar seu valor no seu novo trabalho ou estudar para provas. Quando eu estou no que chamo de modo de trabalho, fico quase alérgica ao descanso, vendo a procrastinação não apenas como uma ladra de tempo, como o descanso e o sono como sequestradores de progresso e arautos do fracasso. Sendo negras e mulheres, nós podemos sentir mais pressão para que trabalhemos demais em comparação a nossas colegas brancas porque somos arruinadas pela dupla desvantagem de raça e gênero - desvantagem tripla se formos de famílias com renda econômica mais baixa. É ótimo lutar para termos elevação social, ocupacional e econômica, mas, a menos que tomemos cuidado, o preço disso pode ser o comprometimento de nossas qualidades de vida e de nossa capacidade de realmente sermos bem-sucedidas. Sendo assim, para começo de conversa, você deveria certificar-se de dormir no mínimo seis horas ou mais à noite, em vez de ficar dependendo de café e de energéticos carregados de cafeína.

Sendo mulheres negras, nós podemos nos forçar a trabalhar demais, porém - como disse Yomi -, nós também nos recusamos frequentemente a demonstrar fraqueza, apesar de estarmos bem cientes da injustiça de nossa posição como mulheres negras, que devemos nos esquivar dos tiros dados pelo sexismo e das flechas do racismo em um mundo que quer nos manter lá embaixo na pirâmide social. Isso pode, é claro, nos transformar em mulheres formidáveis e muitas de nós, como Denise Lewis, nos inspiramos em nossos primeiros exemplos de inabalável ética de trabalho em face da adversidade, o que com frequência vem na forma de nossas mães. Denise lembra:

> Minha mãe era uma grande inspiração para mim. Nós crescemos em uma família muito pequena. Minha mãe era um pouco como uma casa de energia, e ela era meu mundo. Eu a observava bem intensamente, trabalhando em dois empregos só para manter as coisas nos eixos; ela sempre, sempre foi uma mulher muito trabalhadora. Então eu acho que ela foi minha fonte primária de inspiração como uma pessoa que realmente me ensinou que temos de trabalhar para conseguirmos aquilo que desejamos na vida, e quando parece que os contras estão se empilhando contra nós, com perseverança e comprometimento e uma necessidade e uma disposição de forçar-se a dar mais de si, podemos fazer as coisas darem certo.

A figura da forte mulher negra que luta apesar do peso do mundo em suas costas. Soa familiar, não? Muitos de nós crescemos com figuras de fortes mulheres em nossas vidas que ralaram dia e noite, e com frequência fizeram isso sem reclamar nem se preocupar com sua saúde, determinadas a colocar suas famílias em primeiro lugar.

Isso é realmente algo inspirador e nós deveríamos emular o impulso dessas mulheres. No entanto, nós também precisamos fazer um trabalho melhor em termos de reconhecermos essa pressão sob a qual nós nos colocamos para sermos mulheres fortes que nunca se abalam nem mostram sinais de luta, e precisamos reconhecer que isso pode ser muito prejudicial para nós. Um estudo publicado pela Universidade da Geórgia, nos Estados Unidos, faz uma exposição preocupante de como as desvantagens raciais e socioeconômicas podem genuinamente afetar nosso caminho para o sucesso, nossa saúde e nossas expectativas de vida de modo geral. O estudo analisou especificamente a juventude negra nos Estados Unidos, mas a experiência de trabalhar contra as limitações do desequilíbrio racial e de classe sistêmicos são vividos também pela juventude (e por adultos) negra no Reino Unido.

O estudo descobriu que "leucócitos entre aqueles que se esforçam mais para vencer na vida ficavam envelhecidos prematuramente em relação aos leucócitos de seus colegas" e sugeriu que aqueles (jovens negros) com uma "determinação implacável de serem bem-sucedidos na vida" tinham maior propensão a ficarem doentes ou contraírem doenças no processo de trabalhar para atingirem suas metas.[52] O estresse não somente causa insônia, ansiedade ou depressão (que em si são estados extremamente preocupantes), mas o estudo também mostrou que havia uma correlação alarmante entre os que lutavam para prosperar e problemas com a saúde cardiovascular e metabólica, assim como diabetes, hipertensão e artrite.[53] Norte-americanos brancos, no estudo, pareciam relativamente imunes aos efeitos negativos da busca pelo sucesso. Isso não se dá porque eles são naturalmente mais resilientes, mas sim, porque, em um mundo que orbita em um eixo de privilégio branco, eles não têm de *ser* assim tão resilientes.

É claro que o estresse é algo a que todas as pessoas de todas as raças estão expostas e não é o único fator determinante. Classe e gênero em particular também desempenham um papel imenso nisso. No entanto, o motivo pelo qual é importante destacar isso é para que sirva como um chamado para que acordemos e estejamos mais cientes de quando estivermos nos desgastando demais. Como discutimos no capítulo sobre as microagressões, mulheres negras podem ficar especialmente vulneráveis aos impactos do estresse relacionado a raça.

Anteriormente, nós analisamos a importância de irmos ao médico quando notamos mudanças em nosso corpo. Em 2006, Vannessa Amadi estava trabalhando em diversos projetos diferentes em sua carreira como Relações Públicas e começou a se sentir muito estressada:

> É difícil colocar nossa saúde em primeiro lugar, eu tinha encontrado um caroço no meu pescoço quando tinha cerca de 24 anos de idade e simplesmente achei que não fosse nada no começo, e foi de fato a vaidade que me levou a verificar isso adequadamente porque estava crescendo e eu pensei: *Não quero ficar com um grande caroço pendurado no meu pescoço.* Foi por esse único motivo que eu fui ao médico, e graças a Deus que fiz isso, porque acabou sendo canceroso e eu tive de fazer tratamento.

Infelizmente, o caroço era linfoma de Hodgkin e o médico dela lhe disse que estava relacionado ao estresse pelo qual ela havia passado.

Existem tantos paralelos entre a história de Vannessa e as histórias de muitas de nós que estão lendo este livro, levando nossas vidas, presumindo que somos invencíveis e ignorando sinais de uma saúde ruim, especialmente quando não inibem nossas rotinas diárias. Gloria Boadi concorda com isso:

> Às vezes as pessoas pensam: "*Nós sempre fizemos as coisas dessa maneira, meus pais fizeram as coisas dessa maneira e eles chegaram até aqui. Eu sou o produto de uma forte mulher negra*".

Uma boa amiga minha no trabalho, na época em que eu cuidava de várias propriedades e de seus inquilinos, estava trabalhando em dois empregos, como com frequência temos de fazer porque às vezes somos as únicas que têm um ganha-pão, temos de vestir as crianças, além de cuidar da família estendida - nós assumimos esses papéis. Ela voltou de férias e não estava bem. Eu disse a ela: "Você precisa relaxar, simplesmente tirar um dia de folga, porque, acredite no que estou lhe dizendo, se você cair morta aqui, eles vão substituir você no dia seguinte". Ela disse - ela de fato usou esses termos: "Eu sou uma forte mulher negra. Estou bem". Três dias depois, ela morreu.

Com o passar dos anos, eu tive de ficar melhor nisso de administrar o estresse. Em vez de vê-lo como se fosse um rito de passagem na busca do sucesso, eu tive de tirar intervalos autoimpostos de modo a administrá-lo. Eu aprendi que ser boa no meu trabalho é ótimo e que dar duro no trabalho é essencial para isso, mas não à custa da minha saúde. Às vezes é tão simples quanto eu fazer uma declaração verbal assim: "Eu não posso me matar de trabalhar!" para me lembrar de colocar as coisas em perspectiva. A abordagem de Estelle foi similar:

> Eu tive de me impor um tempo de folga. Eu me lembro de ter tirado quase um ano inteiro sem trabalhar uma vez, e isso foi em parte porque eu estava simplesmente exausta, não tinha nada sobre o que escrever, não tinha nada sobre o que falar, e estava simplesmente cansada. Eu me lembro de entrar na internet uma semana e alguém tinha falado: "Ah, a Estelle é preguiçosa, ela deveria ter feito isso, aquilo e aquilo outro", e eu fiquei: "Você até mesmo se dá conta de que faz três anos que eu não durmo, fisicamente, não durmo mais de quatro horas, por três anos? Isso sem falar nos dez anos antes disso em que eu passei tentando chegar a esse ponto. Eu vou fazer uma pausa. Eu não me importo se você não gosta disso".

Ela nos aconselha a sermos resolutas em nossos cuidados pessoais e sermos capazes de recuar de situações estressantes ou de expectativas irrealistas:

> Isso foi forçado para cima de mim, pois eu cheguei a um ponto em que eu só vivia tremendo. Todas as vezes em que as pessoas me viam, eu estava aqui, falando e fazendo o que eu estava fazendo, mas fisicamente, eu estava tremendo, e então eu decidi tirar uns dias e dormir. Então,

agora, de vez em quando, sempre que eu sinto que estou chegando a um ponto assim, eu simplesmente tomo uma decisão: "Tudo bem, agora eu vou tirar o fim de semana de folga".

No entanto, Estelle reconhece que isso de fato requer também um nível de disciplina, especialmente quando se tem responsabilidades e pode não querer decepcionar ninguém. Porém, estabelecer limites justos é fundamental para se manter a autopreservação:

> Eu tive de aprender a colocar um freio em tudo e a cuidar de mim mesma porque eu estava assim: "Ah, se eu não estiver aqui amanhã, o mundo vai seguir em frente sem mim. Eu quero estar aqui; eu quero estar envolvida nisso tudo. Eu não vou morrer, eu não vou ficar aqui assim, bêbada, drogada, de ressaca, depois de todo esse trabalho e de tudo que investi na minha carreira, e também do quanto eu significo para mim mesma, quanto mais para qualquer outra pessoa, então minha mãe vai ficar chorando porque a filha dela teve um colapso?". Então eu entrei em um autoimposto: "Prometa a si mesma que sempre que você sentir que está prestes a surtar, você vai fazer uma pausa", e é isso que eu faço. Existe o sucesso e existe a determinação e, totalmente, faça isso enquanto você for jovem, faça isso quando estiver com seus vinte e poucos anos, mas saiba que você precisa tirar um tempo de folga. Sim: "Nós temos que ir levando as coisas enquanto ainda podemos", mas é sua vida, é sua carreira, ela ainda estará lá. Dê-se um tempo. Você ficará bem. O mundo não vai implodir para cima de você, as pessoas não vão se esquecer de você, simplesmente faça um ótimo trabalho.

Se você se sacrificar em busca do sucesso, terá feito isso por um mundo que não merece que você tenha feito isso, por um mundo ingrato. Então descanse, diga não a trabalho demais, mas também dê um passo para trás e se permita desconectar-se e fazer uma desintoxicação. Saia de férias, tire mesmo suas férias quando puder e, se estiver longe do trabalho, alterne do modo de trabalho para o modo de férias: mas faça isso do jeito devido, sem espiar os e-mails de trabalho. Lady Leshurr descreve o sofrimento de efeitos de esgotamento similares, induzidos por demandas sem fim de ser uma rapper ascendente:

> No ano passado, eu fiz mais de cem shows, e não sabia que ficaria esgotada. Eu estava pensando: *sim, vamos fazer esses shows!* Fiz os shows, mas acabei esgotada no final porque eu mal estava comendo, estava perdendo peso, estava sendo exatamente o oposto de quem eu era no início do ano, então isso é algo que eu simplesmente tinha de vivenciar para me dar conta de que, uau!, eu realmente preciso de um tempo, de uma pausa, porque isso vai ajudar a minha mente, o meu corpo, a minha alma: física, mental e emocionalmente. Então, sim, é muito importante fazer essas pausas e simplesmente relaxar de vez em quando.

O que essas mulheres têm em comum? Três mulheres negras, confiantes em suas habilidades e merecedoras de sucesso, ainda assim se prejudicando devido ao fardo insuperável das expectativas de si mesmas e das demandas que o mundo coloca em cima delas. O que mais todas elas têm em comum? Elas são apenas seres humanos e todas elas, em algum momento, tiveram de fazer uma pausa porque suas saúdes física e mental estavam ficando severamente comprometidas. E o que é notável em cada caso é que dar duro demais no trabalho na verdade inibiu a capacidade delas de darem o melhor de si em seus papéis naquele momento específico.

Seus exemplos reafirmam a necessidade de cuidados pessoais. Com frequência nos encontramos sozinhas em nossas jornadas em busca das realizações, sem moderadores para nos lembrar de pararmos e descansarmos. Como sociedade, nós também aplaudimos quando as pessoas se enterram no trabalho como sendo um sinal de força, admirável determinação e resiliência, mas uma resiliência inexorável pode ser muito prejudicial. Sucumbir à necessidade de dar a seu corpo um descanso não deveria de modo algum ser visto como fraqueza.

Também não há problema algum em pedir ajuda, como Yomi discutiu no capítulo anterior. Sendo mulheres negras, nós temos de ser mais abertas e proativas fazendo o que podemos para nos ajudar mentalmente, o que envolve tentar limitar os efeitos do estresse e das pressões sociais sobre nós mesmas. Combater o esgotamento é simples, mas isso realmente requer muita remodelação de prioridades. É importante reconhecer quando as expectativas colocadas em cima de nós por nós mesmas e pelos outros ficam demais, e saber que você não está minando sua capacidade ao recuar um passo em nome de sua própria regeneração. Como nós vimos, trabalhar além da conta não apenas a deixa cansada, isso pode levar a depressão, ansiedade e outros problemas médicos. Isso não tem a ver com "relaxar" e comprometer a trajetória de seu sucesso, tem a ver com se encorajar a ser capazes de dizer não a expectativas irrealistas e, em vez disso, ser mais eficiente no uso do tempo, usando o tempo que de fato você tem para trabalhar de forma mais eficaz.

É importante, como dizem Estelle e Lady Leshurr, afastar-se fisicamente falando dos lugares que você associa ao estresse, e depois usar esse tempo para desanuviar a cabeça, se reorganizar e voltar ao modo eficaz de trabalho. Dê sim um duro incrível no trabalho, mas também trabalhe duro para tirar aquele fim de semana livre em que você relaxa, dorme e se recompõe. Isso é o que fará com que você seja o mais produtiva quanto for possível quando retornar ao modo de trabalho; afinal de contas, tudo que nós usamos – nossos carros, nossos utensílios eletrônicos, até mesmo nossos celulares! – precisa ser recarregado em algum momento, então por que esse não seria o caso da nossa mente e de nosso corpo? Vendo as coisas dessa maneira, você estará ativamente fazendo com que sua pausa ou suas férias sejam um elemento necessário, porém gostoso pra caramba de sua missão como um todo.

Sempre coloque sua saúde em primeiro lugar, lute pelo melhor e trabalhe duro. Sendo assim, vamos levar nossas vidas da melhor forma possível, mas vamos fazer isso com moderação e sem colocar em risco nossa saúde.

— POSFÁCIO —

YOMI

Este é um livro escrito por mulheres negras, para mulheres negras, e não poderia ter nascido sem o apoio de mulheres negras. Nossas fotógrafas, nossas estilistas, nossa designer de capa - elas são mulheres negras sem as quais este livro não teria sido possível. Eu e Elizabeth demos início a este processo, como foi mencionado anteriormente, com um grupo focado em jovens negras britânicas de diferentes históricos de vida, com interesses e trabalhos diferentes, que tiraram um tempinho em seus dias para nos contar por que elas queriam que estas páginas fossem escritas e o que desejavam delas. Então nós nos encontramos com mulheres negras - e as entrevistamos - que nós admirávamos havia anos, descobrindo novas heroínas ao longo do caminho e também, por mais clichê que isso possa parecer, nos encontramos no processo.

As mulheres com quem falamos cederam seu tempo e contaram suas histórias pessoais para ajudar a nós e a vocês. A disposição de boa vontade de tantas dessas mulheres em partilharem suas experiências na esperança de que mulheres e garotas negras britânicas possam aproveitar alguma coisa - qualquer coisa - das experiências delas ilustra perfeitamente nossa capacidade de fazer ouro com o que a princípio parece uma pilha de palha. Pode haver momentos neste livro em que você se sentirá sobrepujada por estatísticas depressivas, ou desencorajada por experiências de terceiros que podem parecer deslocadas hoje em dia, mas nós esperamos que você também se sinta inspirada pelas palavras de sabedoria de nossas entrevistadas, estimulada por suas histórias e, o mais importante de tudo, otimista em relação ao futuro. Nós sabemos que não tínhamos necessidade de embelezar situações com as quais muitas de nós já estamos familiarizadas, mas, embora as coisas para nós ainda não estejam de modo algum perfeitas, tem *sim* havido progresso, e nós deveríamos reconhecer que as mulheres com quem falamos, assim como outras como elas, abriram a estrada para que nós passássemos em meio a circunstâncias muito mais difíceis do que podemos imaginar.

Se tivéssemos tentado vender a ideia deste livro dez ou até mesmo cinco anos atrás, eu não tenho certeza se ele teria encontrado uma editora - certamente não nove editoras competindo para adquiri-lo. Naquela época, ele teria sido tão importante quanto hoje, tão necessário e simplesmente tão procurado por mulheres negras quanto hoje, mas, durante muito tempo, o que as mulheres negras *querem* nunca foi o bastante. Eu gosto de pensar que a existência deste livro é um sinal de que as coisas estão mudando, mas essa é uma mudança que não ocorreu em um vácuo. Foram aquelas que vieram antes de nós que ajudaram de tantas maneiras para tornar isso possível.

Um brinde a isso de aproveitarmos o melhor de um mundo que está sempre mudando, um mundo cheio de possiblidades.

ELIZABETH

Quando fiz 21 anos, e logo depois que me formei, escrevi um bilhete para mim mesma sobre a abordagem que eu queria seguir na vida. Eu sabia que estava entrando em um novo capítulo e que haveria calombos na estrada ao longo da minha jornada. Esse bilhete foi meio que uma promessa, um manifesto ao qual eu poderia voltar e reler, que haveria de me tranquilizar sempre que me faltasse motivação, quando uma meta em particular parecesse impossível, quando alguma coisa que eu quisesse não saísse de acordo com o planejado, ou quando alguém me decepcionasse. Uma parte essencial desse bilhete foi uma citação de Maya Angelou: "Minha missão na vida não é meramente sobreviver, mas, sim, prosperar; e fazer isso com um pouco de paixão, um pouco de compaixão, um certo humor e um pouco de estilo".

Em meio a altos e baixos com o passar dos anos eu voltei a esse bilhete e ele sempre reacendeu aquela faísca em mim, ajudando-me a focar novamente no meu propósito. Eu tenho esperança de que, por meio das histórias dessas mulheres, e, o mais importante, de seus conselhos, *Brilhe na sua praia* faça alguma coisa similar por você. Dependendo de onde você estiver em sua vida, este livro vai lhe garantir que, qualquer que possa ser sua experiência, o que quer que você tenha a oferecer ao mundo, e qualquer que seja *seu* propósito, você não está sozinha. Porque chamar estas páginas de *Bíblia da Garota Negra* foi algo intencional. Nós esperamos que, ao se juntar a nós nessa jornada, você se dê conta de que sua missão pessoal não é apenas sobreviver neste mundo, mas também prosperar dentro de suas próprias expectativas, sem limitações: para arrasar em suas próprias áreas.

REFERÊNCIAS

Este livro já estava bem grandinho, não?
Pensando em garantir uma leitura agradável,
a Primavera Editorial hospedou as referências em um site!
É só escanear o QR CODE ou digitar o link abaixo.

Ou digite: bit.ly/2N3T5Us

Equipe editorial: Larissa Caldin, Lourdes Magalhães e Manu Dourado
Tradução: Ana Duarte
Preparação de texto: Rebeca Lacerda
Revisão: Fernanda Guerriero Antunes
Projeto Gráfico e Diagramação: Larissa Caldin
Capa: Harper Collins UK | Adaptação de Project Nine Editorial

Dados Internacionais de Catalogação na Publicação (CIP)
(Câmara Brasileira do Livro, SP, Brasil)

Adegoke, Yomi
Brilhe na sua praia : a bíblia da garota negra / Yomi Adegoke, Elizabeth Uviebinené ; tradução de Ana Duarte. — São Paulo : Primavera Editorial, 2019.
454 p.

ISBN: 978-85-5578-079-0
Título original: Slay In Your Lane: The Black Girl Bible

1. Negras - Entrevistas 2. Negras - Condições sociais 3. Negras - Conduta de vida 4. Racismo I. Título II. Uviebinené, Elizabeth III. Duarte, Ana

19-0217 CDD 305.48896

Índices para catálogo sistemático:

1. Negras - Entrevistas

PRIMAVERA
EDITORIAL

Av. Queiroz Filho, 1560 - Torre Gaivota Sl. 109
05319-000 – São Paulo – SP
Telefone: (55 11) 3034-3925
www.primaveraeditorial.com
contato@primaveraeditorial.com

Impressão e acabamento
psi7 | book7
psi7.com.br book7.com.br